KB214994

바이블 제네시스

# 바이블 제네시스

초판 1쇄 발행 │ 2021년 2월 22일

지은이 │ 박종칠
펴낸이 │ 이한민
펴낸곳 │ 아르카

등록번호 │ 제307-2017-18호
등록일자 │ 2017년 3월 22일
주　소 │ 서울 성북구 숭인로2길 61 길음동부센트레빌 106-1805
전　화 │ 010-9510-7383
이메일 │ arca_pub@naver.com
블로그 │ blog.naver.com/arca_pub
페이스북 │ fb.me/ARCApulishing

책　값 │ 뒤표지에 있습니다
I S B N │ 979-11-89393-21-2 03230

아르카ARCA는 기독출판사이며 방주ARK의 라틴어입니다(창 6:15).
네가 만들 방주는 이러하니 … 새가 그 종류대로, 가축이 그 종류대로,
땅에 기는 모든 것이 그 종류대로 각기 둘씩 네게로 나아오리니 그 생명을 보존하게 하라 _창 6:15,20

아르카는 (사)한국기독출판협회 회원 출판사입니다.

# 바이블 제네시스

박종칠 지음

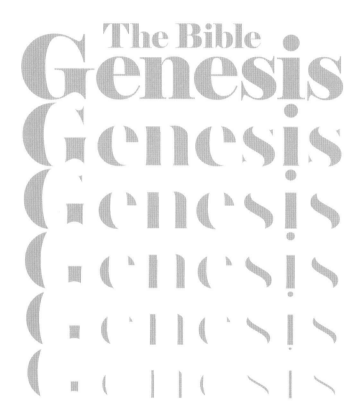

The Bible
Genesis
Genesis
Genesis
Genesis
Genesis
Genesis

**설교와 성경 연구를 충족시키는 구속사 중심 창세기 주해**

아르카

서 언

이 책이 나오기까지 14년의 세월이 걸렸습니다. 2003년 12월 3일 미국으로 이민 와서 애리조나 주의 씨에라 비스타에 사는 셋째 아들 피터의 집에 머무는 동안, 내 영혼에 양식이 필요하였습니다. 한국어 성경을 읽는 것으로는 마음에 차지 않아 마음먹고 히브리어 본문을 대했지만, 지식이 부족했고 가진 도서도 별반 없어서 큰 진전과 만족은 없었습니다. 그러던 중에 우리 내외가 미국의 동서남북을 밴(Van)을 타고 설교 여행(Preaching Tours)을 하다가, 잊지 못할 추억을 안겨준 하도례(Thepdore Hard) 선교사의 댁을 방문하게 되었습니다.

그 분은 웨스트 버지니아 주 동부의 어느 마을에서 가난하게 살고 계셨습니다. 두 내외가 긴 이야기로 하룻밤을 지내고(이것이 그 분들과 육신으로는 마지막 만남이 되었지요) 집으로 돌아오려 할 때, 책 몇 권을 선물로 주셨습니다. 그 중 하나가 〈Analitical Key to the Old Testament〉( by John Joseph Owens)였습니다. 내게 성경을 읽는 재미를 더해 준 양서였습니다. 읽으면 읽을수록 개혁주의에서 말하는 구속사적인 성경 해석이 무엇인가에 대해 관심을 갖게 해주었습니다. 1980년도 중반부터 구속사적 관점으로 성경을 읽고 연구하는 관심이 나를 지배해왔기에, 다른 관점에서 성경을 푸는 책들은 읽어 보아도 맛이 나지 않아 별 흥미를 느끼지 못했습니다.

설교 여행에서 건진 또 하나의 큰 수확은 캐나다 토론토에서 네덜란드 개혁자들의 후예들이 세운 개혁신학교에 들른 일입니다. 그곳에서 구약학 교수인 코넬리우스 반담(Cornelius Van Dam) 교수를 알게 되었습니다. 반담 교수는 내게 '성경과 그 선언'쯤으로 번역할 수 있는 네덜란드어 원서 〈De Heilige Schrift en Haar Verklaring〉(J. C. Sikkel)와 〈창세기(Genesis)〉(W. H. Gispen)를 추천했습니다. 이 책들을 구할 능력이 없었으나, 당시 출석 교회인 Grace Church의 케니스 로스(Kenneth Roth) 목사가 교회 자금으로 주문해주었습니다. 게세니우수의 〈히브리 문법〉과 시드니 그레다누스(Sydney Greydanus)의 명저 〈Preaching Christ from Genesis〉도 구입해 선물로 주었습니다.

이렇게 저렇게 좋은 선물들을 받고 창세기 연구를 이어나갔습니다. 그리고 연구의 진척과 성과를 알리기 위해, 창세기 한두 장을 연구한 내용을 영역(英譯)해서 그 분들에게 알렸습니다. 영역 작업에는 당시 휴스턴 한빛교회의 배동자 전도사와 Hanson Kristine, Bill Hill, Sharri 등의 남녀 집사들이 거들었습니다. 배 전도사는 이후 교육학 박사를 취득하고 과테말라에서 성실히 섬기고 있지요. 이런 사연들을 거쳐서 이 책의 기초가 된 '창세기 강해 원고'가 2006년부터 2007년 사이에 마무리됐습니다.

이후 캐비닛 속에서 몇 년간 잠자고 있던 이 원고를 당시 서울 사랑의교회에서 부목사로 사역하던 제 장남 박영은 목사가 어려운 나의 글을 풀고 정리하여 일차로 《구원의 길이 시작되다》(2013년 생명의말씀사 간)라는 제목으로 출간하게 되었습니다. 그렇지만 그 책은 창세기 1장에서 5장까지의 분량만 다룬 것이었습니다. 이때 가까운 친척인 박장호 장로(당시 부산 온천교회 시무장로, 2020년 12월 이후 은퇴장로)가 출판비용을 지원해주었습니다. 그는 유력한 의류업체인 '세정'의 경영자로서, 출판 일만 아니라 우리 내외를 이런저런 모양으로 지극히 아끼고 보살펴주었습니다. 또한 당시 고신대

학의 제자 목회자들이 흔쾌히 그 책을 사서 정독해주었습니다.

내가 캘리포니아로 이사 온 후에, 당시 탈봇 신학교의 학생으로서 내 컴퓨터에 성경연구 프로그램을 깔아주며 도움을 준 이원철 전도사도 떠오릅니다. 이런 자리를 빌려서라도 감사의 뜻을 전합니다.

5장까지만을 책으로 엮어 내놓고 나머지를 어찌 해야 할지 막막해 하면서 세월이 흘렀습니다. 그 사이에 아들 영은 목사에게 큰 소임의 변화가 있었습니다. 사랑의교회 서초동 예배당의 건축에 견마지로를 다하면서 나름 고생이 컸던 것 같습니다. 이후 2018년 호주 시드니로 임지를 찾아 떠난 그 다음 해, 사랑의교회 헌당식에 교회의 초청을 받아 오정현 사랑의교회 담임목사로부터 공로패를 받았습니다. 제 아들이지만, 그의 묵묵한 주님 앞에서의 수고가 조금이나마 위안받았길 바라는 마음입니다.

박영은 목사는 자신에게 닥친 큰 변화들을 겪으면서도 이 책의 나머지 부분의 출간을 숙제로 여기고 있었던 듯합니다. 어느 날 출판사 편집장 출신의 친구로부터 조언과 도움을 받아, 창세기 1-50장까지 그 도저(到底)한 구속사의 흐름을 마치 명장면들을 잡아내 소개하는 방식으로 정리해내었고, 마침내 《바이블 제네시스》(설교와 성경 연구를 충족시키는 구속사 중심 창세기 주해)라는 제목으로 이 책을 출간하기에 이르렀다는 소식을 전해준 것입니다. 반갑고 고마웠습니다.

모름지기 글이란 늘이는 것보다 줄이기가 더 어려운 법인데, 편집자들이 성의와 집중력을 가지고 이 일을 나름 잘 감당해주었습니다. 총신대 신대원을 졸업한 신초록 전도사는 히브리어와 참고문헌을 일일이 찾아 실수가 없도록 대조하고, 문장과 글의 흐름을 좋게 하는 일에도 참여했습니다.

더구나 이 책의 편집에 귀한 조언을 보탠 한 목회자는 자신이 맡고 있는 부서의 영성수련회에 나를 주강사로 초대해주었습니다. 이 책을 바탕으로 창세기 전체의 구원사적인 의미와 적용을 풀어 설교해달라는 부탁이었습니다. 하지만 코로나19 팬데믹 사태로 인해 집회가 어려워지자, 그러면 화상으로 하는 컨퍼런스 콜 같은 방법으로라도 강의와 설교를 부탁한다는 청이 이어졌지만, 아무래도 직접 만나 은혜를 나눌 날을 기다리는 것이 순리이다 싶어 약속을 연기했습니다. 주께서 이 길도 열어주시기를 바라며 기도하고 있습니다.

창세기는 '베레쉬트'(태초에, 창 1:1)로 시작해서 '베미츠라임'(애굽 안에서, 창 50:26)으로 끝납니다. 만물의 창조자 하나님에서부터 시작하여, 요셉이 죽어 애굽에서 묻힘으로써 끝을 맺는 것입니다. 천지창조에서 시작하여 열 개의 톨레도트(족보, 연보[年譜], 연대기 등으로 해석할 수 있는 창세기의 독특한 개념어)를 따라 인간 역사의 파노라마가 흘러왔습니다.

요셉이 이스라엘을 구원하기를 기대하였으나, 인간은 별 수 없이 다 죽습니다. 비록 그는 죽어 땅속에 묻혀 침묵하게 됐지만, 그러나 그 조상 아브라함–이삭–야곱에게 약속하신 언약의 서광이 먼 미래를 향해 비치면서 출애굽의 진군을 기약합니다. 이제 우리는 '애굽에서'의 긴 동면에서 깨어나서 진군할 차비를 해야 할 줄 믿습니다.

마침 장남 박영은 목사가 미국 시간으로 2020년 12월 20일 토요일 밤 10시 29분에 호주에서 "청빙 투표 통과됐습니다"라는 짧은 알림 문자를 보내왔습니다. 이제 그도 담임목사의 책임을 맡아 하나님 나라 진군의 차비를 할 것입니다. 이 책의 출간을 앞두고 마지막 교정을 하고 있는데, 시드니중앙장로교회에서 담임목사로 청빙이 가결됐다는 소식을 받으니 기쁜 마음이 배나 더합니다. 이 책의 탄생을 위해 드러나지 않으면서도 무던히 애를 써주어서 고맙습니다.

80이 된 이 나이에 새삼 나의 아버지 고 박신규, 어머니 고 조을이, 두 분의 품이 그립고, 두 분에 대한 감사의 정이 솟습니다.

무엇보다도 당뇨와 혈압이 있는 나를 늘 챙기며 도와주는 아내 덕분에 탈고가 가능했음을 밝히며 고마움을 전합니다. 아내의 수고를 어찌 다 갚겠습니까. 그저 "당신 덕분이에요" 하고 인정할 뿐입니다.

마지막으로 이 책에 과분한 추천사를 써주신 사랑의교회 담임 오정현 목사님께 심심한 감사를 드립니다. 바쁘신 중에도 보내드린 PDF를 손수 읽고 책의 특성이 그대로 드러나는 친절한 추천사를 써주셨습니다. 추천사의 단어 하나, 문장 하나가 영롱하게 빛나는 명문(名文)입니다.

모든 것을 때맞춰 섭리하시는 하나님께만 이 영광을 돌립니다. 이제는 여호와 주 하나님이 명령하셨듯이 "깨어나서 일어나 빛을 발할 때"가 됐습니다! 이것이 또한 창세기가 주는 메시지입니다. 이 모든 일은 하나님 은혜가 없으면 가능하지 않았습니다. Soli Deo Gloria!

저자 박종칠 적음

추 천

창세기는 신앙의 무한한 보물 지도입니다. 그러나 보물 지도를 손에 쥐었다고 해서 반드시 보물을 손에 쥐는 것은 아닙니다. 이를 위해서는 적절하고 접근 가능한 안내서가 필요합니다. 바른 지도라고 해도 난해한 문자나 기호로 되어 있다면 본래의 역할을 다 할 수 없을 것입니다.

이 책은 창세기에 대한 신학적이고 목회적인 통찰을 하면서, 동시에 평신도들이 보다 쉽게 다가가 앉을 수 있도록 하나님의 창조의 신비와 목적을 영감 있게 안내하고 있습니다. 성경의 단어나 구절에 대한 역사적인 배경이나 의미를 관찰자의 시선에 머물지 않고, 독자들을 현장으로 데리고 들어가서, 수천 년 전의 사건을 지금 눈앞에서 목도하는 것처럼 생생하게 진술함으로 읽는 이의 가슴을 격동시킵니다.

나아가 탁마(琢磨)된 언어의 생동감과 구속의 은혜를 서사적으로, 때로는 뜨겁고 긴박하게 표현함으로, 자칫 건조할 수 있는 문맥을 깊은 샘물처럼 길어내어 독자의 메마른 가슴조차 비옥하게 하는 탁월함은 수십 년간의 강단의 진수가 쌓인 결과이며, 동시에 하나님의 엄청난 대속적 사랑을 독자들에게 기어코 전하려는 저자의 간절함에서 비롯된 것이라고 생각합니다.

신앙의 고봉(高峯)으로 가는 관문이자 믿음의 초석인 창세기를 독자의 손을 잡고 이처럼 감흥 있게 안내하고 있는 《바이블 제네시스》를 기쁘게 추천합니다.

오정현, 사랑의교회

# Contents

**1부**
**창조의**
**찬가**

01 '태초에'의 번역이 중요한 이유    018

02 하나님만 주어가 되는 동사    027

03 모든 피조물의 '존재의 의미'    039

04 최초로 있게 하신 피조물    049

05 '좋았다'가 생략된 날과 다음날    057

06 하늘을 광명체로 단장하신 날    065

07 성령님이 수면 위에 너풀거리시다    073

08 '땅의 존귀' 식물을 창조하시다    084

09 '반려자'로서 생물을 창조하시다    091

**2부
타락의
나락**

10 풍성한 에덴의 특별한 동산     100

11 뱀의 간교한 정체와 비밀     106

12 하늘과 땅의 내력, 톨레도트     112

13 가인을 낳은 하와의 함성     118

14 아벨의 의미와 인격과 정성     128

15 속죄를 얻고자 하는 선물     137

16 살인자를 다루시는 하나님     142

17 들판에서 벌어진 즉석 재판     149

18 가인 후손과 셋 후손의 차이     154

19 가인과 셋의 7대손 비교     158

20 '네피림'의 정체 탐구     164


**3부
노아의
내력**

21 부패하고 포악한 시대의 노아     170

22 친히 창조하신 걸 멸할 정도면     176

23 믿고 순종하는 자, 구원받으리     181

24 '방주에서 나오라' 명하실 때까지     185

25 홍수 이후의 축복과 생명 보호법     190

26 70족속, 니므롯, 그리고 벨렉     205

**4부**
**족장의**
**등장**

27 여러 민족의 아버지 등장 212

28 하나님만 의지하도록 성별시키다 217

29 아브람의 국제전쟁과 멜기세덱 222

30 칭의와 언약체결식과 할례 230

31 아브라함의 접대와 소돔의 참상 238

32 아비멜렉의 꿈에 나타나셔서 246

33 어미 사라의 이스마엘 축출 251

34 강하게 하려고 검증하시다 258

35 사라의 죽음 이야기가 긴 이유 265

36 사라의 무덤을 구한 교섭 과정 277

37 아브라함 사후 족보의 비밀 289


**5부**
**계시의**
**진전**

38 이삭에게 반복된 불임의 이유 296

39 교회의 씨를 쟁취하려는 싸움 307

40 쌍둥이의 출생과 이삭의 족보 320

41 나그네일 때 오히려 강해진다 327

42 인간의 행동이 좌충수가 되다 332

43 선택에 걸맞는 언약과 규정 336

44 야곱의 급여와 드라빔 절도     341

45 축복을 향한 일념과 서원의 변화     349

46 에서와 야곱의 톨레도트     357

47 며느리와 시아버지 관계의 결과     365

**6부
성취의
모형**

48 요셉의 고난과 형통의 배후     372

49 감옥에 갇혀 있던 꿈 해석자     377

50 바로의 곤경과 한계의 해결자     382

51 요셉이 형들을 다루는 방식     387

52 요셉이 의도한 바의 첫 열매     398

53 요셉이 절하는 형들과 상봉하다     405

54 형들의 변화와 갈등의 해소     413

55 애굽에서도 나그네로 살기를     421

56 두 아들의 입적과 무덤의 예언     430

57 요셉이 말년에 붙잡고 산 것     438

The Bible
Genesis
Genesis
Genesis

1부

# 창조의 찬가

Genesis
Genesis
Genesis

2008년, 미국 대선의 열기는 너무나 뜨거웠습니다. 당시 한 토론회에서 있었던 일입니다. 사회자가 상대적으로 보수적 성향이라 알려진 정당의 대통령 후보에게 "진화론을 믿느냐?"라고 묻자 그 후보는 "그렇다"라고 대답했습니다. 사회자가 "그러면 패널로 나온 대통령 후보 중 진화론을 안 믿는 사람이 있는가?" 하고 다시 물으니 전체 참가자 10명 중 3명이 손을 들었습니다. 언론은 온통 "그 당이 이토록 시대에 뒤떨어져 있는데 어떻게 시민들에게 자유사상과 인권 의식을 고취할 수 있겠느냐!"라며 질타를 이어갔지요. 국민의 80퍼센트 이상이 하나님을 믿는다는 미국조차 이렇게 성경적 창조론을 부인하고 있습니다. 온 세상이 하나님을 대적하는 길로 나아가고 있습니다. 이런 마당에 창세기 1장 1절 말씀의 속뜻부터 다시 살펴볼 필요가 있습니다.

### בְּרֵאשִׁית בָּרָא אֱלֹהִים אֵת הַשָּׁמַיִם וְאֵת הָאָרֶץ

베레쉬트 바라 엘로힘 애트 하샤마임 바애트 하에레쯔

"태초에 하나님이 천지를 창조하시니라"라는 일곱 단어로 된 이 말씀은 온 우주와 인간의 근원을 설명해주는 장엄한 선포입니다. 우리는 아무것도 없던 상태에서 하나님이 말씀으로 천지를 창조하신 것을 믿습니다. 그러나 요즘엔 문법적으로 볼 때 '베레쉬트'(태초에)가 '무(無)에서의 창조'를 지지하지 않는다고 우기는 사람들도 있는 모양입니다. 그러나 문법이 전부가 아닙니다. 문법은 말보다 훨씬 뒤에 생겨난 것입니다. 그렇기 때문에 문법에는 항상 예외가 있기 마련입니다.

반면, 말은 때때로 문법을 초월하여 의미를 전달하기도 합니다. 대표적으로 시어(詩語)가 그렇습니다. 아니, "언어가 없고 들리는 소리도 없으나 그 소리가 온 땅에 통하고 그 말씀이 세계 끝까지 이르도다"(시 19:3-4a)라고 하지 않았습니까! 문법의 어떠함에 따라 우리의 고유한 신앙을 팽개쳐서는 안 됩니다.

## ✝ 몇몇 학자들의 문법적 억측

자유주의자들은 '태초에'를 '-의 시작에', 곧 연계형(連繫形)으로 읽어야 한다고 주장합니다. '베레쉬트'라는 말에 정관사가 없기에 (어떤 것을 기초로 연결 또는 생성되는 것을 말하는) 연계형으로 번역해야 한다는 것이지요. 그래서 '태초에'가 아니라 '…의 시작에'라고 번역해야 한다는 것입니다. 이러한 맥락에서 1장 1,2절을 연결해 번역하면 "하나님이 천지를 창조하기 시작하였을 때에 땅은 혼돈하고 공허하였다", 또는 1장 1-3절을 연결해서 번역하면 "하나님이 천지를 창조하였을 때에 … 그리고 땅은 혼돈하고 공허하였다. 그래서 하나님이 빛이 있으라고 말씀하셨다"가 됩니다. 앞의 두 번역을 살펴보면 1절은 독립적이고 완전한 주절(主節)이 되지 못하고, 오히려 2절 혹은 3절이 주절이 되면서 1절은 조건절(條件節)이 됩니다. 결과적으로 하나님의 천지창조가 무에서의 창조가 아니라, 기존에 어떤 물질이 있었다는 전제하에 첫 창조가 이루어졌으며, 첫 창조는 어둠에서 빛을 만든 것이라고 주장합니다. 이런 번역을 처음으로 한 사람은 '라쉬' (Rashi : 프랑스의 유대계 성서 주석학자, 본명: Rabbi Shlomo Yitz)였습니다. 미리 말하지만, 영 박사(Dr. Edward Joseph Young, 웨스트민스터신학교 구약학 교수)는 위의 번역 중 어느 하나라도 취할 경우 창세기 1장에 대한 전통적인 입장, 곧 무(無)에서의 창조를 거절하는 셈이 된다고 지적합니다. 만약 이런 번역을 따른다면, 하나님의 창조는 기존 물질에서 조형(造形) 내지는 구성(構成)하는 정도가 됩니다. 이렇게 읽으면 무에서의 창조가 부인됩니다. 라쉬를 비롯한 몇몇 학자들의 억측을 짧게 정리해보겠습니다.

라쉬는 전통적인 해석, 즉 창세기 1장 1절을 무에서의 창조를 의미하는 독립형으로 쓰려면 '베레쉬트 바라'(정관사 없음)가 아닌 '바리쇼나 바라'(정관사 있음)로 써야 한다고 주장합니다. "뒤에 따라 나오는 단어와 연결되지 않는 '레쉬트'는 성경 어디에서도 찾을 수 없다"며, 구체적 예로 예레미야서 26장 1절, 창세기 10장 10절, 신명기 18장 4절을 열거합니다. 결론적으로 '레쉬트'는 성경에서 독립형으로 사용되지 않는다는 것입니다. 레쉬트 뒤에는 언제나 다른 단어가 따라 나오기에 연계형이 된다는 주장입니다.

그런데 라쉬의 이런 주장에 어려움을 준 구절이 있습니다. 이사야서 46장 10절 "내가 시초부터(메레쉬트) 종말을 알리며"에서 '메레쉬트'는 뒤에 어떤 단어도 따라 나오지 않는 독립형(獨立形)으로 쓰였고 정관사도 없습니다. 라쉬는 연계형에 정관사가 붙지 않는다는 문법의 일반적 규칙뿐 아니라 정관사가 없는 연계형 형태를 가지는 독립형도 예외적으로 존재한다는 사실을 받아들이고, 창세기 1장 1절을 독립적인 완전한 문장으로 보아야 했습니다. 그러나 라쉬는 1절의 베레쉬트를 연계형으로 보기 위해 기어코 이사야서 46장 10절의 '시초부터'를 독립형에서 연계형으로 바꿉니다. 원문에는 없는 '사물의'라는 말을 첨가하여 '사물의 종말을 사물의 시작부터 고하면서'로 번역한 것입니다. 그리고 창세기 1장 1절을 '시작부터'(베레쉬트)가 아니라 '사물의 시작'(베레쉬트 다바르)이라고 주장합니다. 그는 이런 식으로 성경에 없는 말을 첨가하면서까지 창세기 1장 1절을 연계형이라고 주장한 것입니다. 그리고 그는 호세아서 1장 2절에 근거하여 하늘은 불과 물에서 비롯된 것이라며, 성경은 만물이 창조된 순서를 말해주지 않는다고 주장합니다. 그의 신학적 전제는 이렇습니다. 천지창조 이전에 물이 먼저 있었고, 하늘은 '1절 이전'의 물로 창조되었다는 것입니다. 때문에 '베레쉬트'는 독립형이 될 수 없다는 것입니다. 그의 주장은 문법적 근거가 아니라 그의 신학적 배경에서 비롯된 것입니다.

랍비 아이븐 에즈라 역시 하늘은 단지 '궁창'일 뿐이고(8절) 땅은 '마른 땅'을 의미하며(9절), 2절의 물은 이것 중 어느 하나에도 속하지 않기 때문에, 2절의 물이 1절 창조 이전에 이미 존재하고 있었다고 주장합니다. 그에게 진짜 문제가 된 것은 베레쉬트를 연계형으로 보려는데 '정동사'가 나타난 것입니다. 그것이 연계형 뒤에 오기 때문이지요. 그래서 정동사 '바라' 대신 부정사 '베로'로 고쳐 읽었습니다. 라쉬나 에즈라는 연계형 뒤에도 정동사가 올 수 있다는 예들을 인정하면서도, 자신들의 주장을 뒷받침하기 위해 본문에 없는 말을 더하거나 수정한 것입니다.

만약 '베레쉬트'가 연계형이라면, 히브리어에 엑센트는 없어야 합니다. 그러나 본문의 '베레쉬트'에는 분리 엑센트라고 하는 '티프카'('쉰'과 '요드' 밑에 있는 사선 형태의 조그마한 선)가 나타납니다. 이것은 라쉬나 에즈라의 주장과 달리 '베레쉬트'가 독립형이라는 근거가 되어 무에서의 창조를 지지하게 됩니다. 그렇다고 보수주의 진영에서 '이 엑센트가 베레쉬트가 독립형이라고 뒷받침하는 근거'라고 주장하지는 않습니다. 왜냐하면 영 박사가 말한 대로 이런 부호를 넣은 마소라 학자들도 틀릴 수 있기 때문이지요. 그러나 적어도 전통적인 입장, 즉 '무에서의 창조'를 지원해주는 독립형이라는 사실을 뒷받침하는 것이기는 합니다. 따라서 엑센트의 유무가 무에서의 창조에 아무런 지장을 주지 않는다고 저는 믿습니다. 참고로 연계형에도 분리 엑센트가 있습니다만(예: 창 2:12의 '금은'; 2:17의 '나무의') 의미 변화가 크지는 않습니다.

## ✝ '무'에서의 창조를 고백하느냐 아니면 부인하느냐

연계형을 주장하는 자들은 그 문장에 정동사가 사용되지 않는다고 보기 때문에 정동사 '바라'를 부정사 '베로'로 바꾸어 읽습니다. 하지만 연계형에 정동사가 사용되는 경우도 성경에는 많습니다(참조, 레 14:16; 삼상 5:9; 25:15; 시 16:3; 58:9; 81:6; 사 29:1; 호 1:2). 이렇듯 문법에는 언제나 예외가 있기에, 우리는 최대한 정직하게 문법을 살펴 우리의 믿음을 지켜야 합니다. 문법에는 예외가 있지만, 성경의 전체적 진리는 우리의 정통 고백을 지지하고 있습니다.

자유주의자들은 문법 구문을 들어 자신들의 주장에 정당성을 더하려고 합니다. 게다가 자신들의 주장에 걸림돌이 되는 성구들이 등장하면 억지로 변경해서라도 정당성을 부여하려 합니다. 저들이 철석같이 내세우는 문법 구문 역시 저들이 억지를 세우기 위한 방편일 뿐입니다. 이러한 사상에 오염되어 라쉬의 견해를 따르는 자유주의 학자들이 오늘날까지 있습니다. 많은 번역본들과 〈American Translation〉, 〈The Torah〉, 〈RSV〉와 AV의 각주, 제임스 모팻, 딜만, 궁켈, 스키너, 스페이저 등이 이에 해당됩니다. 이 중 스페이저의 번역을 그대로 옮겨보겠습니다. "하나님께서 천지를 창조하실 때, 세상은 혼돈한 쓰레기였고, 바다에는 어둠이 있었으며, 엄청난 바람만이 물 위를 쓸고 있었다. 하나님께서 말씀하셨다. '빛이 있으라.'" 이것은 라쉬의 주장처럼 정확하게 '기존 물질에서의 창조'를 의도하는 번역입니다.

자유주의자들만 이렇게 주장하는 것은 아닙니다. 보수주의를 자처하면서도 물질에서의 창조를 주장하는 자들이 있습니다. 이들은 2절의 '였다'(하예타)를 과거완료로 해석하여 1,2절을 "하나님은 하늘과 땅을 창조하셨다. 이때 땅은 형체 없이 공허했다"로, 그리고 같은 의미를 조금 다르게 "하나님이 천지를 창조하실 때, 땅은 형태 없이 공허했다…, 하나님께서 말씀하셨다…"라고 번역합니다. 하지만 이 사상 역시 창조 이전에 기존의 물질이 있었고, 창조를 통해 선재(先在) 물질이 변화했다는 사상을 반영하고 있다는 사실을 명심해야만 합니다. 이렇게 번역하는 자들이 소위 '격차 이론'이라 불리는 이론가들입니다.

그들이 가진 허점을 살펴봅시다. 먼저 2절 같은 카오스 상황이 창조자이신 하나님의 손에 의하여 만들어질 수 있느냐는 것입니다. 오늘날의 지질학 연구에 의하면 지구의 나이가 오래되었기에, 그들은 자기 주장에 성경을 맞추기 위해 1절과 2절 사이에 긴 시간의 간격을 두었습니다. 그리고 3절에서 '재창조'가 있었다고 주장하기 때문에 기존 물질에서의 창조를 인정하는 격이 됩니다. 간단하게 정리하면 1절에서 창조가 있었고, 2절 이후에 재창조가 있었다는 것인데, 그 사이에 온갖 가능성, 곧 천사 창조와 타락, 빙하시대 같은 것을 끼워 넣습니다. 그들의 주장이 옳다면 히브리어 보통 구문이 '그리고+동사+주어' 형태를 띠어야 하지만, 성경 분문은 '그리고+주어+동사' 형태를 띠고 있기에, 2절은 1절의 상황을 설명하는 역할을 합니다. 2절은 하나님이 땅을 존재하도록 할 때의 상황을 설명하고 있습니다. 1-3절은 하나의 창조를 말하고, 창조가 지향하는 방향은 사람(이스라엘)이 거주할 땅을 중심으로 하는 역사입니다.

이와 같이 '태초에'라는 단어의 문법상의 문제를 다루다 보면 결국은 전통적 신앙고백, 곧 '무에서의 창조를 고백하느냐 아니면 부인하느냐'라는 신학적 문제가 도사리고 있습니다. 성경 비평학자인 궁켈(Hermann Gunkel, 1862-1932, 독일 개신교 구약학자)은 "1절이 독립절이냐 아니냐 하는 것은 구문상의 문제이기에 양쪽 모두의 가능성이 있지만, 그것보다 더 중요한 것은 신학적인 문제이다"라고 말합니다. 그러나 문법적으로 가능하다고 해서 양다리를 걸치면 우리의 신앙은 혼돈에 빠집니다. 따라서 〈RSV〉처럼 별주(別註) 란에 연계형의 가능성을 열어주는 번역을 제시할 필요가 없습니다.

## ✛   창조 신앙의 근본

〈창세기 주석〉(2001)을 쓴 브루스 월키(Bruce K. Waltke; 구약과 히브리어 분야에 능통한 미국의 개혁주의 교수)는 '바라' 동사가 반드시 무에서의 창조를 의미할 필요는 없다고 밝힙니다. 1절이 잘 정돈되고 완성된 창조를 요약하고 있는데, 어떻게 2절에서 부정적인 상태, '카오스'를 만들 수 있느냐는 뜻입니다. 성경 어디에도 하나님이 2절의 '완성되지도 않고 어둡고 물이 있는 상태를' 존재하게 했다는 언급이 없기 때문입니다. 2절이 불길한 무언가를 말하는 것은 아니지만, 그렇다고 좋은 것이라고 할 수도 없습니다. 빛과 질서의 속성을 가지신 하나님이 어떻게 흑암, 혼돈, 생명이 없는 상태를 창조할 수 있겠습니까? 거룩하신 하나님은 그런 상태를 존재하게 할 수 없다고 말합니다. 더욱이 그는 시편 33편 6,9절과 히브리서 11장 3절에서 하나님이 말씀으로 세상을 창조하셨다고 기록하는 만큼, 실제 창조는 '하나님이 이르시되'로 시작하는 창세기 1장 3절에서 이루어졌고, 마지막 때에 창세기 1장 2절이 언급하는 것과 같은 '바다'나 '흑암' 같은 부정적 요소가 완전한 코스모스(세상)에서 치워질 것(계 21:1,25)이라고 말합니다. 따라서 2절의 불완전한 상태는 하나님의 창조 활동의 결과가 아니라는 것입니다. 2절은 상황절(狀況節)이지만 1절에 관련된 것이 아니라 3절에 종속되는 것이지요.

그러면 윌키는 2절을 어떻게 이해하고 있을까요? 그에게 2절은 1절의 창조와 대립하는 존재입니다. 그는 1절에 기술된 것이 원래의 창조가 아니고 2절에 존재하는 원 물질을 재창조하는 것으로 이해하고 있습니다. 그가 '물질영원설'을 믿는 것은 아니지만 '태초에' 물질이 존재한 것으로 인정하는 격이 됩니다. 태초에 하나님이 천지를 조형한 것으로 보는 것입니다. 그의 이런 입장은 35년이 지나서 쓴 〈창세기 주석〉에서도 변하지 않은 것으로 보입니다. 그는 자신의 창세기 주석에서 2절의 표제를 '창조 이전 지구의 부정적 상태'라고 붙였습니다. 그리고 이 지구가 생명을 생산하지 못하는 형편에 대해 "연대기적으로 이것은 1절 이전의 지구 상태를 서술하여야만 한다"라고 말합니다. 그가 창세기 1장 2절의 '흑암이 있다'라는 표현을 하나님이 말씀으로 흑암을 존재하게 했다는 '하나의 신비'라고 설명하는데, 이는 '빛도 짓고 어둠도 창조했다'라는 이사야서 45장 7절의 말씀에 반하는 것입니다. 그 자신도 이 말씀을 의식해서일까요? 2절의 흑암을 '악과 죄악을 상징하는 것'으로 해석해버리고 흑암의 물질적 실재를 인정하지 않습니다.

누룩이 악을 상징하는 예시가 될 수는 있겠지만 누룩이라는 물질 자체를 혼돈해서는 안 됩니다. 어두움이 있기에 낮과 밤을 이루는 하나님의 조화가 있지 않습니까! 그러기에 이 모든 창조물에 대해서 하나님은 보시기에 '좋았다'고 하시는 것입니다. 그리고 그는 1절을 주해하면서 "하나님의 창조는 그의 측량할 수 없는 능력과 힘, 그의 놀라운 상상력과 지혜, 그의 불멸성과 초월성, 궁극적으로는 신비 가운데 유한한, 죽어야 할 숙명을 향한다"라고 합니다. 이 말은 월키가 죽음을 타락 이전부터 존재한 하나의 자연적 숙명으로 이해하고 있다는 것을 반증합니다.

우리는 사람에게도 자연에게도, 죽음이 온 것이 죄의 결과인 것을 믿습니다. 창세기 1장 2절이나 시편 104편 29-30절이 말하는 창조가 죽음의 필연성을 말한 것은 아닙니다. 인용된 시편은 창조 때의 전능한 능력을 말하려는 것이지, 창조에 죽음이 있었다는 것을 추정하는 근거가 아닙니다.

그의 창세기 저술을 살펴보면 견해가 다소 변한 것 같은 느낌을 줍니다. 이전의 기록에서는 2절에 등장하는 지구의 상황을 근동 문헌들처럼 '카오스'로 보았던 반면, 창세기 주석에서는 '비생산적이고 사람이 살지 않는 곳'으로 변화된 사실을 발견할 수 있습니다. 아마도 데이비드 츠무라(David Toshio Tsumura, 일본 성경신학교 교수)의 영향을 받아 카오스에 대한 견해가 다소 바뀐 것이 아닌가 생각합니다. 이는 2절의 바른 본문 이해를 향해 진일보한 태도로 보입니다.

결론으로, '태초에'의 번역이 중요합니다. '태초'를 완전한 무(無)의 상태로 보지 않을 경우 창조주로서 하나님의 권위를 부인하는 결과가 되며, 이는 창조 신앙의 근본이 사라지게 합니다. 창세기를 공부하기에 앞서 '태초에'의 번역 이해가 중요한 이유입니다.

# 하나님만
# 주어가 되는 동사

창세기의 저자 모세는 창세기의 첫 문장에서 무엇을 이야기하고 싶었을까요? 그는 '베레쉬트'(בְּרֵאשִׁית)와 '바라'(בָּרָא) 두 단어의 자음에 두운법을 이용하여 무에서의 창조를 증거하려 했습니다. 그래서 모세는 특별히 '베레쉬트'라는 단어를 선택했고, 바로 다음에 나오는 단어로 '바라'를 선택한 것입니다. 같은 자음으로 시작하는 두 단어를 연결하여 두운법을 통해 무에서의 창조를 효과적으로 나타낸 듯합니다.

모세가 하나님의 영감으로 동사 '바라'를 특별히 골랐다고 보는 이유는 당시 고대 근동에서 이 동사를 쓴 예가 없기 때문입니다. 고대 근동의 신화에서 창조란 기존 물질에서 비롯되는 것이기 때문에, 고대 근동에서 '창조'를 의미하는 단어는 기존 물질에서의 창조를 전제로 합니다. 이러한 연유로 고대 근동의 문화에서는 '바라'의 의미를 알 수 없기 때문에 결국 성경의 용례를 살펴볼 수밖에 없습니다. 그 결과는 다음과 같습니다.

이 동사의 주어는 오직 하나님이십니다. 성경에는 '바라'와 같은 뜻을 가진 동사들, 예컨대 아사(사 45:18), 야찰(사 45:18), 파알(출 15:17), 쿤(잠 8:27), 바나(창 2:22)와 같은 동사들은 그 주어가 하나님이 될 수 있고 사람이 될 수도 있습니다. 그러나 바라 동사만은 오직 하나님만을 주어로 취합니다. 신적 동작을 의미하는 동사인 것입니다. 이 동사의 사용에서, 기존 물질을 사용해 창조한 경우가 없으니, 창조된 결과의 소산은 새로운 것이며, 경이로운 것이며, 의외의 것입니다.

성경 단어의 뜻은 일차적으로 문맥이 결정합니다. 창세기 1장 1절의 '바라'는 다른 어떤 구절과 비교할 수도 없이 성경의 제일 첫 절에 나오는 단어인데, '바라'의 결과, 1장에 나오는 엄청나고도 경이로운 우주가 탄생한 것입니다. '바라'와 연관되는 앞말이 있다면 오직 '태초에'라는 말뿐이니, 그 뜻은 창조로 특징지어지는 '시작'이라는 뜻입니다. '바라' 동사의 목적격을 나타내는 말이 있기는 하지만, 목적격을 창조하기 위해서 어떤 물질도 사용하지 않으셨습니다. 사람이 땅의 먼지에서 만들어졌다(2:7; 야짜르)라고는 하지만, 여기서 '바라' 동사가 사용되지는 않았습니다.

모세는 이런 특유한 의미를 가지는 '바라' 동사를 바로 앞의 말 '베레쉬트'와 연결하여, 두운(頭韻)을 이용하여 당시 히브리어로 표현하기 어려웠던 '창조'의 의미를 표현했습니다. 더불어 아무것도 없는 데서 세상을 창조하시어 시작하신 분은 하나님 외에 아무도 없다는 진리를 나타내고자 하였습니다. 태초, 그것은 요한복음 1장 1절의 태초와 맞먹는 의미로서, '시작은 창조적 행동으로 말미암았다'라고 선언한 것입니다!

## ✞ 1장 1-3절 사이의 상호 관계

월키는 1절의 '천지'와 2절의 '혼돈과 공허'가 서로 대립되는 구도를 형성하여, 2절의 흑암과 깊음이 창조 전에 존재하였고, 1절은 하나님의 창조 행위가 아닌 1장 1절에서 2장 3절에 걸쳐 진행되는 사건의 표제, 즉 창조 사건의 '요약 서술'(Summery Statement)이라고 봅니다. 그래서 그는 3절 이하를 '2절 상태의 재형성'으로 봅니다. 또한 1절의 '태초에'라는 표현을 '여섯 번째 날 전의 어떤 것도 아니고 첫날의 일부도 아니다'라고 주장합니다. 이렇게 되면 1절은 하나님의 창조 행위가 아니면서, 동시에 2절과는 아무런 관련이 없어지게 됩니다. 그는 이렇게 2절을 1절과 연관시켜 해석하지 않고 3절과 연결해나갑니다.

그러나 1절은 단순한 표제나 요약적 서술이 아닌, 창조 이야기의 본질적인 한 부분입니다. 그 이유는 ① 1절은 표제가 아니라 창조 이야기의 구성을 이루는 말입니다. ② 2절에 처음 나오는 말인 '베하아레쯔'(그리고 그 땅)의 접속사 '그리고'(베, וְ)는 표제에 부쳐질 수 있는 말이 아닙니다. 출애굽기 첫 마디가 '그리고'로 시작하는 이유도 출애굽이 창세기에 이어지는 사건이라는 뜻입니다. ③ 2절이 '그리고 그 땅'으로 시작한다는 것은 이미 땅이 존재한다는 것을 전제하는데, 바로 1절의 창조를 이어받아 하는 말입니다. ④ 1절에서는 '천지를 창조하시니라'라고 서술하여 땅보다 하늘 앞에서 언급한 반면, 2절에서는 하늘을 언급하지 않고 땅만 언급하여 땅에 관계되는 모든 부속물이나 해·달·별들로 그 대상을 확장해나갑니다. 이로 보건대 1절은 창조 이야기의 중요한 한 부분이고, 2절은 하나님의 창조 활동이 가져온 물질의 상태를 말하지만, 조형하는 활동은 아직 시작하지 않았다는 말입니다. 그리고 2절은 1절에 이어 등장하는 상황절입니다. 동시에 3가지 상황을 진술하고 있는 것입니다.

그리고 그 땅이 혼돈하고 공허하며(바보후, וָבֹהוּ)

그리고 흑암이 … 깊음 위에

그리고 여호와의 신이 수면에 운행하시니라(메라헤페트, מְרַחֶפֶת)

상황절은 주절의 동사에 영향을 받습니다. 상황절은 이야기의 전개에 새로운 사실을 소개하는 것이 아니라 그 상태를 진술하는 성격을 가지고 있습니다. 따라서 상황절은 주동사(여기서는 1절의 바라)와 동시적이거나 주 사건들이 계속되는 것을 나타냅니다. 특히 상황절에 '…이다'(하야)가 나올 경우 단순히 이어주는 역할을 하는 정도가 아니라, 주어(여기서는 2절의 땅) 의 특징을 온전히 설명하려는 특징을 지닙니다. 이렇게 2절은 1절과 떼려 야 뗄 수 없는 창조 이야기의 일부입니다. 표제나 요약이 아니라는 말입니 다(주절이 나오고 '하야' 상황절이 나오는 창세기 1장 2절과 비슷한 예는 사사기 8장 11절과 요나서 3장 3절을 참조하기 바랍니다).

그러면 2절은 3절과 어떤 관계가 있을까요? 영 박사는 상황절이 주절보 다 먼저 나오는 경우가 성경에 많이 있다며 예들을 제시합니다. (창 38:25; 민 12:14; 수 2:18; 삼상 9:11; 왕상 14:17; 왕하 2:23; 6:5,26; 9:25; 욥 1:16; 사 37:38 등이 이에 해당합니다.) 반드시 주절의 동사가 정동사(완료형이나 미완료 형)일 필요는 없고, 창세기 3장 3절에서 처음 나오는 '그리고 이르시되'(바 요메르, וַיֹּאמֶר)와 같이 바브(ו) 연계형도 될 수 있다고 합니다. 따라서 2절의 상황이 3절의 '빛이 있으라고' 하나님이 명령할 때까지 그 상태로 있었던 것이 되지만, 그 기간이 순간적인 것인지 아니면 수개월 혹은 수년이 됐는 지는 알 수 없습니다.

분명한 것은, 하나님이 오늘날 우리가 사는 지구를 조형하시기 전 지구 의 모습은 루터가 말한 대로 '거칠고 형태가 없는 덩어리', 칼빈의 말로는 완전한 세상이 아닌 '텅 빈 카오스', '소화되지 않은 덩어리'였다는 것입니 다. 이런 덩어리에 질서를 부여하고 채워가는 하나님의 창조 활동이 전개 되었습니다. 그러니 '혼돈하고 공허했다'는 말은 뒤죽박죽의 무질서 덩어리 라는 뜻이 아닙니다. 하나님의 통치 밖에 있다는 의미의 카오스도 아닙니 다. 그렇다고 해서 사람이 살 수 있는 땅도 아직은 아니었습니다. 영 박사는 이 상태에 대해 이렇게 얘기했습니다. "따라서 지구는 황량함이자 폐허로 묘사되었다. 이는 어지럽거나 뒤죽박죽이라는 의미에서 혼돈한 덩어리라고 묘사되는 것이 아니다. 단순히 사람이 살 수 있는 것이 아니었고, 사람을 위해 준비된 것도 아니었다."

성령은 깊음과 어둠 위에서 떠나지 않고 지배하고 계십니다. 그 땅은 조잡하지만, 여전히 성령이 통치하는 땅입니다. 이렇게 볼 때 1절과 2절의 땅 개념은 서로 다를 수 없습니다. 게르하르드 알더스(Gerhard Charles Aalders, 화란의 구약학자)도 1절의 '천지'에 대해 '잘 정돈된 우주를 뜻하는 것이 아니라 하나님이 오늘의 형태로 조성할 작업을 하기 전의 세상의 상태'라고 했습니다.

하나님의 첫 땅은 황량하고 공허했습니다. 그러나 곧 사람이 살아가고, 범죄하여 고난당하거나 죽기도 하는, 그리고 예수님이 십자가에 못 박히고 살아나셔서 다시 오실 땅으로 조성해가실 것입니다.

"… 하늘을 창조하신 이 그는 하나님이시니 그가 땅을 지으시고 그것을 만드셨으며 그것을 견고하게 하시되 혼돈하게 창조하지 아니하시고 사람이 거주하게 그것을 지으셨으니 나는 여호와라 나 외에 다른 이가 없느니라"(사 45:18).

## ✝  '베레쉬트'가 첫 단어인 까닭

창세기 1장을 비롯한 온 성경이 '하나님'만을 나타내고 강조하고자 했다면 강한 효과를 주기 위해 성경 첫 마디에 하나님의 이름이 먼저 나올 법도 한데, 왜 '태초에'(시작에, 베레쉬트)라는 단어를 성경 서두에 두었을까요? '태초에'란 단어를 성경 서두에 둔 모세의 의도는 "시작이 있으면 끝이 있고, 미래 역시 하나님께서 과거에 인도하신 역사에 비추어 기초를 놓아야 한다"라는 걸 전하는 데 있습니다. 모세는 '역사'까지도 알파와 오메가 되신 하나님이 잡고 있다는 사실을, 시간 속에서 날마다 힘겹게 살아가는 광야 여정의 독자들에게 보여주고자 했습니다.

'태초에'라는 말은 서열상 제일 먼저를 의미하는 것이 아니라, 역사(시간)상의 태초, 만물의 시작을 의미합니다. 영원에서부터 역사의 시작입니다. 그러기에 성경은 천지의 역사(톨레도트)로 시작해서 창세기의 열 족보(톨레도트)로 이어져 역사의 마지막, "주여 어서 오시옵소서!"까지 진행되고 있습니다. 성경 저자는 역사의 시초에 하나님이 창조하신 역사가 오늘까지도 계속 진행되고 있다는 사실을 밝히면서, 마지막에는 종말이 있고, 동시에 종말도 낙원의 시초가 된다는 것을 알려 주기 위해 '베레쉬트'라는 단어를 의도적으로 선택했습니다.

① 창세기(오경)의 저자는 '베레쉬트'(태초에)라는 단어를 반의어인 '아하리트'(역사적 훗날, 종말)와 비교하기 위해 계획하여 선택하였습니다. 창세기에 '처음'이라는 뜻의 단어는 '베레쉬트' 외에도 '바테히라'(창 13:3; 41:21; 43:18,21)와 '바리쇼나'(창 13:4; 28:19; 38:28)가 등장합니다. 이것들은 다 서열상의 수를 의미하고, 시간을 의미하는 베레쉬트는 창세기 1장 1절에만 유일하게 나오면서 아하리트와 대조를 이룹니다. 따라서 창세기 저자는 '베레쉬트'를 성경의 첫 단어로 선택할 때 마지막 종말의 날을 염두에 두고 선택한 것입니다. 그리고 보면 이사야 선지자가 "내가 시초(메레쉬트)부터 종말(아하리트)을 알리며 아직 이루지 아니한 일을 옛적부터 보이고 이르기를 나의 뜻이 설 것이니 내가 나의 모든 기뻐하는 것을 이루리라 하였노라"(사 46:10)라고 한 말씀은 창세기 1장 1절을 염두에 둔 것으로 보입니다.

② 베레쉬트가 아하리트와 관련하여 선택되었다는 것을 보여주는 또 다른 증거는 창세기나 오경의 구조에서 발견할 수 있습니다. 오늘날 성경의 단일 저작성은 성경이 구성된 구조만 보아도 증명할 수 있습니다. 오경에

는 '서사(narrative) – 시문 – 결어' 식의 짜임새가 자주 나타나는데, 창세기 말미(49,50장)와 오경의 말미(신 32-34)에 나오는 시문(時文)들이 '아하리트'(후일에)라는 단어로 프레임이 짜여 있습니다(창 49:1; 신 31:29). 이는 오경의 저자가 창세기 1장 1절의 '베레쉬트'라는 단어를 선태할 때 '아하리트'(훗날)를 내다보고 썼다고 추측할 수 있게 합니다. 모세는 창세기나 오경의 말미에 나오는 단어를 통해 과거의 역사를 회고하면서 미래를 내다본 것입니다. 즉, 과거에 하나님이 인도하신 것처럼 미래 역시 하나님이 인도하실 것이라는 확신을 갖는 것입니다. 내일 우리 인간이 실패할 것이 확실해 보이지만, 그럼에도 과거에 하나님이 인도하셨으니 내일 또한 소망을 갖자는 종말론, 마지막 일들도 처음 것들과 같이 하나님의 손에 있을 것이라는 소망입니다.

모세가 자신의 글을 마무리하면서 광야 생활의 시간 동안 고통당하는 자들에게 '역사의 마지막 일들도 처음 것들과 같을 것'이라고 격려하는 것을 우리는 볼 수 있습니다. 아니, 죄악의 터널을 지났기에 새 하늘과 새 땅은 더 좋은 것으로 느낄 수밖에 없습니다. 이러한 소망을 주기 위해 저자는 일부러 '베레쉬트 … 아하리트' 구조를 짠 것입니다. 그러니 창세기 말씀은 단순히 창세기 문맥뿐 아니라 오경과 전 성경을 배경으로 두어야만 이해되는 계획적이고 기초적인 말씀입니다.

## ✝ 성경에서 두 번째로 등장하는 '선택된' 단어

성경에서 두 번째로 등장하는 단어는 '바라'(창조하다)입니다. 모세는 하나님이 무엇을 만드실 때 '바라'만 사용한 것이 아니라, '아사'(만들다)도 사용합니다. 출애굽기 20장 11절은 "여호와가 하늘과 땅과 바다와 그 가운데 모든 것을 만들고(아사)"라고 합니다. 그렇다고 창세기와 출애굽기가 각각 다른 사건을 말하는 것은 아닙니다. 특히 모세는 사람을 만들 때 세 가지의 각기 다른 동사를 사용했습니다. "우리가 사람을 만들자"(1:26, 아사)라고 하면서 "하나님이 사람을 창조하였다"(1:27; 바라)라고 하는가 하면, "여호와 하나님이 사람을 지으시고"(2:7; 야찰)라고도 했습니다. 다른 장면에서는 "하나님이 바다의 큰 물고기를 창조하셨다"(1:21; 바라)라고 하는 반면, "땅의 짐승을 만드셨다"(1:25; 아사)라고 합니다. 이로 보건대 하나님이 천지를 창조하실 때 모세는 서로 다른 단어를 병용했다는 사실을 알 수 있습니다. 그럼에도 '바라' 동사는 언제나 오직 하나님, 아니면 여호와만을 주어로 취한다는 것입니다. 사람의 행동을 나타낼 때는 한 번도 쓰인 적이 없습니다. 이유는 간단합니다. 사람은 '무'로부터 무언가를 창조해낼 수 없고, 오직 기존 물질에서만 무언가를 만들 수 있기 때문입니다. 그래서 하나님이 주어가 되는 '바라' 동사가 문장에 나올 때는 재료를 이용해서 창조한다는 내용이 없습니다.

세상에는 많은 신들이 있지만 하나님처럼 무(無)로부터 세상을 만들어낸 신은 아무도 없습니다. 예레미야 선지자는 이렇게 외쳤습니다. "천지를 짓지 아니한 신들은 땅 위에서, 이 하늘 아래서 망하리라"(렘 10:11). 그리고 시편 기자는 "만국의 모든 신들은 우상들(헛것)이지만 여호와께서는 하늘을 지으셨음이로다"(시 96:5)라고 선포했습니다. 우리 또한 세상을 향해 이렇게 선포해야 하겠습니다.

물론 성경에는 '무에서의 창조'라는 말이 명백하게 나타나지 않습니다. 오히려 외경인 마카비서에 등장하지요. "얘야, 너에게 당부한다. 하늘과 땅을 바라보고 그 안에 있는 모든 것을 살펴보아라. 그리고 하느님께서, 이미 있는 것에서 그것들을 만들지 않으셨음을 깨달아라. 사람들이 생겨난 것도 마찬가지다"(마카비 후 7:28; NAB). 그러나 우리가 이 진리를 믿는 것은 한 구절의 말에 좌우되는 것이 아닙니다. 성경의 계시가 그러하기 때문입니다. (사 48:13; 시 33:6,9; 148:5; 시 90:2; 잠 8:22를 읽어보시기 바랍니다.)

어떤 이는 '창조하다' 동사를 과거완료형으로 번역하기도 합니다. 그러나 이는 하나님이 의도하신 바가 아니라고 생각합니다. 그렇게 되면 마치 옛날 옛적 호랑이 담배 피우던 시절, 창조설에 대한 이야기가 있었다는 신화의 하나처럼 받아들일 수 있기 때문입니다. 태초에 하나님이 세상을 창조하신 목적은 오늘의 역사와도 관련되고, 내일 이루어질 역사와도 관련됩니다. 과거에 하나님이 행하신 일은 오늘 행하신 하나님의 일과도 연관되지만, 이 모든 것은 결국 미래를 지향하게 됩니다. 시간의 역사 안에서 이루어진 모든 존재는 하나님으로 말미암아 이루어진 것이지만, 이것이 과거의 것이든 오늘의 것이든, 종국에는 미래를 향하게 되는, 시간을 초월하려는 성질이 있습니다. 이 모든 것이 '바라', 이 하나의 단어에서 비롯됩니다. 우리는 이 강력한 힘의 근원을 알아야 하겠습니다.

## ✝ 삼위일체 복수 명사에 단수 동사

태초에 '엘로힘'(하나님)이 천지를 창조하시니라. "베레쉬트 바라 엘로힘." 이것은 성경이 처음부터 선포하는 말씀입니다. 먼저 '하나님'의 존재를 우리에게 선포하는 것이지요. '어떤 하나님이 있었는데' 하는 식의 가정을 하거나, 없는 신을 인간이 상상하는 시시한 말이 아닙니다. 우리에게 선포된 하나님은 '엘로힘'이라고 하는, 능력이 많으신 하나님이십니다. 여기서 선포된 엘로힘이 바로 역사를 창조하십니다.

엘로힘(אֱלֹהִים, 단수는 엘 혹은 엘로하)이라는 복수명사 주어가 어떻게 단수 동사를 취할 수 있냐는 질문에서 시작하여 엘로힘의 의미에 대한 연구가 무수하게 이루어졌습니다. 주경학자 딜만은 단수 엘 혹은 엘로하가 '능력', 복수인 엘로힘이 '능력들'이라고 말합니다. 올브라이트는 엘을 '강한'으로, 쾨닉은 엘로힘을 '두려움 – 흘러 들어오는 존재, 곧 신성에 대한 경외'라고 봅니다. 프록쉬는 단수 엘을 '매는 능력, 명령하고 금령하는 거룩한 속박'으로, 복수 엘로힘은 '내뻗는 능력'이라고 이해하면서 '확장의 … 복수'라고 했으며, 짐머만은 '보호하는 혹은 지배하는 자'로 보고 수동태적 의미를 '관계를 가지는 자, 언약을 맺는 자'라고 봅니다. 이처럼 많은 학자들이 엘로힘을 다양한 시각으로 정의합니다.

물론 이스라엘 백성들은 하나님이 아닌 다른 신들(가나안의 엘 신, 또 복수형으로 나오는 아스다롯, 아나토트 등)도 알았을 것입니다. 그러나 그 신들이 먼저 이스라엘 백성을 찾아온 것이 아니라, 이웃 나라의 이방인들을 통해 그 신들을 알았을 것입니다. 반면 '엘로힘'은 자신의 백성들에게 계시되었고 먼저 찾아가셨기에, 이스라엘 자신의 의지와 상관없이 알게 한 이름입니다.

'엘로힘'이 복수명사이긴 하지만, 엘 하나님이 따로 있고 엘로힘 하나님이 따로 있는 것은 아닙니다. 그런 접근은 매우 다신론적이지요. 복수 명사인 '엘로힘'에 단수 동사가 쓰인 것으로 보아 우리는 이스라엘 백성이 그분을 '한 하나님'으로 받아들였던 것이라고 짐작할 수 있습니다. 물론 하나님의 백성들이 '엘로힘'이라는 단어를 사용한 것은 이방 신들 각각이 가지는 모든 기능을 엘로힘 하나님 한 분이 다 가진다는 개념이 반영되었기 때문일지도 모르겠습니다. 그러나 분명한 것은 이스라엘의 하나님 '엘로힘'이 다른 신들과 다르게 신의 의지로 계시해 알려졌다는 것입니다.

창세기에 처음 나오는 '엘로힘'은 어떠한 언어학적 혹은 종교사학적 연구 없이, 계시 말씀의 초장부터 하나님이 얼마나 크신 능력자이신지를 나타냅니다. 보수 성향의 학자로 알려진 데렉 키드너(Derek Kidner, 케임브리지 틴데일 하우스 학장)는 창세기 1장의 총 서른한 절의 말씀이 엘로힘을 무려 서른두 번이나 부르기에, 하나님께로부터 우리의 눈이 떼질 수 없다고 말합니다. 전능한 주권자로서 말씀하시고, 말씀하시면 그대로 되는, 엄청난 우주의 힘보다 강한 역사가 일어나니, 그것도 우리에게 이롭게 하시기 위해 역사하시니, 얼마나 좋으신 엘로힘 하나님이신지 모릅니다. 이러한 연유로 혹자는 '엘로힘', 이 복수 명사를 '장엄 혹은 주권 복수'라고 말하기도 합니다. 이 엘로힘 하나님이 우리가 믿는 삼위일체 하나님이십니다.

## ✝ 창조 신앙에서 삼위일체 하나님이 부인될 수 없다

하나님은 처음부터 우리에게 '삼위일체' 같은 이해하기 어려운 계시의 말씀을 하지 않으십니다. 그러나 창세기에는 미래에 일어날 일들이나 계시 내용이 많이 숨겨져 있습니다. 계시사(啓示史)를 통해 서서히 밝혀지며, 성도들이 체험하는 과정을 겪습니다. 그렇다면 이 엘로힘은 우리가 믿는 삼위 하나님이십니다. 창조는 이 삼위 하나님이 그 창조 사역에 다 함께 동참하셔서 하신 일입니다(창 1:1,2; 요 1:1-3; 골 1:15-17; 히 1:1-3). 이런 엘로힘, 한 분이신 삼위일체 하나님이 천지를 창조하셨습니다.

천지는 모든 것, 온 우주를 뜻합니다. 엘로힘 하나님은 이 삼라만상을 그분의 능력으로, 그분의 말씀으로, 그분의 지혜로 창조하시되, 질서 있게, 그리고 목적이 있게 창조하셨습니다. 그러기에 하나님은 모든 것에 소유권을 가지십니다(신 10:14; 시 24:1,2). 모든 것이 하나님 안에서만 목적을 가집니다(잠 16:4; 롬 11:36). 모든 것은 그분의 영광을 위해 존재해야 합니다.

때문에 창세기의 다음 계시에는 하나님께 영광 돌릴 봉사자들, 곧 사람이 등장합니다. 이런 창조 신앙에서 하나님을 부인하는 그 어떤 사상들(무신론, 범신론, 다신론, 인본주의, 진화론, 유출설 등)도 용납될 수 없습니다. 오직 창조주 하나님께만 영광을 돌려야 합니다. 신자는 천상의 성도들과 같이 이렇게 합창을 해야 합니다.

"우리 주 하나님이여 영광과 존귀와 권능을 받으시는 것이 합당하오니 주께서 만물을 지으신지라 만물이 주의 뜻대로 있었고 또 지으심을 받았나이다"(계 4:11).

# 모든 피조물의 '존재의 의미'

창세기에 처음 나오는 단어는 앞서 얘기했듯이 '베레쉬트'(태초에)입니다. 창세기(베레쉬트)라는 책 제목은 여기에서 기인한 것입니다. '태초(처음, 시작)에'라는 말로 성경을 시작한 이유는 이 책이 모든 일의 시작을 알려준다는 사실을 드러내기 위해서입니다. 성령께서는 수많은 단어 중에서 왜 하필 이 단어를 제일 먼저 사용하게 하셨을까요?

유대인은 이 단어로 자기들의 정체성을 세웁니다. 하나님이 천지를 창조하신 이유는 이스라엘을 위해서(렘 2:3)이며, 그들이 자신의 생명보다 더 귀중히 여기는 율법 때문(잠 8:22)이라고 말입니다. '베레쉬트'라는 단어를 자의적으로 해석하는 유대인들이 옳다고는 할 수 없지만, 이 말씀에서 자신들의 정체성을 찾으려고 한 것은 주목할 만합니다.

모든 피조물은 이 '태초' 안에 가두어져 있습니다. 다시 말하자면 창조 6일 동안 만들어진 모든 것이 '태초'와 관계되는 것으로, 처음의 엿새 이전에는 존재하지 않았다는 뜻입니다. 때문에 모든 피조물은 태초 안에서 역사적 의미를 갖습니다. "이는 엿새 동안에 나 여호와가 하늘과 땅과 바다와 그 가운데 모든 것을 만들고…"(출 20:11). 이 말씀에서 볼 수 있듯이 존재하는 모든 것은 태초에 지어졌습니다. 성경은 이 단어 하나로 존재의 의미를 선언하고 있는 셈이지요. 성경의 첫 구절은 '모든 존재가 시작이 있으며, 그렇기에 끝이 있다'는 엄숙한 사실을 선언하고 있습니다.

## ✝ 미래의 지향점을 가진 '태초'

    기독교는 직선적인 역사관을 가지고 있습니다. 개인이나 개별의 사건을 두고 볼 때는 분명 질곡이 있지만, 알고 보면 그 모든 것이 하나님의 통치 아래에서 일정하고도 분명한 역할을 담당하고 있으며, 종국에는 하나님이 구속하시고 축복하시는 노선 혹은 그분의 심판으로 인도됩니다. 창세기에 등장하는 여러 족보(톨레도트) 이야기에서 살펴보겠지만, 세계의 역사는 하나님의 구속 역사와 관련되어 하나님의 통치를 받습니다.

    동양철학과 서양철학, 그리고 그들의 모태라고 할 수 있는 헬라학까지, 모든 세속적인 역사관은 순환 사관을 가르치고 있습니다. 순환 사관 아래에서 역사는 어떠한 궁극적 의미도 없습니다. 언제, 어디서, 무엇을 위해, 그리고 어떻게라는 질문에 답을 주지 못한 채 맴돌기만 할 뿐이지요. 한없이 순환하기만 하는 역사에 관해 들으면 환멸이 솟을 수밖에 없습니다. 역사에는 어떤 의미도 없으며, 때문에 미래에 대한 소망 역시 없기 때문입니다. 이에 반해 기독교에는 시작과 끝이 존재하는, 소망으로 가득 채워진 역사관이 있습니다. 비록 우리 삶에 거센 파도가 몰아치기도 하고, 썰물이 빠지기도 밀물이 들이치기도 하지만, 결국 파도의 물결이 가닿는 항구가 있기 마련이라는 것입니다. 때문에 창세기의 '태초'에는 이미 미래의 지향점이 있어서 종말론적인 완성과 목적을 품고 있습니다. 구약의 선지자들과 신약의 사도들은 시작-과정-종말로 이어지는, 하나님에 대한 신앙을 기반으로 역사를 보는, 신적이고도 직선적인 역사관을 우리에게 소개합니다.

    다음의 성구들은 역사가 의미 없이 순환되는 것이 아니라, 처음과 끝이라는 분명한 목적을 향해 이루어져 가는 과정이라는 사실을 보여줍니다.

네 시작은 미약하였으나 네 나중은 심히 창대하리라 _욥 8:7

일을 끝이 시작보다 낫고 참는 마음이 교만한 마음보다 나으니 _전 7:8

내가 시초부터 종말을 알리며 아직 이루지 아니한 일을 옛적부터 보이고 이르기를 나의
뜻이 설 것이니 내가 나의 모든 기뻐하는 것을 이루리라 하였노라 _사 46:10

보라 내가 새 하늘과 새 땅을 창조하나니 이전 것은 기억되거나 마음에 생각나지 아니할
것이라 _사 65:17

또 내가 새 하늘과 새 땅을 보니 처음 하늘과 처음 땅이 없어졌고 바다는 다시 있지 않더
라 _계 21:1

세대는 달라도 시간을 초월하시는 하나님이 언제나 살아계셔서 세상의
역사를 주관하고 통치하십니다. 우리 눈에는 허망하게 부서지는 파도의 포
말처럼 보이지만, 역사는 하나님이 정하신 목적을 향해 직선으로 전진합니
다. 하나님은 주권자로서 '시초(메레쉬트)부터 종말'(아하리트)을 아시고(사
46:10) 지배하십니다. 하나님을 신뢰하면 우리의 시각도 신적 시각으로 바
뀌게 되어 있습니다.

## ✝ 창세기에 나오는 '만들다' 동사들

하나님은 절대 주권자로서 '태초부터 종말까지' 세세토록 통치
하십니다. 성경은 이런 하나님을 처음부터 우리에게 알려줍니다. '창조하시
니라'에 해당되는 히브리어는 '바라'입니다. 창세기 1장은 하나님이 만물을
창조하시는 활동에 두 가지 동사를 사용합니다. 하나는 '아사'인데, '만드셨
다'로 번역합니다.

하나님이 궁창을 만드셨다 _1:7

하나님이 두 큰 광명을(광명체를) 만드셨다_1:16

하나님이 땅의 짐승을 그 종류대로 육축을 그 종류대로 땅에 기는 모든 것을 그 종류대로 만드셨다_1:25

다른 히브리 동사는 '바라'인데, '창조하셨다'로 번역됩니다. 이미 언급했지만 '바라' 동사는 하나님이 하시는 일에만 사용됩니다. 다시 말하면 '바라'의 주어는 언제나 '엘로힘'(하나님)이십니다(창 1:1,21,27; 2:3). 성경은 엿새 동안 피조된 모든 것이 중요하지만, 어떤 것들에는 하나님이 '창조하셨다'라고 힘주어 말하고 있습니다.

(만물의 시작을 선언하는 문장에서) 하늘과 땅을 창조하셨다_창 1:1

(모든 생물의 시작을 알리는 문장에서) 큰 바다짐승(물고기)과 물에서 번성하여 움직이는 모든 생물을 그 종류대로 날개 있는 모든 새를 그 종류대로 창조하셨다_창 1:21

(사람이 지어졌을 때) 남자와 여자를 창조하셨다_창 1:27

구약에서 피조물을 존재하게 하는 하나님의 활동을 묘사할 때는 여러 동사가 사용됩니다. '아사'(조성하다, 사 45:18), '야찰'(형성하다, 사 48:18), '쿤'(견고케 하다, 잠 8:27), '펠'(일하다, 출 15:17) 등이 있지요. 그러나 '바라'라는 동사는 이미 존재한 물질을 재료로 만들어진 것이 아니라는 사실을 확고하게 드러내 줍니다. 이미 있던 물질이 재료가 돼 새로운 피조물이 생기거나, 기존의 물질에서 진화되었다는 사상을 일체 배제하는 동사인 셈입니다. 그렇다고 해서, 간격 이론(theory of interval)이 주장하듯, 하나님의 창조에는 오직 '바라'만 사용되었기에 기존의 물질을 재료 삼아 창조하실 때(예; 창 2:1-3; 출 20:11) 사용된 '아사'나 '야찰'과 완전히 구분하여 1절의 창조와 3

절 이하의 창조를 별개의 것으로 보아서도 안 됩니다. 그들은 1절에서 창조의 대상이 세계가 타락하기 전의 세상을 의미한다고 억지로 구분합니다.

'창조하다'라는 뜻의 '바라'와 '만들다'라는 뜻을 지닌 '아사'는 둘 다 우주 창조에 사용된 단어입니다. 창세기 1장 1절과 출애굽기 20장 11절은 같은 하나님의 창조를 말합니다. 두 가지의 다른 사건이 아니란 말이지요. 창세기에 나오는 창조 동사들은 병용되었습니다. 이 점은 인간 창조에서도 그대로 드러납니다. "우리가 사람을 만들고"(아사, 1:26), "하나님이 자기 형상 곧 하나님의 형상대로 사람을 창조하시되"(바라, 1:27), "여호와 하나님이 땅의 흙으로 사람을 지으시고"(야찰, 2:7)에서 알 수 있듯이 하나의 행위에 서로 다른 동사가 사용됩니다. 뿐만 아니라 "하나님이 큰 바다 짐승들과 … 모든 새를 그 종류대로 창조하시니"(바라, 1:21), "하나님이 땅의 짐승을 그 종류대로 … 만드시니"(아사, 1:25). 심지어 창세기 2장 4절에서는 '바라'(창조하다)와 '아사'(만들다) 동사를 동시에 사용하고 있습니다. 십계명에서는 4계명 "나 여호와가 … 모든 것을 만들고"(출 20:11) 부분에 '아사' 동사를 사용했고, 느헤미야 선지자는 "오직 주는 여호와시라 하늘과 하늘들의 하늘과 일월성신과 땅과 땅 위의 만물과 바다와 그 가운데 모든 것을 지으시고"(느 9:6)라고 고백할 때 '아사' 동사를 사용합니다. 이는 하나님의 창조 사역이 동일한 하나의 사역이라는 것을 드러냅니다. 성경은 어디에서도 간격 이론이 말하는 두 가지 창조를 말하지 않습니다.

하나님은 자신의 절대적인 주권으로 직접 창조에 관여하셨고, 어떤 동사를 사용하더라도 이 사실은 드러나게 되어 있습니다. 하나님은 아무것도 없는 '무의 상태'에서 우주 만상을 만드셨습니다. 이런 사상을 '무에서의 창조'라고 합니다. 시편의 말씀들을 한 번 볼까요?

여호와의 말씀으로 하늘이 지음이 되었으며 그 만상을 그의 입 기운으로 이루었도다

_시 33:6

그가 말씀하시매 이루어졌으며 명령하시매 견고히 섰도다 _시 33:9

이렇듯 시편도 하나님이 무의 상태에서 세상을 창조하셨다고 고백합니다. 이사야서, 특히 40-66장에서는 '바라' 동사를 스무 번이나 사용하여 이스라엘의 하나님을 창조자, 그리고 역사의 참된 주인으로 드러냅니다. 이방의 종교들이 점성술과 우상 숭배에 매여 하늘에는 신들이 넘쳐나고, 넘쳐나는 신들은 땅과 바다를 뒤흔드는 세력으로 전락했지만, 이스라엘의 하나님은 창조로 역사를 여시고, 열방 가운데서 주권을 행사하시어 역사 또한 지속적으로 '바라'해가십니다. 하나님은 존재하는 모든 것의 창조자이시고, 그것들보다 선재하시며, 그것과 구별되는 분이시면서, 그것들에 밀접히 간섭하는 분이십니다.

성경은 창조자와 피조물을 엄격히 구분하면서, 우주는 피조물에 지나지 않는다고 선언합니다. 이스라엘은 하늘과 땅이 신적 존재가 아니라는 확신이 있었기에 온갖 미신에서 자유로울 수 있었고, 이러한 확신은 현대과학을 싹틔우는 이념적 발판이 되었습니다. 서양에서 자연과학이 발달할 수 있었던 배경에는 이렇듯 창조신앙이라는 디딤돌이 있었던 것입니다.

## ✝ '간격 이론'이 고안한 것

간격 이론에서는 1절을 첫 창조로 봅니다. 이때 천지, 일월성신, 동물, 심지어 아담 이전의 인류가 창조되었다는 것이지요. 그리고는 아마도 수억 년이 지나면서 천사가 타락하여 지구에 사는 존재들을 부패하게 하였고, 이에 하나님이 땅과 그 위에 거주하는 것들을 심판하셨다고 봅니다. 2절

이 '땅이 혼돈하고 공허해졌다'라고 말하는 것은 이 심판의 결과라고 주장하지요. 이 이론에 따르면 6일 창조의 시작은 3절에서 시작됩니다. 어떤 학자는 타락이 창조 이전, 즉 창세기에서 기록하는 역사 이전에 있었다고도 합니다. 아무튼 천사의 타락으로 인하여 혼돈이 생겼기에, 창세기 1장의 창조는 무에서의 창조가 아니라 혼돈에서의 개조, 즉 재형성이라는 것입니다.

이런 이론을 주장하는 학자들의 기본 동기는 현대 과학 때문입니다. 현대 지질학은 지구의 나이가 창세기에서 말하는 것보다 훨씬 오래이며, 족히 몇 십억 년은 될 것이라고 말합니다. 그 증거로 화석 기록, 공룡의 존재, 빙하 연대, 지구의 어마어마한 퇴적층 등을 꼽습니다. 특히 노아 홍수로 인해 생긴 퇴적물이라면 일 년 정도의 짧은 기간에 걸쳐 생긴 것일 텐데, 1마일도 넘는 석탄층을 보면 설명이 안 된다는 것입니다. 이런 간극을 해소하기 위해서 간격 이론은 다른 파멸을 고안하고, 그것을 1절과 2절 사이에 넣습니다. 6일 사이의 어딘가가 아니라 바로 창세기 1장 1-2절 사이에 긴 시간을 넣으면 성경과 현대 지질학이 맞아 들어간다는 것이지요. 그들은 이 주장을 뒷받침하기 위하여 1-3절을 문법적으로 비틀어 놓습니다. 예를 들면 "땅은 혼돈하고 공허하였다"(was)가 아니라, "혼돈하고 공허하게 됐다"(became)로 보는 것입니다. 그들은 땅의 혼돈을 사탄이 타락한 결과로 이해합니다.

과학이 아무리 발전하여 우리가 알지 못하는 빛을 던져준다고 하여도 그것들에 성경을 맞추려고 해서는 안 됩니다. 이들은 노아 시대 홍수 심판이 인간의 상상을 초월하는 대격변을 가지고 왔다는 사실을 과소평가합니다. 지금도 범지구적으로 나타나는 자연재해가 얼마든지 있지 않습니까? 더구나 노아 홍수에 관해서는 신약 저자뿐 아니라 예수님 자신도 얼마나 파괴적인 위력을 가졌는지 말씀합니다(마 24:37-39; 눅 17:26-27 참조).

무엇보다도 성경이 엿새 동안에 모든 것이 창조되었다고 말씀합니다(출 20:11). 아담 이전에 사람이 있었나요? 아니오. 성경은 아담 때문에 죄가 들어왔다고 분명히 말하고 있습니다(롬 5:12; 고전 15:21,22). 하나님이 타락한 세상을 재형성하고 나서 "심히 좋았더라"라고 말씀했다고 생각하면 현기증이 날 지경입니다.

성경이 말씀하는 그대로 믿읍시다. 과학은 전지전능하지 않습니다. 과학의 패러다임도 바뀌기 마련입니다. 말씀을 믿고 과학의 온전한 발전을 기다리며 느긋한 태도로 지켜보는 것이 성도의 바른 자세입니다.

## ✝ 천지 : 하나님이 아닌 모든 것

1절의 천지는 실제로는 '하늘들(하샤마임)과 땅'이라고 기록되어 있습니다. 새들이 날아다니는 대기권, 해와 달과 별들이 있는 우주, 심지어 바울이 말하는 셋째 하늘, 곧 하나님의 보좌가 있는 영역까지 포함하여 '하늘들'이라고 표현한 것으로 보입니다. 따라서 하나님이 아닌 모든 것, 전체를 가리켜 천지라고 한 것입니다. 하나님은 넓으신 분이시기에, 사과나무에 열매가 맺혀도 하나가 아닌 수천수만 개가 달리고, 곡식 낟알도 수백 개가 되도록 크고 풍성한 천지를 지으셨습니다.

하나님은 낮은 것, 높은 것, 보이는 것, 보이지 않는 것, 땅의 실재, 그리고 하늘의 실재, 그 모두를 만드셨습니다. 칼 세이건은 〈코스모스〉에서 "우주는 존재하는 모든 것이며, 있어 왔고, 있을 것이다"라고 말합니다. 우주를 신으로 믿고 있는 듯한 태도입니다. 그러나 그렇지 않습니다. 보이는 세계, 그리고 보이지 않는 세계 모두가 하나님 없이 스스로 일어날 수 없습니다. 보이는 물질의 세계가 얼마나 큰지는 스티븐 호킹이 쓴 〈시간의 역사〉를 읽어보면 짐작할 수 있습니다. 하나님은 큰 우주만 지으신 것이 아니고 물질의 입자들, 전자, 미립자, 양성자, 중성자 등과 앞으로 발견될 작은 미세 입자까지도 다 만드셨습니다. 하나님은 보이는 물질세계뿐 아니라 보이지 않는 것들, 곧 천사, 하늘의 보좌, 하늘의 영광 같은 영적 실재까지 만드셨습니다.

하나님이 온 우주와 그 안을 가득 채우고 있는 모든 피조물을 지으셨다는 말에는 깊은 의미가 담겨 있습니다. 이 말은 피조물이 창조자를 향해서 항상 열린 관계에 있다는 뜻입니다. 비록 죄로 말미암아 가려져 있다고 하더라도, 온 만상과 실재는 하나님께 열려 있습니다. 만물은 폐쇄된 체계 속에 갇혀 있지 않습니다. 잔디밭 속에서 피어오르려다 번번이 기계에 깎이고 마는 작은 민들레조차 하나님을 향해 열려 있어 그분께 영광 돌리고, 조그마한 민들레와 비교도 안 되게 웅장한 그랜드 캐니언도 마찬가지로 하나님을 향해 열려 있습니다.

우리 삶도 마찬가지입니다. 믿는 자든 믿지 않는 자든, 모두가 하나님을 향해 열려 있습니다. 열려 있는 창조 질서에는 한낱 인간의 두뇌로 도무지 이해할 수도, 측량할 수 없는 것들이 숱하게 널려 있습니다. 과학적인 실험이나 철학적 사고로 파악하지 못하는 영적 세계 역시 하나님이 창조하신 '천지' 속에 들어 있습니다. "감추어진 일은 우리 하나님 여호와께 속하였거니와 나타난 일은 영원히 우리와 우리 자손에게 속하였나니"(신 29:29).

비밀스럽고 불가지(不可知)의 요소가 있기는 하지만, 이 지상에서도 하늘의 그림자를 볼 수 있습니다. 땅의 세계에서도 하늘의 감추어진 것들을 가리키는 '초월의 신호'를 어렴풋이 감지할 수 있기 때문이지요. 필요한 것은 믿음의 눈입니다. 물질의 가치, 땅의 가치, 과학적 객관성과 경제적 효율성만을 강조하는 세상에서 살아가는 우리는 하나님이 천지를 창조하셨다고 말할 때 온 우주를 다스리는 영적 가치를 분명히 인정하고, 지금도 이 천지가 창조자 하나님을 향해 열려 있다는 것을 날마다 고백해야 합니다.

놀라움은 여기서 끝나지 않습니다. 하이라이트(highlight)는 하늘들과 땅이 그리스도 안에서 통일될 것이라는 사실입니다! 하늘은 땅으로 내려올 것이고, 땅의 것들은 하늘, 곧 하나님의 장소로 들려 올라갈 것입니다.

"… 그리스도 안에서 때가 찬 경륜을 위하여 예정하신 것이니 하늘에 있는 것이나 땅에 있는 것이 다 그리스도 안에서 통일되게 하려 하심이라"(엡 1:9-10).

온 우주가 하나님께, 새로워질 가능성에, 그리고 하나님의 영광의 왕국으로 변화될 것에 열려 있습니다. 하나님에 의해 만들어진 모든 존재 속에는 육안으로 볼 수 있는 것보다 훨씬 더 많은 것들이 있는데, 이것들은 하나님께 열려 있습니다. 하나님의 절대 의지에 따라 초자연적인 일도 얼마든지 일어날 수 있지요. 그래서 우리는 천지를 창조하신, 전능하신 하나님 아버지를 믿는 것입니다.

# 04

# 최초로
# 있게 하신 피조물

아무것도 없는 데서 하나님이 말씀만 하셔도, 아니 생각만 하셔도 무언가가 생겨납니다. 하기야 하나님이 명령을 하시는데 어느 피조물이 모양을 갖추어 나타나지 않겠습니까? 그래서 시편 기자는 이렇게 노래합니다. "그가 말씀하시매 이루어졌으며 명령하시매 견고히 섰도다"(시 33:9). 또 다른 곳에서는 이렇게도 노래합니다. "그가 명령하시므로 지음을 받았음이로다"(시 148:5b). 따라서 우리는 '이르시되'가 '생각하다', '명령하다' 혹은 '의지(意志)하다'라는 뜻을 지녔다고 볼 수 있습니다. 이 책 1부에서 앞으로 진행되는 창조의 6일간의 이야기에서, 하나님의 '이르시되'와 연결하여 특별히 부르시고 지명하시며 계시하시는 창조의 사건들이 전개되고 설명될 것입니다. 1,2절의 창조 역시 하나님의 전체 창조에 분명히 속하지만 아직은 열려 있지 않은 신비이며, 아무런 이름이 주어지지 않은 비밀입니다. 하나님은 이 미비하고 보잘것없는 상태를 인간이 사는 세상으로 만들어 나아가실 것이며, 이로 인하여 인간을 통해 영광 받으시기를 기뻐하십니다.

## ✝ '창조'와 '섭리'의 차이와 의미

지상에서는 '이르시되'의 장엄한 선포를 들어주는 자가 아무도 없었습니다. 오직 하나님의 보좌 곁에 있는 영적 존재(언제 창조된 것인지는 모르는 존재)들만이 피조물을 보고 즐거워하면서 찬양했지요. "그때에 새벽 별들이 기뻐 노래하며 하나님의 아들들이 다 기뻐 소리를 질렀느니라"(욥 38:7). 하나님이 기뻐하시는 것으로 드러난 창조의 궁극적인 비밀은 '천사들도 살펴보기를 원하는 것'(벧전 1:12)이었습니다. 하나님은 영원부터 만물을 창조하신 하나님 속에 감추어져 있는 비밀의 경륜을 교회를 통하여 통치자들과 권세들에게 드러내기를 원하셨습니다(엡 3:9-11).

'이르시되', 이 말씀 한마디로 땅에서는 하나님의 뜻과 계획, 생각들이 실현되는 놀라운 장관이 연출되었습니다. 하나님이 명령하시자 존재가 생겨났습니다(시 33:6; 147:15; 148:5; 사 45:12). 분명히 하나님의 말씀으로 존재하게 되었지만, 동시에 아직은 조형되지 않은 채 비밀에 잠겨 있는 상태였습니다. 만물 속에 존재의 배아가 숨겨져 있었던 셈입니다. 그러나 그들은 준비가 되어 있었습니다. 하나님이 말씀하시면 방문을 열고 재빨리 뛰쳐나와 존재할 준비 말입니다! 하나님이 말씀하셔서 만드신 것, 즉 땅이나 물에게 '예히'(있으라)라고 말하면 존재하게 될 것이고(욥 38:19; 시 33:6; 104:2; 사 45:7; 단 2:22; 마 8:8; 고후 4:6; 딤전 6:16), '타드쉐'(내라, 1:11)라고 하면 뻗어나갈 것입니다. 하나님은 일순간에 우주 만물을 다 만들 수 있는 능력을 가지셨습니다. 그러나 그분은 여섯 저녁과 여섯 아침을 지내시며 날을 구분하여 창조하셨습니다.

여기서 우리가 명심할 것이 있습니다. 창조와 섭리를 구분해야 한다는 것입니다. 섭리는 창조를 보존하는 하나님의 방법을 의미합니다. 창조를 보존하는 것 역시 영원하신 말씀, 하나님의 전능한 능력으로 하시지만, 동시에 피조물에 내재된 능력을 사용하기도 하십니다. 피조물 자체가 가지고 있는 특성과 본질을 고려하여 사용하시지요. 이것이 섭리입니다. 반면 창조 사역에서 피조물이 발생하는 근간은 아무것도 없습니다. 그저 하나님의 말씀 한 마디면 피조물의 씨앗, 본질, 질서, 특성 그리고 능력이 견고히 서는 것이죠. 놀랍지 않습니까? 그분의 말씀 한 마디에 피조물의 모든 질서와 구조가 세워집니다. 이 피조물은 기존 물질을 재료로 하여 만들어진 것이 아닙니다. 선재물(先在物)에서 나오는 것이 아니기에, 창조되는 것마다 특별하고 새로우며 경이롭습니다. 모든 피조물은 창조되는 순간 본질의 문이 닫히고, 오로지 하나님의 말씀에만 그 뿌리를 두게 됩니다. 때문에 모든 피조물은 다른 피조물과 유기적인 관계 속에서, 스스로가 창조자 하나님을 위한 존재라고 선포합니다.

## ✝ 첫째 날, '최초의 피조물'의 정체

하나님이 '이르시되' 최초로 있게 하신 피조물은 빛이었습니다. 성경은 "빛이 있으라 하시니 빛이 있었다"라고 기록합니다. 빛이 필요했던 것으로 보아 당시에는 어둠이 있었나 봅니다. 이때의 빛은 해와 별들에 속한 빛이 아닙니다. 어떤 과학으로도 이 빛의 정체를 규명하지 못했습니다. 하지만 하나님의 창조가 가시적인 것들을 만들어낸 만큼, 만들어내신 빛 역시 가시적인 것이 확실합니다. 우리는 이 빛을 이후에 만들어지는 모든 피조물의 근원적인 존재 원리를 제공하는 피조물로 봅니다.

천사들, 곧 아침의 계명성이 가시적인 하나님의 첫 번째 창조를 보고 즐거워했습니다. 이 빛으로 말미암아 변화가 생기고 구분이 되었습니다. 이 빛은 환히 드러내는 것이기에, 하나님께 기쁨과 영광이 되었습니다. 아마 물질 중 최고의 산물이요, 동시에 가장 근원적인 요소일 것입니다. 그러나 자연주의자들은 태양광이 있어야 생명 탄생이 가능하다는 전제를 가지고 있습니다. 때문에 네 번째 날에 일월성신이 만들어지기 전, 태양광 외에 다른 빛이 있었다는 것은 과학적인 오류라고 단정합니다.

일부 학자들은 태양광이 언급되기 전의 3일과 후의 3일을 구분하기도 합니다. 세일해머(John H. Sailhamer) 같은 학자도 1절에서 '천지창조'를 언급할 때 이미 일월성신이 다 만들어졌다고 봅니다. 3절의 태양 창조는 무엇이냐고요? 태양을 창조한 것이 아니라, 태양이 어둠을 뚫고 나타나는 모습을 말하는 것일 뿐이라고 말합니다. 태양만 빛이고 생명의 근원일 것이라는 주장은 과학주의 세계관에서 비롯된 편협한 사고일지 모릅니다.

과거 이스라엘 백성은 열 재앙을 통하여 애굽의 태양 신이 주는 빛 아닌 다른 빛으로 살 수 있다는 사실을 배운 바 있습니다. 게다가 출애굽하던 이스라엘 백성과 그 뒤를 추격하던 애굽 군대 사이를 갈라놓은 것이 무엇이었습니까? 바로 빛과 어둠이었습니다. 때문에 우리는 태양이 열기(熱氣)를 다 하면 온 우주가 죽을 것이라고 호들갑을 떨 이유가 전혀 없습니다. 그리고 마지막 신천신지(新天新地)에서는 태양이 필요하지 않게 될 것입니다. "다시 밤이 없겠고 등불과 햇빛이 쓸데 없으니 이는 주 하나님이 그들에게 비치심이라 그들이 세세토록 왕 노릇 하리로다"(계 22:5)라고 했으니 말입니다. 걱정하지 마십시오. 신자들에게는 7배나 더 뜨거운, 자연의 열기마저도 이겨내는 또 다른 성격의 빛이 있습니다!

### "빛이 하나님이 보시기에 좋았더라"(창 1:4a)

하나님은 자신이 창조한 물질의 영광을 보셨습니다. 자신의 전능한 능력으로 지으신, 말씀의 소산인 빛이 다시 자신을 향해 비추는 모습을 보실 때 그분은 참으로 좋으셨습니다. 그 빛이 하나님 눈에 좋게 보였습니다. 하나님은 흐뭇하셨을 것입니다. 이것이 바로 빛을 창조하신 목적입니다. 여호와는 자신이 하시는 일로 인하여 즐거워하십니다(시 104:31). 피조물이 창조의 목적에 일치하게, 하나님의 뜻에 부합하게 기능을 발휘하기 때문입니다.

하나님은 빛을 좋게 보셨습니다. 하나님이 좋다고 하시면, 그것은 좋은 것입니다. 하나님이 보시기에 좋았더라는 말은 그저 '예쁘다'나 '아름답다'가 아닙니다.

유대인들에게 '좋다'는 말은 심미적인 의미보다 도덕적인 선(善)과 의(義)를 포함하는 단어입니다. 빛은 좋은 것입니다. 만물에 자신을 비춰 피조물과 계시를 드러내기 때문입니다. 피조물의 색깔과 흠집도 밝혀냅니다. 빛은 만상에 비추어 그것들을 영화롭게 합니다. 피조물들이 서로 교제할 수 있도록 거리감을 없애주기도 합니다. 모든 별들이 우리 눈에 보이도록 해주기도 하고, 멀리 있는 것들이 우리 눈에 들어오도록 해주기도 합니다. 모든 피조물을 온갖 방향에서 볼 수 있게 하기도 하고요. 요즘은 수억 광년이나 떨어진 우주의 존재도 빛 때문에 알게 되지요. 무엇보다도 빛은 공의를 드러냅니다. 만사가 의로우신 하나님의 광명 앞에서 드러날 것입니다.

### "하나님이 빛과 어둠을 나누사"(창 1:4b)

창조 첫날, 하나님이 빛을 만드신 이유는 어둠 때문이었습니다. 이제 하나님은 이 둘을 각기 자기의 영역으로 갈라놓으십니다. 빛을 만들어 어둠을 사라지게 하신 것은 아닙니다. 빛과 어둠이 각각 제 영역에서 기능을 발휘하도록 하신 것입니다. "어느 것이 광명이 있는 곳으로 가는 길이냐 어느 것이 흑암이 있는 곳으로 가는 길이냐"(욥 38:19)라고 묻는 것으로 볼 때, 빛과 어둠에 각각 제 영역이 있다는 것을 알 수 있습니다. 하나님은 이 둘을 만드셨고(시 104:20; 사 45:7), 각각 적당히 쓰이도록 하셨습니다. 어둠은 사람이 내일을 준비하기 위해 잠을 자는 데 꼭 필요합니다. 우리는 대체로 선입견을 가지고 어둠을 바라보지만, 우리가 다 알지 못하는 어둠의 역할이 있을 것입니다. 특히 빛은 어둠이 있을 때 더욱 밝게 빛납니다. 하나님은

'어둠과 구름과 흑암이 덮여 있는'(신 4:11) 곳에서, 혹은 '캄캄한 가운데서 나오는 그 소리'(신 5:23)로 자기를 계시하십니다. 이런 말씀들을 보면, 어둠은 '자신을 계시하기 위해 기다리는 하나님의 숨은 임재'인지도 모릅니다.

### "빛을 낮이라 부르시고 어둠을 밤이라 부르시니라"(창 1:5a)

하나님은 빛과 어둠에 이름을 주시고, 서로 교체하고 순환하여 온 지구의 질서가 되도록 정해주셨습니다. 낮은 빛으로 일어나서 힘 있게 뻗어갑니다. 밤은 창조물을 덮어 잠들게 하고, 닫혔다가 스스로 물러갑니다. 하나님은 빛과 어둠의 순환 질서를 완성하시고, 이를 첫날이라고 하십니다. 낮에서 저녁으로, 저녁에서 아침으로 순환하는 질서가 넷째 날 태양계의 창조와 맞물려 천문(天文)의 질서, 때와 연한을 정하게 될 것입니다.

하나님이 빛을 만드신 후에는 그것을 보시고 '좋았다'라고 하셨습니다. 이것은 순전히 우리를 위한 것입니다. 하나님은 이유와 목적 없이는 아무것도 만들지 않으셨다고 우리에게 가르치십니다. 하나님은 과연 빛이 좋다는 사실을 전에는 알지 못하셨기에 감동에 가득 차 '좋았다'라고 하신 것일까요? 칼빈은 다음과 같이 말했습니다. "하나님이 좋다고 하시면 우리로서는 하나님의 판단에 동의하는 것 이외에 아무것도 할 수 없음을 알고, 하나님이 하시는 일에 존경하는 마음으로 우리의 모든 감각을 적용해야 한다."

우리가 눈여겨볼 것은, 땅이 혼돈하고 공허하며 흑암으로 덮여 있을 때에는 하나님이 보시기에 좋았더라고 하지 않으셨다는 점입니다. 흑암이 나쁘다는 뜻은 아니지만, 5절에 이르러 하나님은 분명히 구분을 지어서 말씀하십니다. 빛을 낮이라고, 어둠을 밤이라고 구분하셨는데, 이것은 지구를 위한 조치였습니다. 밤과 낮, 이 두 영역은 다른 하나에 의해 정복하고 정복당하는 투쟁의 영역이 아닙니다. 단지 두 영역으로 나누어져 있을 뿐, 둘이

합쳐져야 온전한 하루가 됩니다.

## ✝ 날(하루)이 창조를 통해 지어지다

창세기 1장에 나오는 '날'은 오래 전부터 논의된 주제였습니다. 이 '날'이 24시간이 아니라는 성경적인 증거는 없습니다. 빛의 창조와 더불어 첫날이 시작된 것은 분명합니다. 빛이 창조되고 그 질서의 순환이 있기 전에는 낮이 없었습니다. 빛이 생겨났고, 하나님이 그 빛을 낮이라 명명하셨기 때문에, '날'이라는 개념은 창조 전에 있을 수 없습니다. 그것은 땅을 위한 일종의 창조의 질서입니다. 창조가 날 가운데 이루어진 것이 아니라, 날이 창조를 통해서 지어진 것입니다.

창조사역을 통틀어 빛이 가장 먼저 생겨났기에 창조가 빛과 함께 시작된 것으로 보일 수도 있지만, 엄밀히 빛은 첫날 이전 혹은 첫날에 생겨났습니다. 따라서 천지와 만물의 창조가 엿새 동안 이루어졌습니다. 이 '날'이 수천 년을 의미할 수 있느냐는 질문이 있을 수도 있겠지요. 계시에 의하면 '날들'이라고 했을 뿐, '연들' 혹은 '기간'이라고 하지 않았습니다.

"안식일을 기억하여 거룩하게 지키라 엿새 동안은 힘써 네 모든 일을 행할 것이나 일곱째 날은 네 하나님 여호와의 안식일인즉 너나 네 아들이나 네 딸이나 네 남종이나 네 여종이나 네 가축이나 네 문안에 머무는 객이라도 아무 일도 하지 말라 이는 엿새 동안에 나 여호와가 하늘과 땅과 바다와 그 가운데 모든 것을 만들고 일곱째 날에 쉬었음이라 그러므로 나 여호와가 안식일을 복되게 하여 그 날을 거룩하게 하였느니라"(출 20:8-11).

출애굽기의 이 말씀이나 창세기 1장의 말씀은 동일한 시간을 말합니다. 창세기의 하루는 연대나 시기이고, 출애굽기에서 말하는 하루는 24시간이라고 구분지어 이해해야 할 근거는 성경 어디에도 없습니다. 창세기의 하루는 지금의 하루와 다르지만, 우리 인간이 알아듣기 쉽게 하기 위해 '날'이라는 개념으로 말한 것이기에 글자 그대로 받아들여서는 안 된다는 식의 논조는 잘못된 것입니다. 성경이 말씀하시는 것을 그대로 받아들여야 신앙이 자랍니다. 불필요한 재해석은 결과적으로 성경의 뜻을 흐리고 유실시키는 결과를 낳습니다.

칼빈은 '날'들이 시간 개념이 아니라 일종의 인과 관계의 질서라는 견해에 반대합니다. 하나님의 일을 인간의 능력에 맞춰 설명하려는 시도, 즉 창조하실 때 나타난 하나님의 무한한 영광을 절망적인 인간의 무지함으로 놓쳐버리는 실수를 방지하기 위해서는 세계 창조를 연속적인 부분으로 나눌 수밖에 없다는 것이지요. 따라서 창조 기사를 읽을 때마다 무한한 경외심을 갖고, 그분의 능력에 감사하며, 하나님을 섬기는 방향으로 나아가야 합니다. 창조자 하나님 없이는 아무것도 시작이 안 되기 때문입니다. 모든 학문과 생의 의미가 여기서부터 시작됩니다. 우리는 창조에서 이 '욤 에하드'(첫째 날)를 귀하게 받아들여야 합니다. 여기서 '첫째'는 서수(序數)가 아닙니다(예: '서수' 의미의 첫째: 욤 하리숀, 출 12:15-16; 레 23장 등). '욤 에하드'는 기수(基數)로 이해하여 '하루 동안'이라고 번역해야 합니다. 모세는 '욤 에하드'라는 말을 사용하여 하루에 일어난 일을 기억시키는 것입니다. 아직 둘째 날이 창조되지 않은 까닭이기도 하지만, 하루는 3절에서 시작하는 것이 아닙니다. 세일해머(John H. Sailhamer)에 따르면, 처음 생겨난 '하루'에는 1절까지 모든 창조 사역을 포함하는 것으로 보아야 합니다. 이 하루가 천지의 위대한 서막이며, 자연뿐 아니라 구원 사역에도 해당되는 의미심장한 '하루 동안'입니다. 여기서 '하루 동안'이 천지창조 중에서도 제일 중요한 날이기에, 다른 날들과 달리 기수를 사용하여 표현하는 것입니다.

# 05

창 1:6-8

## '좋았다'가 생략된
## 날과 다음날

하나님은 둘째 날에 궁창을 만드시고 하늘이라고 명명하셨습니다. 하나님
은 '물들 가운데에' 말씀으로 궁창을 창조하셨습니다. 짧게 명령하여 창조
하신 일이지만, 궁창 위의 물과 아래의 물로 갈라놓은 것은 전 우주에 대
변혁을 가져온 사건입니다. 왜냐하면 물들을 갈라놓아 한편으로는 확대하
고 확장하여 열어젖히면서, 다른 한편으로는 견고한 모습으로 수축하여 집
약하고 형성하는 일이었기 때문입니다. 두 종류의 형성을 통해 땅에 가까
운 물이 집약되면서 손에 만져질 만한 영역에 '궁창 아래 물들'이 등장하였
습니다. 반면 하늘은 여전히 열려 있으면서 더 이상은 만질 수 없는, 무한히
뻗어가는 '궁창 위의 물들'이 되었지요. 이 창조의 공간 역시 하나님의 능력
이 채울 것입니다(7절). 우리 인생은 창조자 하나님이 좋다고 하신 것을 함
께 좋아하고 찬양해야 합니다.

### ✝ 둘째 날에 '좋았다'가 생략된 까닭(창 1:6-8)

완성을 향하여가는 창조 과정 속에서 하나님은 궁창을 '하늘'이
라고 명명하시지만, 아직 땅에는 특별한 이름을 붙이지 않으셨습니다. 땅이
어둠에서 벗어나긴 했지만, 여전히 궁창 아래의 물들에 잠겨 있는 상태입
니다. 둘째 날은 하늘에 초점이 맞추어져 있고, 엄밀히 하늘은 아직 미완성

의 상태입니다. 아직 천체가 채워지지 않아 여전히 '황량하고 텅 비어 있는' 상태이기 때문입니다. 때문에 둘째 날의 창조에는 하나님이 보시기에 '좋았다'는 표현이 생략되었습니다.

창세기 1장의 천지창조 이야기를 계속 읽어가다 보면 하나님은 사람을 위해, 사람이 살기 좋은 땅을 만들어내시고 얼마나 만족해하시는지 모릅니다. 제일 마지막 날 창조될 사람이 살아갈 수 있는 환경을 하나하나 만들어갈 때마다 하나님은 기뻐하시며 "보시기에 좋았더라"고 탄성을 연발하십니다(창 1:4,10,12,18,21,25,31). 자신의 만족감 때문이 아닙니다. 삼위 하나님께서 세우신 창조의 최종 목표인 사람! 그 사람이 살 수 있는 환경이 이루어져가니 좋아하시는 것이지요. 만들어지는 환경 자체로도 충분히 아름답겠지만, 그곳에서 살아갈 사람을 염두에 둘 때, 그리고 그 사람이 자신과 인격적으로 언약을 맺을 것을 고려할 때, 세상은 더욱 아름다운 것입니다! 만물을 다 만드신 여섯째 날에는 두 번이나 좋았더라고 탄성을 지르실 지경이니까요! 나아가 사람을 만드신 후에는 '심히 좋았더라'라고 하십니다.

그런데 유독 둘째 날, 궁창을 만드시고 궁창 위의 물과 궁창 아래 물을 갈라놓은 이 날에는 '좋았더라'라고 하지 않으십니다. 왜요? 궁창을 만드시고 궁창을 위아래의 물로 갈라놓는 일이 별로 만족스럽지 않아서일까요? 그렇지 않습니다. 칼빈은 이 부분에 관해서 이렇게 말합니다. "아마도 다음날에 이루어진 일, 하늘의 물들이 적당한 위치로 모여질 때까지는 그 말을 한들 아무런 유익이 없기 때문이었을 것이다."

사람을 염두에 두고 생각할 때, 아직 땅은 물에 잠겨 있었고, 물과 땅은 갈라져 있지 않아 사람이 살 형편이 못되었습니다. 하나님의 관심은 마지막 날 창조될 '사람'에게 있었지요. 따라서 사람이 살아갈 수 있는 땅이 나타날 때까지 '좋다'라는 말씀을 아끼시고, 대신 셋째 날에 두 번이나 '보시기에 좋았더라'라고 하셨다는 의미입니다(창 1:10,12).

딜만은 둘째 날과 셋째 날의 관련성을 언급하면서, 창세기 저자가 둘째 날에 빠진 '좋았다'라는 표현을 셋째 날에 더하면서, 창세기 1장 전체에 걸쳐 일곱 번으로 맞춰진 것이라고 했습니다. 셋째 날, 장차 은혜로 언약을 세울 언약의 상대자인 사람, 그 사람이 살아갈 수 있도록 환경이 최적화되자 참았던 창조자의 즐거움은 두 배로 터져 나왔습니다.

궁창이 만들어지면서 넷째 날에는 해, 달, 별들이 나왔고, 하늘 위의 물과 하늘 아래의 물로 구분되었습니다. 사람이 물(홍수)을 두려워하지 않고, 공중의 새들, 땅의 짐승들과 더불어 즐거이 살아갈 사람의 모습을 생각하는 것만으로도 하나님은 좋으셨을 것입니다.

셋째 날에는 하늘, 땅, 바다가 분명히 구분되어 사람이 살 수 있는 지구의 형태가 완전히 자리잡게 됩니다. 땅에는 태양이 없어도 사람에게 필요한 식물이 자라는 엄청난 기적이 일어나고 있었지요. 그러나 기적 중의 기적은 여섯째 날에 일어납니다. 모든 만물이 창조된 이 땅에 그것을 다스리는 하나님의 형상을 지닌 사람, 하나님의 대리자가 창조되었으니 말입니다.

천지창조는 허공이 아닌 땅을 향해 이루어진 과정입니다. 그 땅에 발붙이고 살아갈 하나님의 형상, 곧 사람을 만들어내고 그의 필요를 공급하는 데 목표가 있기 때문입니다. 땅에 사람이 등장하는 것은 하나님과 사람 사이에 언약이 맺어지는 사건의 시초입니다. 하나님이 보시기에 좋은 일일 수밖에요. 창조의 모든 과녁은 하나님의 형상인 사람을 만드는 것이고, 사람과 관계를 맺는 것은 좋은 일의 절정이니까요. 풀 한 포기, 풀을 먹고 사는 짐승, 사람을 막론하고 모든 피조물은 창조자 하나님과의 관계를 떠나서는 살 수 없으며, 존재의 의미도 없습니다. 모든 피조물은 하나님으로 인해 발생하였기에, 하나님만 바라보아야 합니다. "주께서 주신즉 그들이 받으며 주께서 손을 펴신즉 그들이 좋은 것으로 만족하다가 주께서 낯을 숨기신즉 그들이 떨고 주께서 그들의 호흡을 거두신즉 그들은 죽어 먼지로 돌아가나이다 주의 영을 보내어 그들을 창조하사 지면을 새롭게 하시나이다"(시 104:28-30).

사람은 이 사실을 분명히 알고, 처음부터 겸손해야 합니다. 하나님이 말씀 한마디로 이렇게 되라고 말씀하시니 '그대로 되었습니다.' 이렇게 생겨난 세상은 하나님 자신이 '보시기에 좋았더라'라고 찬탄할 만큼 만족스러웠습니다(창 1:9,10; 11,12,15-18; 24,25,30,31). 그렇다면 우리 사람은 어떻게 반응해야 할까요? 하나님의 말씀을 이리저리 찢지 말고 그대로 받아들여야 합니다. 창조 사역은 삼위 하나님께서 함께 하신 사역이기에, 좋게 여기고 즐거워하는 것 또한 함께 하셨습니다. 지혜의 원천이신 성자께서도 얼마나 기뻐하고 즐거워하셨는지 모릅니다. "내가 그 곁에 있어서 창조자가 되어 날마다 그의 기뻐하신 바가 되었으며 항상 그 앞에서 즐거워하였으며"(잠 8:30).

하나님께서 좋다고 음미하시는 그 말씀을 우리는 함부로 재단할 수 없습니다. 하나님께서 단지 말씀으로 이루시는 그의 권능과 권세를 믿을 뿐 아니라, 하나님께서 만드신 세상을 감상하고 즐거워하시는 것을 본 이상 우리도 그 기쁨에 참여해야 합니다. 이것이 창조 기사를 대하는 우리의 마땅한 태도입니다. "내 영혼아 여호와를 송축하라 여호와 나의 하나님이여 주는 심히 위대하시며 존귀와 권위를 입으셨나이다"(시 104:1).

사람의 제일 되는 목적은 하나님을 영화롭게 하는 것과 그를 즐거워하는 것입니다. 창조 이야기를 읽는 신자는 능력으로 지으시고, 창조하신 세계를 만족하여 음미하시는 인격자 하나님을 높이고 찬양해야 합니다. 하나님 앞에서 불평의 노를 거두고 겸손한 마음으로 주를 찬양한다면 주님은 우리에게 동일한 은혜를 주십니다. 우리가 창조자 하나님을 높이면 주님도 우리를 높여주실 것입니다. 이것이 고대 근동의 신화들과 성경의 창조 기사의 결정적인 신학적 차이입니다. "너는 위엄과 존귀로 단장하며 영광과 영화를 입을지니라"(욥 40:10).

## ✝ 궁창 위아래의 물이 하나님의 명령에 순종하다

궁창은 땅 쪽을 향하고 있으면서 땅과 긴밀한 관계를 유지하고 있습니다. 궁창은 아래의 물과 물로 덮여 있는 땅을 꽉 붙들고 있지요. 궁창은 수증(水蒸) 대기권을 가운데 두고 땅과 하늘과 서로 이어집니다. 하늘은 땅에 닿고, 하늘은 땅을 굽어 살피며 빛과 열을 하늘에서 땅으로 실어날려 줍니다. 땅을 싸서 열기로 보호하고 지키지요. 때로 하나님이 입김을 부시면 바람을 불러오기도 하고, 바람은 광풍으로 바뀌어 심판의 도구가 되기도 합니다. 하늘의 음성이 뇌성 번개로 변할 때도 있습니다. 이렇게 하늘과 땅은 긴밀한 관계 속에서 우리 인생에 몇 가지 중요한 사실을 교훈합니다.

둘째 날에는 하늘과 땅이 붙어 있지 않도록 땅 주위에 빈 공간을 만드셨습니다. '라키아'(궁창)라는 전 우주적 장식품을 만드신 것입니다. 하나님은 '물들 가운데서' 궁창을 만드시고, 궁창을 중심으로 물과 물로 분리하셨습니다. 궁창 위의 물과 아래 물로 나뉘었지요. 칼빈은 이 '라키아'가 대기의 전 영역이라고 했습니다. 우리 머리 위에 열려 있는 모든 것, 하늘의 물은 물론 낮은 대기권을 다 포함하는 것으로 이해한 것입니다. 〈카일 델리취 주석〉(로고스 간)도 이런 맥락에서 이해합니다. "궁창 아래 물들이란 지구 위에 있는 물들이요, 위에 있는 물들이란 대기권에 떠도는, 땅 위의 물들과는 분리되어 있는 물들로, 구름들 안에 모여 있는 물들이다. 이것들이 터져서 지구 위에 비로 퍼부어진다." 창세기는 복잡한 천문학을 설명한 것이 아니라, 우리가 일상의 경험에서 이해할 수 있는 말을 하고 있습니다.

하지만 '라키아'가 성경에 쓰여진 용례들을 보면, '구르다'(겔 6:11; 25:6), '펴다'(시 136:6; 사 42:5; 44:24), '주조하다'(사 40:19), '치다'(출 39:3; 민 17:4; 렘 10:9)라는 의미가 있습니다. 종합해서 생각해보면 구르고, 치고, 주조해서 편 것이 궁창이라고 생각할 수 있습니다. 즉, 단순히 평평하게 펴진 공간 개념이 아니라 딱딱한 것에 힘을 주어서 펼쳐낸 것으로 생각할 수 있는 것이지요. 실제로 70인역이나 불가타역은 '라키아'를 각각 '스테레오마'(stereoma)와 '피마멘툼'(firmamentum)으로 번역하여 마치 딱딱한 천장, 혹은 견고한 칸막이의 느낌이 나도록 소개하고 있습니다. 일상의 경험으로 말하면 쇳조각 같은 것, 아니면 딱딱한 가죽 같은 것을 꿰매어 하늘의 물병이나 가방을 만든 느낌입니다. 이를 통해 비가 오는 계절이라도 하늘이 견고히 서서 한 방울의 물도 떨어지지 않도록 한 것 같습니다.

이러한 번역은 하늘의 큰 폭포가 하나님의 손에 의해 닫히지 않으면 구름이 언제든지 터져서 큰 홍수가 될 수도 있고 구름이 갑자기 우리를 삼킬 수도 있지만, 이 모든 일들이 하나님의 능력에 의해 억제되고 있다는 시각을 반영하는 것입니다. 즉, 하늘 위의 물이 쏟아지지 않는 것은 자연의 이치로 설명할 수 없습니다. 그것은 오직 하나님의 섭리이며, 이것들을 억제하시는 것은 그분의 능력입니다. 우리에게 숨 쉴 공간을 남겨두신 것은 그야말로 하나님의 놀라운 섭리이며 사랑입니다. "그대는 그를 도와 구름장들을 두들겨 넓게 만들어 녹여 부어 만든 거울 같이 단단하게 할 수 있겠느냐"(욥 37:18).

라키아가 하늘하늘한 공간인지 견고한 강판인지는 중요하지 않습니다. 중요한 것은 궁창이 하나님의 주권적 손아귀에 잡혀 있다는 것입니다. 그리고 궁창은 하나님이 말씀하신 대로 각기 나뉘어 자기의 영역을 차지하고 있습니다. 본문의 '나뉘라 하시고'는 분사형으로 기록되어 있어 언제나 나누어진 상태를 유지하게 하신다는 뜻을 포함합니다. 하나님이 주권자로서 나뉜 상태를 유지하시기에 망정이지, 궁창 위아래의 두 물이 합해지면 노아 홍수가 재현될 것입니다. 그러니, 궁창 위의 물이 하나님의 뜻에 따르고 있는 것입니다.

## ✛ 물만도 못한 인생이 되어서야

어찌하여 물은 큰 벽을 쌓듯 대양에 머물고 있을까요? 하나님이 처음부터 그렇게 하도록 명령하셨기 때문입니다. 하나님은 "천하의 물이 한 곳으로 모이고 뭍이 드러나라"고 하셨습니다. 70인역은 '마콤'(한곳)이라는 표현 대신 '미크웨'(모이는 곳)으로 번역하여 큰 저장소라는 느낌을 줍니다. 한 곳이든 모이는 곳이든 하나님은 이것을 '바다'라고 부르셨습니다. 칼빈은 이 기이한 현상을 몇 개의 성경 구절로 설명합니다.

그가 바닷물을 모아 무더기 같이 쌓으시며 깊은 물을 곳간에 두시도다 _시 33:7

그가 바다를 갈라 물을 무더기 같이 서게 하시고 그들을 지나가게 하셨으며 _시 78:13

내가 모래를 두어 바다의 한계를 삼되 그것으로 영원한 한계를 삼고 지나치지 못하게 하였으므로 파도가 거세게 이나 그것을 이기지 못하며 뛰노나 그것을 넘지 못하느니라 _렘 5:22b

바다가 그 모태에서 터져 나올 때에 문으로 그것을 가둔 자가 누구냐 그 때에 내가 구름으로 그 옷을 만들고 흑암으로 그 강보를 만들고 한계를 정하여 문빗장을 지르고 이르기를 네가 여기까지 오고 더 넘어가지 못하리니 네 높은 파도가 여기서 그칠지니라 하였노라 _욥 38:8-11

9절에서 엿볼 수 있는 피조물의 자세는 창조자의 뜻을 거절하거나 그에게 불순종하는 일은 상상도 할 수 없다는 것입니다. 무기물인 물조차 하나님의 명령을 따르는데 사람이야 말해서 무엇 하겠냐는 의미이지요. 금수만도 못한 인생이 아니라 물만도 못하는 인생이 되는 것입니다. "그런고로 하나님이 자기 명령으로 물들이 온 땅에 넘쳐나지 못하도록 물들을 옮겼기 때문에 우리가 마른 땅에 거주하고 있음을 알자"라고 칼빈은 외칩니다.

인류의 역사를 통해 알 수 있는 사실은, 사람이 하나님의 뜻을 행할 때 물은 사람을 돕지만, 사람이 하나님의 뜻을 거역할 때 심판의 도구가 되었다는 것입니다. 노아 시대가 이것을 대변합니다. 창조의 질서를 깨고 하나님의 뜻을 거역하는 시대가 되자 하나님은 '큰 깊음의 샘들을 터트리며 하늘의 창들을 열어'(창 7:11) 심판하셨습니다. 그러나 가만히 서서 여호와의 구원을 믿음으로 바라본 자들은 바다 가운데를 마른 땅으로 건넜고, 물은 그들 좌우의 벽이 되었지요(출 14:13,22). "온 땅의 주 여호와의 궤를 멘 제사장들의 발바닥이 요단 물을 밟고 멈추면 요단 물 곧 위에서부터 흘러내리던 물이 끊어지고 쌓여 서리라"(수 3:13)라고 했습니다. 반면 하나님 뜻에 반역한 모압 군대는 '해가 물에 비치므로 맞은편 물이 붉어 피와 같음'(왕하 3:22)을 보았습니다. 붉어진 물을 피로 여겨 '저 왕들이 싸워 서로 죽인 것'이라 생각한 모압 군대는 전쟁에 패했고, 이스라엘은 이겼습니다. 믿는 자들에게는 쓴 물도 단 물로 변합니다. 인생이 하나님 뜻에 순종한다면 무기물조차도 돕습니다. 물도 하나님의 뜻과 명령에만 복종하기 때문입니다.

# 06

창 1:14-23

# 하늘을 광명체로
# 단장하신 날

하나님은 황량하고 텅 빈 땅을 물과 뭍으로 나누신 후, 셋째날에 식물로 땅을 단장해주셨습니다(창 1:11-13). 그리고 넷째 날, 하늘을 단장하십니다(창 1:14). 넷째 날도 마찬가지로 땅과 땅에서 사는 생명체의 관계 안에서 의미를 갖게 하셨습니다. 창조의 능력은 무한한 궁창에 셀 수 없이 수많은 광명들을 수놓았지요. 하나님은 '정의의 길'과 '통달의 도'를 따라 하늘의 궁창에 광명들을 세우셨습니다(사 40:14).

> 너희는 눈을 높이 들어 누가 이 모든 것을 창조하였나 보라 주께서는 수효대로 만상을 이끌어 내시고 그들의 모든 이름을 부르시나니 그의 권세가 크고 그의 능력이 강하므로 하나도 빠짐이 없느니라 _사 40:26
>
> 네가 묘성을 매어 묶을 수 있으며 삼성의 띠를 풀 수 있겠느냐 너는 별자리들을 각각 제 때를 따라 이끌어 낼 수 있으며 북두성을 다른 별들에게로 이끌어 갈 수 있겠느냐 네가 하늘의 궤도를 아느냐 하늘로 하여금 그 법칙을 땅에 베풀게 하겠느냐 _욥 38:31-33
>
> 그가 홀로 하늘을 펴시며 바다 물결을 밟으시며 북두성과 삼성과 묘성과 남방의 밀실을 만드셨으며 측량할 수 없는 큰 일을, 셀 수 없는 기이한 일을 행하시느니라 _욥 9:8-10

육안으로 밤하늘을 보아도 수많은 별들이 형형색색 다양한 빛을 띠고 있습니다. 우주 망원경으로 들여다보면 어떨까요? 육안으로는 미처 볼 수 없었던 수많은 별들이 저마다의 크기와 색상을 띠고 있습니다. 이것들의 궤도와 중력 관계 속에 나타나는 창조주 하나님의 광대하심과 영광은 감히 측량할 수 없습니다. "그의 입김으로 하늘을 맑게 하시고 손으로 날렵한 뱀을 무찌르시는"(욥 26:13, 날랜 뱀은 뱀 모양처럼 보이는 은하수를 의미함) 하나님이시니, 우리는 그분의 위대한 창조 앞에서 입을 다물 수밖에 없습니다. "그것들이 여호와의 이름을 찬양함은 그가 명령하시므로 지음을 받았음이로다 그가 또 그것들을 영원히 세우시고 폐하지 못할 명령을 정하셨도다"(시 148:5,6).

## ✛   세계사와 구속사의 기초

넷째 날에 하나님은 일반적인 광명체들을 먼저 창조하시고(창 1:14-15), 그다음으로 해와 달과 별들을 특별히 구별하셨습니다(창 1:16-17). 광채가 생긴 이상 그 빛들은 자연스레 사방으로 비추었겠지만, 15절과 17절에 걸쳐 '땅을 비추라' 하시는 것을 보면 앞으로 땅에 드러날 생물들을 각별히 배려하시는 하나님의 사랑을 짐작할 수 있습니다. 아울러 '징조와 계절과 날과 해를 이루게 하라' 하실 때 '그대로 되니라'(창 1:15)라는 말씀 이후에, 특별한 광채들, 즉 해와 달과 별들을 '만드시고' '비추게' 하셨습니다(창 1:16-17). 광명체들이 만들어진 후 거기에 해와 달과 별들이 더해지고, 그들에게 이름이 주어진 것은 아닙니다. 하나님께서 땅과의 관계를 중심으로 천체의 질서를 특별히 설정하셨다는 뜻으로 이해해야 합니다. 해와 달이 땅을 위해 특별한 봉사를 한다는 뜻이라고나 할까요!

14절에서 '계절'로 번역된 히브리어는 '모에드'입니다. 그러나 〈공동번역〉과 〈우리말성경〉(두란노서원 간)에서는 '절기'라고 옮겼습니다. NIV와

ESV는 'seasons'이라 하여 계절과 같은 맥락으로 이해하고 있습니다. ESV는 '모에드' 단어에 별주를 달아 'appointed times'(정한 시간들)라고 설명을 덧붙입니다. '모에드'를 바로 뒤에 나오는 '일자와 연한'의 맥락에서 해석하면 자연의 계절을 의미하는 반면, 절기는 어떤 제의적인 날들을 의미합니다.

우리가 하나의 번역만 고수하면 창조 기사를 자연과학적인 책 혹은 제의적인 책으로만 이해할 여지가 생길 수 있습니다. 이러한 양 극단의 해석을 피하기 위해서는 '모에드'를 자연의 계절과 제의적 절기를 다 포함하는 단어로 이해하는 것이 적절하겠습니다. 창세기는 앞으로 전개될 자연계시뿐 아니라 구속 사건들의 배아를 품고 있는 책입니다. 따라서 창세기 1장의 단어 하나하나, 문장 하나하나를 읽을 때는 앞으로 전개될 세계사와 구속사를 위한 기초를 놓는다는 것을 염두에 두어야 합니다.

## ✝ 사람을 위한 징조의 수단

14,15절의 히브리어 구문 "있어 … 나뉘게 하고 …, 있어 … 비추라"라는 표현은 화자인 하나님께서 자신의 뜻을 피조물인 광명체들에게 강하게 부여하시는 동작을 강조합니다. 광명체들이 받은 명령의 자발성과 즉각성을 부각하는 느낌입니다. 사람을 위한 일이라면 하나님은 얼마나 간절하면서도 단호하게 말씀하시는지 모릅니다. "광명체들이 징조를 위한, 계절을 위한, 날과 해를 위하여 존재하라!"라고 명령하셨거든요. 하나님이 명령하시면 피조물은 어떤 군소리도 없이 마땅히 임무를 수행해야 합니다.

하늘의 광명체들은 징조의 수단이 되어야 했습니다. 광명체들은 자연력으로 볼 때도 징조가 되고, 구속사의 계시에서도 징조가 됩니다. 노아에게는 무지개(창 9:12,13), 아브라함에게는 별들(창 15:5), 또한 여호와를 경외하는 모든 자들에게 해(태양)와 치료하는 광선으로 나타나기도 합니다(시 84:11; 말 4:2). 히스기야의 병이 나을 징조로 해가 십 도 되돌아간 것은 대표적인 예입니다(왕하 20:8-10). 구약뿐 아니라 신약에서도 광명은 징조로 나타나곤 합니다. 동방박사 세 사람은 별을 따라왔지요. "여호와의 크고 두려운 날이 이르기 전에 해가 어두워지고 달이 핏빛같이 변하리려니와"(욜 2:31)라던 예언이 이루어졌습니다(행 2:19-20). 이렇게 별을 통해 드러나는 징조는 종말에 많이 나타날 것입니다(참조: 마 24:29; 막 13:24-25; 눅 21:25-26; 계 6:12-14). 이런 광명체들은 징조뿐 아니라 절기, 날, 그리고 해를 위해서도 사용됩니다.

> 낮도 주의 것이요 밤도 주의 것이라 주께서 빛과 해를 마련하셨으며 주께서 땅의 경계를 정하시며 주께서 여름과 겨울을 만드셨나이다 _시 74:16,17
> 여호와께서 달로 절기를 정하심이여 해는 그 지는 때를 알도다 _시 104:19
> 큰 빛들을 지으신 이에게 감사하라 그 인자하심이 영원함이로다 해로 낮을 주관하게 하신 이에게 감사하라 그 인자하심이 영원함이로다 달과 별들로 밤을 주관하게 하신 이에게 감사하라 그 인자하심이 영원함이로다 _시 136:7-9

그러나 이런 광명체들도 철저하게 하나님의 명령과 규정(계시)에 의해 움직이는 피조물입니다. 예레미야서 말씀을 봅시다. "여호와께서 이와 같이 말씀하셨느니라 그는 해를 낮의 빛으로 주셨고 달과 별들을 밤의 빛으로 정하였고 바다를 뒤흔들어 그 파도로 소리치게 하나니 그의 이름은 만군의 여호와니라"(렘 31:35). 만약 광명체들이 스스로 징조를 주는 것으로 오해하여 이것들을 섬기면 심판을 받을 것입니다.

또 그리하여 네가 하늘을 향하여 눈을 들어 해와 달과 별들, 하늘 위의 모든 천체 곧 너희의 하나님 여호와께서 천하 만민을 위하여 배정하신 것을 보고 미혹하여 그것에 경배하며 섬기지 말라 _신 4:19.

만일 해가 빛남과 달이 밝게 뜬 것을 보고 내 마음이 슬며시 유혹되어 내 손에 입맞추었다면 그것도 재판에 회부할 죄악이니 내가 그리하였으면 위에 계신 하나님을 속이는 것이리라 _욥 31:26 - 28

네가 많은 계략으로 말미암아 피곤하게 되었도다 하늘을 살피는 자와 별을 보는 자와 초하룻날에 예고하는 자들에게 일어나 네게 임할 그 일에서 너를 구원하게 하여 보라 _사 47:13

또 지붕에서 하늘의 뭇 별에게 경배하는 자들과 경배하며 여호와께 맹세하면서 말감을 가리켜 맹세하는 자들과 여호와를 배반하고 따르지 아니한 자들과 여호와를 찾지도 아니하며 구하지도 아니한 자들을 멸절하리라 _습 1:5-6

## ✝ 궁창에 광명체들이 만들어진 시기와 목적

16절은 마치 벌써부터 우상숭배를 반대한다는 듯, 해와 달에 해당하는 히브리어 단어(새메쉬, 야레아, 레바나)를 배제하고 '큰 광명', '작은 광명'이라 부릅니다. 바벨론의 우주론에서 별들을 신화화하기에 급급할 때, 창세기의 저자는 저들의 신을 그저 큰 광명, 작은 광명이라고 부를 뿐입니다. 특히 별들에 대해서는 어떤 기능적 임무를 일체 부여하지 않지요. 심지어 예레미야는 이렇게 말합니다. "여호와께서 이와 같이 말씀하시되 여러 나라의 길을 배우지 말라 이방 사람들은 하늘의 징조를 두려워하거니와 너희는 그것을 두려워하지 말라"(렘 10:2). 신명기에 따르면, 모세는 남녀를 막론하고 일월성신에게 절하는 자를 죽이라고 했습니다(신 17:2-5).

말세가 될수록 점성학을 믿는 사람들은 늘어납니다. 세상이 어려울수록 하나님을 더욱 찾아야 할 텐데, 피조물인 해와 달을 찾아 해맞이와 달맞이를 하고, 그것들에 빌고 절합니다. 신자들은 이런 데 덩달아 참여하면 안 됩니다. 동녘에 해가 뜰 때, 해는 우리에게 '창조주의 명령을 따라 인생을 위해 빛을 비추는 것뿐이니, 오직 여호와 하나님에게만 영광을 돌리라'라고 말할 수 있을 뿐입니다. "너희는 눈을 높이 들어 누가 이 모든 것을 창조하였나 보라 주께서는 수효대로 만상을 이끌어 내시고 그들의 모든 이름을 부르시나니 그의 권세가 크고 그의 능력이 강하므로 하나도 빠짐이 없느니라"(사 40:26).

자연의 온갖 만상(萬象), 일월성신(日月星辰)은 하나님을 알도록 도와주는 일을 할 뿐입니다. 단지 인간들이 자신의 죄 때문에 하나님을 알지 못하여 그들을 섬기고 있습니다. 그 오래 전 모세도 무지한 우상숭배를 걱정했습니다. "또 그리하여 네가 하늘을 향하여 눈을 들어 해와 달과 별들, 하늘 위의 모든 천체 곧 너희 하나님 여호와께서 천하 만민을 위하여 배정하신 것을 보고 미혹하여 그것에 경배하며 섬기지 말라"(신 4:19). 크고 먼 우주에 있어 다 알 수 없기에 우리 인생들에게 신비스러움을 자아내 탐구의 대상이 될 수도 있지만, 이것들은 하나님이 정해주신 임무를 벗어나지 않는다는 것을 알아야 합니다.

일월성신이 넷째 날에 창조되지 않았다고 보는 견해도 있습니다. 그것들은 태초에 천지가 만들어질 때 또한 함께 만들어졌는데, 그 빛들이 구름 같은 것에 가려져 있다가 쾌청한 날에 나타난 것이라고 주장하는 것입니다. 그 유명한 〈스코필드 성경〉의 해석입니다. 세일해머 역시 상이한 해석을 내놓습니다. 해와 달과 별들은 태초에 이미 만들어졌고, 넷째 날에는 광명체의 기능(주야를 나누며 계절과 날과 해를 표시하는)만 주어졌다는 것입니다. 그는 이런 해석을 지지하기 위해 14절 상반절에 분명하게 기록된 '예히'(있어)라는 명령형 동사를 뺄 뿐 아니라, '레하브딜'(나뉘게 하기 위하여)이라는 부정사를 '나뉘게 하라'는 뜻의 정동사로 바꾸어버립니다. 그러나 앞서 지적했듯, 히브리어에서 명령어 '예히'는 아주 강하게 존재하라는 명령을 의미합니다. 광명체가 존재해야만 그 기능을 수행할 수 있는 것인데, 그는 이 점을 고의적으로 외면합니다.

첫 사흘은 빛의 기능을 태양이 아닌 하나님으로부터 오는 빛이 담당했습니다. 칼빈에 의하면 넷째 날 이후, 하나님으로부터 오던 빛의 임무가 해와 달에게로 넘어갔습니다. 광명체는 세 가지 기능을 담당하는데, 첫 번째 기능은 낮과 밤을 나누는 것입니다. 다음은 징조와 시간을 나누는 표징으로서의 기능, 그리고 마지막은 땅에 빛을 제공하는 것입니다. 광명체는 빛의 원천으로서 땅에 빛을 주기 위해 창조되었기에, 광명체는 세상을 섬겨야 합니다. 이를 통하여 사람들이 광명체를 보고 빛의 원천이신 주님을 찾게 하는 것이 그 목적이기 때문입니다. 따라서 피조물인 광명체를 섬기는 것은 마음이 어두워지는 것입니다. 나아가 빛은 자연의 빛으로서도 역할을 하지만, 중의적으로 의의 빛으로서 역할도 감당하게 됩니다.

## ✝ 일월성신 숭배가 불가한 이유

자연을 숭배하는 시기가 다시 도래하고 있습니다(신 4:19; 17:3; 렘 8:2; 19:13; 습 1:5; 왕하 23:5). 성경은 우리에게 창조자이신 하나님만을 경외하라고 촉구합니다. 아무리 해와 달과 별들이 크고 신비하다 해도 '주의 손가락으로 만드신 것'(시 8:3)일 뿐입니다. 우리는 하나님께서 명하신 대로 그분만을 경배해야 합니다.

여호와여 주의 말씀은 영원히 하늘에 굳게 섰사오며 _시 119:89

그것들이 여호와의 이름을 찬양함은 그가 명령하시므로 지음을 받았음이로다

_시 148:5

여호와의 지으심을 받고 그가 다스리시는 모든 곳에 있는 너희여 여호와를 송축하라 내 영혼아 여호와를 송축하라 _시 103:22

너희는 눈을 높이 들어 누가 이 모든 것을 창조하였나 보라 주께서는 수효대로 만상을 이끌어 내시고 그들의 모든 이름을 부르시나니 그의 권세가 크고 그의 능력이 강하므로 하나도 빠짐이 없느니라 _사 40:26

창세로부터 그의 보이지 아니하는 것들 곧 그의 영원하신 능력과 신성이 그가 만드신 만물에 분명히 보여 알려졌나니 그러므로 그들이 핑계하지 못할지니라_롬 1:20

# 07

# 성령님이 수면 위에 너풀거리시다

1절에서 '하나님이 천지를 창조하셨다'라고 선언할 때 '지'는 잘 알고 있듯이 땅입니다. 2절 앞부분에서도 이 땅을 설명하고 있습니다. 2절은 하나님의 첫 창조 활동 이후의 원초적 상태에 있는 땅을 말하고 있는데, 하늘과 땅은 아직 분리되지 않았고, 하늘을 의미하는 '천'에 대한 내용도 등장하지 않습니다. 단지 이 땅을 가꾸고 채워서 사람이 살 수 있는 땅으로 예비할 것이란 말씀이 계속 나올 뿐입니다.

성령님은 땅의 첫 모습이 어땠는지 강하게 알려주고자 하셨습니다. "너희가 발붙이고 사는 이 땅은 원래 거친 곳이었다. 성령님이 일하지 않았다면 결코 좋은 것이 드러나지 않았다. 너희에게는 땅으로 보이겠지만, '궁창'으로 갈라지기 전에는 '하늘'이 땅에 포함되어 있었던 것을 유념하라." 성령님은 이런 메시지를 우리에게 주고 계십니다.

한글 성경에서는 맛보기 어렵지만, 원문은 이 땅의 모습이 어떠한지 강조문으로 말하고 있습니다. 원문으로 볼 때 2절은 명사구 세 개로 이루어져 있습니다. 먼저 '땅이 혼돈하고 공허하며'에서 '하다'에 해당되는 히브리어 '하예타'(원형 하야)는 계사(繫辭, 본문에 딸려 그 말을 설명하는 말, copulative word)로, 영어로는 be, become의 의미를 가집니다. '하야'는 주어인 '땅'을 더욱 강조합니다. 땅이 하나님에 의해 아름답고 선하게 창조되긴 했지만, 하나님이 가꾸고 채우셔서 '좋다'라고 말씀하시기 전에는 여전히 미완성의 영역입니다.

'하예타'가 포함된 명사구의 구조를 볼 때 2절은 땅의 상태를 설명할 뿐, 천지를 만드신 후에 땅이 어떻게 '생기게' 됐다는 진술은 아닙니다. 만약 땅이 지어졌다고 말하려면 '그리고+동사(됐다, became)+주어(땅)'가 돼야만 합니다. 그러나 원문은 분명히 '그리고+주어(땅)+동사(였다, was)' 형식으로 되어 있습니다. 이는 하나님이 땅을 존재하게 하시고 빛을 창조하실 때의 조건과 상황이 어땠는지를 말하고 있는 것입니다. 달리 말하면 1절과 2절은 하나님의 창조 행동을 하나로 엮고 있는 셈입니다. 이 두 구절 사이에 격차 이론이 주장하는 대로 온갖 지질학적 설명, 사탄의 타락 같은 근거 없는 주장을 끼워 넣을 이유가 없습니다. 이런 주장을 하는 사람들은 2절 초반에 나오는 '그리고'에 연속적인 의미를 부과해서, 천지창조 다음에 아주 긴 기간이 있었고 이후에 또다시 땅이 생긴 양 오해합니다. 이런 이유로 영어 역본들 중 RSV는 '그리고'를 빼버렸고, NIV는 1절 선언에 연이어 나오는 말, 즉 'Now'로 바꾸어버렸습니다. ESV는 히브리어에 있는 '그리고'(바브)를 아예 삭제하여 시간적으로 연결된다는 것을 부각하고 있습니다.

정리하자면 2절에서 서술하는 내용은 1절에 이어 땅의 상태를 보여주는 것입니다. 이를 통해 장차 사람이 살게 될 땅이 근본적으로 어땠는지 사람으로 하여금 알게 하고, 최초의 땅에 하나님이 일하지 않으시면 그 땅은 아무 쓸모없는 땅이 된다는 사실을 새겨주어 언제나 겸손하라는 메시지를 줍니다. 창조된 땅의 첫 모습은 혼돈하고, 공허하고, 흑암이 깊음 위에 있으며, 하나님의 신이 수면 위에 운행하시는 곳이었습니다.

## ✚ 성령께서 역사하실 혼돈하고 공허한 땅

하나님은 일시에 모든 것을 창조하실 수 있습니다. 황무한 땅도 단박에 꽃동산으로 만들 수 있습니다. "보라 내가 너희에게 비밀을 말하노니 우리가 다 잠 잘 것이 아니요 마지막 나팔에 순식간에 홀연히 다 변화되리니 나팔 소리가 나매 죽은 자들이 썩지 아니할 것으로 다시 살아나고 우리도 변화되리라"(고전 15:51-52). 하나님은 종말의 순간에 사람을 순식간에 변화시키실 것입니다. 이런 하나님이 창조 때에는 변화시키지 못하셨을까요? 아니요, 충분히 가능하셨을 것입니다. 하지만 마치 도공이 그릇을 만들 때 충분히 시간을 두고 형태와 문양 등을 깊이 생각하여 흙 반죽을 빚어가듯, 아름다운 지구를 만들기 위해 시간이라는 틀 안에서, 깊은 물에 잠겨 있는 흙 반죽 덩어리를 먼저 만드셨습니다.

하나님은 우리의 구원도 작정의 금사슬에 단단히 연결시켜 놓으셨습니다(롬 8:28-30 참조). 창조도, 구원의 여정도, 우리가 좋아하는 이 말처럼 '빨리빨리' 이루어지는 것은 아닙니다. 땅은 그 모습이 황량(혼돈)하고 공허했습니다. '황량하다'라는 의미를 가진 히브리어 '토후'는 성경에 모두 스무 번 등장하는데, 상황에 따라 다양하게 번역되었습니다. NIV 역시 이 단어를 waste, wasteland, trackless waste, useless idols, false testimony, nothing, empty, in vain, measuring line of chaos, confusion. empty space 등으로 다양하게 번역했습니다. 이를 정리하면 다음 페이지의 도표와 같습니다.

| 우상과 관련하여 | 장소와 관련하여 | 기타 표현 |
|---|---|---|
| 헛된 것(삼상 12:21; 사 40:23) | 광야(신 32:10) | 약탈을 당한(사 24:10) |
| 공허한 것(사 41:29) | 삭막한 들(욥 6:18) | 혼란의 줄(사 34:11) |
| 허망한 것(사 44:9; 59:4) | 거친 들(욥 12:24) | 허망한 것(사 59:4) |
| 헛된 일(사 29:21) | 허공(욥 26:7) | |
| 빈 것(사 40:17) | 황야(시 107:40) | |
| 혼돈(사 45:18,19) | 공허(렘 4:23) | |
| 헛되이(사 49:4) | | |

ESV나 RSV는 창세기 1장 2절을 'without form and void'로 번역한 반면 NIV는 'formless and empty'로 번역했습니다. 이렇듯 '토후'는 다양한 의미를 가지고 있습니다. 2절의 땅은 사람이 전혀 살 수 없는 땅이었지만, 그렇다고 오늘날의 과학이 말하는 차가운 가스층의 먼지가 아니라, 곧 성령께서 역사할 소망의 땅입니다. 비록 지금은 완성된 모습이 아니지만, 목적을 두고 하나님이 만드신 첫 땅, 성령님이 역사하시면 언제든 소망으로 가득 찰 수 있는 광야입니다. 성령님이 역사하시면 언제든 낙원이 될 수 있는, 생기가 넘치는 땅입니다.

'공허한'이라는 뜻을 가진 히브리어 '보후'는 성경에서 창세기 1장 2절을 제외하면 딱 두 번만 나오는데, 언제나 '토후'와 같이 등장하며, '혼돈하고 공허하다'라는 뜻을 나타냅니다.

당아새와 고슴도치가 그 땅을 차지하며 부엉이와 까마귀가 거기에 살 것이라 여호와께서 그 위에 혼란의 줄(카우 토후)과 공허의 추(베아브네이 보후)를 드리우실 것인즉

_사 34:11

보라 내가 땅을 본즉 혼돈하고 공허하며(토후 바보후) 하늘에는 빛이 없으며 _렘 4:23

'보후'는 앞 단어 '토후'를 더욱 생생하게 강조하는 역할을 합니다. '보후'가 '비어 있는'을 의미하는지 '텅 빈'을 의미하는지는 중요하지 않습니다. 다만 '토후'가 황야라면, 사람은커녕 짐승과 식물도 살지 않는 텅 빈 황야를 뜻합니다. 동시에 그곳에서 성령님의 역사를 기대하라 하십니다.

위의 두 단어를 통해 성경이 보여주려는 것은 다음과 같습니다. 하나님의 첫 창조로 생겨난 땅은 현대인들이 이해하는 혼돈, 곧 카오스가 아닙니다. 그렇다고 땅의 본질이 다 드러난 것도, 전개된 것도 아닙니다. 아직은 하늘과 분리되지도, 정돈되지도 않은 상태입니다. 창조된 '하마임'(물들) 역시 나누어지지 않은 상태입니다. 아직 각각의 본질이 구분되지 않아 밤, 낮, 땅, 궁창, 바다, 땅에 구별이 없었습니다. 그저 전능한 성부 하나님에 의해 말씀과 성령으로 지음 받은 땅으로 있을 뿐이지요. 어떠한 구분, 조형, 모습, 나아가 본질이 나타나지도 않고 질서도 없는 상태입니다. 그야말로 황량하고 공허한 상태인 것입니다(사 34:11; 렘 4:23). 조형되지 않은 큰 덩어리 상태를 말합니다(시 139:16; 비교, 사 40:17,23).

우리가 유념해야 할 진리가 이 말씀에 감추어져 있습니다. '토후'가 단독으로 사용되든 '보후'와 함께 사용되든, 땅을 심판하는 예언의 경우에는 창세기의 창조 기사를 배경으로 두고 선포된다는 점입니다. "내가 산들을 본즉 다 진동하며 작은 산들도 요동하며 내가 본즉 사람이 없으며 공중의 새가 다 날아갔으며 보라 내가 본즉 좋은 땅이 황무지가 되었으며 그 모든 성읍이 여호와의 앞 그의 맹렬한 진노 앞에 무너졌으니"(렘 4:24-26).

이사야나 예레미야와 같은 선지자들이 이 단어를 사용한 것은 이스라엘을 포함한 열국이 헛것을 섬기고 하나님 앞에 범죄할 때, 그들이 사는 땅이 창세기 1장 2절의 '혼돈하고 공허한 땅'이 되는 심판을 면치 못할 것이라고 경고하기 위해서였습니다. 2절 말씀 자체는 하나님의 선한 창조를 선포하지만, 그 말씀이 심판으로 역사하게 되면 그 의미는 달라집니다.

땅은 항구적이지도, 불변하지도 않습니다. 하나님의 영이 창조적으로 역사하느냐, 아니면 파괴적으로 역사하느냐에 따라 땅은 변하게 되어 있습니다. 창조적으로 역사하시면 이 땅은 아름다운 에덴동산이 되지만, 언약의 백성이 범죄하면 땅은 텅 빈 광야가 되어버릴 것입니다. "여호와께서는 강이 변하여 광야가 되게 하시며 샘이 변하여 마른 땅이 되게 하시며 그 주민의 악으로 말미암아 옥토가 변하여 염전이 되게 하시며"(시 107:33-34).

인류가 아무리 하나님을 떠나 동쪽으로 가더라도, 그곳에서 에녹 성 혹은 바벨탑을 짓는다 하더라도, 하나님 없는 문화는 공허해 망할 뿐입니다. 우리는 노아 홍수를 기억해야 합니다. 하나님께서 심판하실 때 인류가 쌓았던 모든 문화는 차별 없이 허망하게 무너져버렸습니다. 모두가 물에 잠겨버렸습니다. 우리에게도 동일한 불심판이 기다리고 있습니다. 따라서 우리가 사는 세상이 황야 같다 하더라도, 앞으로 성령님이 역사하셔서 도래하게 될 제2의 에덴을 바라보아야 합니다. "광야와 메마른 땅이 기뻐하며 사막이 백합화 같이 피어 즐거워하며 무성하게 피어 기쁜 노래로 즐거워하며 레바논의 영광과 갈멜과 사론의 아름다움을 얻을 것이라 그것들이 여호와의 영광 곧 우리 하나님의 아름다움을 보리로다"(사 35:1-2).

✝  **하나님은 흑암도 필요하여 창조하셨다**

창세기 1장 2절에는 이런 표현이 있습니다. "흑암이 깊음 위에 있고." 하나님이 첫 하루에 창조하신 것 중에는 흑암이 포함되어 있습니다. 이 표현을 이해할 때 조심할 것이 있습니다. 근동 지방 문헌의 영향을 따라 흑암을 하나님과 독립된 개체인 양 생각해서는 안 된다는 것입니다. 하나님은 흑암도 창조하셨습니다. "나는 빛도 짓고 어둠도 창조하며 나는 평안도 짓고 환난도 창조하나니 나는 여호와라 이 모든 일들을 행하는 자니라 하였노라"(사 45:7). 흑암은 하나님이 지으신 것으로, 있어도 그만 없어도 그만인 것이 아닙니다. 우리가 필요를 느끼지 못할 뿐, 사람에게 필요하기에 지으신 것입니다. "여호와께서 온갖 것을 그 쓰임에 적당하게 지으셨나니 악인도 악한 날에 적당하게 하셨느니라"(잠 16:4). "낮도 주의 것이요 밤도 주의 것이라"(시 74:16a). 만약 이 땅에 어둠 없이 빛만 있다면, 우리는 살지 못할 것입니다.

'테홈'(깊음)은 뒤에 등장하는 '물'과 같은 의미로 이해할 수 있습니다. 성경이 말하는 '테홈'은 창조된 것으로, 깊이를 알 수 없는 심연을 의미합니다. 몇몇 신화학자들은 '테홈'에서 바벨론의 창조 신화에 등장하는 '마르둑'의 적대자 '티아마트'의 흔적을 읽어내기도 하지만, 성경은 깊음을 결코 신화화하지 않습니다. 땅이 창조될 때는 물들에 잠긴 상태였습니다. 이는 마치 옷을 입은 것과도 같고, 어머니 품 안에서 강보에 쌓여 있는 상태와도 같습니다(시 104:6; 욥 28:14; 38:8,9,16). '깊음'은 바다와 공간도 없고 하늘이라 불릴 수도 없는, 그야말로 표현 불가능한, 끝없는 심연입니다. 두터운 흑암에 둘러싸여 그 안에 있는 내용이 드러나거나 구별되지 않는, 비밀스러운 깊음입니다(참조, 시 139:15,16).

6절에 등장하는 창조 때의 물은 원초적인 물로 보입니다. 6절을 볼 때 보통 땅의 물이 둘로 나누어져서, 구름이 떠돌아다니는 하늘과 물이 말라서 드러난 물로 구분되었다고 생각하곤 합니다. 그러나 성경은 하나님이 궁창에게 존재하라 명령하셨고, 궁창 위의 물과 궁창 아래 물로 나뉘도록 하셨다고 기록합니다.

보통 우리가 말하는 일반적 의미의 물은 하나님이 빛과 궁창을 창조하시고 마른 땅을 구분한 후, 물이 한곳으로 모이도록 명령할 때에 등장합니다.

흑암에 둘러싸여 땅을 잠그고 있는 2절의 물은 원초적인 물의 일종으로 보아야 합니다.

성경이 물리학이나 천문학을 가르치지는 않습니다. 그러나 물은 그 성격상 고체가 되기도 하고, 액체로 흐르기도 하고, 기체로 증발하기도 합니다. 원초의 물은 압축되어 있기에, 그 성격상 물이라고도, 그리고 불이라고도 할 수 있습니다. 노아 홍수 때도 하늘에서 불이 쏟아져 심판의 도구가 된 것을 볼 수 있습니다.

베드로 사도의 말을 살펴봅시다. "이제 하늘과 땅은 그 동일한 말씀으로 불사르기 위하여 보호하신 바 되어 경건하지 아니한 사람들의 심판과 멸망의 날까지 보존하여 두신 것이라 … 그러나 주의 날이 도둑 같이 오리니 그 날에는 하늘이 큰 소리로 떠나가고 물질이 뜨거운 불에 풀어지고 땅과 그 중에 있는 모든 일이 드러나리로다"(벧후 3:7,10).

하늘은 '뻗어가고'(창 1:7; 시 104:2) 땅은 '기초'로 놓입니다(사 40:21,22; 슥 12:1; 시 104:2,5). 하나님은 창조 때에 말씀과 전능한 능력을 가지고 한편으로는 외연으로 뻗어가는 원심력을, 다른 한편으로는 집약하는 힘, 즉 중력이라는 구심력을 사용하여 섭리하고 조화를 이루셨습니다. 결론적으로 2절의 '테홈'은 7절에 물이 나누어지기 전에 존재했던 원초적인 물일 뿐, 결코 어떤 신적 실재가 아닙니다. 편의상 태고의 물을 '원수'(源水)라고 말하는 것 역시 바람직할 것 같습니다. 바로 이 '원수'가 땅을 감싸고 있었던 것입니다. 하나님은 이 최초의 피조물에서 성령과 말씀으로 창조의 일을 진행하십니다. 이제 빛들과 궁창을 만들고 천하의 물을 향해 한곳으로 모이라고 하실 것입니다. 그리고 하늘과 땅을 나누어 마른 땅이 생기게 하시겠지요.

## ✛ 수면을 너풀거리시는 성령님

하나님의 신을 두고 혹자들은 '큰 바람'이라고 합니다. 보통 신화에서 말하는 바람은 나쁜 개념을 갖고 있으니, 성경과는 정반대인 셈이지요. 또는 '하나님의 입김'이라고 보는 학자들도 있습니다. 중요한 것은 동사 '메라헤페트'(운행하다)가 '너풀거리다'(신 32:11)라는 뜻을 가지고 있다는 것입니다. 따라서 큰 바람, 또는 입김이 아니라 성령이라고 새기는 것이 가장 합당합니다.

성령은 어두운 물로 싸인 땅, 황무지인 상태로 텅 비어 있는 이 땅을 그냥 방치하지 않고, 부단히도 그 물 위를 움직이십니다. 하나님의 신은 물로 덮여 있는 원초의 땅을 마치 독수리가 그 새끼 위에서 너풀거리듯 안고 계신 것입니다.

'너풀거리다'라는 말은 날개를 뻗어서 둥지를 보호하거나 품으면서 일어나라고 부추기는 이미지입니다. 성령의 이런 활동은 창조자 하나님과의 영적 유대 속에서 협동하여 창조에 참여하시는 모습을 보여줍니다. 성령님은 창조를 자기의 임무로 삼고, 영적 질서를 부여하시면서 자기 말씀으로 부르실 것입니다. 이러한 성령의 관심은 한시도 쉬지 않고 계속될 것입니다. '너풀거리다'라는 동사는 분사형으로 기록되어 있어 쉬지 않고 지속적으로 관심을 보인다는 것을 의미합니다.

하나님의 영이 있는 곳에는 미래가 있습니다. 성령은 성부 하나님이 계획하시고 창조하신 땅, 아직은 텅 비었고 어둠이 깔려 있는 그 땅을 꾸미고 영화롭게 하시되, 하나님이 "매우 좋다"라고 하실 때까지 쉬지 않으실 것입니다. 성령이 너풀거리는 땅의 미래는 꽃동산이 되는 것입니다(계 21:2, 22:17; 요 16:14; 고후 11:2).

하나님의 성령은 밖으로 향하는 창조뿐 아니라 내면적으로도 역사하십니다. 무슨 말인고 하면, 사물의 본질을 드러내실 뿐만 아니라, 그 본질의 내면에서도 일하신다는 말입니다(히 1:3; 골 1:17; 롬 1:20; 계 4:11). 하나님의 성령은 숨어서 일하시지만, 엿새 동안 성부 하나님과 함께 하시는 일들을 나타내실 것입니다. 어둠 가운데서 빛이 있으라 하실 것이고(고후 4:6; 창 1:3), 궁창을 만들어내고 광명체를 창조하여 달아두실 것이며(창 1:7,16,17; 시 33:6), 씨 맺는 과목들과 생물들을 말씀으로 불러낼 것입니다(창 1:11,20,24; 시 104:30).

하나님의 창조는 사람의 일이 아닙니다. 사람이 미처 만들어지기도 전에 일어난 일이거니와, 사람이 할 수 있는 일도 아니지요. 그저 하나님의 큰 바람, 또는 하나님의 입김 정도가 개입하여 이루시는 창조로 생각한다면 삼위 하나님이 창조에 동참하신 것을 축소하는 처사입니다. 시편 33편 6절은 "여호와의 말씀으로 하늘이 지음이 되었으며 그 만상을 그의 입 기운으로 이루었도다"라고 노래합니다. 이는 말씀의 능력이 위대하다는 뜻으로, 세심한 관심 없이 무성의하게 천지를 지으셨다는 뜻이 아닙니다.

창조는 인격적인 성령이 정성껏 개입하여 이루시는 위대하고도 거룩한 일입니다. 모세는 창조하시는 하나님의 '모든 일'(미콜 멜라케토, 창 2:2)과 성막을 짓는 거룩한 '모든 일'(베콜 멜라카, 출 31:5)을 비교하고 있습니다. 창조나 성막 짓는 일 모두 동일한 성령이 역사하신다는 뜻입니다(창 1:2; 출 31:3). 하나님이 모든 정성을 다하여 만물을 창조하셨듯, 브살렐도 모든 재주(베콜 멜라카)를 다해서 성막을 지어야 합니다. 지혜의 성령님은 이렇듯 세심한 관심으로 천지를 창조하셨습니다.

누가 손바닥으로 바닷물을 헤아렸으며 뼘으로 하늘을 쟀으며 땅의 티끌을 되에 담아 보았으며 접시 저울로 산들을, 막대 저울로 언덕들을 달아 보았으랴 누가 여호와의 영을

지도하였으며 그의 모사가 되어 그를 가르쳤으랴 _사 40:12,13

'나풀거림'은 단순히 성령님의 임재를 상징하는 말이 아닙니다. 기존에 창조된 땅, 질서도 없고, 텅 빈 황폐한 그 땅이 성령으로부터 나온 능력을 통해 잘 정돈된 세상으로 발전해가는 역동적인 창조가 이루어진 것입니다. 이것이 삼위 하나님의 놀라운 창조 사역입니다.

# 08

# '땅의 존귀'
# 식물을 창조하시다

70인역은 9절을 '그대로 되니라'라는 말씀 다음에 '그리고 하늘들 아래 있던 물이 그 장소들(혹은 그들의 모이는 곳)에 모였고, 그리고 마른 땅이 나타났다'라는 내용을 첨부해 두었습니다. 이를 통해 자연의 이치가 하나님의 명령에 순종하는 모습을 보여주지요. 흥미로운 점은 '이카부'(모이다)라는 동사에 '대망하다, 소망하다'라는 뜻도 있다는 것입니다. 해석하자면 물이 모이는 데는 이유가 있는데, 마른 땅이 드러나 사람이 살 수 있는 땅이 되기를 소망하기 때문입니다.

예레미야 3장 17절은 "그 때에 예루살렘이 그들에게 여호와의 보좌라 일컬음이 되며 모든 백성이 그리로 모이리니"라고 기록하는데, '모이다'와 '대망하다'가 중첩되어 쓰이는 예를 보여줍니다. 물이 모인 '엘 마콤 에하드'(한 장소로)는 곧 바다입니다. 무기물인 물조차도 하나님이 명령하실 때 한 곳으로 모이고 마른 땅을 드러냈습니다. 악한 인간은 하나님의 뜻을 거슬러 불순종하지만, 무생물은 하나님의 뜻에 언제든지 순종하는 모습을 보여줍니다.

이렇게 마른 땅과 바다를 나누고 보니 하나님의 눈에 보시기 좋았습니다. 다음은 물과 뭍을 구별하신 하나님의 권능과 솜씨에 대해 증언하는 대표적인 성구들입니다.

바다가 그 모태에서 터져 나올 때에 문으로 그것을 가둔 자가 누구냐 _욥 38:8

여호와께서 그 터를 바다 위에 세우심이여 강들 위에 건설하셨도다 _시 24:2

그가 바닷물을 모아 무더기 같이 쌓으시며 깊은 물을 곳간에 두시도다 _시 33:7

여호와의 말씀이니라 너희가 나를 두려워하지 아니하느냐 내 앞에서 떨지 아니하겠느냐 내가 모래를 두어 바다의 한계를 삼되 그것으로 영원한 한계를 삼고 지나치지 못하게 하였으므로 파도가 거세게 이나 그것을 이기지 못하며 뛰노나 그것을 넘지 못하느니라 _렘 5:22

이제 세상은 하늘과 땅, 그리고 바다의 형태로 지어집니다. 사람이 살 수 있는 땅이 되어가는 것에 하나님은 매우 감격하신 것 같습니다. '그대로 되니라'라는 표현과 '보시기에 좋았다'라는 표현이 두 번이나 반복되거든요. 사람이 만들어지는 여섯째 날에는 하나님이 다른 날보다 더 감격해하시는 모습을 볼 수 있습니다.

## ✝ 마른 땅이 나타나게 하신 일

하나님은 물과 뭍을 갈라 마른 땅이 나타나도록 하셨습니다. 그리고 곧바로 그곳에 풀, 채소, 과일나무가 나도록 하셨습니다. 3절에서 빛, 6절은 궁창, 9절에서의 물에 이어 10절에서는 마른 땅이 준비됐습니다. 하나님이 땅을 솟아나게 하실 때에는 그 아래에 여러 개의 층을 두신 것 같습니다. 산으로 솟게 하신 곳, 땅속에 감추신 곳, 표면으로 덮으신 곳, 그리고 바다와 땅의 경계를 정하신 곳 등등 여러 층을 만드신 것이지요.

다음의 시편 말씀은 홍수 때가 아니라 창조의 시점에 이미 땅이 여러 층으로 조성되어 있었다고 노래합니다. "주께서 꾸짖으시니 물은 도망하며 주의 우렛소리로 말미암아 빨리 가며 주께서 그들을 위하여 정하여 주신 곳으로 흘러갔고 산은 오르고 골짜기는 내려갔나이다 주께서 물의 경계를 정하여 넘치지 못하게 하시며 다시 돌아와 땅을 덮지 못하게 하셨나이다" (시 104:7-9).

하나님의 말씀과 성령의 능력으로 땅의 기본 질서가 잡혔습니다. 궁창 위의 물, 즉 대기권 위의 거대한 수막을 막고, 작은 모래알이 만든 경계선에 흉용한 바다가 걸쳐 있는 것, 이것은 그냥 벌어지는 자연현상이 아닙니다. 물로 벽을 삼아 이스라엘 백성들을 덮치지 못하도록 하신 일은 한 줌도 안 되는 히브리 노예들이 지어낸 신화가 아닙니다. 이는 하나님의 말씀과 성령의 능력이 인격적으로 개입하신 결과입니다. 훗날 노아 홍수 때에 벌어진 일들은 하나님이 전능의 손을 떼시고, 말로 심판하셨기 때문에 일어난 대참사입니다.

## ✝ 땅이 마르자 기쁘게 서두르셔서

마른 땅이 드러나자 하나님은 곧장 '식물을 내라'고 땅에게 명령하십니다. 여기서 '내라'는 히브리어로 '타드쉐'입니다. 개역개정에는 내야 할 식물의 종류가 '과', '와'로 연결되어 있지만, 히브리어 원문에는 접속사가 없습니다. 이는 드러난 땅에 접속사를 넣어 연결할 틈도 없이 온갖 식물을 나타나도록 숨 가쁘게, 기쁘게 서두르시는 모습을 연상시킵니다.

하나님은 '데쉐'(풀), '에세브'(채소), 그리고 '에쯔 페리'(과일 나무)가 각기 종류대로 한 번에 솟아나게 하셨습니다. 인생을 향한 하나님의 사랑과 능력을 보여주는 것이지요. 하나님이 자기 백성을 위해 하시는 일 하나하나가 미리 고려하여 준비하신 것입니다.

바벨론에서 포로가 귀환할 때도 황량한 고토로 돌아가게 하지 않으셨습니다. 땅의 회복과 과실이 준비되도록 하시는 세심한 배려를 아끼지 않으시며 고향으로 돌려보내셨습니다. "그러나 너희 이스라엘 산들아 너희는 가지를 내고 내 백성 이스라엘을 위하여 열매를 맺으리니 그들의 올 때가 가까이 이르렀음이니라"(겔 36:8).

우리의 상식으로는 태양이 있어야 풀과 나무가 자라고 생명이 유지됩니다. 그러나 식물들은 일월성신이 생기기 전에 만들어집니다. 생명의 원천이 오로지 주께 있다는 것을 알게 하시려는 까닭이지요. 때문에 산책길에서 만난 한 송이 민들레에도, '너는 태양이 만들어지기 전에 지어진 존재야. 지금은 태양빛을 받아야 살 수 있지만, 원래는 태양빛 없이도 살았지. 그럴 수 있었던 것은 생명의 원천이 오직 주께 있기 때문이야'라고 생각할 수 있어야 합니다.

또한 어떤 피조물도 그 자체에 생명이 있는 양 땅의 것에 목숨 거는 어리석은 삶을 살아서는 안 됩니다. 태양이 하나님의 권능으로 만들어진 이상 우리 삶에 주는 도구적인 기능이 있지만, 이것들은 전부 부차적인 것입니다. 우리에게는 오직 하나님만이 생명의 원천이십니다. 창세기를 공부하는 신자는 이 점을 잊지 말아야 합니다.

하나님이 만물을 창조하신 목적은 사람을 만들어 영광 받으시기 위해서입니다. 그렇다면 우리는 하나님이 만드신 피조물이 우리에게 무엇을 교훈하는지도 알아차려야 합니다. 물조차도 하나님의 뜻에 순종하고 있는데, 하물며 사람은 어떻게 해야 하겠습니까? 우리는 옷깃을 여미는 심정으로 살아야 합니다. 수백 년 동안 빌딩만큼 높고 크게 자란 나무들조차 뿌리에 물이 닿기에 살아갑니다. 만약 나무가 스스로의 힘으로 산다고 여기면 꺾이고 맙니다. 인생 역시 하나님 앞에서 겸손해야만 합니다. 신학도 겸손해야 합니다.

# ✝ 식물 창조가 이중으로 서술된 까닭

식물의 창조에서 중요하게 고려해야 하는 사실이 하나 있습니다. 식물 창조가 셋째 날과 여섯째 날, 이렇게 이중으로 서술되었다는 것입니다. 어떤 사람들은 6일 창조를 두 부분으로 나누어 첫 사흘을 첫째 부분, 나머지 사흘은 두 번째 부분으로 구분하기도 합니다. 이런 태도는 마치 창조가 이중적으로 완성되는 것처럼 보는 것입니다. 이들은 두 사흘 사이에 유사점을 찾아내려고 하지요. 실제로 어떤 이들은 식물을 종자를 주는 것과 직접 배양하는 식물로 나누었다고 주장하기도 합니다.

창조 말씀에 이런 평행 구도(틀)가 없다고 할 필요는 없습니다. 하나님께서 사람들에게 말씀하실 때에 아름다운 문학적 기교로 말씀하신다는 것을 부인할 필요는 없습니다. 그렇지만 이런 시각이 창조를 실제 연대기적 의미로 보지 않고 비유적인 기술로 보려 한다거나, 창조의 날들이 구도적으로 배열된 만큼 역사적 기술이 아니라고 주장하기 위한 것이라면, 이런 해석은 거부해야 합니다.

창조 기사를 꼭 사흘로 나누어 두 세트로 구조화해서 볼 필요는 없습니다. 두 사흘 사이에 특정한 유사점과 평행이 나타나기보다는, 오히려 하늘과 땅의 창조가 하나의 사역으로 시작하여 또 다른 하나의 사역으로 연속적으로 발전하며 전진한다는 느낌이 강하게 나타나기 때문입니다.

세 번째 날의 끝에는 확실히 휴식이 주어집니다. 빛이 창조물에 비추이고, 시간의 질서가 도입되며, 하늘과 땅이 구분되고, 땅과 바다가 갈라져서 제 위치를 찾지요. 이렇게 해서 첫 사흘 동안에 빛과 어둠이, 그리고 하늘과 땅과 바다로 나누어지는 사역이 완성되었습니다. 두 번째 사흘간의 창조에서는 특별한 창조물들이 나타나 하늘과 물, 땅 위를 채웁니다.

빛이 나타나고 하늘과 땅과 바다에 구분이 생기며 땅이 어둠과 물에서 솟아나자 하나님은 즉각 풀, 꽃, 채소와 나무로 옷을 입혀 단장시켜주십니다. 하늘 아래의 땅, 물 위로 솟아난 땅, 인간이 거주할 수 있도록 드러난 땅으로 나누어졌고, 마지막에는 쉼이 있습니다.

세 번째 날의 창조 사역은 아직 텅 빈, 공허한 땅이 아니라 앞으로 생명체가 살 수 있는 완성된 땅으로 발전한 데에 초점을 둡니다. 하늘 아래 있는 물로부터 창조된 땅을, 특별히 창조된 온갖 물질과 식물이 덮어내는 모습을 우리는 볼 수 있습니다(참조, 창 2:5). 하나님은 땅과 풀을 구별하여 창조하지 않고, 서로 긴밀하게 연관되게끔 창조하신 것입니다.

땅은 그 자체에 본질적인 충만을 갖고 있지만, 식물이 없으면 벌거숭이이고, 죽은 것이나 다름없습니다. 빛이 모든 요소의 명예인 것처럼, 식물은 땅의 존귀입니다. 땅에 식물이 없으면 생명이 없는 것과 마찬가지입니다. 땅은 식물 세계를 만남으로 완성되고, 생물들도 앞으로 이를 먹고 자랄 것입니다. 식물이 번성해야 비로소 땅이 완전해집니다. 따라서 식물은 땅 없이 생각할 수 없고, 땅도 식물 없이 생각할 수 없습니다. 땅과 식물에 관한 하나님의 작정과 앞으로 전개될 현상은 하나로 연결되어 나타날 것입니다. 노아 홍수 때는 식물 세계가 초토화되었지만, 언약이 새로 갱신될 때는 땅과 식물도 함께 회복될 것입니다. 나아가 새 하늘과 새 땅이 열리면 맞이할 새로운 아침에는 땅과 식물 세계가 하나로 연합되어 나타날 것입니다.

식물의 생명력은 땅과 연결되어 있습니다. 식물은 땅이 영양분을 주기에 삽니다(비교, 창 1:28-29). 식물을 존재하게 하는 창조의 말씀 '내라'는 땅을 두고 명하신 것이지만, 식물은 '알 하아레쯔'(땅 위에)서 살아갑니다(개역개정에는 이 말이 번역 안 됨). 이것이 식물에게 정해진 질서입니다. 식물은 그 씨가 땅에 떨어질 때, 그것이 땅과 더불어 수태됩니다. 동물과 사람에게는 스스로 세대를 이어갈 수 있는 번식력을 주셨지만(창 1:27-28) 식물은 자체적으로 번식력을 가지고 있지 않지요. 식물은 스스로 열매를 맺지 못합니다. 식물의 열매는 생물들의 먹이로서 하나님의 선물이지만, 동시에 그 씨가 땅에 심겨 식물을 나게 하는 종자가 됩니다. 그렇다고 종자 자체가 번식을 할 수 있을까요? 종자 자체로는 번식을 할 수 없습니다. 다만 땅이 그 종자를 나게 할 때 가능하지요.

식물은 땅 창조 이후에 나오는 최초의 생명체이지만, 동물이나 사람처럼 '네페쉬 하야'(생물, 1:20-21; 2:7)는 아닙니다. 성경 어디에서도 식물을 일컬어 생물이라 하지 않습니다. 비록 혼을 가진 생물은 아니지만, 식물은 일반 은총, 가족, 세대, 교회, 나아가 그리스도와 그분의 영원한 말씀에 대한 표징으로 이용되기도 합니다(시 103:15; 1:3; 사 40:24; 시 144:12; 마 15:13; 롬 6:5; 아 2:1,2; 요 15:1; 벧전 1:23).

# 09

창 1:24-25

# '반려자'로서 생물을 창조하시다

나와 아내는 밴을 타고 미 대륙을 17번 이상 횡단해보았습니다. 여행 중에 고속도로 휴게소를 찾으면, 대개의 휴게소에는 그 지역의 동식물 분포도 및 특성을 알려주는 표지판이 있습니다. 읽다 보면 나그네 같은 내 마음이 열려, 찬란한 태양빛 아래 무한히 펼쳐진 하나님 영광의 풍성을 맛보게 됩니다.

생활에 쫓겨 살아온 한국 사람들이 상상하기 어려울 만큼, 미국 사람들은 동물을 사랑합니다. 가정마다 반려견 없는 집이 없는 것 같고, 그것도 두세 마리씩 키우기도 합니다. 사람과 함께 방 안에서 같이 사는 모습을 보면, 집을 지키는 실용적 차원이라기보다 인간의 반려자 같아 보입니다. 짐승이라고 주인의 허락 없이 혼내거나 때리는 경우가 발각되면 경찰에 잡혀가기도 합니다. 처음에는 도가 지나치다고 생각했지만, 이제는 오히려 지난날 내가 동물들을 충분히 사랑하지 못했구나 싶어 마음이 아프곤 합니다. 저 것들도 하나님의 뜻에 의해 창조되어 하나님께 영광 돌리는 사명을 다하기 위해 이 땅에 존재하고 있기 때문이지요.

십계명에서는 '네' 육축(출 20:10), '그의' 소, '그의' 나귀라고 칭하는데, 짐승과 사람의 관계가 친밀하다는 의미입니다. 또한 잠언은 '의인은 자기의 가축의 생명을 돌본다'(잠 12:10)라고 기록합니다. 어떤 짐승들은 예수님보다 앞서 태어나 사람 대신 속죄물이 되기도 하고(레위기), 어떤 짐승들은 사람에게 교훈의 재료가 되기도 합니다(욥기 마지막 장들).

하나님은 사람을 창조하신 여섯 번째 날, 세 가지의 짐승 그룹도 창조하셨습니다. 세 개의 그룹은 '베헤마'(육축), '레메스'(땅에 기는 것), '하예토 에레쯔'(땅의 짐승)로 나뉩니다(창 1:25). 성경은 다섯 째 날 또는 여섯 째 날에 창조된 짐승들을 모두 '네페쉬 하야'(생물, 창 1:20-21,24)라고 부릅니다. '생물'이라 하셨으므로 앞서 창조된 것들과는 격조가 다르다고 봐야 할 것입니다.

## ✝  사람과 같은 날 창조된 생물에 대해

다섯 째 날부터 등장하는 '네페쉬 하야'는 지금까지 만들어진 물리적인 것들과 차원이 다르지만, 더욱 놀라운 것은 사람에게도 '네페쉬 하야'라고 부르신다는 것입니다(창 2:7). 사람이 짐승과 같은 차원의 생물이기 때문일까요? 바다의 물고기, 궁창의 새들, 육지의 짐승들을 다 같이 '네페쉬 하야'라고 불러 같은 범주로 본다면, 하나님의 형상을 따라 지어진 사람만큼은 다른 존재로 보고 다르게 불러야 하지 않을까요?

왜 하나님은 사람을 만들던 여섯 번째 날에 땅의 짐승을 함께 만드셨을까요? 더욱이 창세기 2장 19-20절은 이 세 개의 그룹 모두를 여호와 하나님이 흙으로 만드신 것이라며 같은 그룹으로 언급하고 있습니다. 그렇다면 '네페쉬 하야'에 속하는 바다의 물고기, 궁창의 새들, 육지의 짐승들 중 특별히 육지의 짐승들(네 발 가진 동물이자 포유류)을 사람과 같은 날에 만드신 것은 그들이 다른 동물들보다 더 지능이 높기 때문일까요? 혹은 땅의 동물과 사람의 관계가 다섯째 날에 만들어진 생물들보다 특별하기 때문일까요? 혹시나 짐승과 사람의 관계를 통해 성령님은 우리에게 무언가를 가르치시는 것은 아닐까요? 창조가 완성되어가고 있어 땅의 짐승에 관해 말할 여유가 없었거나, 아니면 땅의 짐승들이 사람과 아주 친밀히 지내야 해서 여섯째 날까지 미루어두셨는지는 모를 일입니다. 이들 나름대로 창조된 목적과 기여가 있겠지요.

하나님은 땅의 짐승을 사람 곁에 가까이 있으면서 동료가 되도록 하셨습니다. 짐승들은 사람과 같은 자연환경 속에 살면서 사람이 외롭지 않게 해줍니다. 같은 날 창조되어서일까요? 사람과 짐승은 호흡, 혈관의 피 순환, 그리고 소화기 기능 등이 거의 같기도 합니다. 그러니 이들이 하나님의 손에 창조되어 사람에게 나타난다 하여도 별다른 놀라움을 주지 않습니다. 그러기에 하나님이 생물들을 만드신 후에 사람도 만드셨고, 사람에게는 동료 피조물을 '베킵슈아 우레두'(다스리고 정복하라)라고 하셨습니다. 간혹 이것을 오해하는 사람들이 있는데, 짐승들을 마음대로 하라는 뜻이 아닙니다. 동료 피조물의 생활 조건과 환경을 잘 살피라는 뜻입니다.

하나님은 짐승들을 아담에게 끌어와 아담이 어떻게 이름을 짓는지 보시는데, 이는 사람과 짐승들이 같은 생활권을 공유해야 한다고 가르치시기 위해서가 아닙니다. 사람이 이 일을 통하여 짐승들의 특징과 개성을 잘 분별하고, 이후에 짐승들로 사람을 섬기게 하시려는 것입니다. 아담이 가정을 이루는 사건 중간에 짐승에게 이름을 주는 일이 등장하는데(창 2:18-21), 이는 짐승들이 사람 사회에서 기여하는 바를 찾으라는 뜻이기도 합니다.

창세기 1장과 2장의 '네페쉬 하야', 즉 살아 있는 존재에 대해서도 바른 이해를 가져야 합니다. 개역개정에서는 짐승을 생물로, 사람은 생령이라고 번역합니다(창 2:7). 하나님의 형상으로 창조된 사람은 짐승과 다르다고 못 박는 것입니다. 생물(동물)은 스스로 움직일 수 없는 식물과 달리 스스로 먹고, 쉬고, 번식합니다. 스스로 물도 찾고 태양빛을 찾아갑니다. 자유로이 움직이고 긴장하고 휴식을 취하며, 서로 싸우거나 다른 짐승을 사냥하고, 때로는 도망가기도 합니다. 그것들은 감정과 분노를 압니다. 분명 짐승들에게는 특성이 있습니다. 어떤 소는 사람을 잘 받기도 하고(출 21:29), 어떤 개는 피를 핥기도 하고(왕상 22:38; 왕하 9:36), 어떤 개는 사람이 먹는 밥상에서 친구처럼 받아먹기도 합니다(마 15:26). 짐승은 '하야', 곧 살아 있기에 이 모든 것이 가능합니다.

짐승은 살아 움직이기도 하지만 '네페쉬'(생명)를 갖고 있습니다. 잠언 기자가 "의인은 자기의 가축의 생명을 돌본다"라고 할 때의 '생명'이 바로 '네페쉬'입니다. NIV와 같은 영역본은 '필요'(need)라고 번역했습니다. 월키는 '네페쉬'에 대해 이렇게 말합니다. "구약에서 네페쉬는 음식, 섹스 등 여러 갈망을 포함해서 모든 숨 쉬는 피조물들의 욕망과 식욕을 말한다."

사람은 여섯째 날에 같이 창조되어 많은 공통점을 지닌 동료 피조물의 필요와 욕구를 배려해야 합니다. 인간과 짐승은 여러 특성을 공유하고 있습니다. 이런 점 때문에 짐승은 사람들 곁을 지키며 여러 방면에서 사람에게 봉사합니다. 의학 실험용으로 희생물이 되기도 하고, 인간을 대신하여 먼저 우주선에 타기도 했지요. 우리는 이렇게 인간에게 봉사하는 친구를 주신 하나님께 감사하며, 그들을 아끼고, 무엇을 필요로 하는지 살펴서 잘 채워주어야 합니다.

잠언 기자는 "네 양 떼의 형편을 부지런히 살피며 네 소 떼에게 마음을 두라"(잠 27:23)라고도 합니다. 짐승에 대한 태도가 의인의 시금석이 되고 있는 것입니다. 짐승을 잘 배려하는 사람은 사람에게도 잘 할 수밖에 없습니다. 악인은 하나님의 이 말씀을 무시합니다. 우리가 미처 알지 못하는 무한한 가능성을 짐승들이 가지고 있다는 것을 연구가 깊어갈수록 알게 됩니다. 그러나 짐승들이 아무리 갈증을 느낀다(네페쉬) 해도 그것은 사람이 하나님을 사모하는 갈망(네페쉬)과는 차원이 다릅니다(시 42:1,2, 84:2, 119:20,81).

## ✝ 사람과 짐승의 결정적 차이

짐승은 확실히 '네페쉬'(생명)를 갖고 있는 '하야'(존재)입니다(창 1:20-21,24, 9:10). 사람도 네페쉬 하야입니다(창 2:7). 그러나 짐승(들짐승과 새 포함)의 생명은 '일순간에' 지어진 반면, 사람은 하나님의 입김으로 생명을 부여받으며 '점진적으로' 만들어졌습니다. 인간에게는 하나님과 교제할 수 있는 '루아흐'(영)가 있다는 점이 두 존재의 결정적인 차이입니다.

생명이 범죄하면 생명으로 갚는 것이 원칙이지만, 하나님은 사람의 범죄 앞에서 사람의 생명을 요구하지 않으셨습니다. 대신 인간의 영혼을 속전할 대체물로 짐승을 바치라고 명하셨습니다. 같은 날 창조하시면서도 인간을 대신할 짐승을 앞서 준비하셨으니 이 얼마나 주도면밀하신 하나님이십니까! 그것도 아무 짐승이 아닌, 사람이 키우던 값진 가축을 요구하십니다. 제사에 합당한, 정결한 짐승이어야 했지요. 이것이 창조 때부터 앞으로 사람이 죄지을 것을 아시고 예비하신 일입니다. 사람과 짐승의 관계를 이러한 차원에서 이해하지 않으면 아벨의 제사, 노아의 방주에 7쌍씩 들어간 정결한 짐승, 아브라함에게 준비해주신 짐승, 또한 레위기 제사법에서 죽임 당하는 짐승들의 비밀이 밝혀지지 않습니다.

비록 짐승이지만 인간의 구원에 관해서는 매우 엄숙하게 쓰입니다. 이때 바쳐지는 짐승은 사람과의 관계가 끊어지면서 하나님 앞에 바쳐집니다. 벧세메스로 향하여 가는 두 암소(삼상 6:12)처럼, 울면서도 자기희생의 길을 걷지요.

제물을 바치는 자는 자기 소유의 짐승들 중에서 (돈을 주고 사기도 하지만)

제일 좋은 것, 특별한 것을 자원하는 마음으로 바쳐야 합니다. 짐승을 바치는 장소도 정해져 있습니다. 레위기 17장은 짐승을 바치는 자가 제물을 여호와의 회막문 앞으로 가져와야 한다고 설명합니다. 성전, 말하자면 여호와께서 보시는 가운데서 제물을 바치는 것입니다.

짐승을 잡기에 앞서 주인은 짐승의 머리에 손을 올려 그 짐승이 자기 소유라는 것과, 자기 죄를 짐승에게로 전가한다는 표징의 행동을 합니다. 이후에 조용히 잡아서 각을 뜹니다. 짐승이 이렇게 귀합니다. 절대 하찮은 것이 아닙니다. 가장 거룩한 성전에서 거룩한 예전으로 바친다는 배경이 이를 증명합니다. 사람과 같은 날, 나란히 만들어졌기 때문에 그렇습니다. "먼저 회막 문으로 끌고 가서 여호와의 성막 앞에서 여호와께 예물로 드리지 아니하는 자는 피 흘린 자로 여길 것이라 그가 피를 흘렸은즉 자기 백성 중에서 끊어지리라"(레 17:4).

## ✚ 중요한 역할을 맡은 짐승의 피

여호와는 짐승의 피를 요구하십니다. 때문에 사람이 그 피를 마시면 안 됩니다. "이스라엘 집 사람이나 … 무슨 피든지 먹는 자가 있으면 내가 그 피를 먹는 그 사람에게는 내 얼굴을 대하여 그를 백성 중에서 끊으리니"(레 17:10). 여호와는 피를 가장 귀하게 보십니다. 왜냐하면 "육체의 '생명'(네페쉬)은 피에 있음이라 내가 이 피를 너희에게 주어 제단에 뿌려 너희의 생명을 위하여 속죄하게 하였나니 생명이 피에 있으므로 피가 죄를 속하느니라"(레 17:11)라고 하셨기 때문입니다. 피가 속전할 수단으로 제단에 계속 남아 있기 때문에 피가 '네페쉬'(생명)라는 것입니다. 여호와는 이렇게 피 흘리는 것을 귀하게 보셔서 화목의 수단으로 삼으셨습니다. 이렇게 고대 이스라엘 백성들은 짐승 제물을 통해 그리스도를 바라볼 수 있게 되었습니다. 이런 중요한 역할을 맡은 짐승들을 어떻게 대해야 할까요?

의인은 자기의 가축의 생명을 돌보나 악인의 긍휼은 잔인이니라 _잠 12:10

네 양 떼의 형편을 부지런히 살피며 네 소 떼에게 마음을 두라 _잠 27:23

모세의 율법에 곡식을 밟아 떠는 소에게 망을 씌우지 말라 기록하였으니 _고전 9:9a

하나님은 친구들과 변론하다 마음이 상하고 하나님과도 멀어진 욥에게 욥기 38장에서 40장에 걸쳐 교훈하시는데, 특히 38장 39절에서 39장 30절까지, 40장 15절에서 41장 34절까지는 짐승을 통해 교훈하십니다. 네페쉬가 있는 짐승들의 습성과 특성을 욥이 자유자재로 파악하고 다룰 수 있는지 다그쳐 물으십니다.

욥은 이미 소, 나귀, 양, 낙타를 키워본 경험이 있습니다(욥 1:14-17). 가축을 키웠기에 가축들을 해치려고 하는 야생동물에 관해서도 잘 알았겠지요. 하나님은 욥에게 "너는 할 수 있느냐?" 혹은 "너는 아느냐?"라며 물으십니다. 한 예로 타조는 알을 낳고 그대로 방치해두어 다른 짐승에게 밟혀 깨지든 말든 알 바 아닌 것처럼 행동합니다. 하지만 달릴 때는 시속 50킬로미터에 맞먹는 속도로 달려 말과 그 탄 자를 비웃는다고 하십니다.

하나님이 욥에게 이런 질문을 하는 것은 그에게 동물학 지식을 캐묻는 것이 아니라, 인간이 측량할 수 없고 깊이를 헤아릴 수 없는 하나님의 지식과 능력을 깨달으라고 요청하시는 것입니다.

The Bible
Genesis
Genesis
Genesis

2부

타락의 나락

Genesis
Genesis
Genesis

# 10

창 2:4-25

# 풍성한 에덴의 특별한 동산

여호와 하나님이 사람을 만드시고 동쪽에 있는 에덴에 하나의 동산을 창설하셨습니다(창 2:8). 지리적으로 구분 짓는다면 동산은 에덴의 일부입니다. 여호와의 동산(창 13:10; 사 51:3), 또는 하나님의 동산(겔 28:13; 31:9)이라 함은 하나님이 소유주라는 뜻입니다. 동산이라는 말의 어원이 '가리다', '보호하다'이므로, 울타리 친 곳 혹은 울타리로 막아서 보호하는 곳을 말하고, 따라서 쉬게 한다는 뜻을 포함하고 있습니다. 여호와 하나님이 지구의 한 부분에 구획을 짓고, 그곳을 동산, 즉 공원으로 치장하셨습니다. 바로 여기에 이미 지어둔 인간을 데려오셨습니다.

성경에는 '에덴'이라는 말이 제법 여러 번 나옵니다(창 2:10,15, 3:23,24, 4:16; 사 51:3; 겔 28:13, 31:9,16,18, 36:35; 욜 2:3). 에덴을 삼림(느 2:8)이나 과수원(아 4:13; 전 2:5)으로도 표현한 것을 보면, 이곳은 물도 있고 숲도 있고 과실도 있는 장소인 듯합니다. 칼빈은 이렇게 풍성한 에덴에 '특별히' 한 동산을 만들어 놓으셨으니, 그 아름다움이 어땠겠냐고 말합니다.

## ✝ 생명 자체이신 분이 동산을 치장하시다

2장 9절은 하나님이 동산을 어떻게 치장하셨는지 보여줍니다. 모든 종류의 나무들은 1장에서 이미 만들어졌기에, 이 동산에도 모든 종류의 나무들이 자라난다고 이해할 수 있습니다. 성경에 몇 군데 나오는 에덴에 관한 묘사를 봅시다.

이에 롯이 눈을 들어 요단들을 바라본즉 소알까지 온 땅에 물이 넉넉하니 여호와께서 소돔과 고모라를 멸하시기 전이었으므로 여호와의 동산 같고 애굽 땅과 같았더라
_창 13:10

그 모든 황폐한 곳을 위로하여 그 광야로 에덴 같고 그 사막으로 여호와의 동산 같게 하였나니 그 가운데 기뻐함과 즐거워함과 감사함과 창화하는 소리가 있으리라 _사 51:3

네가 옛적에 하나님의 동산 에덴에 있어서 각종 보석 곧 홍보석과 황보석과 금강석과 황옥과 홍마노와 창옥과 청보석과 남보석과 홍옥과 황금으로 단장하였음이여 네가 지음을 받던 날에 너를 위하여 소고와 비파가 예비되었도다 _겔 28:13

하나님의 동산의 백향목이 능히 그를 가리우지 못하며 잣나무가 그 굵은 가지만 못하며 단풍나무가 그 가는 가지만 못하며 하나님의 동산의 어떤 나무도 그 아름다운 모양과 같지 못하였도다 내가 그 가지를 많게 하여 모양이 아름답게 하였더니 하나님의 동산 에덴에 있는 모든 나무가 다 시기하였느니라 _겔 31:8,9

동산 한가운데(중앙)에는 '그' 생명나무가 있고, '그' 선악을 알게 하는 나무가 있었으니(창 3:3), 이 둘은 동산의 나무(창 3:2)와는 다릅니다. '동산 한가운데'라는 표현에는 중요한 의미가 있는데, 바로 '인간 존재의 중심'이라는 의미입니다. 생명나무를 따 먹느냐 안 먹느냐는 중요하지 않습니다. 열매를 먹으면 늙지 않고 장수하여 죽음이 오지 않는다는 뜻이 아닙니다. 그 나무를 심어둔 자가 바로 생명 그 자체라는 사실을 비의적으로 알려주는 것입니다. 생명의 광명이 충만하여 온 동산이 생명으로 약동하고 있습니다.
선악을 알게 하는 나무의 경우도 마찬가지입니다. 열매에 독이 있어서

따먹으면 저주받는 것이 아닙니다. 지혜의 근원이신 하나님만 의지하고 사람 스스로 자율적인 인격이 되지 말라는 것입니다. 선악을 알게 하는 나무 열매의 경우, 하나님 말씀을 어기고 말씀하신 자를 거역한 데서 문제가 생긴 것입니다. 오직 지혜자이시고 선하게 역사하시는 하나님만 신뢰하라는 것입니다. 이렇게 중앙에 생명과 신뢰가 넘쳐 주위를 환하게 빛나게 하는 동산이었습니다.

## ✝ 인류의 마음의 고향

에덴에서 발원하여 동산 바깥으로 흘러가는, 성경에서 처음 등장하는 강이 있습니다. 이 강물이 고대 세계의 땅을 풍성하게 했습니다. 이 네 개의 강들이 어디서 분기(分岐)하느냐에 대해서는 이견이 있습니다. 동산이 하나의 강으로 적셔졌든, 네 지류로 흘러서 동산을 적신 후에 밖으로 흘렀든 간에, 에덴의 동산은 물이 풍성했습니다. 땅에서 올라온 물(창 2:6)이 강이 되어 식물은 물론 동물도 살 수 있고, 사람이 사명을 감당하기에도 부족함이 없었습니다. 물은 생명을 상징하기도 하지만, '네 강'에서 '4'라는 수는 피조물의 총체를 의미하기에, 그만큼 완전하게 풍성했다는 뜻입니다. 에덴동산을 어떻게 꾸미셨는지 묘사하기 위하여 생명과 지혜를 상징하는 식물들과 열매, 그 식물이 자랄 수 있는 풍성한 물 정도만 설명해도 동산의 아름다움과 풍성함은 충분히 표현했다고 봅니다.

훗날 이 동산의 아름다움과 풍성한 열매가 종종 이스라엘 백성들에게 비유적으로 언급되기도 합니다. 소돔과 고모라가 있는 냇물은 여호와의 동산 같이 넘쳐난다고 하고(창 13:10), 불이 오기 전의 땅은 에덴동산의 땅과 같다고 합니다(욜 2:3). 에스겔 선지자는 왕들의 영화와 부(富)를 세 번에 걸쳐 에덴동산의 상(像)에 비유해서 말합니다. 두로 왕이 단장한 온갖 종류의 보석은 하나님의 동산의 보석과 같다고 하고(겔 28:13; 창 2:12 참조), 앗수르와 애굽은 하나님 동산의 백향 나무들에 비유되기도 합니다(겔 31:8,9,18). 죄로 인해 잊혀졌지만, 에덴은 우리의 마음에서 지울 수 없는 고향입니다.

이로 보건대 동산은 타락하여 땅에 저주가 임하기 전에도 지상의 다른 땅과 구별되어 아름답고 풍성하게 창조됐습니다. 그러나 아름답게 창조됐다 하더라도 동산은 더 자라고, 가꾸며, 유지되어야 합니다. 동산을 창설했다고 할 때 쓰인 원어 '나타'는 '심다'라는 뜻이니 동산은 자라야 합니다. 하나님이 동산의 건축가라면 사람은 동산 지기가 되어 경작하고 지키는 임무를 수행하고, 그 가운데서 자라야 합니다. 이 동산에는 아무런 위험도 없이 서로 교제하는 평화의 시대가 지속되었습니다(사 11:6-9, 65:25).

## ✝ 그 동산이 어디 있었나?

에덴이 어디에 있었냐는 문제는 확정할 수 없습니다. 성경이 말하는 대로 '동방'에 있었을 것으로 추론할 뿐입니다. '동산'이 에덴 동쪽에 위치하고 있다는 뜻인지, 아니면 에덴이 동쪽에 있다는 뜻인지 확실하지 않지만, 우선 에덴이 어디였는지를 알면 동산의 위치도 저절로 알게 될 것입니다. 여러 가지 전설들이 있지만 성경에서 동쪽이라고 했으니, 모세가 진군하려는 가나안을 염두에 둘 때 메소포타미아 지역이 아닐까 하고 추측하는 정도입니다.

여기서 하나 짚고 넘어가야 할 중요한 사실이 있습니다. 성경은 창세기 2장 8,10-14절, 그리고 4장 16절과 같은 구절을 통해 인간이 처음 살았던 장소에 관하여 역사적으로, 또 지리적으로 상세히 기록하고 있다는 점입니다. 성경의 여러 설명을 오늘날의 어디라고 확증할 수 없다 하여 비역사적이라 단정할 수는 없습니다.

# ✚　본질상 먼지가 동산을 다스리다

　2장 15절은 "여호와 하나님이 그 사람을 이끌어 에덴동산에 두어 그것을 경작하며 지키게 하시고"라 합니다. 이미 8절에서 하나님은 사람을 '거기 두었다'라고 기록합니다. 개역개정은 8절과 15절에서 동일하게 '두었다'라고 번역했지만, 원문에서는 다른 동사가 사용되었습니다. 8절은 '바야셈'이라 기록하였고, 15절은 '바야니헤후'라고 기록했습니다. '바야니헤후'는 노아, 즉 '위로'라는 말과 같은 의미이고(창 5:29), 노아가 망하는 성읍에서 안전하게 인도된 일(창 19:16), 하나님의 백성이 원수들로부터 안전한 곳으로 인도되는 경우(신 3:20; 12:10; 25:19), 룻이 안식할 곳(룻 1:9; 3:1), 심지어는 여호와 하나님 앞에 선물을 헌납하여 두는 경우(출 16:33-34; 민 17:4; 신 26:4,10)에도 사용된 단어입니다.

　이렇게 볼 때 여호와 하나님은 모든 것을 다 구비해 놓으시고, 그 후에 아담을 동산의 안전한 곳에 살도록 직접 손으로 인도하신 것입니다. 이는 아담이 하나님의 임재를 마음껏 누리고, 충분히 안식을 가질 수 있도록 하나님이 기획하신 것입니다. 결론적으로 여호와께서 사람을 동산에 두신 이유(15절)는 하나님은 물론, 피조물 모두와 좋은 관계 속에서 여호와의 뜻을 잘 이루어 가도록 하기 위해서입니다.

　여호와 하나님이 잘 꾸며지고 값진 동산을 사람에게 하사하신 것은 보통의 특권이 아닙니다. 구약학자 브루그만(Walter Brueggemann)은 8절의 '바야셈'(두다)이라는 동사를 묵상하면서 "본질상 먼지를 에덴동산을 다스릴 왕으로 앉히셨다"라 말했습니다. 동산의 영광과 풍성함은 창조자 하나님과 사람의 관계가 얼마나 돈독하여 이렇게 되었는지를 파악해야 이해할 수 있습니다.

　하나님이 사람을 창조하여 이런 값진 동산에 두신 것은 안일하게 일락을 즐기라는 뜻이 아닙니다. 물론 사람이 범죄하여 타락했기에 동산 밖의 환경이 어려워진 것은 사실이지만, 그렇다고 동산이 일하지도 않으며 놀고먹는 곳은 아닙니다. 물론 하나님이 사람의 모든 필요를 채우십니다. 그러나 사람의 존귀는 밭을 경작하는 일, 즉 노동하는 데 있었습니다. 구약학자 베스터만은 "인간 존재의 가치는 노는 데 있지 않다"라고 간파했습니다.

# 뱀의 간교한 정체와 비밀

창세기 2장은 모든 좋은 것으로 가득 채워진 에덴동산을 보여주었습니다. 경작하고 지키는 노력이 사람에게 주어졌지만, 고통스러운 수고는 아니었습니다. 사람의 모든 삶이 살아계신 하나님과 영적으로 호흡하며 헌신하도록, 자연계시와 하나님의 말씀이 사람의 삶을 편안한 상태로 이끌었습니다. 그러나 3장에 이르러 사람은 여호와 하나님께 항거했고, 남에게 죄책을 전가하다 심판을 받아 결국 에덴동산에서 쫓겨나는 비극을 맞게 됩니다. 왜 이런 일이 급격히 일어났을까요? 누군가는 하나님이 일부러 덫을 놓아 사람이 타락하도록 하신 건 아니냐며 항의성 질문을 하기도 하지요. 이런 질문은 정작 언약을 어긴 사람에게는 아무 책임을 묻지 않고, 하나님께만 죄의 책임을 떠넘기는 질문입니다. 유일하게 금지하신 것, 최소한의 금령에 왈가왈부하는 것은 순종하는 태도가 아닙니다. 허락하신 풍성한 것들을 누리면 되는데, 왜 그것은 잊어버리고 금지한 것 하나만 문제 삼을까요?

## ✝ 그렇게 영악했어도 사람은 부러웠다

뱀은 사람이 하나님을 신뢰하는 자유를 시험하고 유혹했습니다. 뱀이라고 번역된 원문의 표현 '하나하쉬'는 정확하게 말하면 '그 뱀'이라는 뜻입니다. 사람을 유혹한 것이 뱀이긴 하지만, 사실은 그 짐승 속에 사탄이

들어가서 하와와 대화한 것입니다. 카수토(U. Cassuto) 같은 학자는 여기에 등장하는 뱀을 풍유적으로 해석합니다. 하와의 내면에서 질문하고 답하는 악한 생각이라는 말이지요. 이 뱀은 아담이 영적 통찰력으로 작명을 해 준 짐승이고(창 2:19-20) 한때는 여호와의 동산의 짐승 중 최고로 영리한 존재였으나, 심판을 받고 지렁이처럼 기어 다니게 되었습니다. 타락 이전에는 뱀에게 다리나 날개가 있었을 것이라고 상상할 필요는 없습니다. 뱀은 사람 주위에 있으면서 명예롭고 아름다운 존재였으나, 사람을 유혹한 죄로 인해 심판을 받아 기어 다니게 되었고, 여전히 사람들에게 공포감과 혐오감을 주는 존재로 남게 되었습니다(창 3:14-15).

"그런데 뱀은 여호와 하나님이 지으신 들짐승 중에 가장 간교하니라"(창 3:1a)라는 구절에서 '간교하다'라는 표현을 제대로 이해하기 위해서는 뱀이 유혹자라는 선입견을 걷어내고 보아야 합니다. '간교하다'의 히브리어는 '아룸'으로 '슬기롭다, 영리하다, 지혜롭다'로 번역할 수 있습니다. 얼마나 영악했던지 하나님이 아담에게 말씀하신 내용(창 2:16)을 알아차릴 정도였지요. 그러나 아무리 들짐승 중에서 최고라 하더라도 사람은 부러웠던 모양입니다. 사람에게 있는 영적 분별력, 무언가를 알아내고 검토하여 정의하며 다스리는 능력, 다시 말하자면 선악을 구별할 수 있는 능력이 뱀에게는 없었습니다. 사람에게는 여호와의 말씀이 있었고, 뱀은 여호와 하나님과 교제하고 있는 하나님의 형상을 끌어내리려고 시도했습니다. 결국 그 시도는 성공하고 말지요.

영리한 뱀은 하와에게 접근해서 말을 건넸습니다. 생각해보세요, 여자도 하나님의 형상입니다. 여자의 영도 하나님의 성령에 의해 창조되어 언약의 말씀을 받은 존재로, 남자 안에, 남자와 더불어, 그리고 남자로 말미암아 존재했습니다. 하지만 남편이 짐승들의 이름을 지어 그 짐승들의 성격을 규명할 때 하와는 아직 창조되지도 않은 상태였습니다. 생의 경험이 짧고 자연의 본능에 더욱 가까웠을지 모릅니다. 그러니 뱀을 짐승 중에 '가장 영리한', 좋은 짐승으로만 알았을 것입니다. 뱀이 의도적으로 다가와 하나님과의 언약 관계를 부수려고 하는 줄은 미처 몰랐단 말이지요.

## ✛ 악한 영의 세력이 뱀을 이용하다

창세기 3장은 이 악한 영의 존재에 대해 설명하지는 않습니다. 다만 이 영의 유혹으로 시험을 받아 죄를 짓게 된 인류가 그 결정적인 영향 아래에 있게 되었다는 사실을 알려줄 뿐입니다. 성경의 계시가 계속 전진했기에, 우리는 이 악한 영의 존재를 더 분명히 파악할 수 있게 되었습니다. 욥기에서는 욥의 대적자로 나타나 욥을 파괴하려 들고, 예수님은 처음부터 그 존재를 살인자라고 하십니다(요 8:44). 나아가 예수님은 자기를 올무에 걸려고 하는 유대인을 향해 그 아비가 마귀라고도 하십니다. 이 마귀는 베드로를 사용하여 예수님을 넘어뜨리려고 했습니다(마 16:23). 가룟 유다의 경우에는 실제로 안에 들어가 그를 사로잡았고(눅 22:3) 예수님을 팔게 하였습니다. 마귀는 역사적으로 엄청난 일들을 행하며, 그 가운데서 죽이고 멸망시키는 것을 본업으로 삼고 있는 존재입니다.

욥기 1,2장, 스가랴 3장에서 볼 수 있듯이, 악한 영은 사탄으로 알려져 있습니다. 그는 하나님을 거역하고 그분의 뜻을 어기며, 하나님의 백성을 멸망시키려는 존재입니다. 마태복음 4장에서는 그리스도를 시험하는 자로 나타나는데, 그리스도를 시험하면서 그 정체를 분명히 드러냅니다. 시험자 마귀는 여호와의 뜻과 말씀을 대적하면서 하나님의 말씀을 오용하고, 세상의 영광을 보여주며, 감각을 통해 결정하도록 유도합니다. 이를 통해 사람의 고귀한 영적 품격을 파괴하여 자기에게 굴복하게 하려고 한 것입니다

(마 4:1-11). 한편 가룟 유다를 도구로 삼고, 잠깐이나마 베드로와 사도들로 하여금 그리스도를 대적하도록 하기도 했습니다. 마귀는 세상의 주관자이며 곡식 사이에 가라지를 심는 원수이자 거짓말쟁이, 거짓의 아비, 거짓 선생이고 처음부터 살인자입니다(요 6:70; 눅 22:3; 요 13:2,27; 마 16:23; 눅 22:31; 요 12:31; 마 13:39; 요 8:44).

사도들은 마귀의 정체를 더욱 소상히 알려줍니다. 마귀는 죄를 짓게 하는 자로, 처음부터 범죄한 자입니다. 하나님의 아들이 나타난 것은 마귀의 일을 부수고, 사망의 세력을 잡은 그들을 없애기 위함입니다(요일 3:8; 히 2:14). 마귀는 이 시대의 신으로서 불신자의 마음을 어둡게 하여 복음의 영광의 빛이 비치지 못하게 합니다. 그들의 간계는 하와 때부터 시작되었습니다(고후 11:3). 그러나 그리스도께서는 그들이 사로잡은 사람들에게서 나오라고 이미 명령하셨고, 그들은 이를 거역하지 못했습니다(마 25:41; 막 5:1,20). 그리스도께서는 이 악한 군대장관과 싸워 이미 이기셨습니다. 원리적으로는 그의 정사와 권세가 더 이상 맥을 출 수 없습니다(골 2:15).

하지만 이 악한 자는 여전히 자기 힘을 다해 그리스도의 교회와 싸우려 하고, 온 세상이 자기를 섬기도록 계책을 부립니다. 그는 하나님의 전신갑주를 입은 신자들, 곧 하나님의 말씀인 성령의 검과 맞서 겨루려 합니다(엡 6:11-19). 하나님의 피조 세계에서 자신의 세력을 넓히려 끝까지 발버둥 칩니다. 장래에는 '불법의 사람'이 나타나는데, 그는 하나님보다 뛰어나 보일 것입니다. 그는 온갖 힘을 다해 하나님의 역사를 따라 모든 능력과 표적과 거짓 기적을 행할 것이고, 모든 불의의 속임으로 모든 멸망하는 자들에게 임하여 구원받지 못하게 방해할 것입니다. 하나님은 저들이 구원받을 진리의 사랑을 받지 아니하므로 스스로 미혹당하게 하여 거짓을 믿게 하겠다고 하십니다(살후 2:3-11).

요한계시록에서는 이 악한 영의 집단이 짐승으로 나타납니다. 이 짐승은 용에게서 힘을 받고, 용과 함께 경배를 받습니다. 이 짐승에게 말할 입이 주어져서 하나님과 그 이름을 대항하여 말하며, 하나님의 성소와 하늘에 거하는 자들을 대항하여 참람한 말을 합니다. 그리고 모든 세대의 성도들과 전쟁을 하지요. 창세 이후로부터 어린 양의 생명책에 기록되지 않은 모든 자들은 그 짐승에게 경배할 것입니다. 땅에서 올라온 '또 다른 짐승'도 있습니다. 이 짐승은 처음 짐승을 경배하면서 처음 짐승의 모든 기적을 행할 것입니다. "그가 권세를 받아 그 짐승의 우상에게 생기를 주어 그 짐승의 우상으로 말하게 하고 또 짐승의 우상에게 경배하지 아니하는 자는 몇이든지 다 죽이게 하더라"(계 13:15).

하지만 마지막에는 평강의 하나님께서 그리스도 교회의 발꿈치로 사탄을 부술 것이고, 그리스도가 나타나셔서 그 사탄과 함께 한 자들을 다 폐하실 것입니다(롬 16:20; 살후 2:8). 그때에는 옛 뱀의 정체와 그의 비밀, 곧 온 세상을 미혹한 사탄과 용의 비밀이 드러날 것입니다. 한편 하나님은 성도들이 밤낮으로 부르짖은 것을 들으시고, 그들을 어린 양의 피로 이기게 하실 것입니다. 그러나 그 악한 자와 그와 함께 한 자들을 영원한 고통의 풀무불에 내던지실 것입니다(계 12:9; 20:2,10).

## ✝ 뱀이 유혹하는 감각에 의지하지 말라

의심의 여지없이 마귀는 사람이 죄를 짓게 할 때 짐승 뱀을 사용했습니다. 뱀을 사용한 데는 다 이유가 있습니다. 마귀가 에덴동산에 있는 사람과 직접적으로 영적인 교제를 시도할 수 없었던 탓입니다. 마귀는 그 전에 사람과 교제해본 일이 없고, 사람은 동산에서 오직 여호와 하나님하고만 교제하고 있었습니다. 그래서 사람과 함께 있는 피조물을 수단으로 이용하여, 감각적이면서 동시에 영적인 사람을 유혹하여 시험한 것이지요. 타락한 천사는 '자기 지위를 지키지 않고 자기 처소를 떠난 자'(유 1:6)이며, '그 속에 진리가 없는 자'(요 8:44)이기에, 사람이 하나님을 대적하려고 할 때마다 할 수 있는 일이 없었습니다. 문제는 사람이었습니다.

사람의 영혼은 한편으로 감각적이라, 낮은 피조물에 대해서는 감정적입니다. 피조물은 사람에게 감각으로 의사소통을 시도합니다. 마귀는 이를 최고로 영리하고 간사한 뱀을 통해서 이용한 것입니다. 선악을 알게 하는 나무라는 감각을 통해서, 그러나 동시에 여호와의 말씀으로 사람을 향해 말했습니다. 이 둘은 서로 대립하는 것이 아니라, 서로 다르게 하나님의 메시지를 전하고 있는 것이지요. 피조물은 감각에 호소하여 그 자체의 영광과 소욕을 사람의 영혼에게 전달합니다. 하나님의 말씀은 여호와의 뜻을 담을 뿐 아니라, 선악을 정의해주어서 순종과 불순종을 요구합니다.

사람은 감각적인 것보다 영적인 것의 지배를 받도록 자기 위치를 정해야만 합니다. 여호와의 말씀을 보는 것으로 만족할 것이 아니라 여호와의 말씀으로 살아야 합니다. 피조물로 인해서가 아니라 여호와 하나님으로 인해 결정하고 살아야 하지요. 하나님이 창조하신 세계에서는 감각에만 의지할 것이 아니라 하나님의 영적인 통치를 의식하면서 살아야만 합니다. 사람이 이 둘을 저울질하여 스스로 재판관이 되려고 한다면, 이미 하나님보다 자신을 높이는 상태, 즉 교만한 상태입니다. 사탄은 사람의 영혼에 속삭여, 보이는 것을 관찰하는 감각을 통해 하나님의 말씀에 대적하도록 고도의 꾀를 썼습니다. 이런 윤곽을 그린 상태에서 말씀을 상고해야 합니다.

# 12 창 2:1-7

# 하늘과 땅의 내력, 톨레도트

창세기 1장 4절에는 '하늘과 땅의 내력'이라는 말이 등장합니다. 원문으로는 "엘레 톨레도트 하샤마임 베하에레쯔"라 기록되었으며, 문장을 시작하는 표현으로서, 개역개정은 톨레도트를 '내력'으로 번역했습니다.

창세기에는 '톨레도트'라는 이 특별한 단어가 12-13번 정도 나오는데, 이 단어를 사용하여 창세기를 한 권의 책으로 엮어가려는 의도를 반영하여 다시 횟수를 센다면 10번이라고 보는 편이 낫겠습니다. 개역한글은 '톨레도트'라는 단어를 최소한 여섯 가지의 다른 말로 번역했지만, 개역개정에 이르러 세 가지의 뜻으로 정리됩니다. 해당하는 내역은 다음과 같습니다. 내력(來歷, 2:4), 족보(族譜, 6:9; 10:1; 10:32; 11:10; 11:27; 25:12 ; 25:19 36:1; 36:9; 37:2), 계보(系譜; 5:1). '톨레도트'는 정확하게 한 단어로 번역하기 어려운 단어이기도 합니다.

---

| | |
|---|---|
| 천지의 톨레도트 (2:4) | 아담의 톨레도트 (5:1) |
| 노아의 톨레도트 (6:9) | 노아 아들들의 톨레도트 (10:1) |
| 셈의 톨레도트 (11:10) | 데라의 톨레도트 (11:27) |
| 이스마엘의 톨레도트 (25:12) | 이삭의 톨레도트 (25:19) |
| 에서의 톨레도트 (36:1) | 야곱의 톨레도트 (37:2) |

---

'톨레도트'는 동사 '야라드'와 관련이 있습니다. '야라드'는 사람이나 짐승이 아이(새끼)를 '낳다, 출산하다'라는 뜻입니다. 시편 90편 2절에는 "산이 생기기(야라드) 전, 땅과 세계도 주께서 조성하시기 전 곧 영원부터 영원까지 주는 하나님이시이다"라는 말씀이 나옵니다. 출산, 생산과 연결되면 '톨레도트'는 후손, 계보가 되고, 사건들과 관련되면 역사 혹은 발전의 결과가 됩니다. 창세기 2장 4절에서는 '내력'이라고 하니, 곧 역사를 말하는 것으로 이해할 수 있겠지요. 결과를 의미하는 수동적 의미도 있지만, 동시에 능동적 의미로 '사건들이 스스로 발전해가다, 전진해가다'라는 뜻도 담겨 있습니다.

## ✟ 톨레도트의 의미

'톨레도트'를 단순히 '…의 역사'라고만 해석해 뒤에 이어지는 이야기들을 역사로만 이해하면 곤란한 점들이 생깁니다. 어떤 번역본은 이 대목을 '천지의 역사'라고 번역했는데, 엄밀히 말해 역사가 나오는 것은 아닙니다. 왜냐하면 뒤이은 내용들이 아담과 하와, 죄와 타락, 가인과 아벨, 악한 자손의 계열, 그리고 첫 공적 예배에 관한 사건들을 이야기하고 있기 때문입니다. 개역한글에서는 천지의 '대략'이라고 기록하여 창세기 1장 1절에서 2장 3절까지를 '요약'한 것이라는 오해를 주었습니다. 4장 26절까지 읽어보면 요약이라기보다는 새로운 주제들이 소상히 설명되고 있는데 말입니다. '데라의 족보'(창 11:27)로 시작하여 25장 18절까지 아브라함을 비롯한 이스마엘과 아내들의 사건 등을 전개하고 있는 것을 보아도 그렇고요. 특히 37장 2절에서는 '야곱의 족보'라고 했지만, 후속 이야기는 요셉 이야기라는 난점을 형성하기도 합니다.

결론적으로 '톨레도트'는 앞뒤를 연결해주는 이음쇠로 이해하는 것이 중요합니다. 이 단어가 나오면 앞의 이야기가 종착점에 이르렀고, 이를 기점으로 또 다른 이야기가 시작된다고 이해해야 합니다. 그렇다고 이음쇠라는 말이 분리된 두 부분을 연결한다는 뜻은 아닙니다. 하나님은 좋든 나쁘든 역사를 통해 이어져 오는 사건들을 유지하시고, 그 안에서 은혜로 택자(택하신 자)를 구별하시어 새로운 길을 열어가십니다. 이런 의미에서 볼 때 '톨레도트'는 미래와 과거를 서로 들어맞게 연결하는 꺽쇠이기도 합니다. 택자가 어디로 향하고, 곁가지 노선(가인, 이스마엘, 에서 등)은 어디서 멈추는지 서로 관련해서 보게 하십니다.

　'이것은 …의 톨레도트'라는 표현은 앞으로 새로운 이야기가 강력하게 전개된다는 신호를 소유격을 사용해서 '…의 톨레도트'라고 표현할 때(천지의, 아담의, 노아의 톨레도트 등) 지금까지 말한 것, 특히 앞 이야기의 마지막 부분과 관련해 중요 인물이나 사건을 한 번 더 보라는 신호입니다. 2장 4절을 놓고 다시 살펴봅시다.

| | | | | |
|---|---|---|---|---|
| 4a:베히바레암<br>창조될 때에 | 베하아레쯔<br>그 땅의 | 하샤마임<br>그 하늘들과 | 톨레도트<br>톨레도트(이다) | 엘레<br>이것들은 |

| | | | | | |
|---|---|---|---|---|---|
| 4b:베샤마임<br>하늘들을 | 에레쯔<br>땅과 | 엘로힘<br>하나님 | 야웨<br>여호와가 | 아소트<br>만든 | 베욤<br>날들에 |

\* 히브리어는 오른쪽부터 읽습니다(엘레 톨레도트 하샤마임 베하아레쯔 베히바레암).

　4a절의 '엘레'는 4b절 이하의 이야기를 향하여 끌고 가는 일종의 서두어입니다. '톨레도트' 다음에 나오는 '그 하늘들과 그 땅'은 1장 1절에서 2장

3절까지 언급된 주제이기 때문에 정관사가 붙어 '그 하늘과 그 땅'이 됩니다. 따라서 '베히바레암'은 창세기 1장 1절의 '베레쉬트'(태초에), 만물이 무에서 유로 창조되던 순간, 곧 영항(永恒)의 세계에서 역사의 세계로 진입한 순간을 의미합니다. 만물이 창조로부터 시작되어 진행됩니다. 이 창조를 기초로 '베욤'이라는 시간들과 '하샤마임 베하아레쯔'라는 역사의 무대가 펼쳐질 것이라고 예고하는 신호탄인 셈이지요. 다른 이가 아닌 '여호와 하나님'이 톨레도트를 전개하겠다고 다짐하시는 것입니다.

여기서 땅이 하늘들보다 먼저 언급되는 데는 이유가 있습니다. 땅과 하늘들도 여호와 하나님의 권능의 손에 달린 사물에 불과하다는 의미를 포함하고 있기 때문입니다. 게다가 무에서 유를 만든다고 할 때 쓰인 '바라'(창조하다)가 아니라 '아사'(만든다)를 사용하여 여호와 하나님이 일정한 시간과 환경 가운데서 사건들(역사들)을 시작하신다고 강하게 표현됩니다. 땅에서 물(습기)이 올라와서 지표를 적시고 오목조목 인간을 만들고 땅에 동산을 창설하시는 등, 이제 하나님이 주도적으로 행하실 일들이 전개됩니다. 물론 인간의 타락 사건도 일어날 것입니다. 여호와 하나님의 손길 안에서 정초된 기초 위에 인류사가 명암을 그리며 전개될 것입니다.

무엇보다 중요한 것은, 이 모든 것이 그것들을 만드신 분이신 엘로힘, 곧 야훼와의 관계 속에 있음을 잊지 말아야 합니다. 사건이든 역사든, 혹은 그에 포함되는 인물이든, 그 무엇이든 간에 하나님이 이루지 않으신다면 존재할 수도 일어날 수도 움직일 수도 없습니다. 앞으로 사건과 계기가 얽혀 역사가 이루어지는 것은 여호와 하나님의 일이며, 역사란 영원 전부터의 그의 뜻과 그의 생각이 세대에서 세대로 이어져가는 것입니다.

여호와의 계획은 영원히 서고 그의 생각은 대대에 이르리로다 _시 33:11

내가 시초부터 종말을 알리며 아직 이루지 아니한 일을 옛적부터 보이고 이르기를 나의

뜻이 설 것이니 내가 나의 모든 기뻐하는 것을 이루리라 하였노라 _사 46:10

## ✝ 에덴동산에서만 쓰인 명칭

'여호와 하나님'이라는 명칭은 에덴동산에서만 쓰인 듯합니다. 4장 이후로는 여호와와 엘로힘이 교체되어 나타나기 때문입니다. 이렇게 하나님의 명칭이 둘로 나누어지는 것은 하나님이 한 번은 이분으로 또 다른 한 번은 저분으로 나타나셔서가 아니라, 인간이 하나님과 관계할 때 하나님을 여호와 혹은 엘로힘으로 인식하기 때문입니다.

'여호와'라는 하나님의 이름은 영어로 Jehovah라 불린 데서 시작되었지만, 실은 '야훼'라 부르는 것이 더 적절합니다. 야훼의 음역은 출애굽기 3장 14절에서 하나님이 스스로를 일컬어 '에흐예 아쉐르 에흐예'(אֶהְיֶה אֲשֶׁר אֶהְיֶה, I AM WHO I Am, 나는 곧 나이다)라고 이른 데서 시작됐습니다. 이는 하나님 자신 안에 임재(존재)와 행동하심이 하나라는, 즉 하나님의 임재는 삶이면서 또한 행동임을 뜻합니다. 하나님은 살아계신 임재 자체이며, 그의 뜻은 언제나 이루어지고 있습니다. 창조 때에나, 그 후 변동하는 세계의 숱한 사건 중에서 그의 기쁘신 뜻이 일어나고 있음을 뜻하기도 하지요. "과연 내 손이 땅의 기초를 정하였고 내 오른손이 하늘을 폈나니 내가 그들을 부르면 그것들이 일제히 서느니라"(사 48:13).

영원히, 스스로, 자유롭게 역사 속에 존재하시는 분이 마치 하늘의 안방 영감처럼 추상 세계에 안주하고 계신 것으로 생각한다면, 하나님을 크게 모독하는 일입니다. 그분은 스스로가 유일한 근거가 되어 자신이 정한 최고 목적을 향하여 역사 세계에 나타나십니다. 세상에는 그분의 계시, 교제, 사랑, 영화에 비길 이가 없습니다.

하나님의 백성이 애굽에서 고난과 어려움을 당하여 낙망할 지경에 처해 있을 때에, 하나님의 이름인 '여호와'가 계시되었습니다. '너희는 존망 자체가 불가능한 존재이지만, 나는 그것을 가능하게 해주는 이'라고 자기를 계시하셨습니다. 세계에 열 가지 재앙을 내려서라도 자기 백성을 보호해주시겠다고 하신 것입니다. 엘리야 시대에도 하나님의 백성과 불신자들에게 불로 응답한 신이 여호와이십니다. "모든 백성이 보고 엎드려 말하되 여호와 그는 하나님이시로다 여호와 그는 하나님이시로다 하니"(왕상 18:39).

성경에서 여호와는 난관으로부터 보호하시는 분으로 나타나십니다(출 20; 레 19:34; 사 40:26). 여호와만이 창조자이시며 만군의 주가 되십니다. 그분만이 생명의 원천이시며 자기의 영원한 계획을 수행하시는 분, 자기 창조의 목적을 이루시는 분, 언약의 하나님, 모든 세대에, 즉 영원부터 영원까지 신실함을 지키시는 참된 하나님이십니다. "야곱의 하나님을 자기의 도움으로 삼으며 여호와 자기 하나님에게 자기의 소망을 두는 자는 복이 있도다 여호와는 천지와 바다와 그 중의 만물을 지으시며 영원히 진실함을 지키시며 억눌린 사람들을 위해 정의로 심판하시며 주린 자들에게 먹을 것을 주시는 이시로다 여호와께서 맹인들의 눈을 여시며 여호와께서 비굴한 자들을 일으키시며 여호와께서 의인들을 사랑하시며 여호와께서 나그네들을 보호하시며 고아와 과부를 붙드시고 악인들의 길은 굽게 하시는도다 시온아 여호와는 영원히 다스리시고 네 하나님은 대대로 통치하시리로다 할렐루야"(시 146:5-10; 다른 여러 구절들을 참조하세요. 출 3:15; 사 41:4; 44:6; 48:12-13; 계 1:8; 히 13:8).

# 13

창 4:1-8

# 가인을 낳은
# 하와의 함성

4장에서 우리는 죄악의 쓰나미를 봅니다. 물론 그 진원지는 2장 4절에서 3장 24절이 말하는 대로, 하나님이 창조하신 인간이 하나님과의 언약을 어겨 타락한 것입니다. 아담과 하와는 자신들이 범죄한 결과 심판받은 "너는 (뱀) 그의(여자의 후손) 발꿈치를 상하게 할 것이니라"라는 말이, 살아가면서 아이들을 낳고 직업을 갖고 제사를 드리는 등, 일상의 삶에서 이렇게 엄청난 결과로 나타날 줄 미처 짐작도 못 했을 것입니다. 아담 자신의 가정에서 일어나는 폭력과 살인이 그의 7대손 라멕에 이르기까지 더욱 증가일로로 치닫게 되는 현상을 걷잡을 방도가 없습니다. 그들은 폭력을 저지르고 회개하기는커녕, 대놓고 하나님과 이웃에게 도전하는 사회로 만들어갔습니다. 이들로 인해 발달한 문명은 오히려 세상을 더욱 난폭하게 했고, 더욱 퇴락하게 만드는 도구가 되었습니다. 마치 오늘날의 세상이 너무나 퇴폐하고 어지러워 개선의 여지조차 없는 것 같이, 인류 시초의 세상도 그랬습니다.

## ✝ 사람 자체의 부패성과 죄악의 가속도

뒤에서 다루겠지만, 창세기는 '톨레도트 구조'로 되어 있는데, 각 톨레도트 마지막에는 해당 톨레도트 역사의 가장 어두운 면이 나타납니다. 4장은 2장 4절에서 시작된 천지의 톨레도트의 마지막 단계에서 역사의 어두운 면을 반영하는 듯하지만, 다음 톨레도트(창 5:1)와 연결된다는 측면에서 볼 때는 밝은 소망을 품고 있습니다. 말하자면 살인을 저지르고도 하늘 높은 줄 모른 채 자고하던 죄악의 쓰나미에서, 모든 희망을 잃은 곳에서 하나님으로부터 오는 약속된 '여자의 후손'이 태어나(창 4:25) 여전히 미래에 대한 소망을 갖도록 하는 것입니다.

그러나 성경 저자는 4장을 통해 소망을 주기에 앞서, '가시덤불과 엉겅퀴'(3장)로 상징되는 지독한 죄악의 쓰나미를 보여주는 데 초점을 맞추고 있습니다. 죄가 발전하기에, 자잘한 일들은 되도록 생략한 채 죄악으로 치닫는 가속도를 보여주는 경향 때문입니다. 아담 부부가 몇 살에 가인을 낳았으며(셋을 낳을 때에는 나이를 말한다, 창 5:3), 가인과 아벨은 어디서 어떻게 자랐고, 왜 그들이 하나님께 제사를 드리게 되었는지에 대한 설명은 물론, 하나님이 저들의 제사를 어떤 모습으로 받으셨고 거절도 하셨는지(창 4:4b, 5a)의 여부는 성경에 드러나지 않습니다. 게다가 하나님이 어떤 모습으로 나타나셔서 가인에게 말씀하셨는지(창 4:6) 등에 대한 상황도 기술하지 않은 채, 하나님의 태도에 대한 가인의 반응이 바로 등장합니다. 그러고는 이로 인한 형제 살인 이야기로 긴급하게 이야기를 이어가지요. 특히 8절의 경우, 대부분의 번역들이 의미를 살리기 위해 가인이 아벨에게 "들로 밖으로 나가자"라는 유혹의 말을 넣지만, 마소라 사본처럼 이 말이 없어도 문맥상 얼마든지 자연스럽게 연결되는 상황입니다. 게다가 성령께서는 성경에 이 말을 넣지 않음으로 가인이 들에서 바로 형제를 쳐 죽이는 상황을 그리고 있습니다. 이를 통해 가인의 성급함과 폭력성, 그리고 하나님의 충고에 반항하는 모습을 드러내고자 한 것으로 보입니다.

앞으로도 살펴보겠지만, 에덴에서 쫓겨난 가인과 그로부터 7대손에 이르는(단순한 7대가 아니라 완전을 의미하는 수 7) 자손들은 첫 조상보다 더욱 난폭해지고 파렴치해지며, 죄를 짓고도 부끄러워할 줄 모르는 모습을 보여 줍니다. 죄악의 가속도나 심각도는 사람의 외부에 있는 것이 아니라 사람 자체가 지닌 부패성에서 나오기에, 인간의 자율적 구원이 불가능하다는 것을 보여주는 것입니다. 그러면 세상은 이런 죄악의 쓰나미로 인해 모든 여망(餘望)을 잃고 있는 것이냐는 의문이 생길 수 있습니다. 이런 우리에게 성령께서는 타락한 후의 세상이 어떻게 전개되고 죄악의 심도는 얼마나 깊어지는지 보여주는 동시에, 이런 낙심되는 상황 가운데서도 하나님은 역사를 통해 언약에 신실하시다는 사실을 보여주십니다.

## ✝ 타락 이후, 출산에 관련한 축복과 저주

4장은 타락 후 인간의 출산에 대한 관심이 지대합니다. 하나님이 사람을 처음 창조하실 때는 "생육하고 번성하여 땅에 충만하라"(창 1:28)라는 축복을 받았지만, 타락 이후 번식력을 중단시키지 않으시는 대신 "임신하는 고통을 크게 더하리니 네가 수고하고 자식을 낳을 것"(창 3:16)이라며 고통이 주어질 것을 말씀하셨습니다. 이런 맥락에서 볼 때, 저자의 관심사는 아담과 하와가 에덴동산에서 쫓겨난 후 하나님이 축복하신 말씀과 저주하신 말씀이 어떻게 이루어질까 하는 것이었나 봅니다. 따라서 4장 이야기의 처음에도 중간에도 끝에도 '동침하매'(야다, 창 4:1,17,25), '잉태하여'(하라, 창 4:1,17), '낳았더라'(야라드, 창 4:1,17,25)가 자리 잡고 있습니다. 사람이 태어나야만 역사 가운데 하나님의 뜻이 이루어지고, 인간이 역사의 무대에 나와야만 땅을 경작하든 양을 치든 할 것 아닙니까! 따라서 천지의 역사(톨레도트)에서 주위 환경이 아무리 정해져 있다 하더라도, 역사의 주인공인 사람의 대(代)가 이어지는 이 일이야말로 중요한 관심사입니다. 가인과 아벨, 그리고 셋까지 태어나는 가운데 하나님의 뜻과 섭리가 이루어져갈 것입니다. 더불어 출산에 관련한 축복과 저주가 함께 나타날 것입니다.

사람이 잉태(수태)하여 출산하는 일은 사람이 타락한 후에 이루어진 것입니다. 그렇다고 해서 타락 전에는 아담과 하와가 부부관계를 하지 않았다거나 번식력이 없었다는 뜻은 아닙니다. 번식력이야 타락 전에 더 왕성했을 것입니다. 왜냐하면 그때에는 창조의 축복과 함께 참된 사랑이 이루어졌을 것이기 때문입니다(창 2:22-25). 그럼에도 타락 전에 동침하여 잉태했다는 말은 찾아볼 수 없습니다. 여기에는 여호와 하나님의 뜻이 있습니다. 한 사람이 범죄함으로 모두가 범죄한 결과를 나타내기 위해서가 아닐까요? 하나님이 선악을 알게 하는 나무의 열매를 따 먹지 말라고 하실 때 사람은 그 언약의 말씀에 전적으로 순종하여 언약(계시) 의존 사상으로 살 것인지, 혹은 스스로 판단하여 자율적 결정으로 살 것인지 선택해야 하는 처지에 놓여 있었습니다. 아이를 잉태하여 출산하는 일이나 땅을 갈고 피조물을 다스리는 일을 포함한 세상의 모든 일들이 '선악을 알게 하는 나무'를 중심으로 순종의 가름대에 놓여 있었던 것이지요. 여기에서 마귀의 말을 듣고 마귀의 편에 선 사람은 '자율적 결정'이라는 사상으로 시작되는 범죄를 저지른 것입니다.

세상만사에 중요한 일이 많지만 에덴동산에서 쫓겨난 후 중요한 관심사는 아이를 낳는 일입니다. 여기에는 하나님의 언약의 축복도, 심판도 동시에 있습니다. 모든 것을 믿음으로 하지 않으면 죄가 됩니다. 하나님의 일반 은혜 영역에서 생각해도 하나님의 형상인 사람이 수태하여 아이를 낳는 일은 동물의 수태와 다른 것입니다. 왜냐하면 여기에 인류를 위한 구속의 '씨앗'(아이)이 태어나야만 한다는 특별 은혜가 맞물려 있기 때문입니다(창 3:15,16).

# ✟ 아담과 하와가 다시 사랑하여 '알다'

4장 1절은 "아담이 그의 아내 하와와 동침하매"라고 기록합니다. 여기서 '동침하다'라는 말은 히브리어로는 '야다'로서 '알다'라는 뜻인데, 이는 인간의 의식적인 행위를 의미합니다. 무엇보다도 사람 영혼의 깊은 자의식이라는 측면이 내포되어 있는 단어입니다. "압니다. 인정합니다. 고백합니다"라며 책임 있는 도덕적 자의식으로 교접하고 알리는 행위입니다. 이 맥락에서 '동침하다'의 의미는 남자 쪽에서는 내 반쪽의 아내로, 여자는 내 반쪽의 남편으로 고백하는 것입니다. 나아가 부부관계가 하나님의 은혜로 하나 되는 것이라고 고백하는 것입니다. 이는 진정한 사랑이자 도덕적 사랑의 고백입니다. "당신이야말로 하나님이 주신 번식력을 가진, 남편으로 하여금 사모하게 하는 아내입니다"(창 3:16,20)라고 고백하는 것이지요. 이런 사랑의 고백이야말로 타락한 이후 하나님의 은혜로 부여하신 최고로 아름다운 도덕적, 육적, 자연적 사랑입니다. 여기에 숨은 비밀이 그리스도와 교회의 교제로 비유되고 있습니다(엡 5:32).

이렇게 고귀하고 숭고한 사랑이 죄로 인하여 얼마나 황폐화되고 있습니까? 사랑 없는 결혼, 사랑 없는 잉태, 아무런 도덕적 판단도 책임도 없는, 아니 하나님의 은혜도 질서도 인정하지 않는, '야다'의 고백도 없는 육적 사랑, 동물보다 못한 육적 퇴폐가 이 시대를 더럽히고 있지 않습니까? 아무리 세상이 죄의 더러움과 부패를 향한다 할지라도 하나님의 백성은 주 안에서 부부간의 영적, 도덕적, 육적 교제와 순수한 사랑의 즐거움을 나눠야만 합니다. 이런 사랑이 아닐 때 하나님은 "남자는 다 죽이고 남자와 동침하여 사내를 아는 여자도 다 죽이고"(민 31:17; 눅 1:34)라고 엄중히 명령하셨다는 사실을 잊지 말아야 합니다.

범죄한 이후 아담은 처음으로 아내를 향해 그녀의 이름 하와를 부릅니다. 아마도 아담은 먼저 죄를 지어 놓고 남편에게 책임을 돌리고, 그 죗값으로 심판을 받아 에덴동산에서 쫓겨난 마당에 아내의 이름을 부르고 싶지 않았지 모릅니다. '산 자의 어머니'(창 3:20)는커녕 멸망하게 한 여자라고 고함을 질러도 분을 삭이지 못할 지경일 텐데, 아담에게 믿음의 꽃이 핀 것입니다. 하와에 대한 사랑이 다시 돋아난 것이지요. 아담이 먼저 사랑을 고백했습니다. 원문을 보아도 아담을 강조하고 있기에, 아담이 먼저 아내를 인정하고 사랑을 고백한 것으로 볼 수 있습니다. 심판 가운데서도 여호와 하나님께서 언약하신 일을 기억하면 눈물이 날 테지요. 자신이 저지른 죄악으로 엄청난 결과가 도래했지만, 이에 뒤지지 않는 여호와의 언약의 사랑을 생각하니 감격스럽지 않았을까요? 이에 하와도 덩달아 아이를 낳고, 소망을 꽃피우는 것입니다.

첫아이를 얻고, 하와에게는 환희가 솟아났습니다. 개역개정에서 '낳고'로 번역된 히브리어 단어는 '카나'로 '얻었다'는 뜻입니다. 아들을 얻고 보니 미래를 얻게 해주는 보물이자 소망이라는 것입니다. 그래서 엄마는 아이의 이름을 '얻었다'라는 의미인 '가인'이라고 지었습니다. 창조 때 약속하셨던 축복(창 1:28)을 주실 뿐 아니라, 여자의 후손을 약속하셨던 하나님께서(창 3:15,16,20) 약속을 성취해주시니, 하와는 말할 수 없는 환희를 느꼈을 것입니다.

이 아이야말로 아담을 통해 하와에게 주어진 배태(胚胎)의 소산이었습니다. 인류의 첫 경험도 하나님이 주실 때에야 얻어지는 것이니, 참으로 놀랍고도 기이하지 않을 수 없습니다. 이제 이 아들을 통해 자기들을 시험 들게 한 유혹자를 이길 수 있을 거라고 소망하지 않았을까요? 여호와와 함께 계시는(혹 여호와로부터) 한 남자를 얻었으니 말입니다. 4장 1절은 이렇게 이해하는 것이 순리입니다. 그러나 간혹 히브리어 표현인 '내가 한 남자를 얻었다'를 '내가 여호와를 얻었다'로 보는 사람들이 있나 봅니다. 우리는 이 표현을 제대로 이해하기 위해 문맥을 제대로 볼 필요가 있습니다.

타락한 하와의 마음은 단순했다기보다 복잡한 쪽에 가까웠을 것입니다. 에덴동산에서 나가지 않으려고 안간힘을 썼지만, 하나님은 이 죄인들을 기어코 '쫓아냈으니'(창 3:24) 이들은 얼마나 원통했을까요. 화염검이 두루 막고 있으니 자신의 힘으로는 다시 낙원에 들어가려 해도 어찌할 도리가 없었습니다. 죄지은 것에 대한 후회도 있겠지만, 자기를 사랑했던 하나님에 대한 원망도 함께 싹텄습니다. 아담과 하와 부부는 낙원으로 돌아가고 싶은 생각뿐이었을 것입니다. 하지만 자기들 힘으로는 복락원을 만들 수 없으니, 하나님이 약속한 '여자의 후손'을 통해서라도 빨리 낙원으로 돌아가기 원했을 것입니다. 약속에 대한 믿음도 있겠지만, 오기도 발동되는 것이지요. 히브리 어순상 아담이 강조되는 것으로 보아 이 일에는 아담이 더욱 열심이었습니다. 아이를 낳고, 그를 통해 얼른 낙원을 되찾고픈 생각입니다. 그래서 아담이 하와와 '동침'했습니다.

이들 부부가 타락하기에 앞서 하나님이 약속하신 '생육하고 번성하라'라는 축복의 관점에서 볼 때, 아이 낳는 일은 생육하고 번성하는 첫 번째 방법이었고, 그 또한 하나님의 뜻이었을 것입니다. 반면 복락원에 대한 동경을 가지고 있다는 관점에서 볼 때, 죄를 지은 저들에게는 기나긴 역사의 길에서 모진 쓰라림과 투쟁을 경험하는 것 또한 하나님의 섭리입니다.

저들은 낙원으로 다시 직행하는 길이 아니라, '골고다'라는 험난한 우회로를 거쳐 생명나무로 돌아가야만 합니다. 아담은 땀을 흘려야 하는 수고를 겪게 되었고, 특히 하와는 해산의 고통을 겪게 되었습니다. 이것이 다가 아닙니다. 자신의 몸에서 비롯되는 고통뿐 아니라, 자녀들을 키우면서 겪을 모진 고통 또한 감내해야 합니다. 고통을 겪는 것으로 끝나는 것이 아니라,

해산의 고통 가운데에서 믿음으로 순종하는 것을 배워야만 합니다.

## ✝ 첫 아들의 이름을 지은 하와의 속마음

하나님의 경륜은 이러하지만, 하와는 빨리 낙원으로 돌아가고 싶었습니다. 범죄할 때도 여자가 먼저였는데, 낙원을 향한 소망 역시 여자가 실제론 더 강렬합니다. 보통 아이의 이름을 남편이 짓는데, 하와가 아들의 이름을 '가인'이라고 짓습니다. 그러나 훗날 모진 인생을 경험한 후, 하와는 아들의 작명권을 남편에게 되돌려주는 겸손을 배우게 됩니다(창 4:25). 성경은 일반적으로 '남자가 누구를 낳고'라고 기록하지만(창 4:1,17,18,26), 4장에서는 유달리 하와가 판을 칩니다. 남자보다 '여자가 아이를 낳고'가 비교적 많이 등장합니다(창 4:2,20,22). 이런 것들 역시 앞으로 낳을 아이들에게 영향을 미칩니다.

하와가 아이를 낳은 장면을 성경은 '카인을 … 카니티'(가인을 … 내가 얻었다)라고 기록하고 있습니다. 하와는 산고(産苦) 가운데서도 함성을 지른 것입니다. 물론 하와는 실제로 '카니티 이쉬'(내가 한 남자를 얻었다)라고 했지만 '가인'이라는 이름과 '카니티'(내가 얻었다)라는 말을 배치하여 언어유희를 하는 것이 분명합니다. 하와가 낙원에서 쫓겨난 후 처음 겪는 출산을 묘사하며 언어유희를 하는 저자의 의도는 무엇일까요? 아마도 저자는 하와의 마음에 묘한 감정이 뒤섞여 있는 것을 발견한 것 같습니다. 낙원으로 재입성하고픈 열망이 강렬한데, '여호와의 도움으로' 3장 15절에서 약속하신 '여자의 후손'을 자신이 낳았다고 하는 '이쉬'(남자)가 바로 여호와이기에, 유혹자를 이길 것이라는 메시아적 소망이 성취됐다고 보는 것입니다.

한편으로 이 함성은 일종의 항거 정신을 포함하기도 합니다. 여자에게 해산의 고통이 있을 것이라고 저주를 하셨지만, 실제로 당해보니 상상 이상이라는 것입니다. 저는 출산하면서 고통을 못 이겨 남편을 붙잡고 욕을 하는 여자들을 본 적이 있는데, 이와 비슷하게 하와 역시 하나님께 항거하는 것으로 보입니다. "하나님, '잉태하는 고통을 크게 더하리라' 말씀하셨지만, 이렇게 고통스러울 수 있습니까? 그래요, 나는 산고로 당신의 심판을 달게 받았습니다. 하나님 당신이 남자를 만들었듯이, 나도 '이쉬'(성인 남자. 남자아이는 '게벨', 욥 3:3 참조)를 만들어냈습니다!"라면서요. 25절에 남편 아담이 '벤'(아들)과 '짜라'(씨)로 아들을 칭하는 것과 달리, 하와는 '이쉬'(성인 남자)를 만들어냈다고 자고하는 것이지요. 그러기에 타락한 여성이 산고 가운데 소망과 항거라는 복합적인 감정으로 소리 지른 이 4장 1절 후반부 말씀을 두고 해석이 분분한 이유이기도 합니다.

앗수르에서 "나는 신으로부터 그를 샀다" 또는 "나는 앗술 신으로부터 그를 샀다"라고 말하던 것에 근거하여, 하와가 '사람'을 샀다고 하는 의미로 해석하는 견해가 있습니다. 모세 시대에 앗수르어의 영향을 얼마나 받았는지는 의문이지만, 한국에서 노인네들이 무슨 어려움을 겪고 넘어갈 때면 '액땜질했다'라고 말하는 것과 비슷한 맥락일 수도 있겠습니다. 하와는 자신이 겪은 산고가 너무나 고통스러웠기에 하나님께 그 산고를 지불하고 아들을 얻었다고 진술하는 것이지요.

한편 "나는 한 사람 야훼를 얻었다"라고 보는 견해가 있습니다. 루터가 번역한 "한 사람을, 나는 곧 여호와를 받았다"를 조금 달리한 것으로, 하와가 자신이 낳은 아들을 여호와로 보았다는 주장에는 무리가 있습니다.

"나는 야훼-표징의 사람을 얻었다"로 해석하는 견해가 있습니다. 이것은 히브리 문장에서 여호와 앞에 목적어를 표시하는 전치사가 붙은 표현 '에트(-을/를) 야훼'를 '오트(표징) 야훼'로 보는 것입니다. 하와가 가인을 여호와로부터 얻은 표징의 사람으로 보고 3장 15절과 연관하는 것입니다.

"나는 여호와와 더불어 똑같은 한 사람을 창조했다"라고 해석하는 견해도 있습니다. 하와가 여호와와 같은 선상에서 창조 능력을 뽐내고 있다는 것입니다. 즉 "여호와는 첫 인간을 만들었고(창 2:7) 그리고 나는 둘째 사람을 만들었다"라고 말하는 것으로, '나 역시 창조자'라고 자고하는 해석입니다. 카수토(Umberto Cassuto)는 '가인'이라는 말을 '창조물'로 보고 '내가 하나의 창조물을 창조했다'로 해석합니다. 이외에도 "나는 여호와의 도움으로 한 남자를 창조했다", "나는 여호와와 함께 한 사람을 낳았다", "여호와의 도움으로 나는 한 사람을 낳았다", "나는 여호와의 도움으로 한 사람을 얻었다" 등의 해석이 있습니다.

이런 해석의 핵심은 '여호와로 말미암아'를 어떻게 해석할 것인가 하는 문제와 함께, '카인을 카니-티'했다는 표현의 동사를 어떻게 해석할 것인가입니다. 은혜로 '얻다'로 보느냐, 아니면 창조의 뜻을 내포하고 있는 '낳다'로 보느냐에 따라 하와 자신이 여호와께 의존하면서 구속을 기대하는 소망을 표현하는 말인지, 아니면 자기도 하나님처럼 사람을 만들었다고 자고하는 말인지 달라집니다. 후자의 경우, 에덴동산에서처럼 여자가 먼저 자신을 하나님과 동일하게 높이려 하는 모습으로 보입니다.

하와의 함성은 자기를 구원해주기를 바라는 메시아 대망도 포함하고 있지만, 여기에서는 문맥적으로 항거정신이 더 강하게 내포된 것으로 보입니다. 하와가 처음에는 소망과 분노가 섞인 '얻었다, 낳았다'라는 함성을 지르며 자고했다(창 4:1)라고 볼 때, 쓰라린 인생의 고통을 당하고 나서야(자기가 낳은 아들들이 각각 살인자와 피해자가 되는) 겸손을 배워 비로소 "하나님이 … 주셨다"(창 4:25)라고 고백하는 것과 대조되기 때문입니다.

하와는 아들의 이름을 '카인'(가인)이라 했는데, 히브리어로는 '대장장이'라는 뜻으로, 사무엘하 21장 16절에서는 '창'이라는 의미로 나옵니다. '카니티'가 '얻다'라는 뜻이라면, '카인'은 '받다'와 관련된 말입니다. 어찌하여 하와가 첫 아들의 이름을 이렇게 지었는지 쉽게 이해가 되지는 않지만, 오히려 하와의 항거 정신이라고 하면 이해가 갈 것 같습니다. "쇠붙이처럼 강해져야만 한다. 유약해서는 아무 데도 쓸모없어!"라고 교훈하는 것 같기도 하니까요. "너는 우리 가문의 첫 아들이야, 너는 매사에 우두머리가 돼야 해, 그리고 강철같이 강해야 하고, 네 창이 무디면 갈아서라도 이겨내야 해"라고 가르친 것입니다. 양보를 모르고 자기를 최고로 여기며, 받기만 좋아하는 것이지요. 반면 아벨은 '헛되다'인 것으로 보아, 아마 그 어미는 별로 쓸모없다고 느낀 모양입니다. 첫째가 최고라며 모든 소망을 건 반면, 둘째는 거들떠보지도 않습니다. 아니면 앗수르어적 의미(아프루)로 아벨은 '상속자, 아들'이라는 뜻을 가지고 있으니, 장자 가인에게는 한없는 위협으로 느껴졌을 수도 있습니다.

성경은 "그가 또 가인의 아우 아벨을 낳았다"(창 4:2)라고 합니다. 아벨의 경우에는 '야다'(알다-동침하였다)라는 말이 없어, 가인과 쌍둥이로 보는 시각도 있습니다. 이 경우도 가능할 수 있겠지만, 하와가 두 번째 아들을 새로 얻었다고 보는 게 낫겠습니다. 특히 '가인의 아우 아벨'이라는 말이 8절에만 두 번, 그리고 9,10,11절에서 거듭되어 나오는 것을 볼 때, 다른 형제들보다(아담과 하와는 다른 아이들도 낳았다고 합니다. 참조, 창 5:4) 가인과 아벨의 사이가 더 특별했던 것 같습니다. 이 말은 후에 가인이 아벨에게 저지르는 범죄가 더 악하다는 뜻입니다. 동시에 '한 부모에게서 나온 한 종자인데도 이렇게 다른 두 부류로 나올 수도 있구나' 하는 뜻도 있지요.

아벨의 경우는 작명하는 내용이 빠져 있습니다. 아이가 나오면 작명하는 것이 큰 행사였습니다. 가인과 셋의 경우는 어미가(창 4:1,25), 셋의 경우는 아비도 이름을 지어주었고(창 5:3), 에노스의 경우에는 아비 셋이 작명합니다(창 4:26). 라헬은 자기 아들을 베노니라 이름 지었고, 아비 야곱은 베노니를 베냐민으로 고쳐 주기도 했습니다(창 35:18). 이렇게 이름 짓는 일은 집안의 큰 행사인(창 25:25,26; 29:32-35; 30:6,8,11,13,18,20,21,24; 38:3,4,5,29,30; 41:51,52) 동시에 구약에 자주 등장하는 일인데, 아벨의 경우에는 생략되었습니다. 그저 가인의 아우 아벨을 낳았다고 기록할 뿐이지요. 왜일까요? 가인은 용모가 건장하고 용감해 보이는 데 반해, 아벨은 왜소하고 볼품없었던 것인지도 모르겠습니다. 아벨을 출산하며 하와가 겪은 고통이 너무나 커 이름을 지어주지 못했는지도 모르지요. 아니면 아벨을 출산할 때쯤 첫 아들이 이미 마음에 큰 상심을 주어 아이를 낳는 것이 다 부질없는 일이라 느끼고, '아무것도 아니다' 혹은 '헛되다'라는 이름을 붙인 것은 아닐까요?

✚   **모태신앙, 품안 교육이 중요합니다(창 4:1,2)**
부모는 자녀가 자신에게 어떻게 보이는지보다 하나님께 어떻게 보일지에 더욱 관심을 가져야 합니다. 4장 2a절은 '가인의 아우 아벨'이라고 하지, '아벨, 곧 가인의 아우'라고 하지 않습니다. 그러나 그들은 둘을 동등한 위치에 두어야만 했습니다. 부모, 특히 엄마의 배태(胚胎), 품안 교육이 아이들에게 큰 영향을 미치며, 심지어는 생명과 사망의 길로 갈라놓는다는 것을 우리는 알아야 합니다.

부모의 마음 씀씀이와 교육이 자녀들의 기질 형성에 큰 영향을 미칩니다. 아이들의 이름을 지을 때 하와는 첫 아들이 예언된 구속주가 될 거라는 큰 기대를 반영하지만, 작은 아들은 아예 작은 자로 치부하여 하나님의 선택을 받을 것이라고는 기대조차 하지 않습니다. 그러니 동생 아벨에게도 형은 언제나 더 크게 보입니다. 그러나 하나님께는 이스마엘보다 이삭을, 에서보다 야곱을, 다른 형들보다 요셉을, 므낫세보다 에브라임을 택하시는 권세가 있다는 사실을 아담 부부는 몰랐습니다. 성경은 하나님이 예루살렘보다 작은 고을 에브랏(베들레헴)을 택하셨다고 우리에게 말해줍니다.

그렇다고 해서 부모의 영향력이 크다는 이유로 자녀들이 모든 것을 부모나 환경 탓으로 돌리고 자기는 책임이 없다고 생각해서도 안 됩니다. 창세기 3장 15절은 부모가 왜 낙원에서 쫓겨났는지 밝히고, 그런 부모에게도 하나님은 가죽 옷을 입혀 주셨다고 성경은 기록합니다. 무엇보다도 이 아이들은 실제적으로 사회나 환경에서 당하는 부조화의 현실이 죄로 말미암아 온다는 사실을 경험하고 있습니다. 따라서 우리는 오늘날 죄와의 투쟁에서 최후의 승리가 여자의 후손으로 말미암아 올 것이라는 약속을 바라볼 수밖에 없으며, 믿음으로 선한 싸움을 싸워 뱀의 후손을 이겨야만 합니다. 말하자면 어른이든 아이든 하나님의 말씀과 언약을 떠나서는 스스로의 존재를 생각할 수조차 없습니다.

그런데도 어떤 이들의 성경을 보는 시각은 모세 율법이 생기기 전, 즉 아담부터 노아까지는 자연, 양심, 역사(행위 언약)만 작용하는 것으로 보고, 하나님과 그 말씀을 떠난 자율적 인간상으로 만듭니다. 물론 저들이 생각하는 새로운 계시가 이 시대에 나타나지 않았다 하더라도, 하나님이 자신을 증거하지 않으신 것은 아닙니다. 비록 그 계시가 희미하다 할지라도, 하나님은 처음부터 창조자-구속자-심판자이심을 보여주셨습니다.

가인과 아벨 모두 하나님 앞에 선, 책임 있는 언약의 존재입니다. 저들의 직업 소명이 각각 다르다 하더라도 하나님 앞에서 소명을 따라 행해야 합니다. 아벨은 양치는 자였고 가인은 농사짓는 자였습니다. 농사에만 가시와 엉겅퀴가 있는 것은 아닙니다. 양치는 일도 고되기는 마찬가지였습니다. 어린 것들을 길들이는 일도, 다른 짐승들과의 마찰을 해결하는 일도 쉽지는 않았겠지요. 모든 직업에는 어려움과 수고와 괴로움이 있으며, 동시에 좋은 일도 있습니다. 물론 이때에 가인과 아벨의 직업이 엄격히 구분된 사회 계층을 말하는 것은 아닙니다. 오히려 한 가정 안에서 일어나는 두 형제의 두터운 연합을 뜻한다고 생각합니다. 같은 식구라 하더라도 사람마다 기질의 차이에서 비롯되는 직업 소명이 달라질 수 있는데, 이것은 하나님이 주시는 일반 은혜의 산물입니다. 그래서 말인데, 직업의 차이를 두고 농부가 목자보다 덜 경건하다고 보는 것은 잘못된 태도입니다. 직업 소명이 다르다고 해서 하나님과의 관계가 달라진다고 할 수도 없습니다. 앞으로 살펴보겠지만, 문제는 삶의 태도입니다.

## ✝ 자녀들의 예배 생활이 운명을 좌우합니다(창 4:3-5a).

두 형제는 같은 언약과 계시의 말씀 안에서 자라왔습니다. 비록 에덴의 생명나무에 가까이 갈 수는 없다 해도, 여전히 땅의 축복을 누리고 있습니다. 변함없이 에덴의 물은 흘러내리고, 땅의 물은 솟아났습니다(창 2:8-14). 그리고 아담과 하와의 그늘 아래 있기에 에덴의 동쪽이지만, 엄밀히는 낙원의 생활이 계속되고 있는 것으로 볼 수 있습니다. 비록 죄로 인해 하나님의 심판을 받았지만, 하나님을 찾기 위해 애쓰고 하나님을 섬기려는 자세는 남아 있었습니다. 각각 삶의 방식에서 하나님을 어떻게 섬겨야 할지 아는 자들이었습니다.

하나님께 제사 지내는 것도 사람이 만들어낸 것이 아니었습니다. 부모로부터 들은 것이었을 테지요. 하나님께 나아가려면 벌거벗은 모습으로 나아가는 것이 아니라 가죽옷을 입고 가야 한다는 것(창 3:21)도 들었습니다. 그런 의미에서 '장성한 자'란 '지각을 사용함으로 연단을 받아 선악을 분별하는 자들'(히 5:14)입니다. 이런 이유로 형제는 한 해가 끝나고 다음 해가 시작할 무렵, 아마도 그해 농사일이 끝난 후에 하나님께 감사 제사를 드리기로 한 것입니다. 에덴에서 쫓겨난 지 얼마 안 된 시기였으니 하나님과의 관계가 늘 그립지 않았겠습니까(요즘엔 현대인이 하나님에 대한 갈증이나 느낍니까)? 3절을 여는 단어는 '바예히'(그리고 일어났다)로, 제물을 '가져왔다'라고만 해도 되었을 것을, 가져오는 일이 일어났다고 기록합니다. 이는 하나님의 영이 형제의 마음에 제사를 드릴 마음이 일어나게 하셨다는 뜻입니다.

제물 바치는 일은 인류사에서 참으로 거대한 일입니다. 사람의 역사에서 제물의 형식은 달라졌지만, 예수 그리스도가 육신을 입고 오실 때까지, 아니 역사의 종말까지 참된 하나님과 교제하는 매개체가 되기 때문입니다(창 8:20; 12:7; 22:2; 출 3:18; 레 1-10; 시 96:8; 히 9:23-26; 10:5-10; 10:12-14; 롬 12:1; 히 13:15,16; 벧전 2:6; 롬 15:16). 타락 전 낙원에서는 하나님께 제물을 바치지 않았다고 단정하기는 어렵지만, '민하'(제물, 창 4:3,4)라는 단어 자체는 타락 전에 없었던 말입니다. 처음에는 그 제물에 피가 있다든지 없다든지, 혹은 속죄 제물이니 감사 제물이니 하는 구별 없이 하나의 형식으로 하나님께 바친 것으로 보입니다.

제사는 형 가인이 먼저 드립니다. 성경은 '땅의 소산으로 제물을 삼아 여호와께 드렸다'라고 기록합니다. 그 후 동생 아벨도 형님을 따라 자기 직종에서 나는 양의 소산으로 제사를 드립니다. 아마 형님이 제사드릴 때에 동석하였고, 자기가 제사를 드리는 것도 형님의 동의를 얻고 한 일일 겁니다. 언제나 형님이 먼저이고 아우가 다음이니 말입니다. 그러나 아벨은 더 열심히, 더 정성껏 하고 싶었던 모양입니다. "아벨은 자기도 양의 첫 새끼와 그 기름으로 드렸다"라고 성경은 말합니다. 히브리어로는 '감-후'(자기도)라고 기록되어 있는데, 주어인 아벨을 강조한 말인 동시에 가인처럼 했다는 뜻입니다. 둘 다 자기 업종에서 나는 것으로, 같은 '제물'(민하)을 드렸으니 외형적으로는 아무런 차이가 없었습니다. 한편으로는 언제나처럼 형님이 먼저 제사를 드렸으니 형님에게 좋은 일이 일어날 것처럼 보입니다. 그러나 하나님의 응답은 정반대였습니다. 제사를 받으시는 하나님의 반응이 기록된 4b,5a절을 히브리어 기준으로 도식하면 다음과 같습니다.

그리고 주목했다 여호와께서(The Lord had regard)

아벨 쪽으로 그리고 그의 제물 쪽으로(for Abel and his offering)

그러나 가인 쪽으로 그리고 그의 제물 쪽으로는(but for Cain and his offering)

아니했다 그는 주목하지(he had no regard)

왜 하나님께서 아벨의 제사는 받으시고 가인의 제사는 받으시지 않았을까요? 흔히 말하는 대로 아벨은 짐승을 잡아 피의 제사를 드렸지만 가인은 피가 없는 곡식 제물을 바쳤기 때문일까요? 아니오. 가인이나 아벨 모두 '민하'(제물)를 드렸는데, 이는 곡식(레 2:1-7; 민 15:1-16)과 짐승(삼하 2:12-17)을 구분하지 않습니다. 장사를 하는 자가 현금으로 연보를 드리거나, 멀리 농촌에 사는 농부가 곡식을 바친다고 해서 하나님이 차별을 두시는 것은 아닙니다. 그 직업과 처지, 형편에 따라 바치는 제물은 당연히 달라질 수 있습니다.

70인역은 가인이나 아벨이 다 같이 드린 제물 '민하'를 가인이 드린 것은 '수시아'(sacrifice; 3)로 아벨이 드린 것은 '도론'(gift; 4)으로 번역하여 제물에 차이가 있는 것처럼 표현했습니다. 그러나 성령께서는 이것을 막기 위해 히브리서 11장 4절에서 가인과 아벨이 드린 제물 모두를 '수시아'로 표현했습니다. '수시아'가 반드시 피의 제물을 나타내는 것은 아닙니다. 70인역의 번역자는 7절에서 가인이 자기 제물을 올바른 방법으로 나누지 아니하여 받으시지 않은 것처럼 묘사하고 있습니다. 훗날 모세의 제사법은 각을 뜨거나 하는 등의 절차를 기록하지만, 가인의 제사가 이를 어긴 것으로 볼 수는 없습니다.

그럼 하나님은 무엇 때문에 제물을 받지 않으셨을까요? 하나님이 주목하신 것은 제물보다 제물을 바치는 자, 곧 가인과 아벨의 인격이었습니다. 본문에서 볼 수 있듯이 말의 순서는 분명히 동일합니다만(가인과 그 제물, 아벨과 그 제물), 하나님께서는 제사 드리는 자의 정성을 먼저 보신 것입니다. 정성이 있다면 제물은 자연히 극상품으로 드려질 것입니다. 아벨의 제물에는 가인에게 없는 것들이 있습니다. 4a절에 보면 아벨이 드린 것은 '미브코로트'(첫 새끼, 참조 출 13:2; 23:16; 레 2:14)와 '우메헬브헨'(기름진 부분)입니다. 모두 복수형으로 나타납니다. 아벨은 온 정성을 다해 여러 마리 중 고르는 정성을 다해 최고의 제물을 드리려 열정을 쏟은 것입니다. 반면 가인은 NIV가 번역했듯이 'some' of the firstborn of the fruits를 드렸습니다. 자기 수중에 있는 것 중에서 아무것이나 푹 떠서 가져온 것입니다. 믿는 가정의 자녀이니 할 수 없이 형식만 취하여 자기 멋대로 드린 것이지요. 정성이 없었습니다. 가인이나 아벨 모두 첫 소산을 가져온 형식이나 생각은 같았지만(참조, 신 15:19-20; 26:1-11), 정성이 달랐기에 딱 한 번 드린 제사로 엄청난 결과를 빚어냈고, 훗날 큰 방향을 일으킵니다.

## ✝ 제물보다 제사 드리는 자의 인격을 먼저 보셨다

이름에 인격이 나타납니다. 구약에는 이런 예가 종종 등장하는데, 대표적으로 아비가일의 예를 살펴봅시다. 아비가일은 자기 남편을 두고 다윗에게 다음과 같이 말합니다. "원하옵나니 내 주는 이 불량한 사람 나발을 개의치 마옵소서 그의 이름이 그에게 적당하니 그의 이름이 나발이라 그는 미련한 자니이다…"(삼상 25:25). 그처럼 가인의 태도가 그의 이름에 합당한 것으로 보입니다. 자기 어머니가 환호성으로 지은 이름 '내가 여호와로 말미암아 한 남자를 얻었다'는 하나님의 은혜를 인정한 것이지만, 가인은 이것을 세속화하여 "나는 얻어야 해, 나는 장자야, 모든 것이 내게로 와야만 해" 혹은 "나는 대장장이야, 내가 최고야, 나를 중심으로 바쳐야 해"라고 생각했던 것 같습니다. 그러니 이웃이 자기보다 높아 보이면 참지 못합니다. 자기가 최고여야 합니다. 하나님을 믿는 가정이니 하나님께 바치는 모양을 취하기는 하지만, 정작 바치고 싶은 마음은 아닙니다. 십일조를 바치더라도 하나님이 도로 돌려줄 것을 기대하고 내가 준다는 사상입니다. 심보가 다릅니다.

반면에 아벨 이름의 뜻은 '아무것도 아니다' 내지는 '약한 자'입니다. 하나님 백(back) 말고는 가진 것도 힘도 없습니다. 세상에서 남은 부스러기를 먹고살아도 합당합니다. 자기가 기르는 양 새끼를 형님이 가져간다고 해도 "가져가십시오" 할 뿐, 항거하지 못합니다. 세상이 보기에는 어리석은 사람 같습니다. 그러나 그는 하나님의 은혜를 알고 감사하는 자입니다. 만물의 소유권이 오직 하나님께 있다는 것을 알기에, 하나님께 즐거이 첫 새끼를 바치는 것입니다(출 13:2). 무엇보다도 연약하고 죄인 된 자신을 알기에, 여호와의 은혜와 인자하심이 없으면 살 수 없음을 고백하고 주신 자를 존경하며, 그와의 교제를 되찾고자 합니다. "여호와께서 강한 손과 편 팔과 큰 위엄과 이적과 기사로 우리를 애굽에서 인도하여 내시고 이곳으로 인도하사 이 땅 곧 젖과 꿀이 흐르는 땅을 주셨나이다 여호와여 이제 내가 주께서 내게 주신 토지 소산의 맏물을 가져왔나이다 하고 너는 그것을 네 하나님 여호와 앞에 두고 네 하나님 여호와 앞에 경배할 것이며 네 하나님 여호와 께서 너와 네 집에 주신 모든 복으로 말미암아 너는 레위인과 너희 가운데에 거류하는 객과 함께 즐거워할지니라"(신 26:8-11).

# 15

창 4:3-5

# 속죄를 얻고자 하는 선물

여기서 우리는 제물의 히브리어 '민하'에 대해 좀 더 생각해 보아야겠습니다. 이는 선물, 예물이라는 뜻입니다. 낮은 자가 자기보다 높은 자를 인정하고 그 의미로 예물을 드리는 것입니다. 야곱이 에서에게, 이스라엘 백성이 왕에게 존경의 의미로 드리는 예물 같은 것입니다(창 32:13; 시 72:10). 여기에는 높은 자를 기쁘게 해서 호의를 얻으려고 하는, 그의 판단과 뜻에 복종하는 자세가 포함되어 있습니다(창 32:13,18; 33:3,8,10; 시 40:6; 72:8-11; 신 26:1,2). 바치는 자는 높은 자의 발치에 엎드려 '자신과 자신이 가진 모든 것이 당신 덕분'이라고 하는 고백을 '대신하는' 상징입니다. 이 뜻과 정성을 화목하는 마음으로 만족히 여기고 받아 달라는 것이지요. 제물에는 속죄하는 선물, 또한 속죄를 얻고자 하는 선물이라는 뜻이 동시에 담겨 있습니다(삼하 8:2,6; 왕상 4:21; 왕하 17:4; 창 32:13; 시 72:10).

이렇듯 가인과 아벨이 드린 제물에는 속죄의 뜻이 담겨 있습니다. 그리고 '인류의 첫 제사'라는 의미 있는 이 큰 행사에는 저들이 처한 환경이나 관계도 연관되어 있습니다. 제물은 또한 죄와 관계되어 있습니다. 그래서 타락 전에는 '민하'가 나오지 않는 것입니다. 이들이 머무는 여호와의 동산 밖에는 인간의 죄에 대한 여호와의 심판이 있습니다. 여호와의 입에서 나간 저주가 땅에 있습니다. 사망의 선고가 내려져 있습니다. 이들은 동산에서 쫓겨났고, 동산 서쪽에는 화염검이 있습니다. 그래도 사람이 여기서 주 저앉을 수는 없지 않습니까! 여자의 후손에 대한 여호와의 약속이 있기에, 믿음을 지켜야 하지 않겠습니까! 수고와 고통이 있지만 여전히 가지에 순은 솟아나고, 땅은 축복 받은 열매를 주고 있으며, 짐승은 사람들에게 복종하여 번식하지 않나요!

## ✝ 제물에 담긴 중보의 뜻

죄만 안 지었다면 하나님과 영원히 교제하며 더불어 살았겠지만, 세상에는 여호와의 은혜와 은총이 여전히 가득하고, 하나님은 은혜로 우리를 부르십니다. 덕분에 사람은 여호와 하나님을 찾을 수도 발견할 수도 있고, 경외하며 화목할 수 있는 길도 있습니다. 이 말은 하나님과 화목할 수 있는 제물을 드릴 길이 열려 있다는 뜻입니다. 사람이 할 수 있는 일은 제물을 가져와 은혜에 감사하고 죄를 고백하며, 그의 은총을 간구하는 것입니다. 나는 아무것도 아니지만 제물을 보시고 화목을 이뤄주시며, 용서하시고 의롭게 해달라고 간구하는 것입니다.

가인과 아벨이 가져온 제물은 하나님과 사람 사이에 막혀 있는 죄의 담을 헐고 황폐한 땅의 영광을 다시 찾게 하려는 것으로, 제물에 담긴 중보자의 뜻을 보시고 회복해달라는 의미가 담겨 있습니다. 신약적으로 말하면 주님의 십자가 공로가 아니면 살 수 없다고 고백하는 것이지요. 그러기에 십자가에 달릴 예수 그리스도를 예표하는, 피 있는 짐승으로 제물을 바쳐야만 하는 것입니다. 가인과 아벨이 자신이 드린 제물의 의미를 다 알았다고 할 수는 없지만, 여기에서 차이가 난다고도 성경은 말하고 있습니다(히 11:4).

인간의 자의적 발상으로 제사를 드리는 것이 아니라, 하나님이 은혜를 주시니 하나님이 그리워지고 제사드릴 믿음이 생기는 것이 아닐까요? 믿음으로 드리는 제사는 하나님이 짐승을 죽여 가죽 옷을 입힌 그 목적과 의미를 알았기 때문에 가능한 것입니다. 모든 것이 타락한 후 인류의 역사에서 하나님께 드리는 제물을 통해 하나님의 뜻이 드러나고, 특히 두 형제의 제사에서 큰 차이가 시작된다고 성경은 말하고 있습니다.

여호와는 후에 율법서나(특히 레위기) 역사서를 통해 여러 의식의 형식을 설명하며 제사와 제물의 중요성을 거듭 말씀하십니다. 특이한 것은 백성들의 식사시간을 이용하여 제물을 먹고 마시는 가운데 거룩해진다는 원리입니다. 드려진 제물을 통해 여호와의 계시가 나타나고 교제가 이루어지는, 파괴된 하나님과의 관계가 회복되는 비밀이 담겨 있습니다.

신약은 구약에서 나타난 이 두 형제의 제사에 대해서 이렇게 증거합니다. "믿음으로 아벨은 가인보다 더 나은 제사를 하나님께 드림으로 의로운 자라 하시는 증거를 얻었으니 하나님이 그 예물에 대하여 증언하심이라 그가 죽었으나 그 믿음으로써 지금도 말하느니라"(히 11:4).

아벨은 두 가지 교훈을 줍니다. 첫째, 믿음으로 의인이 되었다는 증거입니다. 세상에 의인이 어디 있습니까? 예수 보혈의 공로를 믿지 않으면 어떻게 의인이 될 수 있습니까? 아벨은 자기 제물이라는 수단을 통해 앞으로 오실 그리스도를 믿은 것입니다. 그리고 하나님과 화목하여 성령이 마음속에 주시는 '하나님의 자녀 됨'을 받아들이고, 아바 아버지를 고백하여 하나님의 자녀로 살았습니다.

둘째, 여호와께서 자기 제물을 받으셨다고 증거하였습니다. 하나님이 어떻게 받으셨을까요? 하늘에서 불이 내려와서 아벨의 제물은 태우고 가인의 제물은 그대로 남아 있었을까요? 아니면 아벨의 제물에서는 모락모락 연기가 올라가는 반면 가인의 제물에서는 그렇지 못하였을까요? 우리는 알 수 없습니다. 그러나 그것이 중요한 것도 아닙니다. 하나님이 알려주시는 것만으로도 충분합니다. 신약은 가인에 대해서 "가인 같이 하지 말라 그는 악한 자에게 속하여 그 아우를 죽였으니 어떤 이유로 죽였느냐 자기의 행위는 악하고 그의 아우의 행위는 의로움이라"(요일 3:12)라고 증거합니다. 쉽게 말해서 가인이 악한 행위를 행했다고 성령은 증거합니다.

문제는 둘 다 언약의 자녀이고 교인이라는 것입니다. 둘 다 같은 계시를 받고, 둘 다 같은 언약을 받았으며, 둘 다 직업에 소명을 받았습니다. 보기에는 둘 다 같은 교회(그 당시에는 가정)에 다녔고, 심지어 둘 다 헌금도 바칩니다. 외관상 형식으로는 차이가 없습니다. 무엇이 저들 두 운명을 갈라지게 했습니까? 예배에 임하는 태도입니다. 정성입니다. 믿음으로 했느냐, 아니면 흉내만 내었느냐 하는 것입니다. 우리에게 적용하자면, 자신을 악한 죄인으로 알고 예수 십자가의 공로를 진정 마음으로 믿어 예배하느냐, 아니면 겉으로, 입술로만 예배하느냐의 문제입니다.

## ✟  예배 흉내만 내지 말라

예배가 사람의 운명을 갈라놓습니다. 예배하는 가운데 하나님을 만나고 십자가를 발견해야만 합니다. 예배하는 가운데 인격이 변화하는 경험을 맛보아야 합니다. 그렇지 않으면 가인처럼 겉으로 흉내만 내게 되고, 그러다 보면 오히려 사람의 마음이 완악해져 더 큰 죄를 짓게 됩니다. 가인은 거짓된 외형에만 치우쳤지, 제물의 참뜻을 알고 믿음으로 여호와께 도피하는 말씀을 깨닫지 못한 것입니다. 실제로 가인은 그렇게 되었습니다. 가룟 유다도 3년 동안 흉내만 냈지 믿지는 못한 것입니다. 그 결과 성찬 예식의 떡만 받아먹고 잔은 마시지 않은 채, 나가서 예수님을 팔았지요. 이렇게 예배가 중요합니다. 예배는 우리 삶의 원천이기 때문입니다. 광야 생활에서도 성막이 중심이었고, 왕정 시대에는 성전이 중심이었으며, 신약 시대 나그네 삶의 핵심은 교회생활이며 예배입니다.

예배자의 마음 상태에 대해서 사람은 알 수 없습니다. 오직 하나님만 아십니다. 약하고 힘없는 아벨이 선택되고, 그의 제물이 받아들여질 줄이야 누가 알았겠습니까? "형제들아 너희를 부르심을 보라 육체를 따라 지혜로운 자가 많지 아니하며 문벌 좋은 자가 많지 아니하도다 그러나 하나님께서 세상의 미련한 것들을 택하사 지혜 있는 자들을 부끄럽게 하려 하시고 세상의 약한 것들을 택하사 강한 것들을 부끄럽게 하려 하시며 하나님께서 세상의 천한 것들과 멸시 받는 것들과 없는 것들을 택하사 있는 것들을 폐하려 하시나니 이는 아무 육체도 하나님 앞에서 자랑하지 못하게 하려 하심이라"(고전 1:26-29). 아멘.

# 16

# 살인자를 다루시는 하나님

하나님이 가인의 예배를 받지 않으시자 가인은 본색을 드러냅니다. 하나님이 아벨을 의인이라고 알려주셨다면 가인은 놀라며 오히려 겸손했어야 했는데, 몹시 분(憤)했다고 합니다. 온몸에 불이 붙듯이 뜨거웠다는 뜻입니다. 그리고 안색도 변했답니다. '안색'이라는 말은 원어로 '얼굴들'(파나이브)이라 기록되어 있는데, 얼굴에는 눈도 코도 입도 있기에 복수형으로 씁니다.

가인의 눈은 핏기가 감돌고, 코에서는 콧김이 뿜어져 나오며, 입은 이가 보일 정도로 씰룩댔습니다. 영혼의 분노가 복합적으로 터져 나온 것입니다. 이런 그의 태도는 하나님과 사람을 향한 태도입니다. 여호와께서 의롭다 하시는 증거와 은혜를 분하게 여기는 것입니다. 그러나 하나님은 이런 자에게도 연민의 정을 가지고서 다가가 충고하십니다. 가인이 돌이켜 살 길을 제시하시지요. 목자는 언제나 이럴 줄 알아야 압니다.

## ✝ "네가 받아들여지지 않겠느냐?"

4장 6-7절에서 하나님이 가인에게 말씀하시는 것을 보면 제사 문제로 야기된 문제이지만 가인이 무엇을 잘못했는지 조목조목 따지지도, 하나님이 제사를 받았는지 안 받았는지도 해명하지 않습니다. 개역개정은 7절을 '낯을 들지 못하겠느냐'라 옮겼지만, NIV는 '네가 받아들여지지 않겠느냐?'(will you not be accepted?)로 옮겼습니다. 이는 이것이 가인에게는 예민한 문제이지만, 하나님은 일반적인 말로 접근하신 것을 보여줍니다.

하나님은 '어찌 됨이냐?'라고 물으셨습니다. 여전히 인자하심으로 회개를 유도하시는 동시에 끝까지 인내하시는 모습입니다(롬 2:4). 그리고는 아벨처럼 '선을 행하라'고 기회를 주십니다. 진정한 예물을 가져와서 참된 마음으로 여호와를 찾고 여호와께 피하라, 죄가 너를 유혹하여 너를 이기고 너를 주장하도록 두면 안 되지 않겠느냐는 것입니다. 여기서 '하타트'(죄)는 여성형 명사로, 가냘파 보일지 모르지만 실은 가인의 마음에 붙어 있는 악의 세력으로, 남성처럼 강력한 힘을 가진 우는 사자처럼 웅크리고 있습니다(벧전 5:8). 군대처럼 달려오는, 세력이 만만치 않은 존재입니다. 이 세력은 복수형으로 기록되어 한 번 처러 오는 것으로 끝나지 않음을 암시합니다. 우리는 계속 밀려오는 군대 같은 악의 세력을 믿음으로 이겨내야만 합니다. 주님은 우리에게 "죄가 너를 원하나 너는 죄를 다스릴지니라"(창 4:7)라고 권면하십니다. 죄인을 염려하는 하나님이 이렇게 말을 건넨다면 죄인 된 자들은 무슨 대꾸라도 해서 문제를 풀어나가야 하는데, 가인은 웅어리진 분노를 그대로 품습니다. 그래도 하나님은 가인에게 말을 건넵니다. "네가 분하여 함은 어찌 됨이며 안색이 변함은 어찌 됨이냐"(창 4:6). 이는 과거 지사를 계속 현재적인 의미로 품고 있는 상태를 의미합니다. "왜 너는 얼굴이 매우 험상궂은 상태로 계속 있느냐?"로 해석할 수 있습니다. 가인이 볼 때도 아벨이 제사를 잘 드렸다 싶으니 분함이 계속 남아 씩씩거리고 있는 것입니다. 하나님이 이쯤 했으면 가인이 솔직해질 차례입니다. "무엇이 나를 이렇게 만들었는지 전지하신 하나님은 잘 아실 것 아닙니까? 내가 형으로서 말이 아닙니다. 하나님은 아벨과 그 제물은 받으시고, 왜 나는 받지 않으십니까? 내게 문제가 있습니까? 아니면 동생이 나 모르게 하나님께 더

아양을 떨었습니까? 하나님께서는 왜 불공평하게 처우하십니까?"

대들더라도 진지하게 대화를 했더라면 미래가 달라졌을 텐데요! 하나님은 말하고자 하는 자라면 누구에게라도 대화의 창을 열고 들어주시는 분이십니다. 그러나 가인은 일언반구도 하지 않습니다. 결국 분을 품은 채 얼굴을 계속 떨구고 있다가(로베쯔, 7절) 갑자기 일어나서는(바야캄, 8절) 무슨 짓을 저지릅니까? 하나님과 대화를 끊은 가인은 바로 아벨을 살인하고 맙니다. 하나님과 대화를 마쳤더라면 그의 운명은 달라졌을 것입니다. 오늘날에도 갑자기 살인자가 되는 경우를 종종 봅니다.

## ✝ 대들더라도 진지하게 대화부터 했다면

분을 품고 침묵하는 가인에게 하나님은 계속해서 살 길을 열어주는 충고를 하십니다. 7절을 참조하면 하나님은 가인에게 두 가지를 충고하십니다. 첫째는 선을 행하라는 것이고 둘째는 죄를 다스리라는 것입니다. 이것이 마소라 사본과 불가타 역의 본문입니다. 선을 행할 경우와 행하지 않을 경우, 각각 어떻게 될지 알려주십니다. 선을 행할 경우, 개역개정처럼 "어찌 낯을 들지 못하겠느냐?" 혹은 NIV처럼 "네가 받아들여지지 않겠느냐?"(will you not be accepted?)의 맥락에서 생각할 수 있습니다. 행하지 않을 경우, 가인의 제사가 받아들여지지 않았던 것을 염두에 두고 선을 행했더라면, 앞으로 가인의 제사는 기꺼이 받아들여질 것입니다(참조 창 32:21; 레 19:15). 그러나 앞서 말했듯 하나님은 가인이 예민하게 반응했던 제사의 문제뿐 아니라 일반적 차원에서 '선을 행하는 것'에 대해 넌지시 이야기하고 계십니다. 7절의 히브리어 '세에트'(행하는 것)는 '나사'(올리다)의 부정사 연계형으로, 목적어 없이 나타나 개역개정처럼 "(낯을) 들지 못하겠느냐"와 5절의 "안색이 변하다"를 서로 대조하고 있습니다. NIV에 따르면, "그의 얼굴이 축 늘어져 있다"(바이프루 파나이브, his face was downcast)와 대조를 이루지요. 선을 행하면 떳떳하게 얼굴을 들 수 있다는 사실이 너무나 확실하기에 부정적 웅변조의 질문을 통해 더욱 강하게 주장하는 것입니다. 말하자면 이런 것입니다. "네가 선을 행한다면, 얼굴을 들 수 있고말고!" 때문에 높은 자세로 죄를 다스리라는 말입니다.

죄인의 마음에 죄의 생각이 일어나는 것은 어쩔 수 없겠지만, 우리는 그 죄의 생각을 다스려야 합니다. 그런데 앞서 말했듯 70인역은 가인이 제물을 바르게 쪼개지 않아 제사가 받아들여지지 않은 것처럼 번역해놓고, 뒤이어 "여전히 너에게 그의(아벨) 순종이 있을 것이고 그리고 너는 그를 다스릴 것이다"라고 기록하는 바람에, 언제나 우두머리가 돼야 한다고 느끼는 가인을 치켜세우는 것 같은 느낌을 줍니다. 아마도 70인역은 "네가 선을 행하면 동생 아벨도 너에게 순종할 것이고, 너는 자연스럽게 덕으로 그를 다스리게 될 것이다"라고 말하고 싶었던 것이 아닐까 싶습니다.

반면에 선을 행하지 않으면 '죄가 문에 엎드려 있다'라고 성경은 말합니다. 여기서 '로베쯔'(엎드리다)를 아카디아어는 '마귀'라 하고 히브리 토라도 '죄는 문에 있는 마귀'로 이해합니다. 서신에서는 '감독관', 어떤 이는 '검시관', 이외에도 '스파이 한다', '공격하다' 등 해석이 분분하지만, 결론적으로 통과하지 않고 지나칠 수 없는 존재가 마귀이자 감독관이며, 검시관이요 스파이, 결국 '죄'라는 것입니다. 여기서 '죄'는 앞서 언급했듯이 복수형을 쓰면서 여성형입니다. 우리를 넘어뜨릴 기회를 찾기 위해 호시탐탐 망을 보고 있는, 살아 있는 실체입니다. 베드로 사도는 "근신하라 깨어라 너희 대적 마귀가 우는 사자 같이 두루 다니며 삼킬 자를 찾나니 너희는 믿음을 굳건하게 하여 그를 대적하라"(벧전 5:8,9)라고 말했습니다. 너희 부모를 넘어뜨린 마귀란 놈이 너를 언제든지 넘어뜨리려고 기회를 보고 있으니 조심하라고 가인에게 경고하는 것입니다.

죄가 얼마나 가까이 있는지 '문에' 있다고 강조하는데, 이 '문'은 '너에게'와 같은 격을 이루고 있습니다. 따라서 NIV는 이를 한데 합쳐 'at your door'라고 번역한 반면, 개역개정은 단순히 '문에'라고만 옮겼습니다. 이 문은 바로 가인 안에 있습니다. 때문에 '죄가 너를 원한다'라고 한 것입니다. 때문에 너 자신을 다스리라고 주님은 일러주십니다. 문제는 마음속에 솟구쳐 오르는 죄의 소원을 다스릴 수 있는 능력이 가인에게 있느냐는 것입니다. 우는 사자처럼 덤벼드는 마귀를 쫓아낼 힘이 과연 가인에게 있었을까요? 자기 부모가 거하였던 에덴동산에서는 사탄이 뱀을 이용하여 어머니 하와를 유혹했지만, 가인은 날 때부터 죄 가운데 태어났고 죄의 욕망이 자기 마음 문 안에 도사리고 있는데 말입니다.

옛 뱀의 지혜와 능력을 이겨낼 힘이 가인에게 있어서 죄를 이기고 스스로 선을 행할 수 있을까요? 아니오. 가인에게는 어떠한 힘도 없습니다. 그렇다면 여호와는 가당치도 않은 일을 하라고 명령하시는 건가요? 아닙니다. 하나님은 가인의 현실을 아시기에 어려운 신학적 접근보다 목회자적인 태도로 가인에게 접근하셔서 단순히 선을 행하라고 하신 것입니다. "할 수 없는 일로 느껴지느냐? 할 수 없다 하더라도 하나님 자신과 아벨을 향한 분노를 거두고, 내(하나님)가 좋아하는 것을 좀 배워보라"는 것입니다.

하나님은 가인에게 '네가 형이면 장남으로서 아우보다 높아져 있어야 하지 않겠냐'라고 하십니다. 높은 자가 낮은 자에게 가서 배울 때는 결코 비굴하게 하지 않으니까요. 그렇게 자신을 검토하고 성찰하는 태도가 오히려 자신을 높여준다는 것이지요. 그가 어떻게 예물을 바쳤으며, 하나님이 그것을 어떻게 받으셨는지 알아보고 믿음을 가지라는 것이고요. 가인이 지금 발견하지 못한 사실이 하나 있는데, 아우 아벨은 하나님이 의인으로 인정하고 제사장 반열에 세워둔 직분자(마 23:35)입니다. 따라서 가인이 형님이지만 '더 나은 제사'를 드린 아벨처럼 믿음을 가지라는 것입니다. 혼자 높은 척하지 말고 겸손히 회개하라는, 아주 목회적이고 현실적인 말씀입니다.

## ✝ 가인의 의도적 살인

이런 자상하면서도 폐부를 찌르는, 숨은 의식을 일깨우는 하나님의 충고도 그에게는 마이동풍입니다. 하나님의 충고를 안 들은 것만도 못하게 바로 살인행위를 합니다(8절). '이왕 하나님께 들킨 마당에' 하고는 더 독을 품습니다. '들에 나가자'(70인역, RSV, NIV 등에서는 삽입했지만 마소라 사본에는 없습니다)라 말할 이유도, 여유도 없습니다. 괜히 살인 의도나 낌새를 느끼게 할 필요는 없지요. '가인이 그 아우 아벨에게 고하니라' 하고는 들에 있는 동생을 죽였습니다. 성령께서는 가인이 하나님 말씀의 충고를 들은 후 오히려 살인을 즉시 실행한 상황을 보여주려고 한 것 같습니다. 이는 하나님에 대한 노골적 적대행위와 잔인성을 나타내기 때문입니다. 에덴 동산의 범죄가 가져오는 죄의 쓰나미는 이렇게나 강력합니다.

'쳐죽이니라'의 히브리어 표현 '하라그'는 충동적인 살인이 아니라 '의도적으로' 살해하는 것을 의미합니다. 하나님이 충고하시기 이전부터 벼른 일로 보입니다. 아마 자기가 드린 제사보다 아벨이 드린 제사가 더 나았다는 사실을 알았을 때에 죽이기로 결심했을 것입니다. 아무 증인도 없고, 아벨을 도울 사람 하나 없는 들입니다. 마치 원수를 죽이듯 살해했습니다. 훗날 모세의 법에 의하면, 가인은 '그 이웃을 미워하여 엎드려 그를 기다리다가 일어나 상처를 입혀 죽게 한 자'(신 19:11)였습니다. 8절은 두 번이나 '그의 아우'라고 기록합니다. 보통 살인 행위가 아닌 친족 살인입니다.

예배 때의 비뚤어진 마음은 오히려 잔인한 결과를 낳습니다. 사람 속에 있는 시기, 미움, 분노 그리고 복수의 열망 같은 것이 예배를 통해 장차 오실 예수 그리스도 보혈로 사라지지 않고, 그렇게 될 것을 믿지 않았던 결과는 이렇게 형제 살인으로 드러났습니다. 이 얼마나 잔인합니까? 부모 때보다 더 잔인합니다. 어떻게 죽였는지는 말하지 않지만, 10절은 '네 아우의 핏소리가 … 호소하느니라'라고 기록합니다. 여기서 '소리'는 단수이지만, 피는 '피들'이라고 기록되어 복수형을 띱니다. 뒤이어 등장하는 '호소하느니라'라는 동사 역시 복수형으로 피들이 소리치고 있다고 묘사합니다. 아마도 형이 도망가는 동생을 쫓아가면서 계속 쳤고, 이 땅 저 땅에 흐른 피들이 이곳저곳에서 같이 소리지르는 것으로 보입니다. 이 얼마나 잔혹합니까! 가인은 인간사에 있을 수 없는 범죄를 저지른 것인데, 그 요지는 '여자의 후손'이 나올 노선을 끊어 놓기 위한 것으로, 마귀의 계략입니다. 이러한 맥락에서 보면 가인은 마귀의 후손이 되어 마귀 짓을 한 것입니다. 이런 죄악을 이기는 방법은, 마음속에 있는 마귀의 진영을 파하는 예수님의 능력뿐입니다. 때문에 신자는 언제나 믿음에서, 믿음으로 살아야 합니다.

인간사에서 최초로 살해당한 자는 흙으로 돌아갔습니다. 에덴동산에서 야기된 악한 '원수심'에 희생된 것입니다. 하지만 그는 여호와의 은혜로 믿음의 선한 싸움을 싸우고, 여호와의 이름으로 순교한 첫 사람이 됐습니다. 비록 죽었지만 믿음을 통해 여전히 말하고 있습니다(히 11:4). 그는 죽음을 통해 여호와의 말씀과 참된 믿음이 무엇인지 증거하고 있습니다. 보이지 않는 세계를 믿음으로 보여주고 있습니다. 하나님은 그의 죽음을 헛되지 않게 하셨습니다. 아벨은 참된 제사를 드림으로, 일생에 마귀를 무서워하며 죽기를 두려워하는 자들에게 또 다른 순교의 씨앗(자손)을 증거해주었습니다(히 2:14,15).

# 17 들판에서 벌어진 즉석 재판

가인이 동생 아벨을 죽인 장소는 '들'입니다. 하나님은 재판장으로서 아벨의 피를 삼킨 현장, 곧 '들'을 법정으로 삼아 하늘과 땅이 보는 가운데(사 1:2) 즉석 재판을 하십니다. 가인은 살인을 저질러 놓고도 태연스럽게 자기 농사일을 하고 있었던 모양입니다. 그의 부모는 죄를 지은 후 무서워서 도망갔는데, 계속 들에 있었던 것을 보면 보통 강심장은 아니었나 봅니다. 게다가 죄가 더욱 발전하는 모습을 확인할 수 있습니다. 어떤 학자는 이 본문을 재판 과정으로 이해하여, 9-10절은 취조, 11-12절은 선고, 16절은 추방의 구조로 보기도 합니다.

먼저 생각할 것은, 에덴동산에서 하나님이 그 부모들을 심판하실 때 여자의 후손과 뱀의 후손 사이에 적개심을 두겠다고 하신 것입니다. 그 적개심이 가인과 아벨 사이에 끼어들어올 줄 꿈에라도 상상이나 했겠습니까? 아담과 하와는 바깥에서, 즉 뱀이 걸어오는 시험을 당했지만, 피와 살을 나눈 형제 사이에서 이런 사달이 날 줄은 짐작조차 못했을 것입니다. 더욱이 장자라고 애지중지 더 공들여 키운 형이 동생을 죽일 줄이야! 사탄은 언제나 예기치 않은 곳, 예기치 않은 시점에서 우리를 유혹하고 시험합니다. 그래서 성경은 언제나 '깨어 있으라'고 합니다.

## ✝ 상상을 초월하는 죄악과 사탄의 준동

인류 최초의 살인 사건의 동기는 어처구니가 없습니다. 나쁜 일을 하는 것을 보고 의분이 나서 돌연히 행한 일이 아니기 때문입니다. 아우가 믿음으로 선한 일을 하자 시기를 느낀 형이 계획적으로 아우를 죽였습니다. 악한 일 때문이 아니라 선한 일 때문에 살인했다고 하니, 불과 몇 년 만에 사람의 마음이 얼마나 완악해졌는지 엿볼 수 있습니다. "가인 같이 하지 말라 그는 악한 자에게 속하여 그 아우를 죽였으니 어떤 이유로 죽였느냐 자기의 행위는 악하고 그의 아우의 행위는 의로움이라"(요일 3:12). 묻지마 살인이 횡행하는 요즘뿐 아니라 인류 시초에도 이런 죄악은 있었습니다. 이렇듯 인간이 하나님을 떠나면 상상을 초월하는 죄악을 저지르게 됩니다.

단순히 형제지간의 우애에 금이 간 것이 살인의 동기가 아닙니다. 가인은 하나님을 대적하는 뱀의 후손이고, 아벨은 하나님을 기쁘시게 하는 여자의 후손이기 때문입니다. 인류 구원을 위해 태어날 여자의 후손이 태어나지 못하게 막으려는 사탄의 준동이지요. 그러나 사탄의 의도가 성취되었나요? 아니오. 아벨 대신 셋을 태어나게 하심으로 하나님의 뜻은 역사의 현장에서 이뤄집니다. 동시에 뱀의 후손이 여자의 후손의 발꿈치를 상하게 할 것이라는 말씀이 역사의 현장에서 이루어질 때는 피비린내 가득한 핍박이 동반된다는 것을 알아야 합니다.

뱀의 후손들은 세상에 충만해서 문화를 독점하고, 자기들이 세운 문명으로 여자의 후손들을 핍박하며 유혹합니다. 여자의 후손들은 박해로 사라지는 것 같지만, 하나님은 살아계시기에 마침내 승리로 이끌어가실 것입니다. 하나님이 직접 들로 나가셔서 악한 가인을 심판하시는 모습을 살펴보기에 앞서, 이러한 구속사적 배경을 알고 있어야 합니다. 오로지 믿음으로만 하나님의 경륜과 삶의 의미를 파악할 수 있습니다.

## ✝ 하나님의 취조 방식과 가인의 항변

하나님은 "네 아우 아벨이 어디 있느냐?"라는 질문으로 취조를 시작하십니다. 원문은 '헤벨 아히카'로 기록되어 있는데, 이름이 먼저 나오고 '네 아우'라는 말이 뒤에 나옵니다. 자기가 죽인 아벨이라는 말만 들어도 가슴이 뜨끔하지 않았을까요? 게다가 '네 아우'라니…. 윤리적으로 괴로움이 더 했겠지요. 이 단락에서 '아우'라는 말은 총 일곱 번 나옵니다(8,9절에 두 번씩, 2,10,11절에 한번). '아우'라는 말을 거듭하여 가인의 양심을 찌르려고 하신 것입니다. 하나님께서 상황을 모르셔서 알고자 물으시는 것이 아닙니다. 이미 모든 것을 다 아시는 하나님이 가인의 입에서 나오는 말을 그에게서 직접 듣고, 회개의 기회를 주고자 하신 것입니다.

"내가 알지 못하나이다." 가인의 입에서 나온 말입니다. 가인은 전혀 죄인처럼 말하지 않습니다. 그의 부모는 숨죽여 하나님의 임재를 두려워했고(창 3:10) 책임을 전가했습니다. 그 와중에 지은 죄를 인정했지요. 하나님이 심판하셨음에도 복음을 전해주시는 것으로 보아, 아담과 하와로 인해 마음이 강퍅해지진 않으셨습니다. 그러나 가인은 '내가 알지 못한다'라고 딱 잡아뗍니다. 이 말은 완료형으로 '내가 몰랐던 일입니다'라는 뜻입니다. 곧이어 '내가 내 아우를 지키는 자입니까?'라고 항변하는데, 마치 아벨이 살아 있는 양 따집니다. 거짓말을 하고 능청을 뗍니다. 그는 이미 사탄의 노선에 선 것입니다. 가인은 거짓의 아비인 사탄의 편입니다.

조금 더 살펴봅시다. 가인의 항변을 원어로 살펴보면 동사 '샤마르'(지키다)를 사용하여 "지키는 자입니까(하쇼메르), 내 아우를, 내가?" 하고 노골적으로 빈정대고 있습니다. 아벨은 양을 치는 자(로에흐)였는데, "내가 마치 양치기처럼 그를 따라다니면서 '지켜야'(쇼메르) 하느냐"고 조롱하며 반문하는 것이지요. "그는 사람이고 짐승이 아니잖습니까? 다 큰 어른입니다" 하고 말하는 격입니다. "아벨과 그 제물을 받으시는 분, 그에게 늘 관심을 갖고 지켜 보호해오신 분이 당신이 아닙니까? 지금 와서 동생을 아느냐고 물으십니까? 말이야 바른 말이지, 하나님 당신이 책임자 아닙니까? 하나님이 지켜주시는 자 아닙니까? 에덴동산을 '다스리며 지키라'(레아바드 우레사마라, 창 2:15) 하셨지, 사람을 지키라고 하신 일은 없지 않습니까! 그리고 이제는 사정이 많이 달라져서 저 살기도 빡빡합니다." 이렇게 말하는 듯합니다.

하나님은 진노를 참고 계속 대화하십니다. 아벨의 핏소리가 들려오는데도 거짓말만 늘어놓고 있는 가인에게 증거를 제시하시지요. '네가 무엇을 하였느냐?'(10절)는 완료형으로 기록되어 '네가 한 일이 지금도 계속 영향을 미치고 있다. 이것이 증거다'라는 뜻을 내포하고 있습니다. 하나님은 '들어보라, 네 아우의 피들의 소리가 땅에서부터 부르짖고 있다'라고 하십니다. 소리라는 형식상의 주어는 단수로, 그 주어와 연결되는 동사(분사)인 '부르짖다'는 복수로 기록되었습니다. 따라서 소리를 수식하는 '피들'이 실질적 주어 노릇을 하고 있습니다. 소리는 형식상 주어이지만, 사실상 부르짖고 있는 것은 피들입니다. 아마 아벨을 내려칠 때에 한 번으로는 안 되어, 피를 흘리며 도망가는 동생을 따라가 살해했기 때문에 선혈이 낭자했던 모양입니다. 여기저기 땅에 흘린 피들(복수)이 다 같이 한 소리(단수)로 함성을 지른다고 이해할 수 있습니다. 가인은 이렇게나 잔인했습니다.

## ✝ 땅도 피를 받으면 견디지 못한다

피는 소리를 넘어 아우성을 칩니다. 마치 인격이 있는 존재처럼 하나님의 보좌, 아니 하나님의 가슴 깊숙이 들어가는 관통력이 있습니다.

죽은 후에도 성도의 피는 하늘의 보좌에서 하나님을 움직이는 힘을 가집니다. 아벨이 살아서는 한 마디의 흔적조차 남기지 않았지만, 죽은 후에는 계속하여 믿음으로 증거하고 있습니다. "그가 죽었으나 그 믿음으로써 지금도 말하느니라"(히 11:4b).

지상의 땅도 피를 받으면 견뎌내지 못하고 살인자를 찾아내어 앙갚음하라고 외칩니다. 꼭 죄인을 찾아내 징벌하라고 외칩니다. "너희는 너희가 거주하는 땅을 더럽히지 말라 피는 땅을 더럽히나니 피 흘림을 받은 땅은 그 피를 흘리게 한 자의 피가 아니면 속함을 받을 수 없느니라"(민 35:33). 탈굼이나 미쉬나 주석을 보면 '너희 형제의 피'라고 하지 않고 '너희 형제들의 핏방울들'이라고 합니다. 단지 아벨의 피만이 아니라 그의 후손들의 피까지 다 포함한 의미입니다. 세상 끝날까지 살인자의 목에 딱 달라붙어서 호소하는 것입니다. 피 흘림은 이렇게나 무섭습니다.

가인의 손에 피 흘리며 죽은 아벨의 피가 증거하면서 죄인을 고발합니다. 그러나 우리 죄인에게 위로가 되는 '더 나은 피', 곧 죄를 속하여 용서해 주되, 복수하지 않는 그리스도의 피가 주어졌습니다. 이 공로를 믿는 자는 영원히 구원받습니다. "새 언약의 중보자이신 예수와 및 아벨의 피보다 더 나은 것을 말하는 뿌린 피니라"(히 12:24). 성경은 이렇게도 말씀합니다. "그 아들 예수의 피가 우리를 모든 죄에서 깨끗하게 하실 것이요"(요일 1:7b). 우리는 죄인을 용서해주는 예수님의 피를 믿어야 합니다.

# 가인 후손과
# 셋 후손의 차이

우리는 하나님이 아벨의 제사를 기뻐 받으셨다는 이유만으로 하나님을 미워하고, 그 미움의 동기로 동생 아벨을 쳐 죽이고도 일말의 후회 없이, 오직 자기 연민에만 빠진 가인을 보았습니다(창 4:1-16).

성령께서는 창세기 4장 17-24절과 25-26절, 그리고 5장을 통해 가인과 그의 후손들이 일으키는 죄악의 문명과, 아벨을 대신하는 셋과 그 후손들이 일으키는 예배 문명을 대조합니다. 이를 통해 일부다처주의자이며 살인자인 가인의 후손들은 어떠하고, 여호와의 이름을 부르는 셋과 그의 후손들은 어떠한지, 특히 하나님과 동행하는 셋의 후손 에녹(창 5:22)의 모습도 보여줍니다.

## ✝ 가인 계열과 셋 계열의 다른 점

가인과 그 후손 라멕은 살인자로서 자신의 업적과 족보가 이어짐을 자랑하지만, 그들의 특징은 사람을 죽이는 것, 난폭성을 자랑하는 것, 생명을 중단시키는 것입니다. 그에 반해 셋으로 이어지는 족보는 '하나님의 형상'이 질서 있게 전진함을 보여줍니다(창 5:1-3). 죄 때문에 가인 계열은 축복의 노선에서 벗어나지만, 여전히 그들을 보존하고 대를 잇게 하시는 보편적인 하나님의 축복은 계속됩니다. 훗날 야벳과 함의 가문이 계승

되고, 이스마엘과 에서가 빗나감에도 그들의 가문이 계속되는 것과 같은 맥락입니다.

그런데 희한하게도 빗나간 그들의 후손들로 인해 문명은 더 발전하는 것 같습니다. 뒤에 가서 보겠지만 가인의 후손을 통해 낙농업이나 음악, 야금 술(기계공학)이 발달했습니다. 이들 기계 문명이 하나님의 백성을 위해 이용되는 것을 보면 진리는 더욱 복잡해집니다. 우선 노아는 이들 기계 문명의 결과를 이용해 방주를 지었을 것이고, 훗날 하나님의 위대한 종들(아브라함, 모세 다윗)은 짐승을 길렀던 목축가였으며, 음악의 기술이 발달해 시편이 만들어졌습니다. 가인의 문명이 생의 모든 영역을 풍요롭게 하는 기여를 한 셈입니다. 물론 셋의 후손들이 이런 문화를 전혀 발전시키지 않았을 것이라고는 단정할 수 없습니다만, 저들의 주된 관심이 무엇이었는지 알려주어 하나님이 어디와 함께하며, 무엇이 축복의 노선인지를 보여줍니다.

미리 말하지만 우리는 타락 전후의 문화가 무엇인지, 어떻게 살아야 하는지 알아야 합니다. 타락 전 동산 안에서 하던 일은 창세기 2장 15절이 말하는 '레아브다흐'(그것을 다스리며)이고, 타락 후 동산 밖에서의 일은 3장 23절이 말하는 '라아보드'(땅을 갈게 하시고)인데, 둘 다 '아바드'(עָבַד)를 어근으로 하며, '예배하다'라는 뜻이 있습니다. 여기서 하나님은 타락한 전후의 사람에게 임한 숙명이 달라진 것을 보여줍니다. 타락 전의 사람은 하나님을 섬기면서 동산을 지키는 일, 즉 예배와 문화 활동이 분리되지 않았습니다. 창조 때는 에덴의 동산과 세상이 분리되지 않았기 때문입니다. 이것을 정복하고 다스리는 것은 하나님과의 정당한 관계에 근거한 것이었고, 따라서 사람과 다른 피조물과의 관계 역시 정당하게 이루어지는 것이었습니다. 처음부터 원리는 이러했습니다. 타락으로 인해 복음 사역이 우선시되고 문화적 사명은 뒷전이 돼야 하는 것이 아닙니다. 그러나 타락 후 가인의 후손들로 대표되는 문화는 하나님과 대적하면서 오직 땅에 집중되는 문화를 개발하는 것이었습니다. 반면 아벨의 후손들은 하나님의 이름을 부르면서 자손을 낳는 문화(문명)였습니다. 히브리서 13장 16절은 다음과 같이 말합니다. "오직 선을 행함과 서로 나누어 주기를 잊지 말라 하나님은 이같은 제사를 기뻐하시느니라" 즉, 손님 대접, 자선 사업, 권면의 말씀 등의 문화와 예배가 통합된 것입니다. 타락 이전의 형태로 돌아가는 것이지요. 이것이 중세 때는 'ora et labora', 즉 기도하면서 일하는 형태로 나타났습니다.

## ✜ 이름만 같고 삶은 달랐다

이 두 족보가 아담에서 시작된다는 점은 같지만, 가인 계열은 7대손 라멕에서 끝나는 반면, 셋의 계열은 10대손까지 갑니다. 이 둘의 계열에서 같은 이름 혹은 조금 다르게 나오는 이름들, 예컨대 가인과 게난(5:10), 이랏(4:18)과 야렛(5:15), 므후야엘(4:18)과 마할랄렐(5:12), 므드사엘(4:18)과 므두셀라(5:21), 라멕(4:23)과 라멕(5:25)이 있기는 하지만, 이는 같은 족보에서 이름을 다르게 쓴 것이 아닙니다. 둘은 서로 다른 족보이며, 서로 다른 인물이라고 우리는 믿어야 합니다. 가인의 3대손 에녹과 셋의 7대손 에녹, 가인의 7대손 라멕과 셋의 9대손 라멕, 이들은 이름만 같을 뿐, 삶의 소명과 지향점은 매우 다릅니다. 이름이 아예 같거나 어근이 같아서 아주 비슷하게 들리기도 하지만, 조금만 달라져도 의미는 크게 달라집니다(야발, 유발, 투발).

가인 계열이나 셋 계열 모두 같은 언어를 사용했겠지요. 가인 계열과 셋 계열의 주요 인물인 라멕과 에녹, 그들은 삶의 태도가 하늘과 땅의 차이만큼이나 컸습니다. 세대를 잇는 순서도 다른 인물들이지요. 가인 계열의 라멕은 자기 성취로 점철되어 고래고래 괴성을 지르는 것으로 자신을 드러냈고, 살인자의 대를 잇는 것을 자랑하는 의미에서 아들의 이름도 두발-가인으로 지었습니다. 반면에 셋 계열의 에녹은 300년 동안 하나님과 동행하다가 말없이 하늘로 갑니다. 그저 믿음과 그 행위로 말한 것입니다.

가인 계열의 므후야엘과 그 아들 므드사엘의 이름 말미에 '엘'(하나님)이라는 말이 들어가고(창 4:18), 셋 계열의 마할랄렐의 이름에도 똑같이 '엘'이 들어가는 것은 같은 하나님을 말하는 것입니다. 간혹 이를 두고 서로 다른 하나님을 말하므로 기독교는 유일신 종교가 될 수 없다고 주장하는 사람들도 있지만, 겨우 이름에 나오는 '엘'로 여호와 종교를 확정할 수는 없습니다. 기독교는 역사적 계시 종교가 아니기 때문입니다.

가인 계열은 셋 계열과 다르게 짧은 정보를 줄 뿐 아니라, 가인 계열의 후손들은 하나님께 항거하는 정신을 가졌나봅니다(참조, 라멕). 때문에 곧 중지되고 말지요. 인류의 역사에서 저들의 기술과 정신은 계속되겠지만, 성령님은 이들에 대해 더 말하고 싶지 않다는 것처럼 보입니다. 차라리 하나님의 이름을 부르는 노선을 내세워 거룩한 노선을 이어가고 싶다는 것이지요.

# 19

창 5:1-32

# 가인과 셋의
# 7대손 비교

5장 1-3절 말씀은 사람의 출산에 대한 창세기 저자의 놀라움을 나타내고 있습니다. 하나님이 사람을 직접 손으로 '창조하시거나'(창 1:27) '지으시지'(창 2:7) 않고도, 자연 출산을 통해 하나님의 형상으로 된 '사람'(창 5:2, 처음 사용된 고유명사)이 나온 것은 참으로 놀라운 일입니다. 더구나 3장에서 인간이 타락하여 죄를 지었음에도 하나님의 형상을 따르는 사람이 나왔다는 사실은 감탄할 수밖에 없습니다. 인간이 하나님을 대적하여 타락한 이후에도 과분한 은혜와 축복을 누리기 때문입니다.

## ✝ 믿음을 좇는 사람들의 노선

5장은 아담으로부터 셋(가인이 아님)을 거쳐 노아에 이르는 10대 손을 보여주는 선택 받은 자 노선의 족보입니다. 하나님이 인간의 아버지가 되셔서 '아담'이라 작명해주셨듯이, 사람이 자식을 낳고 이름을 지어주는 것, 이것은 큰 행사인 동시에 특별한 의미가 있는 것입니다(창 4:25-26; 5:1-3).

족보의 형식은 '대략 아들을 낳기 전에 몇 년 간 살았다, 아들을 낳고 자녀들을 낳으며 몇 년 간 살았다'라는 진술이 뒤따른 후 족장이 살았던 총 연수를 말하고는, 피할 수 없는 현실인 '그러고 나서 그는 죽었더라'로 끝납니다. 이런 진술 구조를 벗어나고 있는 족장은 아담을 제외하면 에녹(창 5:22-24)과 라멕과 노아(창 5:28-29,32)뿐입니다. 이들이 통상적인 삶의 궤도를 벗어나는 데는 그만한 이유가 있는 것으로 보입니다.

이 노선은 하나님께 축복 받은 노선이며(창 5:2) 법통입니다. 이 노선의 7대손 에녹은 가인의 7대손 라멕과 완전히 다른 노선을 취하고 있습니다. 에녹은 살인이 꼬리를 무는 라멕과 확실히 다릅니다. 노아 노선의 사람들은 하나님과 동행합니다. 보통 하나님의 사람으로 경건하게 살았다는 정도가 아닙니다. 하나님과의 친밀한 교제란 하나님과 초자연적 관계를 유지하는 것을 의미합니다. 그것도 일시적이 아니라 '항시적 계속성'을 가지고 교제하는 것이지요. 지속적으로 하나님과 교제를 하니 그 삶에는 생명이 약동할 수밖에 없습니다. 비록 생명의 나무에 이르는 길이 막혀 '그리고는 그는 죽었더라'는 조종(弔鐘)이 들리지만, 에녹에게는 생명이 있습니다. 생명의 하나님이 그와 함께 하시기 때문입니다.

앞서 언급했듯이 셋으로부터 노아에 이르는 족보는 하나님께 축복받은 노선이자 법통입니다. 이 노선을 따라 난 7대손 에녹은 가인의 7대손 라멕과 하늘과 땅만큼 차이가 나는 인물입니다. 살인을 거듭하는 라멕과 달리 하나님과 동행하는 노선을 간 사람이지요. 하나님의 사람으로 경건하게 살았다는 정도가 아닙니다. 하나님과 친밀히 교제하여 초자연적인 관계를 유지하던 인생이었습니다.

죄악 된 세상에서 하나님이 사람과 함께 하실 수 있는 유일한 길은 오로지 믿음뿐입니다. 에녹은 산 믿음을 가진 사람이었습니다. "믿음으로 에녹은 죽음을 보지 않고 옮겨졌으니 하나님이 그를 옮기심으로 다시 보이지 아니하였느니라 저는 옮겨지기 전에 하나님을 기쁘시게 하는 자라 하는 증거를 받았느니라"(히 11:5). 성경에서 진술하듯이 그는 사망이 역사하는 세상에서도 생명에 이르는 길을 알려준 진정한 믿음의 사람이었습니다.

## ✝ 에녹이 살았던 인생의 원리와 모범

유독 7대손에 이르러 저주의 세계를 떠나 생명에 이르는 길, 사는 길을 보여주는 데는 이유가 있습니다. 훗날 제사장 계열인 에스라는 자신의 족보를 설명하면서 '솔로몬 성전의 첫 제사장 아사랴에서 시작하여 7대손'임을 강조합니다. 자기가 법통이라는 것(스 7:1-5)입니다. 에녹 역시 7대 손으로, 사망에서 생명으로 이르는 길은 오직 믿음에 있다는 것을 천하에 알려줍니다.

에녹은 상고시대의 사람이지만, 오실 그리스도를 믿고 마지막 날을 바라보며, 죄인을 정죄하고 의를 선포한 자였습니다. "아담의 칠대 손 에녹이 이 사람들에 대하여도 예언하여 이르되 보라 주께서 그 수만의 거룩한 자와 함께 임하셨나니 이는 뭇 사람을 심판하사 모든 경건하지 않은 자가 경건하지 않게 행한 모든 경건하지 않은 일과 또 경건하지 않은 죄인들이 주를 거슬러 한 모든 완악한 말로 말미암아 그들을 정죄하려 하심이라 하였느니라"(유 1:14-15). 그는 하나님과 동행하는 실천적 믿음 생활을 통하여 그리스도의 의를 적극적으로 전파했습니다.

에녹은 300년 동안 하나님과 적극적으로 동행했고, 그의 나이 365세에는 세상 사람들이 아무리 그를 찾으려 해도 찾을 수 없게 되었습니다. 하나님께서 그를 취하여 생명 세계로 옮기셨기 때문입니다. 에덴동산에서 쫓겨난 이후 이런 일은 없었습니다. 당시에는 에녹보다 나이 많은 거룩한 선조들(셋, 에노스 게난, 마할랄렐, 야렛)도 아직 살아 있었습니다. 이런 선조들뿐 아니라 젊은 자들(므두셀라, 그리고 에녹의 손자 라멕)에게도 그의 승천은 놀라운 일이었습니다. 그의 승천은 아담 창조와 노아 홍수 중간 시점인 987년에 일어났습니다. 그의 삶은 역사의 분기점에서 하나의 큰 본이 되었습니다. 외경 중 하나인 집회서는 그를 가리켜 "모든 세대에 대하여 회개의 본보기"(44:16)라며, 당대의 평균에 비해 짧은 삶을 살았지만 멋지고 축복 받은 삶이었다고 평가합니다.

얼마나 오래 사느냐의 문제가 아니라, 어떻게 사느냐가 문제입니다. 에녹은 손자 라멕(창 5:25), 노아(창 6:9), 그리고 아브라함(창 15:6; 17:1)에게 따라야 할 신앙 모범을 남겼습니다. 세상을 구원할 거대한 축복의 통로가 되었지요. 훗날 모세는 광야에서 유리하는 하나님의 백성에게 에녹이 살았던 원리를 제시하며 생명으로 사는 길을 보여주기도 했습니다. "보라 내가 오늘 생명과 복과 사망과 화를 네 앞에 두었나니 곧 내가 오늘 네게 명령하여 네 하나님 여호와를 사랑하고 그 모든 길로 행하며 그의 명령과 규례와 법도를 지키라 하는 것이라 그리하면 네가 생존하며 번성할 것이요 또 네 하나님 여호와께서 네가 가서 차지할 땅에서 네게 복을 주실 것임이니라"(신 30:15-16). 하나님을 사랑하는 자는 그의 계명을 지킵니다. 이것은 율법주의가 아닙니다. 율법을 지켜 구원받으려는 것이 아니라, 믿음으로 그리스도의 법 안에서 생명을 얻고자 하는 것이기 때문입니다.

## ✝ 에녹의 생활 철학을 이어받은 증손자

에녹 승천 후 69년 되던 해, 에녹의 손자 라멕은 아들을 낳고 이름을 짓는 뜻깊은 행사를 하면서 그 시대에 소망을 주었습니다. "라멕은 백팔십이 세에 아들을 낳고 이름을 노아라 하여 이르되 여호와께서 땅을 저주하시므로 수고롭게 일하는 우리를 이 아들이 안위하리라 하였더라"(창 5:28-29). 라멕은 아들 이름을 '노아'라고 했는데, 그 뜻은 '위로'입니다. 이는 그 아들에게서 안식을 기대하는 것입니다. 라멕뿐 아니라 당대인들이 당하던 고통은 말이 아닌 것 같습니다. 원문을 보면 29절에만 전치사 '민'(מִן, …로부터)이 세 번이나 등장하는데, 각각 '우리 일'과 '우리 손의 수고스러운 노역', 그리고 '땅'에 사용되었습니다. 아무리 수고스러운 노역을 해도 저주받은 땅이 생산을 하지 않는, 절박한 농경시대의 형편을 호소하는 것 같습니다.

라멕은 전치사 '민'을 통하여 볼 수 있듯이 여호와께서 땅을 저주하신 것을 기억하며 자기 노선의 우두머리 아담이 범죄하여 이런 결과가 나타났다는 것을 정확하게 알았습니다(창 3:17). 조상으로 말하면 가인의 노선에서도 마찬가지이지만, 후손이 어떤 믿음과 소망을 가지느냐가 중요합니다. 같은 조상을 두었지만 한 노선은 죄짓는 길로 더 나아갔고, 다른 노선은 어렵고 괴로운 시대 속에서도 시대상을 바르게 진단하는 소망의 모습을 보여줍니다. 그 덕에 아들 노아가 저주를 종식할 인물이라 기대하고 소망한 것입니다.

하나님이 어떻게 역사를 이끌어 가실지는 그분의 소관이지만, 라멕은 시대적 흐름의 방향을 바꿀 아들을 믿고 기대합니다. 그래서 '이 아들이 안위하리라'라고 소망을 걸어봅니다. 개역개정은 '이 아들'이라 번역했지만, 원문을 충실히 옮기면 '이 자'입니다. 이 자는 누구일까요? 혹자는 라멕이 노아를 약속된 구원자로 보았다고 주장합니다. 하와가 가인을 낳고 가인을 약속된 구원자로 믿었지만(창 4:1), 구원은커녕 가슴 아픈 일만 당하지 않았습니까?

수고하고 무거운 짐 진 자들이 고통을 겪는 중 세 아들을 낳는 것으로 라멕의 족보는 끝납니다. 작명의 기대와는 달리 별다른 소망 없이 족보 이야기가 끝나는 것 같습니다(창 5:32). 그러나 계속되는 거룩한 이야기는 라멕의 소망이 좌절되었다고 말하지 않습니다. 노아는 하나님께 은혜를 받았습니다(창 6:8). 무엇보다도 증조부 에녹이 따른 생활 철학을 증손자가 다시 실천했습니다. 하나님과 동행하는 것, 그것이 바로 노아의 철학이었습니다(창 6:9). 하나님과 함께 하는 삶은 노아를 홍수 심판에서 구원해주는 원동력이 되었습니다. 라멕이 아들에게 지어준 이름의 의미는 공수표가 되어 돌아오지 않았고, 노아를 통해 세상이 멸망해가는 가운데서도 살아남아 인류의 새 종자가 되었습니다. 라멕이 믿음으로 소망을 담아 작명한 것은 이렇게 엄청난 기적을 일구어냈습니다. 노아라는 이름의 뜻 그대로, 라멕은 물론 다른 사람들도 하나님의 위로를 받게 됩니다.

하나님과 동행한 노아였지만, 그 역시 별 수 없는 죄인이었습니다. 그는 생각지도 못한 포도주를 발명하고, 자기가 만든 술에 취하여 추악한 죄악을 저지르고 맙니다(창 9:20 이하). 구원의 방주를 만들어 자기 식구를 구원하는 위로를 했지만, 하나님이 만물에 내린 저주를 축복으로 바꾸는 능력자는 되지 못했습니다. 그는 일시적인 위로자가 됐을지 모르지만, 그 이름의 뜻이 의미하는 진정한 쉼은 주지 못했습니다.

성령께서 라멕을 통하여 예언한 '이분'은 마지막 날에 자기 백성을 구원할 자를 의미하는 것입니다. 경건하지 않은 자들을 심판하실 그때에, '그분'은 자기 백성을 위로할 것입니다. 에녹과 라멕을 통하여 예언된 것은, 바로 그 후손인 예수 그리스도를 통하여 확실히 이루어질 것입니다.

# 20

창 6:1-4

# '네피림'의 정체 탐구

'하나님의 아들들', 네피림의 정체에 관해서는 지난 2천 년 동안 많은 논의가 있어왔습니다. 대략적으로 천사 결합설, 셋 후손설, 군주설 등인데, 천사가 사람의 딸들과 성적 결합을 해서 태어났다는 주장 외의 나머지 제설(諸說)들은 나름대로 일리가 있다고 봅니다.

## 천사설, '천사들도 아이를 낳았다'

6장 2,4절에 나타나는 '베네 엘로힘'(하나님의 아들들)을 천사로 보는 시각입니다. 천사들이 사람들의 아름다움을 보고 자기들이 좋아하는 여자를 아내로 삼아 자식들을 낳았다는 주장입니다. 오늘날의 이성주의자들에게는 황당무계한 이야기로 들릴 수 있으나 가장 오랜 역사를 갖고 있는 이론입니다. 이 이론을 주장하는 사람들은 나름대로 언어적인 근거를 댑니다. 원문에서 '하나님의 아들들이'를 의미하는 '베네 하엘로힘'(하나님의 아들들, 창 6:1,4; 욥 1:1,6; 2:1), '베네 엘로힘'(욥 38:7), '베네 엘림'(권능있는 자들, 시 29:1; 89:7)이 다 천사를 의미한다는 것입니다. 그리고 시편 82편 6절의 '베네 엘리온'(지존자의 아들들)과 아람어로 된 다니엘서 3장 25절의 '발 엘라힌'(신들의 아들들)이 천사라고 주장합니다. 이들은 아비들이 자식을 낳았듯, 천사들도 아이를 낳았다는 주장을 내세웁니다. 교회사 초창기가 아무리

기적을 부담 없이 받아들이던 시절이라지만, 예수 그리스도만이 하나님에게서 난 유일한 아들이라는 교리와 배치되고, 성경 이야기를 하나의 신화처럼 보이도록 한다는 점을 모르지 않았을 텐데 싶어 고개가 더 갸우뚱해집니다.

천사설은 가장 오래된 학설이지만, 오래된 것으로 말하면 마귀 이론이 하나님 다음으로 오래된 '이론'입니다. 천사설은 가경과 위경에 의지하는 바가 큰데, 바룩, 지혜서, 에녹서, 쥬빌레, 제네시스 아포클리폰, 토빗, 요나단의 탈굼 등등이 하늘의 천사들과 사람의 딸들이 결합하여 거인들이 나왔다는 취지의 기록을 전합니다.

특히 유대교는 천사에 관심이 많습니다. 그들은 천사를 사람과 하나님 사이의 중보자로서, 피조물을 다스리는 중간 존재이자 인간을 보호하는 역할로 생각합니다. 토빗이 이 사상에 많은 영향을 미쳤습니다. 또한 기독교 초기는 성령이 강하게 역사하던 시기라 기적적인 것을 부담 없이 받아들였습니다. 그러나 이 주장에는 자충수가 하나 있습니다. 창세기 6장의 본문은 '사람'에 대해 주의를 기울일 뿐 아니라, 하나님이 '하나님의 아들'에게 내리는 심판 선고도 사람에 관한, 즉 '육체'에 대한 것이지, 결코 초자연적인 존재인 '영'에 대한 것이 아니라는 점입니다.

## 셋과 가인의 후손설

이 이론을 주장하는 사람들은 '베네 엘로힘'을 천사, 그것도 악한 천사와 인간과의 결합으로 보는 희한한 주장에 반대하여 등장했는데, '베네 엘로힘'을 하나님의 경건한 자녀들, 즉 이스라엘을 의미한다고 주장합니다(출 4:22; 신 14:1; 32:5; 사 43:6; 호 1:10). 창세기 4,5장을 흐르는 문맥으로 볼 때 6장 1절의 '베네 엘로힘'이 셋의 후손이라는 것이지요. 종교개혁자들과 오늘날 유명한 설교자들이 이 이론을 지지합니다.

이 견해는 본문에 나오는 '하나님의 아들들'과 '사람의 딸들'이 각각 셋과 가인의 후예를 의미한다고 봅니다. 그 근거는 4장에 나오는 가인의 불경건한 자들과 5장에 나오는 셋의 경건한 자들이 서로 대조되기 때문입니다. 6장에 와서는 어찌 된 일인지 하나님의 아들들이 언약 안에서 결혼하지 않습니다. 셋 노선의 자손들조차 당당하게 밀고 들어오는 가인 족의 불경건에 맞서 언약의 정체성을 지키지 못한 것입니다. 칼빈 역시 이 견해를 따릅니다. 셋의 자손들이 하나님의 구별하심, 그분의 선택을 자각하지 않고 가인의 후손들과 세속적인 결혼을 하여 하나가 됐다고 지적합니다.

### 군주설

앞서 말한 두 이론은 서로 대립하는 양상을 보여줍니다. 초자연적인 존재인 하나님의 아들들과 자연적인 존재인 사람의 딸들이 대항을 이루는 것이 천사설이고, 하나님을 경외하는 자들과 불경건한 자들의 대립이 셋-가인 후손설입니다. 제3의 이론은 힘 있는 인간(하나님의 아들들 혹은 신들의 아들들)과 연약한 인간, 즉 단지 인간인 자들(사람의 딸들)과의 대항을 주장합니다. 서로 같은 인간이면서도 신의 아들들로 자처하는 자들의 횡포를 부각하는 것입니다. 이 경우 '하나님의 아들들'을 '군주나 재판관의 아들들'로 봅니다. 원래 이 이론은 유대인 랍비들이 오래 전부터 주장하던 것으로, 최근 50여 년간 바벨론과 '유가릿' 문헌에 관한 연구가 활발해지면서 더 조명을 받게 되었습니다.

### 결합설

타락한 군주들이나 왕, 재판관 혹은 유력자들이 하늘의 악한 영들에 사로잡혀 교만한 길로 내달리게 됐다는 주장입니다. 사람들의 심성이 뒤틀려 사탄이 들어오게 됐다는 것이지요. 켄트 휴즈(Kent Hughes)는 이렇게 말합니다. "그러므로 '하나님의 아들들'을 천사들(타락 천사들)로 이해하고, 천사들은 성(性)이 없고 결혼도 생산도 할 수 없다는 사실을 반영할 때(참조, 눅 20:34-36), 여기 '사람의 딸들'과 결혼하는 '하나님의 아들들'은 사탄처럼 된 사람들이다. 이들이 사람들의 딸들과 결혼한다. 베드로와 유다가 홍수 때에 가두어 두었다가 마지막 심판 때에 어두운 구덩이에 가둔다는 말은 바로 이 못된 천사들을 향한 것이다."

물질주의를 신봉하는 현대 독자들은 사탄화된 인간이라는 개념을 받아들일 수 없겠지만, 창조자가 자신을 동정녀의 자궁 안에서 인간의 성품과 결합하셨다는 것을 믿는 참 신자들은 이런 이야기를 본질적으로 믿을 수 없는 것으로 치부할 수는 없을 것입니다.

The Bible

Genesis

Genesis

Genesis

3부

노아의 내력

Genesis

Genesis

Genesis

# 부패하고
# 포악한 시대의 노아

'노아'(חנ)라는 이름의 뜻은 '위로'입니다. '은혜'라는 뜻을 가진 히브리어 '헨'(חן)의 자음을 거꾸로 하면 '노아'가 됩니다(히브리어 נ는 단어의 끝에서 ן로 표기됨). 성령님은 천지가 개벽되는 어지러운 세상에서도 언어유희를 하시며, 택함 받은 자가 은혜를 발견해야만 죄악 된 세상을 이기고 구원받을 수 있다고 알려주십니다. 어려워도 여유를 가지라는 뜻입니다.

세상이 어렵다 하더라도 은혜를 발견하면 됩니다. 세상이 어려운 상황에서 은혜를 발견하는 것은 물론 쉽지 않지만 '은혜'라는 말 자체가 '요구할 수 없는 친절을 베풀어주는 것'입니다. 누가복음에 나오는 세리는 멀리서 감히 하늘을 쳐다보지도 못한 채 그저 "불쌍히 여겨 주소서"라고만 했습니다. '나를' 불쌍히 여겨달라고 하지도 못했지요. 우리 하나님은 예수 그리스도 안에서 하늘에 속한 모든 신령한 복을 성도들에게 베풀어주기 원하시는 분이십니다. 그러니 어려우면 하나님께 나아가 무조건 은혜를 찾아야 합니다.

## ✝ 노아만은 달랐다

네피림 이야기에 이어 8절은 '노아는'이라고 어순(語順)에 강조점을 두어 문장을 시작하는데, 이를 통해 당시 세상 사람들은 자기 좋은 대로 할지라도 노아만은 달랐다고 힘주어 강조합니다. 노아는 은혜를 발견했습니다. 어려우니까 순간적으로 은혜를 찾은 것이 아닙니다. 은혜를 '입었다'라는 표현인 '마짜'는 완료형으로, 홍수가 있기 전부터 이미 은혜의 상태에 있었다고 말합니다. 어떻게 노아가 하나님의 은혜의 자리에 머물러 왔습니까? 노아는 '하나님과 더불어 동행하는' 자였기 때문입니다. 노아에게는 하나님이 전부였습니다. '하나님과 더불어'가 어순상 앞에 나와서 강조하는데, 이것은 하나님이 전부라는 뜻입니다.

세상 사람들은 타락하여 자기 좋아하는 대로 배우자를 찾아다니지만, 노아는 500세까지만 해도 자녀가 없었습니다. 당시에는 하나님의 뜻대로 살겠다고 다짐하는 처녀를 발견하는 것이 쉽지 않았을 것입니다. 이후 세 아들을 낳고 가정생활이 복잡해져도, 노아에게는 하나님이 전부였습니다. 총각 처녀 시절에는 하나님의 뜻대로 살겠다고 다짐하지만, 가정이 생기고 보면 말처럼 쉬운 일이 아닙니다. 그러나 노아는 믿음의 선조들의 발자취를 밟는 것(에녹의 삶, 창 5:22,24)을 기본 노선으로 삼고, 후손들에게 영원한 모범을 물려주려고 했습니다. 그러기에 믿음의 조상 아브라함은 노아처럼 전능한 하나님 앞에서 행하였고(창 17:1), 아들을 위해 자기 족속 중 아비 집에서 며느리를 구했습니다(창 24:40). 이렇게 노아는 영향을 받고 영향을 미치는 삶의 지표가 되었습니다. 노아는 삶의 용광로 속에서 하나님과 교제하고 대화하고 의논하며 인격이 변해갔고, 하나님의 은혜를 발견했습니다. 하나님은 죄악으로 가득 찬 세상에서도 노아가 자신에게 구원 베푸시는 자를 발견하도록 인도해주셨습니다.

무엇보다 노아는 '잇쉬 짜디크'(의로운 사람)였습니다. 월키의 관점을 따르면, '의'란 '하나님이 세상을 통치하시는 것을 알고 삶의 모든 영역에서 옳음과 조화를 구현하려는 역동적인 관심'입니다. 자기희생을 바탕으로 하나님과 피조 세계를 정의롭게 섬기는 태도를 뜻합니다(창 8:9; 겔 18:5-9). 이는 믿음 없이 스스로 이룰 수 있는 일이 아닙니다. 게다가 노아는 '완전한'(타밈) 자였다고 합니다. 흠이 없었다는 말입니다. 믿음으로 살면 그렇게 됩니다. 그렇다고 해서 노아가 예수님처럼 완전무결한, 죄 없는 사람이었다는 뜻은 아닙니다. 70인역은 사람이 아무리 완전해도 하나님과 같을 수 없다는 것을 부각하기 위해 9절을 "노아는 하나님을 즐겁게 하였다"라고 옮겼습니다. 다윗은 간음과 살인을 저질렀음에도, 성경은 그를 '하나님 앞에서 완전하였다'라고 기록합니다(삼하 22:24). 노아의 삶 역시 술주정으로 얼룩질 때도 있습니다. 이로 보건대 완전함이란 믿음의 의로, 믿음으로 온전해지는 것을 두고 하는 말인 듯합니다.

아브라함도 팔레스타인 남북 전쟁에서 챙길 수 있는 전리품을 거절하여 의롭고 완전한 자로 여김 받은 것이 아닙니다. 기대조차 할 수 없던 처지에서 "네 자손을 하늘의 별같이 많게 해주겠다"라고 하시는 말씀을 믿었고, 하나님은 이를 의로 여겨주셨습니다. 믿음으로 의로워지고, 믿음으로 완전해진다는 것입니다. 히브리서 기자도 노아의 삶에서 이 사실을 발견했습니다. "믿음으로 노아는 아직 보이지 않는 일에 경고하심을 받아 경외함으로 방주를 준비하여 그 집을 구원하였으니 이로 말미암아 세상을 정죄하고 믿음을 따르는 의의 상속자가 되었느니라"(히 11:7).

노아는 믿음으로 세상을 향한 심판의 가늠자가 되었습니다. 은혜를 받으니 하나님과 동행하는 삶을 영위하고, 삶에 존재하는 은혜의 용광로 속에서 그의 인격이 변화되니 세상과 의에 대하여, 또 심판에 대하여 말할 수 있는 것입니다. 한마디로 '의의 전파자'가 된 것입니다. 세상이 아무리 죄악으로 치달아도 하나님은 의인을 눈여겨보시고 세상을 운영하십니다.

신문이나 TV에 나오는 온갖 세상의 더러움과 죄악에 마음이 혼미해져서는 안 됩니다. 오히려 택한 자의 무리, 곧 성도와 교회를 눈여겨보고 그 기준으로 세상을 보아야 합니다. 노아 시대에 내려진 메가톤급의 홍수 심판은 핵심이 아닙니다. 당시 노아와 그 가족들이 하나님 앞에서 어땠으며, 하나님이 저들을 보호하시고 구원하셨다는 것이 초점입니다. 의인은 죄악 된 세상일수록 더욱 빛납니다.

## ✝  노아 시대의 두 가지 죄악

이 시대의 대표적인 죄악상은 두 가지로 집약할 수 있습니다. 첫 번째는 '부패'(샤하트)입니다(11절에 1번, 12절에 2번, 13절과 17절에서 '멸하리라'라고 한 말이 실은 '샤하트'임). 썩어서 누구도 보고 싶지 않은, 비참하고 역겨운 모습을 의미합니다. 성경에서 '샘물이 더러워졌다'(잠 25:26), '띠가 썩었다'(렘 13:7), '토기 그릇이 터졌다'(렘 18:4), '성읍이 부패했다' 등에 사용된 단어입니다. 본문에서는 '온 땅이 부패했다'라고 합니다. "모든 혈육 있는 자들이 샤하트(부패)시켜놓았고(창 6:12), '지금'(그때에) 샤하트 된(창 6:11) 땅을 하나님인 나도 보고 있으니 너희들도 '힌네'(보라)하라"고 합니다(창 6:12). 그래서 "힌네(보라) 나 하나님도 샤하트하겠다"(멸하겠다, 창 6:13)라고 강하게 말씀합니다.

둘째는 히브리어 '하마스'(창 6:11,13)인데 개역개정은 '포악함'으로 번역했습니다. 이런 죄악상이 '콜 바사르'(모든 혈육 있는 자, 창 6:12,13,19; 7:16; 8:17; 9:11,15-17)에 의해 자행되고 있습니다. 비단 사람만이 아닙니다. 살아 숨 쉬는 동식물들까지도 창조 때 정해진 위계질서를 범하고 있습니다. 피조계가 창조 때의 질서를 전적으로 파멸시키고 무너뜨리는 현상이 나타난 것입니다. 말 못 하는 짐승이 어떻게 그렇게 할 수 있었을까요? 어쩌면 풀만 먹던 동물들이 사나운 짐승으로 변한 것일지도 모릅니다(사 11:6,7).

가인이 만든 악의 전통이 노아 시대에 이르러서는 보편적인 현상이 된 듯합니다.

11-13절을 살펴보면, 사람이 범죄하면 거하는 땅도 함께 더러워집니다. 그래서 하나님은 '그들을 땅과 함께 멸하리라'라고 말씀하십니다. "그 땅도 더러워졌으므로 내가 그 악으로 말미암아 벌하고 그 땅도 스스로 그 주민을 토하여 내느니라 … 너희도 더럽히면 그 땅이 너희가 있기 전 주민을 토함 같이 너희를 토할까 하노라"(레 18:25,28). 오늘날 자연보호와 생태계 보존을 주장하는 사람들은 오염과 파괴의 근본 문제가 여기에 있다는 사실을 명심해야 합니다.

모든 피조물의 부패는 필연적으로 멸망에 이릅니다. 13절을 문자적으로 번역하면 이렇습니다. "그리고 여호와께서 노아에게 말씀하시기를 모든 혈육 있는 자의 끝이 내 얼굴 앞에 오고 있다. 왜냐하면 땅이 저들의 면전으로부터(나오는) 포악함으로 가득 차 있기 때문이다. 보라 내가 저들을 땅과 함께 기어코 멸망시킬 것이다."

모든 피조계의 면전으로부터 포악함이 분출되기에, 하나님의 면전에서는 '샤하트'(멸망)가 옵니다. 부패(샤하트)의 결과는 곧 샤하트(멸망)라고 13절은 우리에게 가르쳐 줍니다. 죄는 기필코 멸망의 심판을 받습니다.

17절은 하나님의 강한 의지를 드러내면서 멸망의 수단까지 보여줍니다. 죄악으로 가득 찬 세상을 홍수로 심판하시겠다는 겁니다. 전능하신 주권자 하나님이 하시겠다는데, 누가 감히 맞설 수 있겠습니까? 한글 성경은 홍수라고 번역했지만, flood는 히브리어로 '마불'로서, '하늘의 대양'(시 29:10; 창 7:7,10)이나 '하늘의 주전자'(욥 38:37)로 이해하는 성경학자도 있고, 어떤 학자는 바벨론 언어 '나바루'에서 온 것으로 보고 '마불'을 멸망으로 이해하기도 합니다. 중요한 것은, 하나님이 지상의 죄악에 대해 결단코 유야

무야 넘어가지 않겠다는 의지를 보이신다는 것입니다. 여기서 멸망시키겠다는 말은 히브리어 피엘 강조형으로 기록되어, '의도적으로', '실제로' 멸망시키고 말겠다는 뜻입니다. 감히 막을 자가 있습니까? 없습니다. "어떤 사람들의 죄는 밝히 드러나 먼저 심판에 나아가고 어떤 사람들의 죄는 그 뒤를 따른다"(딤전 5:24)라고 했으니 언제든, 이 세상에서가 아니라면 죽음 이후에라도 하나님 앞에서 드러날 것을, 그리고 하나님 앞에서 심판받을 것을 알고 죄짓기를 두려워해야 합니다.

## 22    창 6:9-9:29      친히 창조하신 걸 멸할 정도면

창조 때는 모든 것이 매우 좋았지만(창 1:31), 노아 시대에는 '사람의 죄악이 세상에 가득하여'(창 6:5)서, 아예 땅 자체가 부패하고 포악함으로 가득 차게 되었습니다. 죄는 사람이 지었지만 다른 모든 피조물도 덩달아 심판을 받아 '땅에 있는 것들이 다 죽어가는'(창 6:17) 상황입니다. 사람이 마음으로 생각하는 모든 것은 항상 악했습니다(창 6:5). 마음으로 생각한 것이 밖으로 드러나 포악(하마스)이 횡행하여 창조 질서가 무참히 깨지고 있습니다. 노아 시대에 이르러 갑자기 돌변했다기보다는 아담이 하나님을 거역한 이래로, 가인은 형제를 죽였고 라멕은 하나님이 정해준 일부일처의 질서를 깨뜨리는 등, 부단히도 하나님께 항거해온 결과였습니다. 이제 사람은 문명의 도구를 손에 쥐고 살인무기로 휘두릅니다. 하나님을 의지하고 계명을 지키며 겸손히 살아야 할 인생이 노아 시대에 이르러서는 저 홀로 살 수 있다고 자만하게 되었습니다. 그 결과 '네피림'이 도래하였고, '용사'(기보림)라는 '유명한 자'들이 활개 치는 시대가 되었습니다.

### ✛    반드시 임할 심판

무질서와 혼돈이 세상에 판치는 것을 보신 하나님은 단호하게 결의하셨습니다. '홍수'(마불)로 세상을 멸망시키겠다고요. "하나님이 노아에게 이르시되 모든 혈육 있는 자의 포악함이 땅에 가득하므로 그 끝 날이 내 앞에 이르렀으니 내가 그들을 땅과 함께 멸하리라"(창 6:13). "내가 홍수를 땅에 일으켜 무릇 생명의 기운이 있는 모든 육체를 천하에서 멸절하리니 땅에 있는 것들이 다 죽으리라"(창 6:17). 하나님은 '하늘 아래에 있는 모든 생명'(NIV)과 '땅에 있는 모든 것' 같은 동의어를 사용하여 전 지구적으로 생명을 죽이겠다고 결의하신 것입니다.

하나님은 이 세대의 범죄에 대해 벌하겠다는 의지를 보여주십니다. "너희 인생이 '샤하트'(שָׁחַת, 부패, 창 6:12)하니 나 여호와가 '샤하트'(שָׁחַת, 멸하다, 창 6:13)하겠다"라고 하십니다. "너희가 그리하면 나는 이런 식으로 대갚음하마"라는 언어유희로 인생을 조롱하십니다. 훗날 아하시야 왕이 엘리야 선지자를 죽이려고 오십 부장 휘하에 있는 50명의 특수부대를 보냈는데, 오만방자한 오십 부장은 '하나님의 사람'(이쉬)에게 내려오라고 고래고래 고함을 질렀습니다. 이에 엘리야는 대꾸하기를 "너희가 말하는 대로 내가 하나님의 사람이면 하늘에서 '불'(에쉬)이 내려올 것이다"라고 했지요. 엘리야의 말대로 되어 오십 부장과 그 장졸들이 두 번이나 타 죽었습니다(왕하 1장). 하나님은 이렇게 언어유희를 하시면서 전 지구적인 재앙이 아무것도 아니라는 듯 높아진 인간을 조롱하십니다.

인간의 생각에는 120년이라는 유예기간이 길어 보이지만, 그 재앙은 반드시 닥칩니다. 홍수 때에 모든 생명이 다 죽었습니다. 단순히 숨을 거둔 게 아닙니다. 연기가 사라지듯 멸절했습니다. 달리 말하면 그냥 흙으로 돌아가는 것입니다(욥 34:14,15; 시 104:29). 하나님은 이스라엘의 운명에 대하여 아모스 선지자에게 "내 백성 이스라엘의 끝이 이르렀은즉 내가 다시는 그를 용서하지 아니하리니"(암 8:2)라 하셨고, 에스겔 선지자에게는 "이제는 네게 끝이 이르렀나니 내가 내 진노를 네게 나타내어 네 행위를 심판하고 네 모든 가증한 일을 보응하리라"(겔 7:3)라고 하셨습니다. 그리고 실행하지 않으신 적이 있습니까? 오늘날 우리 시대는 어떠합니까? 베드로 사도는 "만물의 마지막이 가까이 왔으니 그러므로 너희는 정신을 차리고 근신하여 기도하라"(벧전 4:7)라고 합니다. 베드로 사도만큼 노아 홍수 심판을 의식하고 있는 사도도 없습니다(벧후 2:5; 3:6). 이제는 물이 아니라 불로 심판하실 것입니다. "이제 하늘과 땅은 그 동일한 말씀으로 불사르기 위하여 보호하신 바 되어 경건하지 아니한 사람들의 심판과 멸망의 날까지 보존하여 두신 것이니라"(벧후 3:7). 이 얼마나 두려운 말씀입니까!

## ✝  심판 가운데서도 베푸시는 은혜

죄가 얼마나 악하면 죄의 분량이 찰 때 친히 창조하신 모든 것을 멸하시겠습니까! 그러나 하나님은 피조물이 망하는 일을 얼마나 통분히 여기시는지 모릅니다. 이런 안타까움을 표시하실 때에는 창조주 하나님의 이름인 '엘로힘'보다 언약의 하나님의 이름 '여호와'를 주로 사용하십니다. 여호와께서는 '한탄하시고', '근심하시고'(창 6:6), 심판하시되 선택된 자에게는 살길을 '이르시고'(창 7:1), 그들을 방주에 '닫아 넣으십니다'(창 7:16). 그런가 하면 구원받은 자들의 제사를 '받으시고'(창 8:21), '축복하셨습니다'(창 9:26).

심판 가운데서도 은혜를 베풀어주시는 것은 이번이 처음이 아닙니다. 아담이 범죄를 저질렀을 때도 그를 찾아주시고 구원의 길을 마련해주셨습니다. 가인이 악랄하게 하나님을 거역했지만, 살아남을 수 있는 증표를 보여주셨습니다. 죄는 미워하지만, 죄인을 향해서는 한없이 긍휼을 베푸시는 모습입니다. 나사로의 무덤에 오신 예수님이 하나님의 세상에 죽음이 임한 것을 보시고는 '심령에 비통히 여기시고 불쌍히 여기셨다'(요 11:33) 하신 것과 같은 맥락이라 하겠습니다. 이러한 성품을 보면서, 미국의 철학자인 니콜라스 월터스트로프가 한 말이 마음에 와닿습니다. "하나님의 눈물이 역사의 의미이다."

노아에게 어떤 선함이 있어 은혜를 발견한 것이 아니라, 조건 없이 은혜를 주셨고, 그 은혜가 노아를 발견한 것입니다. 전대미문의 홍수 시대에 살아남을 수 있는 길을 하나님이 보여주시지 않는다면 절대 살아남을 수 없습니다. 방주를 짓게 하시고(창 6:14), 방주에 들어가게 하시며(창 6:18; 7:1; 7:9), 방주 창문을 닫아 넣으시고(창 7:16), 또한 방주에서 나오라(창 8:16) 하신 그분의 인도하심이 없었더라면 사람은 이 땅에서 완전히 자취를 감추었을 것입니다. 하나님은 홍수라는 대 사건이 일어나는 와중에도 "하나님이 노아와 그와 함께 방주에 있는 모든 들짐승과 가축을 기억하셨습니다"(창 8:1). 이것이 핵심입니다. 이 사실은 홍수 이야기를 다루는 문학 구조(다음 페이지 참조)에서도 잘 나타납니다. 시대를 막론하고 세상이 아무리 흉흉하고 어지러워도, 폭풍의 핵심에는 남은 자(교회)를 주목하고 세상을 운용하시는 하나님이 계십니다.

노아의 역사(톨레도트)를 말할 때 성경은 "노아는 의인이요 당대에 완전한 자라 그는 하나님과 동행하였다"(창 6:9)라고 했습니다. 눈여겨보아야 할 사실은, 창세기에서 누구의 톨레도트라고 말할 때 족보의 주인공 다음으로 그 사람의 자손들이 언급되는데(창 5:1,3; 10:1; 11:10; 11:27 등), 노아의 경우에는 노아의 인격이 먼저 언급되고 있다는 것입니다(창 6:9). 노아가 유별나게 의롭고 완전한 삶을 살았다고 강조하기 위해서입니다.

그러나 성령께서는 사람에게 어떤 선함이 있어 의인이 되고 완전한 자가 되는 것이 아니라는 사실 역시 강하게 보여줍니다. 그의 인격을 서술하기에(9절) 앞서 8절은 노아가 하나님께 은혜를 입었다고 강조합니다. 은혜가 임하였기에 노아는 완전히 변화된 새 사람이 되었고, 당대에 독특한 삶을 살 수 있게 되었습니다. 새 창조와 관련해서는 아담, 하나님과 친밀한 교제라는 측면에서는 에녹, 믿음으로 의롭게 되는 측면에서는 아브라함, 방주라는 그림 언어에서는 모세, 총체적 구원의 의미에서는 예수님을 그림자로 보여주는 인물이 바로 노아입니다. 이 모든 것이 노아를 기억해주시는 여호와 하나님의 한량없는 은혜에서 비롯된 것입니다.

### 홍수 이야기의 문학 구조

표제: 노아의 족보는 이러하니라

서론: 노아의 인격과 노아의 아들들(6:9-10)

본론:

A 하나님이 부패한 인류를 멸하기로 결심하심(6:11-13)

  B 노아가 하나님의 지시에 따라 방주를 지음(6:14-22)

    C 여호와께서 남은 자들에게 방주에 들어가라 명령하심(7:1-9)

      D 홍수가 시작됨(7:10-16)

        E 홍수가 150일간 차서 산들이 덮임(7:17-24)

          F 하나님이 노아를 기억하심(8:1a)

        E' 150일간 홍수가 빠지고 산들이 보임(8:1b-5)

      D' 땅이 마름(8:6-14)

    C' 하나님이 남은 자들에게 방주를 떠나라고 명령하심(8:15-19)

  B' 노아가 제단을 쌓음(8:20)

A' 여호와께서 인류를 멸하지 않겠다고 다짐하심(8:21-22)

결론: 창조물과의 새 언약(9:1-19)

창 7:1-24

# 믿고 순종하는 자,
# 구원받으리

이 세대의 특징은 두말할 것도 없이 불순종입니다. 반대를 위한 반대, 부패, 포악함, 본말 전도와 역치(易置)를 자랑과 멋으로 알고 행합니다. 하라면 안 하고, 하지 말라 하면 우선 하고 보는 사조가 노아 시대의 정신이었습니다. 사람은 이런 행태를 하나의 멋으로 생각하지만, 하나님이 지으신 창조 질서를 역행하는 것이기에 결국 멸망을 부릅니다.

## ✝ 구원에 이르는 길은 순종으로 포장돼 있다

홍수 이야기는 창세기 6-9장에 등장합니다. 7장은 홍수가 시작돼 방주에 들어간 노아의 식구들을 제외한 모든 생물이 다 죽는 장면을, 8장은 홍수가 감소하여 마침내 방주에 들어간 모든 것들이 마른 땅으로 나오는 장면을 보여줍니다. 그러나 7장 말미에서는 모든 생물의 죽음(창 7:22)보다 "오직 노아와 그와 함께 방주에 있던 자들만 남았더라"(창 7:23)에 초점이 맞춰져 있음을 발견할 수 있습니다. 결과도 중요하지만 왜 그런 결과가 나올 수밖에 없었느냐고, 왜 사람들이 사는 길을 놔두고 죽는 길을 택했느냐고 따져 묻습니다.

여기에 대한 답을 얻기 위해서는 7장에 거듭 등장하는 '여호와께서 노아에게 명하신 대로'(창 7:5,9,16; 6:22)라는 표현에 집중할 필요가 있습니다.

특히 여기서 '대로'라는 표현이 참 중요합니다. 노아는 자기 뜻대로, 성질대로, 마음대로 하나님을 거역한 것이 아니라, 하나님이 말씀하신 '대로'만 순종하며 살았습니다. 구원에 이르는 길은 순종으로 포장이 되어 있습니다. 전무후무한 홍수의 대격변 속에서도 노아는 하나님의 말씀에 순종하여 구원받았지요. 앞으로 우리에게 다가오는 일, 곧 '죄인들을 땅에서 소멸하시며 악인들을 다시 있지 못하게 하실'(시 104:35) 종말의 불 심판에서도 하나님의 말씀대로 주 예수를 믿고 순종하는 자는 구원받을 것입니다.

무엇보다도 '홍수 이야기'를 하나님의 말씀으로 믿는 순종이 필요합니다. 현대주의 성경학자들은 홍수 이야기를 여러 자료들이 편집된 문학작품으로 봅니다. 이들은 유독 홍수 이야기에 같은 말이 반복되는 경우가 많은데 여러 문서와 전승을 수집하여 엮어 놓았기 때문이라고 주장합니다. 실제로 홍수 이야기에는 반복되는 말이 많습니다. '땅의 거민들을 멸절하겠다'라는 하나님의 의도가 네 번(창 6:5-7,11-13,17; 7:4), 노아 및 그와 함께한 자들이 방주에 들어간다는 말이 역시 네 번(창 7:7-9,13,14,15,16), 비가 온다는 말이 세 번(창 7:6,10,11,12), 홍수 물이 증가하여 창일한다는 말이 다섯 번이나 언급됩니다. 아울러 그 물이 물러가는 모습 또한 비슷하게 다섯 번이나 나타나지요(창 8:1,2,3,4,5). 그 중 한 예로 물이 불어나는 장면을 봅시다.

17절에서는 '물이 많아져', 18절에는 '물이 더 많아져 … 땅에 넘치매', 19절에는 '물이 땅에 더욱 넘치매 … 다 잠겼더니', 20절에는 '물이 불어서 … 산들이 잠긴지라', 24절에는 '땅에 넘쳤더라'라고 기록하고 있습니다. 이런 비슷한 표현이 반복되는 것은 다양한 자료에서 표현을 가져온 결과가 아니라, 물이 점진적으로 어떻게 불어가고 있으며, 주위 환경에서 볼 때 어떤 형국으로 전개되는지 생생하게 묘사하는 것입니다. 성령께서 같은 표현을 반복하시는 것은 다 이유가 있어서인데, 다르게 해석하는 것은 자기 잣대로 하나님 말씀을 재단하는 처사입니다.

노아와 그의 식구, 짐승들과 새들이 방주에 승선(창 7:1-5)한 사실을 말한 후 전체 이야기 구조와 관련한 사실들을 보여줍니다. 노아가 600살이라는 것, 방주에 들어간 자들을 넓게 분류한다는 것, 홍수가 꼭 7일 남았다(창 7:6-10)는 것 등이 이에 해당됩니다. 그리고 세부사항들을 더 묘사합니다. 600년 2월 17일로 날짜를 특정하는 것(7:11), 비가 내리기 시작해서 40일간 계속되는 장면, 홍수가 시작되던 바로 그날 노아와 그의 가족들이 승선하는 모습, 짐승들이 두 쌍씩 퍼레이드를 하며 승선하는 모습 등이 정교한 화첩처럼 펼쳐집니다. 이 이야기는 '들여보내고 문을 닫으시니라'(창 7:11-16)에서 절정을 이룹니다. 그리고 7,8장은 밀려오고 또 밀려가는 파도의 거침없는 모습 등, 홍수에 관한 사실들을 말하고 있습니다.

## ✝ 40일간 비를 내리신 이유

1-5절은 하나님께서 홍수 전 마지막으로 명령, 경고하시는 내용을 담고 있고, 6절 이하는 알려진 사실이 실제로 이루어지는 광경입니다. 그러다보니 중복된 말이 나올 수밖에 없습니다. 하지만 단순한 반복이 아니라 죄인들의 무지함, 뼛속깊이 후회하나 이미 늦어 소용없게 되었다는 것을 강조하고 있습니다.

왜 사십 주야나 비가 올까요? 하나님의 능력이라면 하루 만에라도 멸망시킬 수 있습니다. 칼빈은 이에 대한 적절한 해석을 내놓고 있습니다. 의인 노아에게는 주님의 말씀대로 모든 것이 이루어진다는 것을 오랫동안 묵상할 기회를 주신 것이고, 악인들에게는 100년이 넘도록 경고했음에도 우화로 치부한 것을 두고두고 후회하면서 조금씩 멸망을 경험하도록 한 것이라고 설명합니다. 하나님의 말씀은 일점일획도 틀린 것이 없습니다. 다 뜻이 있고 의도하는 바가 있는 법입니다. 곧이곧대로 믿고 순종하는 자가 복되지요. 말씀을 신뢰하지 않는다면 어떤 신학도 믿을 수가 없습니다.

노아는 하나님의 은혜를 입고 언약의 말씀을 들어 순종함으로 방주를 지었습니다. 하나님을 경외하는 믿음이 없었더라면, 그 악한 시대에 이루어질 수 있는 일이 아니었습니다. 하나님은 새 인류의 역사를 전개하기로 하시고, 창세기 6장 1-8절에서 약속하신 대로 친히 나타나셔서 방주에 들어가라고 말씀하셨습니다. 악한 세대와는 인연을 끊겠지만, 노아 및 함께 있는 남은 자들은 언약대로 남기시겠다는 의지를 보여주신 것입니다.

여기에 우리가 무심코 지나쳐서는 안 되는 진리가 있습니다. 하나님은 노아를 향해 "이 세대에서 네가 내 앞에 의로움을 내가 보았음이니라"라며 인정해주시는 말씀을 주셨습니다. "주께서 말씀하실 때에 의로우시다 하고 판단하실 때에 순전하시다"(시 51:4b). 홍수 전 그 악한 세대 중에서도 노아가 하나님의 언약을 믿음으로 받아들여 하나님이 인정하는 의인이 되었고, 홍수 심판에서 구원받게 되었습니다(롬 4:3). 노아는 오늘날 예수님의 죽으심과 부활을 믿는 모든 신자들, 곧 의인들의 예고적 원형입니다. 하나님은 믿는 자들을 의인으로 여겨주시고, 또한 마지막 심판 날에 불의 심판에서 건지셔서 온전한 구원과 영원한 영광에 참예하게 하실 것입니다(롬 4:25; 5:1).

# 24

# '방주에서 나오라' 명하실 때까지

창세기 7장에서는 지상의 모든 생물이 멸절되는 홍수의 위력을 보았습니다(창 7:22). 하나님께서 이 홍수를 처리해주지 않으시면 방주에 있는 택함 받은 자들까지 위태해질 위기입니다. 8장 1-19절에 이르면 하나님은 드디어 이 택하신 자들에게 세 가지 일을 일으켜 구원하십니다. ① 물을 물러가게 하시고(창 8:1b-5), ② 지구를 마르게 하시며(6-14), ③ 마른 땅에 방주의 모든 생물을 하선하게 하셨습니다(15-19).

1절에 '하나님이 … 기억하사'라는 표현이 있는데, '기억하셨다'라는 말은 잊었던 것을 떠올렸다는 뜻이 아니라, 은혜와 자비를 베푸셨다는 뜻입니다. 노아와 함께 있는 식구는 물론, 방주 안의 짐승들에게도 은총을 베푸셨습니다. 땅은 온 우주 가운데 거대한 무덤이 되었고, 생물은 온데간데없이 멸절되었습니다. 방주 안의 생물들만 홀로 지구에 남았으니, 방주 안에 살아 있다 해도 무덤에 갇힌 것 같은 느낌이었을 것입니다.

노아에게 40일 주야로 홍수가 쏟아져 땅에 있는 모든 생물이 멸망될 것이라는 계시를 주시고(창 6:17; 7:4) 구원을 베풀겠다는 언약도 주셨지만(창 6:18-21; 7:1-3), 방주에 들어가고 문을 닫은(창 7:16) 이후로는 어떤 말씀도 주지 않으셨습니다. 아마도 이때가 가장 견디기 힘든 시련의 시간이었을 것입니다. 홍수는 멈추었지만, 150일에 걸쳐 쏟아진 물이 온 땅을 지배하며 당장이라도 방주를 집어삼킬 듯 위세를 부리는 상황이었습니다. 노아는 심연의 나락에 떨어진 형편에 처해 있었지요.

## ✝  피 말리는 성화의 과정

아무리 캄캄한 현실에 처해 있어도 하나님의 언약은 여전히 살아 있습니다! 하나님이 노아는 물론 방주 안에 있는 모든 사람과 짐승들에게 은혜와 긍휼을 베풀겠다고 하신 언약, 그분의 뜻, 영원한 선택은 여전히 유효합니다! 마치 버림받은 듯한 홍수의 무덤에 갇혀 있었지만, 하나님의 능력으로 은밀히 지탱해주시는 비밀이 있었습니다(벧전 1:5). 방주 안의 피조물은 곤고하여 위협을 당하고, 땅은 멸절한 것처럼 보이지만, 하나님의 은혜는 언약으로 여전히 유효했습니다. 우리가 현실에서 당하는 비참과 고통을 너무 크게 볼 필요가 없습니다. 우리의 경험이나 의식은 영원하지 않지만, 예수 그리스도 안에서 언약하신 말씀은 항존하기 때문입니다. 성경은 우리에게 이 진리를 가르쳐줍니다(창 9:15; 19:29; 출 2:24; 신 9:27; 시 105:8; 렘 14:21).

하나님은 바람을 일으켜, 멸망하게 하던 물을 막으십니다. 아마 방주 안에 있던 사람들도 거대한 바람 소리를 들었겠지요. 물이 마르는 이 소리는 은혜의 소식이며 승리의 소리입니다. 그러나 바람이 왔다고 해서 물이 즉시 물러나는 것은 아니었습니다. 바람이 사방에 불어 물을 밀쳐내는 데는 150일이 걸렸습니다. 다시 땅에서 사람과 짐승이 살 수 있을 만큼 말랐는지 확인하는 과정이 노아에게는 피 말리는 성화의 과정이었을 것이라고 짐작할 수 있습니다. 하나님이 바람을 보내셔서 역사하시는 소리가 들려오지만, 아직은 때가 아닙니다.

위에서부터 부는 바람은 하나님 임재의 강력한 징표로, 땅에서의 새 일을 창조합니다. "여호와께서 홍수 때에 좌정하셨음이여 여호와께서 영원하도록 왕으로 좌정하시도다"(시 29:10). 하나님은 "바람 날개로 다니시며"(시 18:10; 104:3; 창 3:8), "이 바람의 콧김을 인하여 물 밑이 드러나고 세상의 터가 나타나게"(시 18:15) 하십니다. 바람은 '하나님의 신의 상징'이었습니다. 히브리어로 바람과 신은 '루아흐'로, 같은 말입니다(요 3:8; 행 2:2;). 하나님의 신이 홍수로 심판하실 때에는 인간과 땅에서 떠나셨으나(창 6:3,6,7,13,17), 이제는 땅으로 돌아오셔서 창조 때와 같이(창 1:2) 새로운 창조의 사역을 펼치십니다. 때가 되니 하나님이 먼저 은혜를 베푸시고, 물의 세력을 막아 새로운 질서로 회복되도록 피조물을 원상회복시키십니다.

기적 같은 일이 일어났습니다. 7월 17일, 아직도 물이 요동치지만, 방주는 산에 머물러 안전하게 '쉬게 되었습니다.' 다른 말로 하면, 방주가 물에서 구조되는 기적 같은 일이 일어났다는 뜻입니다. '쉬다'라는 동사는 노아의 이름이며, 나중에는 광야에서 법궤가 쉬는(머무는) 데 사용되는 등, 신학적으로 깊은 의미를 갖고 있는 단어입니다(창 5:29; 민 10:36; 11:25,26; 룻 1:9; 3:1). 물이 계속하여 감소하더니 산이 보이고, 마침내 방주가 거기에 정박하여 이들은 물에서 구조됐습니다. 얼마나 감개무량했을까요! 때문에 저자는 이 날을 7월 17일이라고 날짜까지 명시한 것은 물론, 정박한 산 이름까지 기록합니다. 방주가 정박한 아라랏 산(왕하 19:37; 렘 51:27)은 오늘날 아르메니아에서 가장 높은 산(약 해발 5,200미터)입니다. '산들의 봉우리들'이라 했으니 어느 산, 어느 봉우리인지는 알 수 없습니다. 모세는 방주의 소재를 밝히는 것보다, 무섭고 거센 물의 위험에서 방주가 구조된 것에 더 집중합니다. 방주가 아라랏 산에 정박한 후에도 물은 73일 동안 계속 감소하여 산봉우리들이 보이기 시작했고, 물이 더 멀리 물러가 보이지 않게 되고서야 물에서 해방됐다는 안도감을 느꼈을 것입니다.

# ✝ 방주에서 나오는 것도 명령을 따라

땅이 말랐는지 확인하는 데 까마귀와 비둘기가 역할을 합니다. 그 첫 번째 임무는 까마귀가 맡았는데, 70인역에 의하면 '물이 땅에서 멈추어졌는지 알기 위해'(창 8:8) 보내졌지만, 시체들을 먹느라 바빠서인지 땅이 완전히 마를 때까지도 돌아오지 않았습니다. 7일 후, 노아는 비둘기를 보냈습니다. '그 비둘기'라고 했으니 하나님에게 바쳐지는 정결한 짐승입니다. 비둘기가 나갔지만, 지면에 물이 있었기에 '접촉할 곳'(안식할 곳)을 찾지 못했습니다(창 8:9).

비둘기가 돌아왔을 때 노아가 손을 내밀어 안으로 영접하는 모습은 사람과 짐승의 아름다운 관계를 보여줍니다. 노아는 다시 7일을 기다렸다가 다시 한번 비둘기를 내보냅니다. 7일을 주기로 비둘기를 보내는 것은 창조의 7일을 염두에 둔 것 같습니다. '기다렸다'는 히브리 동사는 '훌'(창 8:10)인데, 이 단어는 이번에도 땅의 형편에 관한 소식을 얻지 못하면 어쩌나 하는 근심을 담고 있습니다(참조, 미 1:12; 시 55:4). 아무 소식도 얻지 못하고 낙심하면 어쩌나 하는 마음으로 있을 때, 비둘기는 '저녁 때에' 희소식을 가지고 옵니다. '그 입에 감람 새 잎사귀가 있었던'(창 8:11) 것입니다! 낮은 곳에서 솟아난 새 잎을 가져왔는데, 이는 땅에서 새 생명이 자라고 있다는 징표입니다. 일주일 후, 다시 비둘기를 내보냅니다. 그리고 그는 다시는 돌아오지 않았습니다(창 8:12).

노아가 새들을 내보낸 목적은 무엇이었을까요? 새들이 땅에 안식할 처소를 발견하여 사람이나 짐승이 자유로이 활보할 수 있을지 확인하기 위해서였습니다. 마침내 이 새들이 기쁜 소식을 가지고 왔습니다! 아라랏 산봉우리들이 나타난 때로부터 61일째(40+7×3) 되는 12월 2일의 일이었습니다.

노아는 홍수 기간에, 날짜에 아주 민감합니다. 드디어 신년, 그러니까

601년 1월 1일에 '노아가 방주 뚜껑을 제쳤다'(창 8:13)라고 성경은 기록합니다. 70인역은 '노아는 자기가 만들었던 뚜껑을 열었다'라고 옮겼습니다. 이 '뚜껑'은 속죄소의 덮개와도 연결됩니다(출 26:14; 35:11; 36:19; 39:34; 40:19; 민 3:25; 4:8,10,11,12,25). 사람이나 짐승, 나아가 온 피조물이 해방감을 누리는 순간입니다! '지면에 물이 걷혔습니다'(창 8:13)! 개역개정은 '본즉'이라고 단순하게 옮겼지만, 원문에서는 '바야르'라고 기록하여 '그(노아)가 보았다'라는 사실을 분명히 하고 있습니다. 즉, 노아는 물이 걷힌 사실을 확실히 알았던 것이지요. 물이 걷힌 결과 땅이 말랐고(창 8:14), 피조물이 살수 있는 새로운 세상이 회복되었습니다.

하나님의 말씀을 경청하지 않고 자기 정욕이 끄는 대로 행동한 것은 사람들이 홍수 심판을 자초한 결과를 낳았습니다. 앞으로 노아는 아무리 꿈꿔온 세상을 보았다 하더라도 하나님의 명령 없이는 한 발자국도 내딛고 싶지 않았습니다. 그것이 바로 멸망의 선봉이라는 사실을 알았기 때문입니다. 노아는 하나님이 방주를 떠나라고 명령하실 때를 기다리고 있었습니다. 드디어 601년 2월 27일, 방주를 떠나라는 명령이 내려졌습니다. 노아가 하나님의 명령대로 방주에 들어간 날부터 새로운 땅으로 진입하기까지 375일의 시간이 걸렸습니다. 기나긴 인고와 침묵의 기간이었습니다.

하나님의 명령대로 방주에 들어간 피조물이라면 누구든 보존되었습니다(창 8:15-17). 노아는 방주에서 나왔습니다. 하나님의 말씀이 임하자 지금까지 방주와 맺었던 관계를 끊어버리는 것입니다. 방주가 구원의 길잡이였지만, 더 좋은 구원의 근거가 왔기에 끊어야 했던 것입니다. 사람과 짐승이 방주에서 나오자 하나님은 창조 때 축복하셨던 대로(창 1:22) 생육하고 번성하라 명령하십니다(창 8:17). 그리고 새로운 세상에서 새롭게 행할 규례들을 노아에게 전하십니다(창 9:1 이하).

# 25

창 9:1-7

# 홍수 이후의 축복과 생명 보호법

홍수 이후 하나님의 최대 관심사는 사람이 지구상에서 다시 '생육하고 번성하여 땅에 충만하도록' 축복하시는 데 있습니다. 그래야 사람이 하나님의 영광을 나타내는 세계로 다시금 전진할 수 있습니다. 그러나 홍수 전후를 막론하고 인간의 마음은 악하기에, 근원이 변하지 않은 상태에서 홍수의 원인이 된 죄악의 부패가 만연한다면 또 언제 재앙이 불어닥칠지 모릅니다. 첫 아담은 금지된 나무의 열매를 따먹고 두 번째 아담 격인 노아가 포도나무를 따먹는 것을 보면(창 3:6,17; 9:20-27), 이들이 죄악으로부터 세상을 보존할 거라 기대하는 것은 무리겠지요. 자신조차 정복하지 못하는 자들이 어떻게 세계를 다스리며 하나님의 영광을 드러낼 수 있겠습니까!

하나님은 홍수 후의 세상을 자기의 인내 아래에 두십니다. 설사 인간이 홍수 전과 같이 악한 마음으로 세상을 망치는 한이 있어도 하나님의 관용 아래 세상을 두십니다. 그리고 주님이 오실 때까지 장구한 세월 동안 세상을 유지하시는 가운데 그분의 뜻을 세워가시며, 더불어 기뻐하시는 뜻을 이루십니다(사 46:10). 세상이 죄를 짓는다 할지라도 급속도로 멸망시키는 것이 아니라, 생명 자체를 보호하시면서 복음의 약속을 베푸시는 것입니다. 사람들이 비록 불의로 진리를 억압할지라도(롬 1:18), 하나님은 구원을 이루기 위해 그분의 의로 불의를 억누르십니다. 새로운 시대를 향한 하나님의 말씀은 '오래 참음'이기 때문입니다. 창조 사명을 완수하지 못하고 또다시 악을 행할 가능성이 있지만, 사람을 자신의 최고 걸작품(엡 2:10)으로 여기시고 또 다시 사명을 맡겨주십니다. 이것은 측량조차 하지 못할 큰 은혜입니다.

## ✝  생육하고 번성하라는 축복(1-2b)

9장 1절은 하나님이 '노아와 그 아들들에게' 복을 주시면서 '생육하고 번성하고 땅에 충만하라' 하셨다고 기록합니다. 그런데 7절에서도 '생육하고 번성하며 땅에 가득하여 그중에서 번성하라'라고 하십니다. 문단을 시작하는 말과 끝내는 말이 같으니, 이것은 마치 봉함 편지 같습니다. 봉함 편지를 통해 하나님이 말씀하시고자 하는 것은 무엇일까요? 이 봉함 편지의 결론은 홍수 후의 사람들이 어찌하든 많이 출산하여 땅을 가득 채우라는 것입니다. 7절에서 '땅에 가득하라'라고 한 번 더 말씀하시는데, 원래 이 말은 물이나 땅에 사는 하등동물의 번식을 두고 하신 말입니다(창 1:20-21; 7:21; 8:17). 떼를 이뤄 우글거리듯 지구를 꽉 채우라는 뜻이지요. 훗날 이스라엘 백성이 애굽 땅에서 '불어났다'(출 1:7)라고 할 때 사용된 단어입니다.

1절과 7절에서 사용된 다섯 개의 동사 중에서 네 개는 주어로 동물(창 1:22; 8:17)과 사람(창 1:28; 9:1)을 가리지 않습니다. 홍수 후 하등동물과 인간을 가리지 않고 많이 생산하여 땅을 채우라고 명령하신 것입니다. 그러나 사실상 명령의 대상은 '노아와 그 아들들'(1절, 참조 8절)이며, 7절의 '너희는'이라는 표현은 강조형으로 '너희로서는'(베아탐)이라는 뜻입니다. 홍수 후 남아 있는 자들이라곤 노아 가족들뿐이니 따로 구별할 것도 없을 뿐더러, 1장 27-28절과 같이 노아와 아들들이 인류를 대표할 뿐, 하나님이 부르시는 대상에 여성이 포함되지 않는다고 볼 수는 없습니다. 하나님은 새롭게 시작하는 하나님의 세계에 복을 주시고 질서를 정돈할 것이니, 너희들도 창조 사명을 다하여야 한다고 하십니다. 인류는 다 함께 사명을 이루어내야 합니다. 이를 두고 칼빈은 이렇게 이해합니다. "너희가 알듯이 내가 인류를 소중히 여기고 보존할 것이니, 너희도 그것에 주의를 기울이라." 어떤 주석가는 "너희는 너희 역할을(9절), 나는 내 역할을 이루겠다"라는 적절한 표현으로 이해를 돕기도 합니다. 하나님은 무지개 언약, 즉 다시는 물로 멸하지 않겠다는 약속을 책임질 것이니, 너희는 지구에 크게 번식하여 전 지구에 널리 퍼지라는 것이지요.

하나님이 노아와 그의 가정을 구원하신 것에는(창 8:6,18; 9:1) 다 이유가 있습니다. 번성하되, 하나님이 정해놓은 규정을 따라야 합니다. 곧 가정이라는 부부관계를 통해서입니다. 하나님은 노아에 대한 축복, 즉 생육하고 번성하라는 명령이 '부부관계'라는 질서 안에서 이루어져야 한다고 말씀하면서, 특별히 '피'와 관련짓습니다. NIV는 4절의 '생명 되는 피'(바네프쇼 다모)와 5절의 '생명의 피'(딤켄 르나프쇼테이켐)라는 표현을 lifeblood로 번역하는데, 피가 곧 생명이기 때문입니다. 피는 생명이고, 이 생명의 소유자는 오직 하나님이십니다. 한 방울의 피도 하나님의 것이 아닐 수 없습니다.

그런데 하나님은 피 흘림, 즉 출산을 통해 사람의 대가 이어지도록 하셨습니다. 이 피 흘림이 '두 번째 세상'에서는 매우 강조됩니다. 하나님의 원대하고 영광스러운 목적이 있기 때문입니다. 하나님이 관용해주시는 기회와 공간에서 많은 생명을 출산하고, 많은 민족과 나라가 훗날 오실 그리스도의 피에 닿도록 하기 위해서입니다. 노아 후손 중 하나인 셈 계열 후손 중에서 동정녀 마리아로부터 살과 피를 받은 구주가 오실 것입니다. 따라서 '피 흘림' 없이 복제를 통해 만들어진 사람, 소위 '복제인간'에게는 구세주가 있을 수 없습니다. 생각만으로도 무서운 초 네피림이 될 것입니다. 동성결혼 역시 하나님이 정해주신 생산 법칙은 아닙니다.

오늘날의 세상에서는 하루에도 수만 명씩 기아로 죽어갑니다. 이런 세상에서 식구들을 제대로 부양할 경제력도 없는 내 형편에, 가진 것이라곤 떡몇 덩어리와 물고기 두 마리가 전부인 내 형편에 어떻게 자식들을 생산할수 있겠느냐며 탄식합니다. 자녀를 낳아봐야 핵폭탄 하나면 온 인류가 죽을 것인데, 자손들에게 고생을 전가할 이유가 없다는 절망감이 이 땅에 팽배하기도 합니다. 한편으로는 짧은 인생 즐기며 살 것이지 굳이 해산의 고통을, 그 피 흘리는 일을 하겠느냐는 사상도 널리 퍼져 하나님이 주신 책임을 회피하려고 합니다. 일부러 자식 생산을 중단하는(나도 이런 죄를 지었기에 회개합니다) 행위들은 노아 후 시대, 곧 우리 시대를 향해 하나님이 부여하신 사명에 역행하는 것입니다.

하나님이 주시는 대로 자녀를 낳아야 합니다. 이런 맥락에서 볼 때 수도원 생활이나 혼인을 금하는 것은 제도적으로 하나님께 범죄하는 것입니다. 결혼을 안 하려는 정도가 아니라, 하나님의 축복과 질서를 반대하는 일이 됩니다(히 13:4; 딤전 4:3). 개인의 소명 때문에 결혼하지 않는 것이야 우리가 무어라 하겠냐마는, 근본적으로 사람에게는 이 땅 위에 살면서 자녀를 낳고 인구를 증가시킬 사명이 주어졌고, 이는 하나님의 축복과 연결돼 있습니다. 여기에 다른 민족끼리의 국제결혼이 부인되는 것은 아닙니다(창 10:32).

우리 부부가 자동차로 미국을 전역을 여행을 한 것도 벌써 열 번을 넘어갔습니다. 저 광활한 땅에 우리 동포 7천만 명을 다 쏟아부어 놓아도 어디사는지 안 보이겠다는 말을 아내와 종종 나누었습니다. 사람이 살지 않고개간되지 않은 광활한 땅을 보았습니다. 어디 미국뿐이겠습니까. 호주며 아프리카며 러시아 등에는 아직도 인구가 채워지기를 바라는 땅이 많이 있습니다.

## ✝ 생명을 유지하는 방법(창 9:2b-3)

하나님께서 창조 때에 '채소'(에세브 하사데흐, 창 1:28-30; 3:18)를 사람에게 주어 생명을 유지하도록 하신 것 같이, 홍수 후에는 동물도 음식으로 삼게 허락해주셨습니다. 홍수 전에는 동물을 먹었는지 확인할 수 없지만, 홍수 후 노아 언약부터는 공식적으로 동물을 음식으로 섭취할 수 있게 되었습니다. 3절은 '모든(everything) 산 동물은 … 다(everything) 너희에게 주노라'라고 기록하여 산 동물을 준다고 강조하고 있습니다. 이 짐승을 잡아먹음으로 사람은 더 건강해지고, 이를 통해 더 많이 생산하게 된다는 의미입니다. 근본적으로 하나님은 사람과 동물의 관계를 창조 때처럼 유지하시지만 홍수 후에는 새롭게 변화시키신 것입니다.

사람이 뱀의 유혹으로 인해 타락하고 심판받았으니 사람과 동물의 관계가 소원해진 것은 사실이지만, 홍수 이후부터는 사람과 동물 간에 소원했던 관계가 항구적인 성격이 되었습니다. 짐승에게 사람을 '두려워하고 무서워하도록'(우모라아켐 베히트켐, 2절) 하겠다는 것입니다. 하늘이 주시는 수단이 없다면 하나님이 사람을 향해 번성하라 하신 축복이 제대로 이루어질 수가 없기 때문입니다. 이렇게 사람이 짐승을 길들이고, 봉사하게 하고, 훈련시키기도 하고, 잡아먹을 수 있도록 '사람의 손에' 맡기셨습니다. 성경은 이를 '너희 손에 붙였음이니라'라고 표현합니다(렘 27:5; 28:15; 단 2:38,39). 그렇다고 해서 사람이 짐승을 마음대로 잔인하게 다루어도 된다는 뜻은 아닙니다. 짐승이 사람에게 양식이 되는 것만큼이나 짐승은 사람의 보호를 받는 관심의 대상도 되어야 합니다.

모든 짐승을 먹어도 되지만, 여기에는 제한이 있습니다. '모든 산 동물은 너희의 먹을 것이 될지라'라고 했으니 정한 것과 부정한 것을 구별할 필요 없이 다 먹을 수 있습니다. 아마 홍수 전에는 제물에 관한 것만 정한 것과 부정한 것을 구분할 뿐(창 8:20), 먹는 것에는 구분을 두지 않은 것 같습니다(창 6:19,20). 알더스(Gerhard Charles Aalders)는 '노루나 사슴'은 먹을 수 있었지만 제물로는 제외되었다고 언급합니다(신 12:15,22; 15:22). 그리고 자연사한 것은 먹지 못합니다(레 11:40; 신 14:21). 훗날 모세의 율법은 먹을 수 있는 것과 먹을 수 없는 것을 구분합니다(레 5:2; 7:24; 11:11,24,25,35-40; 신 14:8,21; 겔 4:14; 44:31). 그러나 신약시대에 이르러 구약 율법은 예수 그리스도 안에서 무효화됩니다(행 10:9-16; 막 7:19). 혹시나 이후에도 금한 것처럼 보이는 경우가 있다면, 형제 된 유대인의 양심을 고려하는 태도에서 비롯된 것입니다(행 15장). '그날'이 되면 천국에서는 이사야서 11장 6-9절과 같이 동물을 포함한 모든 자연과 사람이 열린 세상에서 조화를 이루어 살 것입니다. 그때가 되면 사람은 신령한 생명 열매를 따 먹으며 기쁨을 누릴 것입니다.

율법은 음식에 대한 규정을 두었지만(레 11:4; 신 14:7; 행 10:9-16; 15장), 하나님은 약한 인류가 삶을 지탱할 수 있도록 일반 은혜의 한 방편으로 짐승을 먹게 해주셨습니다. 하나님이 양식으로 주신 이상 모두가 선하고 거룩한 것입니다. 이것을 부정하다 하여 금하는 것은 잘못된 것입니다(딤전 4:3).

✝     ## 생명을 보호하시는 하나님(창 9:2a,4-6)

홍수 후 하나님이 노아를 축복하시는 과정 중 가장 중요한 하나는 사람의 생명, 곧 피를 거룩하게 보호하신다는 것입니다. 사람의 생명이 지상에 퍼져가도록 짐승이 양식이 되는 도구가 될지언정, 짐승이 사람의 피를 흘리거나 사람이 사람을 타살하는 것, 곧 피 흘리는 것은 하나님이 철저히 막아주십니다. 짐승을 양식으로 허락하시지만 '생명 되는 피째 먹지 말라'(창 9:3)고 신신당부를 하십니다. 마치 창조 때 선악을 알게 하는 나무의 열매를 따먹지 말라고 하셨던 것처럼(창 2:17), 홍수 이후 생겨난 제2의 금령은 피에 관한 것입니다. 세상이 그만큼 악해졌다는 말이기도 합니다.

먼저 하나님은 짐승에 의한 피 흘림을 막으십니다. 앞서 언급했지만 우선 땅의 모든 것(짐승, 새, 기는 것, 물고기)이 '너희를 두려워하며 무서워하게' 하여 짐승들이 사람에게 함부로 접근하지 못하도록 하십니다. 물론 하나님이 세상을 창조하실 때 사람에게 동물을 '정복하고 다스리라'(창 1:28)라고 하셨지만(70인역은 이를 의식한 듯 9장 2절에 '그것을 다스리라'라는 말을 삽입하여 옮겼습니다), 타락한 세상에서는 짐승들이 사람을 두려워하고 무서워하는 것이 사람을 보호하는 더욱 효과적인 방법이 되었습니다. 이리와 표범이 어린 양과 염소에게 위협이 되고, 아이들이 뱀에게 물리는 난폭한 세상이 된 현실에서, 짐승들이 사람에게 갖는 두려움과 무서움이 사람을 보호하는 적극적인 방패가 된 것입니다. 그러기에 니므롯 같은 이는 사냥꾼이 될 수 있었습니다. 칼빈은 '하나님의 섭리는 그것들의 폭력을 억제하는 은밀한 족쇄'라고 표현했습니다. 어쨌든 하나님은 짐승들을 '사람의 손에 붙이셨습니다'(창 9:2b). 이제 사람은 짐승에게 통제력을 가지게 되었습니다.

어찌 짐승만의 세계를 교훈하겠습니까? 성경이 동물이나 식물의 세계를 말할 때에는 자연 그 자체를 말하기도 하지만, 무엇보다도 하나님의 백성에게 교훈을 주기 위한 목적이 있습니다. 하나님의 백성이 제 위치를 지키고 하나님만 섬기면 모든 원수들을 '네 손에 붙이신다'(출 23:25,31)라고 했습니다. 과거의 쓰라린 죄악을 청산하고 하나님 뜻대로 살기로 결심하여 벧엘을 향해 떠나는 야곱 가족에게는 사면 성읍들이 그들을 '크게 두려워하게 하셨으므로'(히타트 엘로힘) 추격하지 못하게 하십니다. 저들에게 하나님을 두려워하는 마음을 주셨기 때문입니다. 훗날 이스라엘 역사에서도 종종 이런 일이 나타납니다. 여호사밧 왕이 전심으로 여호와의 도를 행하고 나라의 우상 숭배를 제하며, 오직 여호와의 율법 말씀만 연구할 때 "여호와께서 유다 사방의 모든 나라에 두려움을 주사(파하드 아도나이) 여호사밧과 싸우지 못하게"(대하 17:10) 하셨습니다.

말씀대로 살면 어떤 인류의 무기보다 뛰어난 원수를 막는 능력을 갖게 됩니다. 원수가 아무리 무서운 최신식 무기를 가져도, 우리가 하나님의 말씀을 소유하고 그분만 의지하면 하늘의 위엄스러운 보좌가 그것을 뭉개버립니다. 오늘날같이 국제 질서에 긴장감이 맴돌수록 하나님의 백성답게 사는 것은 세상을 고요하고 평안하게 만드는 길이 됩니다. 하나님은 하나님의 말씀을 부지런히 정성을 다해 마음에 새기고 행할 때 "너희가 밟는 모든 땅 사람들에게 너희를 두려워하고 무서워하게 하시리니(파흐데켐) 너희를 능히 당할 사람이 없으리라"(신 11:25)라고 약속하셨습니다.

## ✝ 피째 먹으면 안 되는 두 가지 이유

사람이 번성하게 하려고 하나님은 짐승을 양식으로 주었지만, 이 양식을 피째 먹으면 안 된다고 하십니다. 피는 생명의 원리이고, 생명은 하나님께 속한 것이기 때문입니다. 따라서 동물의 피도 귀합니다. 피째 먹으면 안 됩니다. 이런 이유로 사람이 짐승을 도살할 때에는 하나님의 소유를 건드린다는 생각을 가지고 조심해야 합니다. 짐승이 느낄 고통을 최소화하여 피를 빨리 쏟아내어 죽도록 해야 합니다. 이것이 사람이 피가 없는 고기만 음식으로 먹어야 하는 이유입니다. 피를 가진 살아 있는 짐승은 먹는 것이 아닙니다. 하나님은 사람을 번성하게 하기 위해 짐승을 죽여 양식을 삼도록 하셨지만, 이 일에도 피를 중요하게 다루었습니다. 그러나 이것은 짐승의 피에 대한 것만을 의미하는 것이 아닙니다. 여기에는 두 가지 큰 원리(이유)가 담겨 있습니다.

**첫째, 사람이 동물을 죽여 피를 흘릴 수는 있지만,
동물이나 사람이 사람을 죽여 피를 흘려서는 안 됩니다.**

사람과 짐승을 같은 레벨로 생각해서는 안 된다는 뜻입니다. 짐승이 사람을 죽이면 반드시 죽여야 합니다. 훗날 이스라엘 사회에서는 사람을 죽이는 짐승의 습성을 알고도 단속하지 않아 사람을 죽이는 일이 일어나면 짐승과 그 주인도 죽이도록 합니다(레 24:22). 이스라엘의 생명 원리는 이방과는 다르게 사람이 '하나님 형상'이라는 데 근거를 두기 때문입니다.

하나님이 짐승과 사람의 생명에 대한 규정을 말씀하실 때, 짐승을 양식으로 먹을 수 있다(창 9:3)라고 하시면서 처음으로 다는 단서가 '피째 먹지 말라'(창 9:4)는 것입니다. '아크'(오직, 개역개정은 '그러나') 고기만 먹으라는 말이지요. 그런데 5절에도 똑같이 등장하는 '아크'를 개역개정은 '반드시'로 번역했습니다. 이것은 두 번째 특별 규정이 첫 번째 특별 규정보다 강하다는 뜻입니다. 풀이하자면 사람이 짐승의 고기를 먹도록 주셨지만 살아 있는 그대로의 짐승이 양식으로 주어진 것은 아니며, 사람이 짐승이나 사람에게 양식이 되는 일은 절대 있을 수 없다는 뜻입니다. 하나님이 짐승조차도 생명이 있는 피를 귀하게 여기도록 하셨는데, 더더구나 사람의 생명이 담긴 피라면 짐승이든 사람이든 귀하게 여겨야 한다는 뜻입니다.

사람은 하나님 형상으로 지어졌기 때문에 지상에서 가장 귀한 존재입니다. 동물은 그 피를 흘려 양식이 되겠지만, 사람의 생명을 흘린 자는 하나님

께서 '에드로쉬'(찾으리니) 하시는데, 이 동사는 5절에만 세 번이나 사용되어 '되찾는다'라는 의미를 강조합니다(개역개정은 2번만). 피와 관련하여 사람을 죽인다면 그것이 짐승이든 사람이든 하나님은 '반드시' 보응하실 것입니다. 우리의 생명은 각 사람의 것이 아니라 하나님의 것이기 때문입니다. 그래서 다윗이 충성된 신하 우리야를 죽이고 하나님께 회개할 때에 '내가 주께만 범죄하여'(시 51:4)라고 한 것입니다. 참된 회개는 생명의 유일한 주인이신 하나님께 하는 것입니다. 이런 맥락에서 자살하는 것은 사람이 생명을 자기 것으로 여기고 생명이신 하나님을 거역하는 죄가 됩니다.

사람의 생명은 영원히 지속될 수 없습니다. 고동치는 심장도 정지하는 때가 옵니다. 하지만 그 피의 고동을 짐승이나 사람이 강제로 정지시킨다면 가차 없이 죽입니다. 홍수 때는 보이지 않았던 가인의 살인의 영이, 방주가 아라랏 산에 머무를 때 방주와 더불어 노아의 자손들에게 머물러 '인간이 인간에게 늑대'(Homo homini lupus)가 되게 하였습니다. 그러나 사람의 피를 흘리는 일이 새로운 세상에서는 반복되면 안 됩니다. 이 사상을 이어지는 세대까지 영구히 기억하라고 저자는 시적 운율에 맞추어 하나의 법을 만들었습니다. 그것이 6절 말씀입니다. 예언으로 말하는 것이 아니고 하나님의 규례를 말하는 것입니다. 이 규례를 마음에 새겨야 했기에 암기하기 쉽도록 운율이 있는 시의 형식을 차용했습니다(창 8:22; 9:26도 시의 형식인데, 모든 사람이 마음에 새겨 두어야 할 중요한 사건들입니다).


사람의 피를 흘리는 자는(쇼페크 담 하아담)

사람에 의해 그의 피가 흘려질 것이다(바아담 다모 이쉬페크)

왜냐하면 하나님 형상으로(키 베쩰렘 엘로힘)

그가 사람을 만들었기 때문이다(아사 에트 하아담)

6절은 4마디로 이루어져 있는데, 첫 2마디는 살인한 자나 살인을 당한 자, 즉 '사람'에 강조를 두고 있습니다. 사람이 사람을 죽여 피를 흘리면 동일한 상해로 피를 흘려야 한다는 뜻입니다. 이러한 심판을 '동상(同傷) 복수법'이라고 합니다. 그런데 사람에 '의해'라고 하면 하나님이 사람을 보응하는 도구로 이용하신다는 말입니다. 혹자는 이 부분을 '위하여' 혹은 '대신해서'라고 번역해, 희생자의 생명을 대신하는 보상으로서 범죄자의 생명이 대신해야 한다고 주장합니다. 전자는 살인 범죄자를 다루는 수단에 관심을 둔 것이고, 후자는 살인자가 지불해야 하는 대가에 관심을 둔다는 차이가 있습니다. 어느 경우든 사람이 사람을 죽이는 일이 있어서는 안 되겠지만, 만에 하나 일어난다고 해도 그 자를 살려두면 안 된다고, 기억하기 쉽게 시적 표현으로 기록된 것입니다.

'쇼페크'(흘린 자는)는 '이쉬페크'(흘려져야) 해야 한다는데, 누구에 의해서라고요? 사람에 의해서. 그렇다고 모든 살인자에게 마음대로 피의 복수를 해도 된다는 의미는 아닙니다. 재판관도 없이, 변명할 여지도 없이 무조건 죽이라는 것은 아니기 때문입니다. 하나님의 대리자로 세워진 권세자가 언제나 있었습니다. '인간에게 세운 모든 제도'(벧전 2:13)가 있기에 사람의 피를 흘린 사건에 보응할 때도 하나님의 뜻을 따라, 공의로 실행되어야 합니다. 여기서 우리는 네 가지 사실을 인식해야 합니다.

첫째, 하나님은 홍수 후의 세계에 권세자가 나타나야 한다고 요구하십니다. 둘째, 모든 높은 권세자는 하나님의 종입니다(롬 12:1-7). 셋째, 모든 높은 권세는 자신의 권리와 의무를 다 하는 가운데, 하나님의 방법으로 정의와 질서를 실행해야 합니다. 필요하다면 사람의 생명을 보호하기 위한 강제력을 발동해서라도 사람의 피를 흘린 자를 징벌해야만 합니다. 넷째, 하나님은 의도적인 살인에 대하여 사형의 징벌을 요구하십니다. 여기서 사형제도의 필연성을 나타냅니다(레 24:17-22; 롬 13:1-7). 이 사항은 다른 데서 특별히 다루어져야 할 문제입니다만, 어쨌든 하나님은 개인적인 복수를 허락하지 않으십니다. 결론적으로 사람을 죽이면 안 되는 이유는 사람이 하나님의 형상이기 때문입니다. 이 이상 더 나은 이유도 없고, 있을 수도 없습니다.

## 둘째, 짐승을 피째 먹지 말고 오직 고기만 먹으라 한 것은 노아 시대의 규례였습니다.

하지만 이것은 짐승의 피를 강조하기 위한 것이 아닙니다. 바로 이스라엘에 세워지는 제단의 피를 내다보고 하신 말씀입니다. 홍수가 시작될 때는 물론 홍수가 끝날 때에도 짐승들은 사람과 함께 방주로 들어갔고 사람과 함께 방주에서 나왔습니다. 그리고 정결한 짐승들은 하나님 앞에 번제로 바쳐졌습니다(창 8:20-22). 짐승의 피를 먹지 말라고 한 이 시대의 규정은 모세 시대에 이르러 이스라엘의 생활이 되었습니다(레 7:26; 17:10; 13,14; 19:26; 신 12:20,21,23-25; 비교 삼상 14:31-34).

모세 시대의 이스라엘 제단에 드려지던 화목제를 생각해봅시다(레 3,7장). 짐승을 제단에서 죽이고, 피는 제단 주위에 뿌립니다. 화목제(감사제)는 피로 말미암는 속죄제가 아니고, 소제와 관련되어 짐승이 양식이 되는 제사입니다. 고로 이 제사에서는 제물이 죽임 당한 뒤 그 피가 여호와의 면전에서 뿌려집니다. 피가 뿌려지고 나면 콩팥과 내장들이 제단 위에서 불태워집니다. 때문에 이를 '화제'(火祭)라고 합니다. 이후 화목제의 고기는 제사장이나 제물을 바친 자가 먹을 수 있습니다. 짐승의 죽은 것을 그대로 놓아두지 않고 먹음으로 여호와와 교제를 가지는 것입니다. 제물로 드려진 짐승을 먹을 수 있으려면 제단에 그 피를 뿌려야 하는 것이지요(레 3장; 7:11

이하, 29절 이하; 신 27:7).

속죄제에서는 오히려 짐승의 피를 다루면서 그 영혼(네페쉬)을 제물로 드립니다. 짐승의 죽은 것이 대속물로 제단에 놓여 불태워집니다. 속죄제에서는 짐승의 피가 그 영혼으로 나타나 그 생명이 온전히 하나님께 나아가게 되는데, 여호와께서 짐승의 생명을 사람의 영혼으로 여기시는 것입니다. 이 사실은 노아 시대의 '피째 먹지 말라'는 계명에서 모세 시대의 율법으로 이어져 이스라엘 규례로 여전히 존속됩니다(레 17:11,10-14).

하나님이 사람에게 고기를 피째 먹지 말라고 하신 것은, 짐승의 생명이 하나님의 특별한 소유인만큼 당연히 존귀하게 여겨져야 하기 때문이지요. 게다가 짐승의 피는 짐승의 영혼이자 생명이며, 이러한 이유로 하나님께 제물로 바쳐지기 때문입니다. 이스라엘이 하나님께 드리는 화목제나 속죄제의 절차는 이러한 사실을 기반으로 정립된 규례입니다. 따라서 모세의 율법은 물론, 노아의 규례도 그 출발부터 이런 전제를 하고 있습니다. 일하는 짐승에게 망을 씌우지 말라 하신 것이 어떻게 짐승에 대한 이야기냐고 했듯, 짐승의 피와 짐승과 사람의 관계를 논하는 것은 불완전한 사람의 속죄를 염두에 둔 것으로 보는 것이 합당합니다.

## ✝ 피 흘림의 방향과 비밀

이미 우리는 창세기 3장을 지나왔습니다. 사람은 타락하였고, 홍수 후에도 인간의 악은 여전할 것인데, 그럼에도 하나님은 창세기 1,2장의 축복을 노아에게도 동일하게 주십니다. 동시에 동물을 피째 먹어서는 안 된다, 사람의 피를 흘리면 안 된다고 하십니다. 앞서 얘기한 '봉함 편지'가 피 흘림을 다루는 것은 사람을 향한 하나님의 축복 가운데 피 흘림이 중요한 축을 담당하고 있기 때문입니다.

홍수 후 '제2의 세계'가 새로이 시작되지만, 사람이 근본적으로 변화되지 않고 악이 여전히 계속되는 한, 하나님 편에 선 채 악의 세상에 젖어들게 됩니다. 하나님이 인생을 버리지 않으시고 악의 세상을 대처하시는 방식은 이전과 달라질 수밖에 없습니다. 타락한 세상의 필요에 하나님이 순응하신 것입니다. 첫 인생이 죄라곤 없던 에덴동산에서조차 실패했는데도, 하나님은 인생이 할 수도 없는 것을 동일하게 명령하십니다. 하나님이 짓궂으신가요? 아닙니다. 하나님께서 인생의 근본을 체휼하시고 하나님 편에서 언약을 제시하시는 것입니다. "네가 나의 명령을 지킬 수 있도록 능력을 줄 것이니, 맡은 사명을 이루라"는 것입니다. "네가 하나님의 형상이니 내가 도와주겠다, 그러니 너는 지상에서 사명자가 되라"는 것입니다. 이것이 9장 1절에서 하나님이 노아에게 베푸신 축복의 비밀입니다. 이는 먼 훗날 십자가의 피 흘림을 전제하고 하신 말씀입니다.

정리하자면, 홍수 이후 인생이 받은 사명은 4가지입니다. ① 결혼 생활을 유지하여 생육하라, ② 가정과 가문을 번성케 하라, ③ 사회 국가적 삶을 영위하여 땅에 충만하라, ④ 타락 이후 달라지기는 했지만 짐승을 지배하라는 것입니다. 이는 모두 정복자가 아닌 하나님의 형상으로서 언약적 의무를 다하라는 것입니다. 하나님의 전권대사로, 대리자로, 하나님 영광을 나타낼 자로서 소명을 다하라는 의미입니다. 하나님은 노아 안에서 '전에도 계셨고 이제도 계시고 장차 오실 이'(계 4:8)를 보시기 때문입니다. 시간을 초월하신 자가 역사하고 계시는 것을 본 것이지요.

홍수 이후, 노아는 피의 의미를 알고 있습니다. 죽임당하는 짐승이 다른 이의 죽음을 대신하고 있다는 것과, 제물을 먹기에 앞서 제사장이 짐승의 피를 제단에 뿌려야 하는 것을 알고 있습니다. 하나님은 짐승이 흘리는 피를 보시면서 그 속에 담긴 생명의 소유권이 철저히 하나님의 것이라는 사실을 주장하시고, 나아가 제물을 드리는 이를 골고다의 피로 인도하십니다. 노아는 완전히 계시될 피의 비밀을 믿음으로 바라본 것입니다. 그 시대에 믿음으로 장차 올 골고다의 십자가와 부활을 앞당겨 본 것이지요. 오늘날 우리는 창세기 9장을 읽으며, 짐승이 사람의 먹을 것으로 허락되는 장면을 통해 피를 대신하는 자의 영광을 보게 됩니다.

## 26

# 70족속, 니므롯, 그리고 벨렉

창세기 10장은 문화인류학 교과서가 아닙니다. 종족의 갈래를 보여주는 참고 자료가 아니라, 노아의 세 아들이 각기 족속, 방언, 지방을 달리하여 70종족(완전수)으로 번창한 사실을 보여줍니다. 10장의 말씀을 인구통계로 볼 것이 아니라, 영적이고 구속사적인 관점에서 이해해야 합니다. 무엇보다 전제되어야 할 것은, 이들의 역사가 바로 우리의 역사라는 사실입니다. 노아 이전의 인류는 다 멸망당했습니다. 새롭게 번창하는 이 70족속(종족)도 아직 완성된 것은 아닙니다. 이 족속은 그리스도의 왕국이 충만해질 때까지 지상에서 계속 펴져가야만 하지요. 이런 의미에서 이 70족속은 바로 우리 자신의 역사이기도 합니다.

각 종족을 이루는 개인의 이름들은 발음하기도 어렵고 기억하기는 더 어렵습니다. 그러나 이 이름들에는 깊은 의미가 숨겨져 있습니다. 홍수 후에 하나님은 노아와 그 아들들을 친히 축복하셨습니다. "생육하고 번성하여 땅에 충만하라"(창 9:1,7) 하신 그대로, 완전수를 상징하는 70종족은 각기 서로 다른 방언, 지역, 나라로 갈라졌습니다. 이 가운데 긴장과 문명의 충돌도 있었을 것입니다. 하지만 성령께서는 인간 군상과 광야를 보십니다. 하나님의 축복을 따라 널리 퍼지기는 하지만 육체적인 확장일 뿐, 하나님의 백성이 하나님의 나라를 건설하는 모습은 찾아보기 어렵습니다. 노아 때의 홍수가 죄짓고 회개하지 않은 자들을 모조리 심판하여 멸절하였지만, 사람의 마음을 근본적으로 변화시키지는 못했습니다.

홍수 후 하나님은 사람을 이렇게 진단하십니다. "내가 다시는 사람으로 말미암아 땅을 저주하지 아니하리니 이는 사람의 마음의 계획하는 바가 어려서부터 악함이라"(창 8:21). 이 악한 마음은 10장에서 열거하는 함의 후손들에게서 여실히 드러납니다. 성령께서는 70족속 가운데 특별히 두 사람, 함 족속의 니므롯과 셈 족속의 벨렉(에벨 포함)에게는 해석을 덧붙이십니다.

## ✝ 대적하는 반역자 니므롯

니므롯은 하나님을 대적하는 세력의 대표적인 인물입니다. 니므롯은 그 이름의 뜻대로 '우리가 반역할 것이다'라는 의미를 가지고 있습니다. 함 족속은 하나님의 저주를 받아(창 9:25) 예언대로 될 수밖에 없는 운명임에도, 자기가 제사장, 선지자인 양 '여호와 앞에서 특이한 사냥꾼'(창 10:9)이라는 거짓 속담을 만들어내 사람들을 유혹합니다. 그는 '세상에 첫 용사'(창 10:8)라는 별명을 지녔지만 기괴하게도 하나님을 대적하고 백성을 기만했습니다. 시날 평지에 여러 도시 국가들을 건설하여 왕권을 휘둘렀으며, 바벨론 제국을 세워 창세기 11장에 나오는 바벨탑을 쌓아 하나님과 맞서고자 했습니다. 70종족이 번져가지만 하나님 없는 세력이 날뛰고, 하나님 없는 도시를 건설합니다. 이런 측면에서 많은 나라들은 한결같이 광야 같은 세상으로 전락하고 있습니다. 먼 훗날 '광야에서 외치는 자의 소리'(세례 요한)가 나오는 것은 이런 역사적 사실을 배경으로 삼습니다. 니므롯과 같이 오만방자한 자들만 70족속에 득실댔다면 인류의 역사는 아무런 희망 없이 영원한 광야로 남을 것입니다. 그러나 하나님은 한 종족을 기쁨으로 선택하여 함께 하심으로 구원의 길을 보여주셨습니다.

# ✝ 벨렉을 통한 구원 운동

하나님이 뽑아내신 족속은 셈 족속의 후손인 '벨렉'의 소생입니다(창 10:25). 아들 벨렉이 있는 것은 아버지 에벨이 있기에 가능했습니다. 특별한 아들을 두었다는 의미에서 '에벨'도 돋보입니다. 성경은 "셈은 에벨 온 자손의 조상이요 야벳의 형이라 그에게도 자녀가 출생하였으니"(창 10:21)라고 기록합니다. 에벨의 가문을 소개하는 말씀에는 일종의 환호가 따릅니다. 야벳의 후손을 말할 때는 그저 '야벳의 아들은…'(창 10:2)이라 소개하고, 후손에 관해 말할 때도 '함의 아들은…'(창 10:8)이라 평범하게 소개하지만, 벨렉을 낳은 에벨이 셈 계열에서 태어난 것을 말할 때는 환호하는 어투로 '그리고 셈에게, 그에게도 역시 태어났다…'(창 10:21)라고 합니다.

하나님을 대적하는 세대의 군상들은 번져가는데, 어째서 하나님의 택함을 받은 자들은 나지 않을까요? 홍수 이후의 인류에게는 구원의 가망이 없을까요? 탄식이 만연한 가운데, 하나님은 벨렉을 택하여 구원 운동을 하셨습니다. 여기서 사용된 수동태는 하나님이 하신 것을 나타냅니다. 그냥 '아들들'이 태어났다고 하지 않고 '그에게도 태어났다'라고 하여, 오직 하나님의 역사만 보이게 합니다. 은연중에 세상의 아들들과 다른 아들이 났다고 말하는 것입니다.

에벨은 히브리 민족의 비조(鼻祖)로 보입니다. 그래서 에벨의 후손인 아브라함을 히브리 사람이라고 합니다(창 14:13; 출 1:15,19; 2:7). 에벨은 벨렉과 욕단, 두 아들을 낳았습니다. 욕단은 훗날 셈 족속의 아랍 족 조상이 됩니다. 욕단의 자손들은 열세 명이나 되어 세상으로 번져갑니다. 반면 벨렉은 후손과 연결되지 않고 홀로 남습니다. 벨렉이란 이름의 뜻은 무엇일까요? 히브리어 '페레그'는 창세기 10장에서만 유일하게 그 뜻을 알려주는데,

'나누어짐', '갈라지는 것', '분리'라는 뜻이 있습니다. 성경은 '그때에 세상이 나뉘었음이요'라고 작명의 계기를 밝히지요. 그런데 '세상이 나뉜 것'이 그 당시의 자연 사건(지진)을 두고 하는 말인지, 자기 형제 욕단이 남방으로 내려가 갈라지는 것인지, 아니면 바벨탑 사건 이후 언어 혼돈으로 갈라지는 것을 의미하는지는 알 수 없습니다.

한편 '운하' 혹은 '샘물'이라는 뜻도 있습니다. 여러 민족들이 니므롯으로부터 시작된 바벨탑을 쌓는 길로 휩쓸려갔지만, 여호와 하나님은 셈의 후손인 에벨의 장막에 은혜의 운하를 만들어 놓으시고, 거기에 생수를 마련하신 것입니다. 하나님은 셈의 장막에 우물이자 생수로 거하셨습니다. 족장들이 우물 파는 일을 자주 하는 이유도 여기에 있습니다. 니므롯이 바벨탑을 쌓아 사탄의 세력은 발전해가지만, 벨렉의 집에는 샘물이 터져 나오게 하셨습니다. 더구나 민족들이 갈라지는 곳에 운하가 되어 구원의 물이 흐르도록 하십니다.

창세기 10장은 하나님이 에벨과 벨렉을 통해 자기의 구원 계획을 펼쳐 보이시는 장입니다. 열방의 광야에 벨렉은 홀로 서 있지만, 그의 조상은 셋에서 노아, 노아에서 셈에게 이릅니다. 셈에게서 다섯 아들이 났지만, 넷은 잘리고(나누어지고) 에벨에 이르렀습니다. 광야에 홀로 서 있는 벨렉은 하나님이 열방 민족의 '복의 근원'으로 삼으신 아브라함과 연결됩니다. 아브라함은 본토, 친척, 아비 집을 떠난(잘린) 사람입니다. 그러나 하나님께서 바다의 모래같이 많은 민족을 주겠다는 약속을 주셨습니다. 열방 민족들은 번져가고, 광야의 샘물 벨렉은 더 깊은 지하수와 연결됩니다(창 10:24,25; 11:10-17; 11:18-26). 구원의 능력이 인간의 번식 능력에 있지 않고 하나님의 능력에 있다는 것을 보여주기 위해 하나님은 벨렉을 광야에 홀로 서 있게 하시고, 11장에 이르러서야 연결하십니다.

그러나 긴 역사를 볼 때 이 샘물에서도 이스마엘이 잘려나가고, 미움받은 에서가 잘려나가며, 이후로는 자기 좋은 대로 향했던 이스라엘의 열 지파가 열국의 광야로 사라졌습니다. 남은 유다의 두 지파도 열국 가운데 흩어졌지요. 오직 남은 자 한 사람, 곧 위대한 '벨렉' 예수 그리스도마저도 내던져지고 잘리다 못해 산산조각났습니다. 그러나 여호와께서는 그의 무덤을 열어젖히고 그의 이름이 증거되게 하셨습니다!

이사야 선지자는 이렇게 외칩니다. "보라 장차 한 왕이 의로 통치할 것이요 방백들이 정의로 다스릴 것이며 또 그 사람은 광풍을 피하는 곳, 폭우를 가리는 곳 같을 것이며 마른 땅에 냇물(펠레그) 같을 것이며 곤비한 땅에 큰 바위 그늘 같으리니"(사 32:1,2). 결국은 위로부터 영을 부어주셔서 광야는 아름다운 밭이 되고, 산림이 조성될 것입니다(사 32:15). 죄 많은 세상에서 잘린 위대한 벨렉, 곧 메시아이자 왕이시며, 광야의 샘물이십니다!

The Bible
Genesis
Genesis
Genesis

**4부**

족장의 등장

Genesis

Genesis

Genesis

# 여러 민족의 아버지 등장

창세기 11장 27절은 '데라의 족보는 이러하니라'로 시작합니다. 개역개정과 NIV는 '그리고'라는 접속사를 빠뜨렸지만, 원문에는 '그리고'라는 접속사가 있습니다. 이 접속사가 있어야 셈의 족보(창 11:10-26)와 이스라엘의 족장 이야기(창 11:27-32) 사이에 교량이 놓입니다. 여태껏 인류 전체의 역사에 대해 이야기했다면, 이제는 이스라엘 족장들의 이야기로 넘어가는데, 접속사는 두 이야기 사이에서 이음새 역할을 하는 것이지요. 세계사의 배경을 바탕으로 이스라엘의 족장들에게 나타나는 구속사의 위치를 잡아주는 접속사인 셈입니다.

아담은 인류의 첫 조상, 노아는 홍수 이후 새 시대의 첫 조상으로 나타납니다. 본문의 데라는 가문을 통하여 하나님의 구원의 뜻을 펼치는 시작점이 됩니다. 이 세 인물은 시대의 전환점에 섰던 인물들로 각각 세 아들을 낳았고, 그중 하나를 통해 하나님의 약속이 이어진다는 공통점을 가지고 있습니다. 아담은 셋, 셋의 후손인 노아는 셈, 셈의 후손인 데라는 아브람을 통하여 구속사를 이어가고 있지요.

## ✝ 이제는 특별한 가문을 통하여

지금까지 하나님께서는 인류를 하나로 묶어 통치하셨습니다. 아담이 홀로 저지른 범죄에 인류 전체가 타락하고, 노아 시대에는 인류의 범죄 때문에 모두가 홍수로 멸망당했습니다. 바벨탑을 쌓아 오만함을 드러낼 때는 온 인류의 언어를 혼잡하게 하셨습니다. 그리고 이제는 특별한 은혜로 한 가문을 택하여 다스리십니다. 이후 12-50장에서 보듯 아브람과 그 후손들의 역사는 세계사의 흐름 속에서 하나님의 구원 의지를 드러내며 흐르게 됩니다.

아브람이 아브라함으로 개명될 때 하나님은 아브람에게 "이제 후로는 네 이름을 아브람이라 하지 아니하고 아브라함이라 하리니 이는 내가 너를 여러 민족의 아버지가 되게 함이니라"(창 17:5)라고 하십니다. '여러 민족의 아버지'가 되게 하시겠다 했으니 당시의 여러 민족들이 어떤 민족들인지 알아야 하겠지요?

먼저 성경이 말하는 아브라함의 연대는 이렇습니다. "이스라엘 자손이 애굽 땅에서 나온 지 사백팔십 년이요 솔로몬이 이스라엘 왕이 된 지 사 년 시브월 곧 둘째 달에 솔로몬이 여호와를 위하여 성전 건축하기를 시작하였더라"(왕상 6:1). 이 말씀에 따르면 출애굽은 주전 1447년 혹은 1445년에 일어났습니다. 이를 기초로 아브라함이 부름받은 때를 계산해볼 수 있습니다.

430년은 이스라엘 백성이 애굽에서 산 기간입니다. 야곱이 애굽으로 내려간 시기는 1445+430=±1875년입니다. 야곱이 바로를 만났을 때 "내 나그네 길의 세월이 백삼십 년이니이다 내 나이가 얼마 못 되니 우리 조상의 나그네 길의 연조에 미치지 못하나 험악한 세월을 보내었나이다"(창 47:9)라고 말했으니 야곱이 태어난 해는 1875+130=±2005년이 됩니다. "리브가가 그들을 낳을 때에 이삭이 육십 세였더라"(창 25:26)라는 기록에 따라 이삭이 태어난 해는 2005+60=±2065년이 됩니다. 아브라함이 이삭을 낳은 시기는 "아브라함이 그의 아들 이삭이 그에게 태어날 때에 백 세라"(창 21:5)라고 했습니다. 따라서 아브라함이 태어난 해는 2065+100=±2165 년이 되지요. "이에 아브람이 여호와의 말씀을 따라갔고 롯도 그와 함께 갔으며 아브람이 하란을 떠날 때에 칠십오 세였더라"(창 12:4)는 기록에 따라 아브라함이 부름을 받은 나이인 75를 더하면 대략 주전 2090년 경이 됩니다. 1445+430+215=±2090년이지요.

이러한 연대적 추론에 따르면 아브람이 태어나고 부르심을 받은 시대는 수메르 문화, 그러니까 우르 제3 왕조 시대로 보입니다. 그리고 아브람이 하란을 떠난 해는 주전 2092년, 야곱이 가족과 함께 애굽으로 옮긴 해는 주전 1877년으로 추정합니다. 고고학자들은 갈대아 우르를 갈대아 '도시'라 하기도 하는데, Ur가 수메르 언어로는 URU, 즉 도시를 의미하기도 하고, 히브리어로 도시를 의미하는 '이르'와도 비슷하기 때문인 듯합니다. 하지만 우르는 고유명사로서 도시 이름입니다. 이 도시는 메소포타미아 남쪽 지역, 오늘날의 바그다드에서 남동쪽으로 약 350킬로미터 지점, 유브라데 강변에 있는 엘 무카알 언덕으로 추정됩니다.

우르에서는 월신(月神)인 난나 또는 신 신전이 번창했고, 왕들의 묘실은 모자이크로 웅장하게 꾸며졌습니다. 발굴품에서 버새(말과의 동물)가 이끄는 나무 마차가 행차하는 모습이 그려진 벽화를 볼 수 있습니다. 벽화에서 왕과 그 가족이 평화의 광장에서 연회를 즐기고 있는 모습을 발견할 수도 있지요. 우르는 인구 약 50만 명 정도의 대도시로, 오늘날과 비슷한 슈퍼마켓, 공공 도서관, 그리고 공립학교가 있던 도시였습니다. 서민들도 안락한 삶을 구가하고, 귀족들은 매우 사치스럽게 살았던 것으로 보입니다. 데라와 가족들은 바로 이런 환경과 문명, 우상숭배의 분위기 속에서 처음에는 도시 변두리에 거하는 반유목민이었다가 나중에는 도시 중심에 들어간 것으로 보입니다. 아브람은 결국 갈대아 우르를 떠났습니다(창 15:7; 느 9:7; 행 7:2,3).

## ✝ 역사적 사실로 입증되는 족장 시대 이야기

일반적으로 갈대아는 바벨론과 같은 말로 여겨집니다(사 13:19; 47:1). 아모스서에서는 갈대아 우르를 '기르'라 부르는데(암 1:5; 9:7), '기르'란 '벽' 또는 '도시'라는 의미입니다. 아브람의 형제 나홀과 그의 자손들인 브두엘이나 라반을 아람인들이라고 하는 것을 보면(창 22:20-24; 25:20; 28:5; 31:20,24) 아브람도 아람인의 한 족속일 가능성이 있습니다(창 10:22 참조). 갈대아인과 아람인은 분명히 어떤 관계를 맺었습니다. 히브리어로 갈대아인을 '카셔딤'이라 했는데, 아람인을 일컫는 고대형 단어일 수 있습니다. 후대 아카디아에서는 갈대아인을 칼두라고 했는데, 카셔딤의 sd가 칼두의 id로 변이된 것은 바벨론 중후반기에서 자주 나타나는 현상입니다.

우르 외에도 에블라, 마리, 누지 등 여러 도시들이 발굴되어 아브라함보다 수백 년, 심지어 수천 년까지 앞서는 문화와 언어들이 발견되었고, 메소포타미아에서 애굽으로 통하는 무역로를 통해 외교관들이 왕래한 사실도 발견되었습니다. 그러니 족장 시대의 성경 이야기를 사실이 아니라고 하는 사람들은 할 말이 없어집니다. 어떤 학자의 말과 달리, 족장들의 이야기는 결코 훗날의 상황을 반영한 것이 아닙니다. 족장 이야기들은 그 시대의 상황과 정확하게 맞아떨어집니다.

성경 이야기들 중 오래된 이야기를 비역사적 전승쯤으로 여기고, 후대 성경 기록들(아모스서를 비롯, 오경 이후의 성경 기록물들)의 근원을 창세기와 비교하면서 찾는 시도가 있어왔습니다. 창세기 기사를 비역사적인 것으로 몰아가는 주장을 하는 것은, 목적이 어떻든 근본을 무너뜨리는 행위입니다.

이것만 기억하세요. 구속사는 세계사 속에서 이루어졌습니다. 하나님은 아브람이라는 한 개인과 그의 가문을 택하시고, 전 세계와 이들의 관계 속에서 복이 오가도록 섭리하셔서 구원 계시의 역사를 진전시키셨습니다. 세상의 모든 문화가 하나님을 인정하지 않는 어둠 속에 빠져 있을 때, 하나님은 아브람과 그의 후손을 택하시고 그들 가운데서 그리스도를 나게 하시어, 그를 믿는 자마다 구원의 복을 얻게 하셨습니다. 이 일은 구원 역사에서 거대한 진일보입니다.

# 28

창 13:1-18

# 하나님만 의지하도록 성별시키다

아브람 부부는 애굽의 바로 왕 앞에서 수치심을 느낄 만큼의 낭패를 보았습니다. 아브람은 자기 꾀에 걸려 아내를 빼앗기고, 하마터면 '인류를 구원할 자손'이 아닌 애굽의 영을 가진 마귀의 자손을 생산할 뻔했지요. 하나님이 개입하셨기에 망정이지, 그렇지 않았으면 크게 당했을지 모릅니다. 혼쭐이 난 아브람은 그곳에 머물고 싶지 않았을 것입니다. 하나님이 나타나셔서 말씀하시고 약속하신 '그곳'(창 12:7), 그저 예배하며 살던 곳, 하나님과 교제했던 그곳에서의 생활이 그리웠습니다. 그는 애굽으로 '내려갔던'(창 12:10) 생활을 청산하고 가나안 남방으로 '올라왔습니다'(창 13:1). 가나안 남방이 애굽보다는 고지대이므로 올라왔다는 말이 자연스럽긴 하지만, 아브람의 영적 갱신을 나타내는 말이기도 합니다. 가나안으로 올라온 아브람은 벧엘과 아이 사이에 장막을 치고 여호와의 이름을 갱신합니다(창 13:3,4).

함께 갔던 롯도 돌아왔지만, 롯도 옛날 같지 않았습니다. 결국 갈라서야 하는 형편이 되었지요. 아브람과 더불어 롯도 재물의 축복을 받았지만, 마음 편할 날이 없었습니다. 롯은 얼마 안 있어 망할 도시를 찾아갔습니다(창 13:10,12). 그가 떠나면 아브람에게 약속하신 땅(창 13:14-15; 12:7)은 오로지 아브람의 소유가 되겠지요(창 13:17,18). 훗날 그의 후손들인 모압과 암몬은 롯이 멸시하고 떠난 땅(창 13:11)에 대해 권리를 주장할 수 없습니다 (창 19:30-38). 롯과 갈라설 때 비로소 친척과 아버지의 집을 떠나라고 하신 말씀(창 12:1-3)이 이루어지는 셈입니다. 창세기 전체를 통해 볼 때에 창세기 3장 15절에서 약속하신 여자의 후손은 셈의 후손인 아브람에게서 난 이스라엘 민족을 통해 구속의 대업이 열리게 됩니다. 고독한 땅에서 자기 살붙이가 떨어져 나가는 고통이 있지만, 여호와의 뜻이 이루어져 가는 것으로 위로를 삼을 수 있습니다.

## ✛ 여호와의 인도하심에 집중할 대목

애굽에서의 실패와 가나안으로 돌아온 후 롯과 갈라서는 현실은 하나님께서 아브람에게 하신 약속(창 12:1-9)이 재차 확인되고 확장되는 일련의 과정입니다. 따라서 이 대목은 아브람의 위대함 혹은 관대함에 초점을 맞출 것이 아니라, 여호와의 인도하심에 집중해야 합니다.

살아보겠다고 내려간 애굽에서 오히려 피 말리는 경험을 한 아브람은 그 일을 겪고 얼마 지나지 않아 가나안으로 돌아온 것 같습니다. 바로에게서 얻어낸 엄청난 재물도 가지고 왔습니다. 이 많은 재물을 가지고 돌아오는 길에 아무런 위해가 없었다는 것은 놀라운 일입니다. 훗날 야곱도 밧단아람에서 큰 부자가 되었지만 많은 재물이 약속의 땅 가나안으로 돌아오는 데 걸림돌이 없었습니다. 이 일을 통해 하나님이 주시지 않으면 먹지 못하나, 하나님이 주시면 그것이 엄청나다는 사실을 배운 아브람은 하나님을 아는 사람답게 행동합니다.

"아브람에게는 가축과 은과 금이 풍부하였더라"(창 13:2)라는 말씀을 원문으로 보면 '아브람'을 강조하는 구문입니다. 이는 기근에 쫓겨 내려간 애굽에서 자기 지혜를 의지하였기에 부유해질 수 없었지만, 하나님이 허락하

서서 부자가 된 아브람이라는 뜻입니다.

주목할 만한 점은 애굽에서 '가축'을 얻은 반면(창 12:16,20) '은과 금'은 애굽에서 얻은 것 같지 않다는 것입니다. 바로가 아브람에게 준 선물 목록에 '은과 금'이 빠져 있는 것은 오직 여호와만이 복을 주시는 분이시라는 것을 알라는 뜻이 아닐까요? '풍부하였더라'는 말은 히브리어로 '카베드'인데, 이 말은 창세기 12장 10절에서 기근이 '심하였음이라'는 표현으로도 사용되었습니다. 전쟁이나 흉년을 만나면 귀금속은 신변 보호의 중요한 수단이 되지요. 6·25 때 부산으로 피난 온 사람들 중에도 허리에 귀금속을 차고 내려온 분들이 많았습니다.

성경은 하나님이 아브람을 축복할 때 흉년은 물론 어떠한 어려운 환경이 닥쳐와도 넉넉하게 이겨낼 수 있는 재물을 주셨다는 사실을 강조합니다. 기근은 단순히 '카베드'(심하였음이라, 창 12:10)이지만, 하나님이 아브람에게 허락하신 가축과 은과 금은 '카베드 메오드'(매우 풍부하였더라, 창 13:2)한 것이었습니다. 아브람에게 복을 쏟아부으신 것입니다. 하나님이 축복하시면 어려움을 이겨내고도 남습니다. 이 정도는 돼야 재물에 사로잡히지 않을 수 있습니다. 아브람은 얼른 '아내와 모든 소유'를 챙겨서 나섰습니다. 훗날 바로는 이스라엘 백성에게 '양과 소'를 남겨놓고 가라고 회유합니다 (출 10:24-26). 아브람에게는 이런 방식의 공갈이 먹히지 않습니다. 바로를 이긴 전능한 하나님의 손은 아브람뿐 아니라 그의 모든 소유에도 미치고 있습니다.

아브람은 이 재물을 가지고 마침내 축복의 땅 가나안으로 넘어왔습니다. 국경을 넘어 남쪽 네게브까지 온 것만으로도 안도했을 것입니다. 애굽에 비하면 네게브 남방 지역은 척박하기 짝이 없는 황야에 가깝습니다. 그러나 이곳은 하나님이 약속하신 땅입니다. 마음의 안정을 되찾으면서 눈물이 낳을지도 모르겠습니다. 그러나 이곳도 눌러앉아 있을 곳은 아니었습니다. 그에게는 마음의 목적지, 북쪽 벧엘이 있었기 때문입니다.

그런데 왜 북쪽에 자리 잡고 여호와께서 약속하신 세겜으로 가지 않았는지에 관해서는 여러 견해가 있습니다. 당시 벧엘은 청동기 중기였고, 3.5미터나 되는 거대한 외곽 성과 4개의 성문이 있던 요지였습니다. 아브람은 세속적인 속셈에서가 아니라, 3,4절에 나오는 '그 장소'(하마콤), '그곳'(샴)을 잊을 수 없었던 것 같습니다. 벧엘은 '전에 장막을 쳤던 곳'이자, '처음으로 단을 쌓은 곳'이었거든요.

## ✝ 예배로 재물의 힘을 통제하다

벧엘에 이르러 보니 지난날에 세운 제단이 여전히 남아 있었습니다. 얼마나 설렜을까요? 아브람은 '거기서' 여호와의 이름을 또 불렀습니다. 감회가 컸을 것입니다. 여호와의 이름을 제단에서 공적으로 부름으로 자기는 이방 신들을 섬기지 않고 여호와 하나님만 신뢰한다, 여호와만이 전능자이시다, 하고 만방에 알립니다.

성경은 아브람이 가나안으로 들어온 후의 상태를 서술하면서, 단지 재물이 많았을 뿐 아니라 철저한 예배 생활을 지켰다는 데 초점을 맞춥니다. 사람은 별 수 없습니다. 재물이 많아지면 자기도 모르게 재물에 눈이 멀기 마련이거든요. 재물을 허락하신 분의 의도를 생각하기보다 세속적인 행복과 쾌락에 안주하기 쉽습니다. 그러나 아브람은 하나님을 경외하는 예배로 재물이 이끄는 힘을 통제하고 있습니다.

하나님은 택하신 자 아브람을 통해 자신의 원대한 계획을 이루어 가시려는 순간에, 재물이 넘쳐나 아브람이 '악하고 유해한 덫들'에 걸려 깊은 수렁에 빠지지 않도록, 롯과의 결별이라는 족쇄를 채우셨습니다. 재물은 없으면 없는 대로, 있으면 있는 대로 어려움을 줍니다.

아브람과 롯에게 양 떼들이 많아져 목초지와 물이 모자라 목자들 간에 싸움이 일어났다고 합니다(창 13:7). 목초지와 우물이 더 늘어나야 하는 어려움에 봉착한 데다(창 21:25; 26:20-22; 29:2-10; 출 2:15-19) 이들이 돌아온 가나안 땅에는 가나안 사람들과 브리스 사람들이 이미 자리 잡고 있었기에 운신의 폭이 좁았습니다. 있으면 있는 대로 시험은 더 오기 마련입니다. 하나님은 택하신 자에게 이런저런 고난을 주시고 오직 하나님만 의지하도록 성별시켜 하나님 나라의 건설에 이바지하게 하십니다.

# 29

# 아브람의 국제전쟁과 멜기세덱

세계사는 아브람을 축복하는 자가 복을 받고 저주하는 자가 저주를 받는 방향으로 흘러갑니다(창 12:3). 아무리 혈통적으로 조카라 할지라도 롯이 아브람의 언약의 테두리 안에 있을 때에는 복을 받지만, 아브람을 떠나면 선택에 책임을 져야만 합니다. 하지만 하나님은 아브람이 롯을 기억하게 하십니다. 아브람은 국제전 와중에 포로로 잡힌 롯을 구출하여 별안간 세계사적인 인물이 되지요. 한걸음 더 나아가 신비스러운 한 인물을 통해서 의와 평강의 왕국을 건설하는 자를 바라보게 됩니다. 국제전에 뛰어든 아브람, 하늘의 신비한 자를 만나 아브람이 취한 행동은 우리에게 어떤 교훈을 줄까요?

✝   **국제전에 뛰어든 아브람**

1절에 나오는 네 나라와 그 왕들은 오늘날 터키 북쪽에 있는 흑해부터 이라크와 이란, 그리고 쿠웨이트가 인접한 페르시아 만 인근의 고대 왕국들입니다. 여기를 비옥한 초승달 지역이라고 하는데, 현대 중동전쟁이 발발한 곳이기도 합니다. 시날은 오늘날 이라크의 일부이며, 엘라살은 현대 터키와 시리아 북쪽이고, 엘람은 오늘날의 이란, 디달은 오늘날의 터키입니다. 팔레스타인 쪽에서 보면 동북 지역이지요. 이들과 맞서 싸우는 다섯 왕들은 대략 사해 남동쪽에 위치하고 있는 소돔, 고모라, 아드마, 스보임, 벨라라는 도시 국가들입니다. 이 다섯 왕들이 12년간 동방의 네 왕들에게 조공을 바쳐왔는데, 13년이 되자 조공을 거부하며 반기를 들었습니다. 이 전쟁으로 인해 팔레스타인 전역과 홍해의 아카바 만에 이르기까지 전란에 휩싸여 초토화되었습니다.

하나님이 아브람을 부르시고 그에게 약속을 주신 것은 그 시대를 통치하고 있는 세상 권세로부터 가나안을 해방하시기 위해서입니다. 이것이 하나님이 정하신 뜻입니다. 하나님의 뜻에 따라 아브람은 가나안을 엘람-바벨론 세력으로부터 해방시키고, 가나안 민중에게 자유를 준 영웅으로 떠올랐습니다. 소돔 왕이 아브람을 인정했고, 무엇보다도 천지의 창조자를 소망하던 멜기세덱 제사장이 인정했습니다. 아브람은 이것을 받아들이고 하례합니다. 이때에 아브람은 '아모리 족속 마므레의 수풀 근처에 살았다'(창 14:13)라고 성경은 기록합니다. 이곳은 전쟁에 연루된 다섯 도시들에 인접한 곳으로, 아브람의 근거지는 공격받을 수도 있었지만 다행히 비켜갔습니다. 아마 별 볼일 없는 미약한 존재로 보았나 봅니다. 아무튼 하나님은 아브람을 보호해주셨고, 전화(戰火)는 롯이 살고 있는 소돔 성으로 옮겨갔습니다. 롯이 에덴동산 같다고 제 발로 찾아간 도시가 전쟁에 의해서 어떻게 되는지는 곧 보게 될 것입니다.

전쟁은 사해 국가들에 유리하게 돌아가게 되어 있었습니다. 고향이기에 지형적으로 익숙했고, 이곳의 날씨는 너무 더워서 공격하는 입장에서도 부담스러웠지요. 원정군들은 먼 길을 왔기에 아무리 강한 군대라도 힘이 빠졌을 것이고요. 또한 성경은 '싯딤 골짜기'(사해)에 역청 구덩이가 많았다고 전합니다. 천혜의 방어지인 셈입니다. 그러나 이게 웬일입니까! 정작 전쟁이 일어나자 역청 구덩이가 방어망은커녕 올무가 되었습니다. 성경은 '소돔 왕과 고모라 왕이 달아날 때에 그들이 거기 빠지고'라고 기록하고 있는 데, 어떤 학자는 '스스로 그곳에 던졌다'(와이프루 쇼마), 즉 자결한 것으로 봅니다. 칼빈 역시 "절망적인 상태에서 하나가 죽자 덩달아서 따라 죽는 일이 일어났다. 원수의 칼날이 너무나 무서워 주저하지 않고 스스로를 역청 구덩이에 던진 것이다"라고 해석합니다.

다섯 나라 중에서도 소돔과 고모라의 군대들만 언급된 이유를 추론해보아야 합니다. 그곳의 군인들 수가 아무리 많다 한들, 가장 음란한 도시 출신인 그들에게 실제적인 전투능력은 없었다는 것을 암시하는 것입니다. 성경은 역청 구덩이에 빠진 소돔과 고모라의 군대와 아브람이 믿음으로 준비한 318명의 용사를 비교합니다. 전쟁은 군대의 숫자가 아니라 전투에 임하는 정신무장으로 승리하는 것입니다.

그러나 성경은 국제전 전황을 중계하는 데 집중하지 않습니다. 오히려 롯과 그의 가정이 어떻게 되어가는지를 보여주는 데 우선순위를 둡니다. 언약을 계승하는 아브람의 품을 떠나 잘 살아 보겠다고, 겉보기엔 에덴동산 같지만 실제로는 음탕하고 불의가 득실거리는 소돔 성을 향해 떠난 롯은 처음에는 소돔 성을 향하여 장막을 치고 삽니다(창 13:12). 그리고 얼마 지나지 않아 아예 소돔 성 안에 들어가서 사는 모습을 보입니다. 이 결과는 참담하기 이를 데 없습니다. 에덴동산 같던 소돔 성이 전쟁으로 인해 폐허가 되어 자기와 가족, 그리고 재산이 모두 날아갔습니다. 딸들은 겁탈당했을 것이고, 아들은 죽임을 당했을 것입니다. 재산은 몰수당하고 자신은 쇠사슬에 매여 포로로 잡혀가는 형편으로 전락했습니다. 보이는 것이 다인양 즐기고 살았던 롯의 운명은 비참한 처지가 되었습니다. 언약을 품고 사는 아브라함을 떠난 것이 실패의 원인이지요. 성경은 하나님과 그 말씀을 떠나면 망한다는 것을 보여줍니다. 그리고 영영 회개하지 않으면 하늘의 유황불로 영원히 망할 수 있다고 경고합니다(창 19장). 하나님은 잡혀가는 롯을 보시며 안타까워하셨을 것입니다. 신자, 즉 언약에 참여한 자라면 있어야 할 자리에 있어야 합니다.

## ✝ 멜기세덱의 자기인식(창 14:17-24)

아브람의 영웅적 행동 이후, 가나안에서는 그의 명성이 자자해졌습니다. 이제부터 아브람은 무명한 인물도, 어쩔 수 없이 얹혀사는 나그네도 아닙니다. 당당히 자신의 하나님을 위해 가나안에서 제단을 세운 최초의 히브리인이자 여호와의 예배자입니다(창 12:7; 13:4,18). 소돔에서 무명한 나그네로서 죄를 즐기며 살았던 롯과 대조적입니다. 아브람은 명실공히 가나안 사람들을 해방시킨 자로 사례와 존귀를 받는 것이 응당한 사람이 되었습니다. 가나안 사람들의 마음에 여호와 하나님을 각인시켜준 것이지요.

소돔 왕과 살렘 왕 멜기세덱이 아브람을 만나러 오는 길에 왕의 골짜기에서 경의를 표합니다. 멜기세덱은 천지의 주재시요 지극히 높으신 하나님, 그 기쁘신 뜻대로 역사하시는 가운데 가나안을 맡기신 하나님의 축복 받은 자라고 아브라함을 칭송합니다. 소돔 왕은 사의를 표하면서 노획물에 대한 아브라함의 권리를 주장합니다. 그러나 아브람은 믿음으로 여호와의 약속에만 의지하여 소돔 왕의 들매끈 하나라도 받지 않기로 맹세하며 거절합니다(창 14:23). 이어 가나안에서 합법적 왕이며 제사장으로 활약하는 멜기세덱에게 존귀를 표하는 의미로 가진 것 중에서 십일조를 드립니다. 이로써 아브람은 가나안을 해방시킨 자, 천지의 주재자 여호와 하나님의 총애를 받는 자로 부각됩니다.

멜기세덱은 살렘의 왕으로서, 의의 왕 혹은 평강의 왕이라는 이름의 뜻을 가지고 있습니다(히 7:2). 아브람이 가나안에 진입하기 전에 이미 이 성읍의 백성들은 하나님을 경외하고 있었던 것으로 보입니다. 아마 홍수 후 노아가 제단을 쌓고 천지를 창조하신 하나님이 땅의 족속들에게 축복해주실 것을 소망하던 그 전통이 살렘에 있었던 것이 아닌가 합니다. 비록 하나님을 경외하는 정도가 많이 부족하기는 했지만(창 20:11; 23:6), 아브람의 행로에 하나님을 아는 지식이 잠재되어 있었던 것 같습니다. 예루살렘도 '의의 기초', 즉 평강과 의가 기초가 되어 있는 성읍으로서, 완력에 의한 다스림이 용납되지 않았던 것입니다.

이런 배경에서 가나안에 아브람이 나타났습니다. 하나님은 당신의 이름과 약속이 아브람을 통해 가나안에서 알려지기 원하셨습니다. 아브람은 멜기세덱이 참된 왕이며 제사장인 것을 인정하고 하례했습니다. 한마디로 아브람은 멜기세덱의 왕권과 제사장권을 인정하는 중보자로서, 그 소명을 다하고 있는 것입니다. 성령은 다윗의 왕권이 멜기세덱의 제사장적 왕권을 모방하고 있다고 알려줍니다(시 110; 비교 삼하 23:1-5 이후를 보십시오). 동일한 성령님이 히브리서 기자를 통하여서는 그리스도가 대제사장인 동시에 왕이신 것이 바로 멜기세덱의 소명이 완성되는 것이라고 알려줍니다(히 5:5-10; 6:13-20; 7:1 이후를 보십시오).

멜기세덱이 가나안 사람이었는지는 확실하지 않지만, 그가 셈이었다고, 혹은 에녹이었다고 주장하는 학자들이 더러 있기도 합니다. 확실한 것은 그가 실제 있었던 역사적 인물로 가나안에서 왕인 동시에 제사장이었다는 것입니다. 그는 자신을 가나안 사람이 아니라 천지의 주재자이신 하나님으로부터 특별한 사명을 부여받은 자로 스스로를 인식하고 있습니다(창 14:18,19). 멜기세덱은 자신의 왕권에 관해 "나의 아버지도 나의 어머니도 나의 통치권을 세운 것이 아니고 오직 전능한 왕의 팔에 의해 세워졌다"라고 설명합니다(히 7:3).

무엇보다 멜기세덱은 지극히 높으신 자의 제사장(창 14:18)이었습니다. '제사장'이라는 말은 이때에 성경에서 처음 등장합니다. 제사장은 하나님을 예배하며 섬기는 자로서, 하나님과 사람 사이에 중보자 역할을 합니다. 피조물의 예배와 섬김을 천지의 하나님께 바치면서, 하나님의 축복을 피조물에게 가져오는 자이지요(히 5:1; 벧전 2:5). 동시에 피조물을 위해 하나님께 기도하는 자입니다. 타락 이후, 엄밀히는 홍수 이후부터 죄 때문에 제물이 필요하다고 강조될 뿐 아니라, 그 세대의 머리 된 자가 하나님과 인간 사이에서 제사장의 직분을 맡습니다. 노아가 방주에서 나올 때 세워진 원리입니다(창 8:20-22). 이때부터 제사장의 직무가 왕권과 결부되었습니다.

멜기세덱은 '지극히 높으신 하나님'(창 14:18; 시 78:35)의 이름으로 아브람을 축복했습니다. 그는 하나님이 아브람에게 승리를 주셨다고 찬송합니다(창 14:20). 여기서 하나님은 '지존하신 여호와'(시 47:2)라고 번역할 수 있습니다. 하나님이야말로 유일신 하나님으로서, 열국의 모든 우상에 반대하여 붙여진 이름입니다. 멜기세덱은 이 이름에다 '천지의 주재'(창 14:19)라는 이름을 덧붙입니다. 천지의 소유주이자 근원자라는 뜻입니다. 아브람은 이 같은 하나님을 믿고 고백한다는 뜻에서 멜기세덱을 인정했습니다. 아브람은 여기에다 '여호와'라는 말을 덧붙이는데, 이는 히브리어 원문상 성경에서 처음으로 등장하는 '여호와'의 표현입니다. 참된 하나님으로서 천지의 주재이신 여호와께서 자신에게 나타나셨는데, 멜기세덱이 동일한 여호와 하나님을 믿고 축복해주심에 아브람은 감사합니다.

놀라운 것은 가나안의 모든 종교들이 천지를 지으신 하나님(창 1:1)에 대한 참된 지식을 오염시키고 있는 상황에서 노아의 전통을 이어받은 신앙고백을 하고 있다는 점입니다. 세상이 아무리 타락했어도 엘리야 시대에 가나안 신들에 절하지 않은 칠천 명을 남겨두신 비밀이 있습니다.

노아 시대의 열국 가운데는 하나님을 'El' 혹은 'Il'이라는 이름으로 부르던 메소포타미아, 피니시아, 가나안, 아라비아 비문들이 나옵니다. 참된 하나님에 대한 신앙이 타락하여 이방의 우상이 되어가는 가운데서도, 이들에 맞서 천지의 주재이시며 지존하신 여호와를 고백하는 일이 살렘에 있었던 것은 기적입니다. 멜기세덱은 하나님을 섬겼고 하나님을 예배하였고, 아브람은 자기를 축복하는 자를 경외하는 마음으로 받아들여 둘은 하나가 되었습니다. 참된 하나님을 믿는 가운데서 진정한 에큐메니즘이 이루어진 것입니다.

그리스도는 멜기세덱의 반차를 쫓아 제사장의 직무를 완성하십니다. 에덴동산에서 타락한 이후 노아 시대를 거치면서 아브람의 소명에 이르기까지 제사장 직무가 이어지는 가운데, 멜기세덱은 제사장 직무를 통해서 인간을 대표하고 있습니다. 그는 어느 한 족속에 속하지 않으면서 사람을 대표합니다. 성경은 그에 대해 "아버지도 없고 어머니도 없고 족보도 없고 시작한 날도 없고 생명의 끝도 없어 하나님의 아들과 닮아서 항상 제사장으로 있느니라"(히 7:3)라고 증언합니다. 그의 제사장 직무는 사람의 제사장 직무로서, 하나님의 아들을 통해 계속되고 있습니다.

하나님의 아들은 아브람 이전은 물론, 멜기세덱 이전에도 여호와의 맹세로 영원히 있던 제사장이었습니다. 육체에 상관된 계명의 반차를 쫓아 제사장이 된 것이 아니라, 시들지 않는 무궁한 생명의 능력으로 제사장이 된 것입니다(히 7:16). 이 하나님의 아들은 영원에서부터 시들지 않는 제사장 직무로 성별되셨습니다. 따라서 그의 제사장직은 영원하며, 그를 힘입어 하나님께 나아가는 자들을 온전히 구원하실 수 있습니다(히 7:24-28). 히브리서 기자는 이 모든 비밀을 밝혀주는 가운데 멜기세덱과 이스라엘의 제사장 직분에 담긴 비밀을 5-10장에 걸쳐 말합니다. 그리고 우리의 소명을 일깨워주는데, 예수 그리스도를 믿는 자들은 모든 민족에게 영적 제사장 나라가 되어 하나님이 받으실 영적 제사를 드리라고 합니다(벧전 2:5,9; 롬 15:16; 12:1 계 1:6; 5:10). 멜기세덱의 제사장적 왕직은 이런 면에서 예수 그리스도의 모형이요 그림자입니다. 실재인 그리스도는 우리를 위해 지금도 간구하고 계십니다.

# 30 칭의와 언약체결식과 할례

지금까지 아브람은 하나님이 말씀하실 때 듣는 자세로 임했지만, 15장에 이르러 처음으로 여호와와 대화하는 모습을 보여줍니다(창 15:2,3,8). 이때에 아브람은 처음으로 아들이 없다고 하나님께 고백하지요(창 15:2-3 참조, 11:30). 이에 여호와께서는 아들뿐 아니라, 아브람의 몸에서 숱한 자손들이 나올 것을 구체적으로 말씀하십니다(창 15:4).

6절에서는 칭의 교리의 근거가 되는 아브람의 믿음이 언급됩니다. 이 믿음은 장차 시험대에 올라 점검받게 됩니다(창 22장). 지금까지의 모습(창 12-14장)을 보면 아브람이 강한 믿음의 소유자는 아니었지만, 일련의 시련을 통해 그의 믿음이 깊어져가는 것을 볼 수 있습니다. 여호와는 아브람과 언약을 맺으십니다. 연기 나는 화로와 쪼갠 고기 사이로 여호와 자신이 걸어가는 언약 체결식을 통해 아브람의 후손들이 가나안을 소유하게 하겠다고 약속하십니다(창 15:17-18). 여호와께서 아브람을 확실히 보호하시고 큰 상급을 주겠다고 약속하시면서 두려워하지 말라고도 하십니다.

## ✛  아브람이 가진 두려움의 뿌리

1절은 '이후에'로 시작합니다. '이런 일들/사건들이 지난 후'라는 뜻을 가지고 있지만, 여호와께서 언제 아브람에게 나타나셨는지는 명시적으로 기술하지 않습니다. 다만 문맥과 정황을 볼 때 아브람이 그돌라오멜의 적군들을 격파한 직후로 보입니다. 이때는 아브람이 승리를 만끽하고 있을 때인데, 하나님의 백성에게는 이럴 때가 오히려 더 어려운 순간입니다. 패배한 적군들이 전열을 다듬어 다시 공격할 수 있습니다. 아브람의 동맹군들이 아브람을 시기하고 경계할 수도 있겠지요. 무엇보다 위험한 것은 아브람 자신이 승리감에 사로잡혀 스스로를 가누지 못하는 위험에 빠질 수도 있다는 것입니다. 고대 사회는 데리고 있는 사람의 머릿수가 곧 그 사람을 설명해주었기 때문에, 자식 하나 없는 아브람으로서는 자신의 미래가 어둡다고 생각했을 수도 있습니다. 아브람 자신이 정신적인 곤경에 빠져 헤어 나오지 못하거나, 승리감에 사로잡혀 자기 원래의 소명을 망각한 것일 수도 있습니다.

"여호와의 말씀이 환상 중에 아브람에게 임하여 이르시되"라는 표현은 말씀의 주체가 하나님이라고 확인시켜줍니다. 그뿐만 아니라 더 큰 권위를 부여하기 위해 '환상 중에'라 표현하여 하나님이 직접 말씀하셨다고 알려주지요. 하나님은 자신의 영광에 비추어볼 때 자기실현이나 성공 같은 세속적 가치가 아무것도 아니라는 것을 아브람에게 알려주십니다. 말씀과 이상이 함께 나타나는 것은 훗날 선지자들이 쓰는 일종의 전문용어입니다. 사실 히브리어 원문에는 이 부분에 정관사가 있기 때문에 '그 환상 중에'라고 해야 합니다. 이렇게 말하는 것은 보통 신현(神顯, theophany), 곧 하나님의 나타나심을 의미합니다.

하나님은 아브람에게 '두려워하지 말라'고 하십니다. 적들이 다시 쳐들어오는 것이든, 아브람 자신의 느슨한 기분이든, 아니면 미래에 대한 불안감이든, 아브람이 가진 두려움의 뿌리에는 '하나님이 과연 계속 나와 함께하실까?'하는 의문이 있었습니다. 그러나 14장에서 거둔 승리도 하나님이 함께 하셨기에 가능했지요. 아브람은 이를 믿고 전진해야 했습니다. "그러나 나의 종 너 이스라엘아 나의 택한 야곱아 나의 벗 아브라함의 자손아 내가 땅 끝에서부터 너를 붙들며 땅 모퉁이에서부터 너를 부르고 네게 이르기를 너는 나의 종이라 내가 너를 택하고 싫어하여 버리지 아니하였다 하였노라 두려워하지 말라 내가 너와 함께 함이라 놀라지 말라 나는 네 하나님이 됨이라 내가 너를 굳세게 하리라 참으로 너를 도와주리라 참으로 나의 의로운 오른손으로 너를 붙들리라"(사 41:8-10). 하나님의 능력의 손이 친히 우리의 방패가 되어주십니다. 어떤 위험에도 보호막이 되어주십니다.

이뿐만이 아닙니다. 하나님은 아브람에게 상급을 매우 크게 주겠다고 하십니다. 하나님이 아브람의 방패도, 상급도 되어주시는 것입니다. 무엇을 상급으로 주실까요? 창세기 14장 21,24절에 비추어볼 때, 아브람을 큰 부자로 만든 것은 소돔 왕이 아니라 여호와 하나님이셨습니다. 오직 하나님만이 아브람을 부자로 만드신다는 것을 강조하는 약속입니다. '내가 너를 생각하니 네가 두려워할 아무런 이유가 없다. 너는 오직 나만으로 만족하라'는 뜻입니다. 이를 잘 간파한 다윗은 '주밖에는 나의 복이 없다 하였나이다', '여호와는 나의 산업과 나의 잔의 소득이시니 나의 분깃을 지키시나이다'라고 고백합니다(시 16:2,5).

그러나 아브람은 하나님께 드릴 말씀이 많은 모양입니다(창 15:2-3). 하나님이 어떤 분이신지 믿겠다고 하면서 하나님을 '아도나이 야훼'라 부릅니다. 개역개정은 '주 여호와'로 번역했는데, 이 말 안에는 '절대적인 전능자, 주권자 앞에서 감히 나 같이 비천한 존재가 무슨 당돌한 말을 하겠습니까' 하는 아주 겸손한 자세가 포함되어 있습니다. 그 후에야 아들이 없는 자신의 형편을 아룁니다. "제게는 계속해서 아이가 없습니다(창 15:2). 이런 상황은 약속과 정반대되는 형편 아닙니까?" 하고요. 원문은 '홀레크'(계속)

라는 분사형을 사용하여 단순히 아이가 없는 정도가 아니라, 아이가 없는 상태로 나이를 먹어 죽어가고 있다고 강조했습니다. 그러면서 '이 다메섹 사람 엘리에셀'에게 유산을 상속하겠다고 합니다.

놓이 서에서 먼 것만큼 아브람의 생각은 하나님의 생각과 다릅니다. 아브람이 하나님 처사에 대해 다소 탄식 섞인 어조로 '이르자'(창 15:3), 하나님께서도 아브람의 생각에 대해 '이르십니다'(창 15:4). 너의 상속자는 '그 사람'(창 15:4)이 아니라고 말씀하시지요. "네가 생각해둔 엘리에셀도, 다멕섹인도, 네 집에서 태어난 노예도 아니다. 오직 '네 몸에서 날 자'(히브리어로 '후', 3장 15절에서 여자의 후손도 '후')가 상속자가 될 것"이라고 하셨습니다. 이후 하나님은 아브람을 '이상' 밖으로 데려가서 하늘을 쳐다보라 하시고는 '네 자손이 이와 같으리라'며 약속을 주셨습니다. 아브람의 육체에서 아이가 날 뿐 아니라, 셀 수 없이 많은 후손을 거느리게 될 것이라고 말씀하셨지요.

이전에 하나님은 적어도 세 번(창 12:2; 12:7; 13:14-16)이나 아브람에게 약속을 주셨는데, 네 번째라고 하여 믿을 수가 있을까요? 약속에 대한 아브람의 반응이 어땠는지는 성경이 말하지 않습니다. 다만 6절은 '아브람이 여호와를 믿으니'라고 기록합니다. 여호와께서 말씀하시고 보여주신 후(창 15:4,5)에 이어진 아브람의 침묵을 하나님은 믿은 것으로 쳐주셨습니다. 그리고 이 믿음을 의로 여겨주시는 놀라운 기적을 베푸십니다. 하나님이 한 번만 말씀해도 믿어야 하는데, 몇 번이고 계속하여 같은 말씀을 하실 때 어떻게 믿지 않을 수 있겠습니까? 그러나 이 믿음도 스스로 만들어 생긴 것이 아니라, 하나님의 은혜로 믿어지는 것입니다(엡 2:8,9). 이것이 기적입니다.

# ✛ 할례, 언약의 표징

창세기 17장 전체를 볼 때 하나님이 아브라함(아브람에서 개명, 창 17:5)과 언약을 확정하시는 기사는 1-8절에 걸쳐 기록하는 반면, 아브라함이 순종하여 실행에 옮기는 할례와 관련된 기사는 9-27절에 걸쳐 기록합니다. 그만큼 할례의 의미가 중요합니다. 먼저 하나님께서는 '나의 언약'의 가시적 표징을 육체에 새겨 확정하도록 요구하셨습니다(창 17:11). 이는 눈에 보이는 표징을 주어서라도 믿게 하려는 조치였습니다. 할례는 율법적 요구가 아니라 은혜 언약의 성격을 확증하는 장치입니다.

할례의식은 아브라함이 태어나기 훨씬 이전부터 근동지역 나라들에서 행해지던 관습이라고 합니다. 얼마나 오래 전부터, 어떻게 행했는지는 중요하지 않습니다. 누가, 어떤 의미로 세웠는지가 중요합니다. 하나님은 기존의 세상 질서와 체계를 이용하여 얼마든지 자신의 뜻을 펼쳐 보일 수 있으십니다. 광야 시대의 곤고한 이스라엘 백성은 '브엘'에서 이미 있던 우물을 발견했으나, 하나님이 그곳으로 인도한 것으로 믿었습니다(민 21:10-20). 할례를 두고 '이것이 나의 언약이다'(10절)라고 말씀하신 데는 바로 이런 뜻이 담겨 있습니다. 궁극적으로는 그리스도가 우리의 죄 대신 '잘림당한다'(끊어진다)라는 뜻을 가지고 있습니다(창 17:14; 사 53:8).

1절 끝부분에서 하나님은 아브라함에게 '내 앞에서 완전하게 행하라'고 요구하시는데, 이 요구는 할례를 행하는 것으로 구체화됩니다. 이후 10절에 기록된 '할례를 받으라'는 표현은 문법적으로 볼 때 미완료 부정사 독립형으로 기록되었는데, 명령을 내포하는 아주 강한 말입니다. 받지 않으면 안 되는 강력한 제도라는 뜻이지요. 바울은 할례를 '믿음으로 된 의를 인친 것'(롬 4:11)이라고 평가합니다. 사실 아브라함은 창세기 15장에서 믿음으로 의롭게 되었는데, 이 의를 17장에서 인친 것입니다. 아브라함의 믿음 때문에 할례가 설정된 것이 아니라, 하나님의 기쁘신 판단에 따라 확립되었습니다.

할례의 대상은 12-13절이 밝히듯이 아브라함의 가정에 속한 남자, 노예를 포함한 모든 자들입니다. 할례는 아브라함(여러 민족의 아버지)으로 개명한 후 처음 맞는 사건으로, 육신으로 난 자나 그에게 접붙어 있는 자를 막론하고 모두가 언약의 표징을 받아야 했습니다. 아브라함과 더불어 언약을 세우시고(창 17:2-8) 뒤이어 사라에게 주신 언약의 축복을 말씀하면(창 17:15-16) 될 것을, 굳이 할례를 제정하시고(창 17:9-14) 사라의 축복과 이스마엘의 축복을(창 17:20) 말씀하시는 것으로 보아, 하나님은 할례의 축복에 모든 민족을 묶어두려 하신 것 같습니다.

구약의 모든 진리가 오늘날 우리를 위한 것이라고 하면 지금도 할례를 행해야 하느냐 하는 실천적인 문제가 제기될 수 있습니다. 그리스도가 오시고 난 후부터 하나님께서는 언약의 표징을 변경하셨습니다. 할례는 피부를 잘라내는 것으로, 죄를 잘라내는 것을 상징합니다. 피부를 자르기 위해서는 피 흘림이 동반되는데, 할례받는 자가 죄로부터 성별되어 하나님의 백성으로 귀속되는 것을 의미하지요. 따라서 이렇게 중요한 할례를 거부하는 자는 아브라함의 족속에서 끊어집니다. 물론 할례를 행한다 해도 인간의 죄성은 그대로 다음 세대까지 유전됩니다. 할례를 수백 번, 아니 수천 번을 한들 죄를 잘라낼 수는 없습니다. 때문에 할례는 그리스도가 오시기 전까지만 상징이었습니다.

## ✝ 그리스도가 오시기 전까지만

그리스도가 하나님으로부터 잘려나간 결과 십자가에 달려서 살이 찢어지고 피를 흘리셨습니다. 이것은 그분 자신의 죄를 잘라내는 할례가 아니라, 우리의 죄악을 잘라내는 할례입니다. 이 행위는 단지 상징적인 잘라냄이 아니라 실제적으로 죄를 잘라내는 것이요, 그분의 피 흘림은 죄를 속죄하는 피 흘림입니다. 우리를 살리기 위해 생명을 맞바꾸는 할례입니다. 그리스도가 십자가에서 우리의 죄악을 자신에게 지우는 속죄를 행함으로 자신은 산 자의 땅에서 끊어지는 경험, 즉 구약의 할례를 당한 것입니다(사 53:8). 바울은 이것을 '그리스도의 할례'(페리토메 크리스투)라 합니다. "또 그 안에서 너희가 손으로 하지 아니한 할례를 받았으니 곧 육의 몸을 벗는 것이요 그리스도의 할례니라"(골 2:11). 때문에 바울은 그리스도가 온 이후에도 누구든 할례를 행한다면 그리스도의 업적을 폐지시키고 그리스도를 무효화하는 일이라며 맹비난했습니다(갈 5:1,2).

할례는 영원히 폐지되었습니다. 대신 오늘날은 달라진 외적 표징으로서 세례를 행하고 있습니다. 그리스도가 할례를 당하여 율법의 요구를 완전히 이루셨기에 대신 세례를 행하는 것입니다. 신자가 세례를 받는 것은 그리스도가 십자가에서 받은 할례를 받는다는 고백입니다. 신자가 세례를 받을 때, 그는 그리스도와 함께 죽고 함께 사는 것이며 그리스도와 연합하는 것입니다. 이 진리를 믿음으로 받아들이지 않은 채 세례를 받는다면 할례와 같이 헛된 격식이 될 것입니다.

구약은 할례를 받는 백성의 태도에 관해 이렇게 요구합니다.

그러므로 너희는 마음에 할례를 행하고 다시는 목을 곧게 하지 말라 _신 10:16
네 하나님 여호와께서 네 마음과 네 자손의 마음에 할례를 베푸사 너로 마음을 다하며 뜻을 다하여 네 하나님 여호와를 사랑하게 하사 너로 생명을 얻게 하실 것이며 _신 30:6

예레미야는 배역한 이스라엘을 '마음에 할례를 받지 못한 자들'(렘 9:26)

이라고 일컫습니다. 스데반도 이들을 '마음과 귀에 할례를 받지 못한 자들'(행 7:51)이라고 힐난한 바 있습니다. 바울은 그리스도 밖에 있는 모든 자들이 범죄와 육체의 무할례로 죽었다고 선언합니다(골 2:13). 반면 그리스도 안에 있으면서 육체를 신뢰하지 않은 자들은 참된 할례의 사람들이라고 합니다(빌 3:2-3). "무릇 표면적 유대인이 유대인이 아니요 표면적 육신의 할례가 할례가 아니니라 오직 이면적 유대인이 유대인이며 할례는 마음에 할지니 영에 있고 율법 조문에 있지 아니한 것이라 그 칭찬이 사람에게서가 아니요 다만 하나님에게서니라"(롬 2:28-29).

# 31

# 아브라함의 접대와
# 소돔의 참상

창세기 17장 19절에서 하나님은 아브라함에게 "…네 아내 사라가 네게 아들을 낳으리니…"라 하셨고, 17장 21절에서는 "내 언약은 내가 내년 이 시기에 사라가 네게 낳을 이삭과 세우리라"라고 더 구체적인 예언의 말씀을 분명히 하셨지만, 아브라함의 아내 사라는 아직도 그 약속의 말씀이 믿기지 않았던 모양입니다. 이에 하나님은 한 번 더 그들을 찾으셔서 사라에게 확신을 주어야겠다고 마음먹으신 것 같습니다. 믿음의 조상으로 부르심 받은 자의 내조자 역시 배우자와 영육 간에 한 몸이기에 믿음도 같이 가야겠지요.

하나님이 인생을 방문하시는 목적은 은혜와 구원을 주기 위한 것, 아니면 심판입니다. 그런데 본문에서 아브라함을 찾아오신 모습이 특이합니다. 족장 아브라함은 여전히 마므레 상수리나무 밑에(혹은 옆에) 텐트를 치고 살고 있습니다(창 13:18; 14:13). 지중해성 기후를 가진 지리적 특성상 계속되는 더운 날씨 중에서도 가장 뜨거운 시간인 정오 즈음이었습니다. 일손을 놓고 낮잠을 자려고 하던 참인지, 아니면 할례받은 흔적이 아직 아물지 않아서인지는 알 수 없지만, 아브라함은 나무 밑 서늘한 그늘 아래 자리 잡은 텐트 입구에서 몸을 가누고 있었습니다. 때마다 시간을 재며 살아가는 현대인의 삶을 살아가는 우리로서는 상상할 수 없는 여유로운 삶입니다.

그는 뜨거운 정오에는 쉬고, 소슬바람 부는 시원한 저녁이면 휴식을 취했지요. 마므레는 고대 성읍으로 나름 성문도 있었을 것이고, 아브라함에게는 팔레스타인의 맹주라는 명성(창 14장 참조)과 부와 노예도 있었습니다. 그러나 롯처럼 '소돔 성문에 앉아'(창 19:1) 허세를 부리지 않고 여전히 자기 장막 입구에서 나그네의 삶으로 만족하는 모습을 보입니다. 이렇게 마음이 가난한 아브라함에게 주님이 나타나셨습니다.

## ✝ 영혼이 민감한 사람의 일사불란

아브라함의 영혼은 아주 민감합니다. 눈을 떠보니 순간적으로 멀리 떨어지지 않은 곳에 세 사람이 보였습니다. 뜨거운 정오에 여행자들이 웬일인가 싶었을 것입니다. 아브라함의 마음이 순간적으로 동했습니다. 이때부터 아브라함은 '달려나가(창 18:2) … 속히(6) … 급히(7)' 일사불란하게 준비하여 나그네들을 위한 큰 향연을 베풉니다. 무슨 잇속이 있어 이렇게 하는 것이 아닙니다. 아마도 할례를 행하라는 명령에 순종한 후, 나무 밑에서 '너는 내 앞에서 행하여 완전하라'(창 17:1)라는 하나님의 말씀을 묵상하는 가운데 세 여행객들을 본 것이 아닌가 싶습니다.

하나님이 아브라함에게 오신 것은 사라가 아이를 낳을 것이라고 하는 약속에 관하여 아브라함에게 말씀하시기 위해서였습니다. 사라의 불신앙적인 웃음에 대한 책임도 아브라함이 져야 합니다. 사라는 속으로 웃어 놓고도 웃지 않았다고 부인한 것에 대해 추궁당하고 책망을 받았습니다. 하와가 '본즉 먹음직도 하고 보암직도 하고 … 탐스럽기도' 한 선악과에 넘어갔지만, 사라는 하나님이 아브라함에게 주시는 약속을 엿들은 수준에서도 믿어지게 하셔서 그들의 장래를 회복하고자 하신 것입니다.

하나님은 먼저 사람의 모습으로 아브라함에게 나타나셨습니다. 불타는 풀무불 가운데 나타나셔서 연기처럼 사라지지 않으셨습니다. 천둥과 벼락 가운데서 말씀하지 않으시고, 꿈이나 이상 가운데서 나타나지도 않으셨습니다. 인간의 모습으로, 그것도 여행객 차림으로 아브라함을 찾아오셨습니다. 아브라함이 정성들여 준비한 음식을 드시고 그가 주는 음료수를 마시셨습니다. 사람처럼 말입니다. 사람처럼 보인 것일 뿐 일종의 환상을 본 것이라고 해석하는 이들도 있지만, 환상이 어떻게 먹고 마실 수 있겠습니까? 그것은 아브라함과 친밀한 교제를 나누고, 이웃을 사랑해야 하는 의무를 가르치기 위함일 수 있습니다. 하지만 무엇보다도 '아들'을 주시겠다고 하십니다. 이는 먼 장래에 일어날 성육신을 예고하신 것인지도 모릅니다. 말씀이 육신이 되어 하나님 아버지의 독생자가 우리 가운데 거하시는(요 1:14) 전조인 것입니다. 비록 누가 하나님이고 누가 천사인지 헷갈리기도 하지만, 하나님의 임재와 초월적인 능력의 측면에서 본문을 봐야 합니다.

세 사람은 어떤 존재였을까요? 둘은 천사, 다른 한 분은 하나님(성자)일 수도 있고, 세 분 다 하나님일 수도 있습니다. 아브라함은 이들 중 한 분에게만 '내 주여'(אֲדֹנָי, 아도나이)라고 부릅니다. 3절의 '아도나이'는 단순히 연장자나 지체 높은 사람을 부르는 경어가 아닙니다. 이 말은 오직 하나님을 부를 때만 쓰이는 호칭입니다. 아브라함은 이분께만 몰입하고 있는 것입니다. 삼위일체 교리가 확립되지 않은 시절, 삼위 하나님의 일을 나타내려다 보니 일어나는 일종의 창조적인 혼란이라 볼 수 있을 듯합니다. 반면 아브라함을 찾으셨던 하나님과 동일한 하나님께서 소돔 성의 죄악을 점검하고 심판하기 위해 롯을 찾으셨지만, 롯은 깨닫지 못하고 지독한 영적 어둠에 빠져 있습니다. 우리도 주님의 재림이 가까워 오고 있는데 그분의 임재를 깨닫지 못하고 있는 것은 아닌지 스스로 경고를 삼아야 합니다.

거룩하신 하늘의 하나님이 아브라함의 만찬에서 마시고 먹는 일은 전무후무한 일입니다. 에녹이 삼백 년 동안 하나님과 동행했지만 이런 식은 아니었습니다. 노아가 은혜를 입었지만, 그가 구원받은 것은 여호와께서 말씀하시니 그저 순종했기 때문입니다. 어떻게 아브라함은 하나님과 이런 친밀한 교제를 누릴 수가 있었을까요? 무엇보다도 복음을 따르는 생활이 있었기 때문입니다. 15장의 횃불 언약에서 하나님은 자신을 희생하는 복음을 보여주시며 언약을 체결하셨습니다. 이어 17장에서는 아들을 낳게 해주시겠다는 약속과 더불어 이를 확증하는 표징으로 할례를 행하게 하셨지요. 이런 일들이 있은 다음에야 대면하여 볼 수 있고 대화할 수 있는 언약의 교제를 허락하셨습니다. 우리는 아브라함에게 주어진 이런 은혜의 순서를 알고 기억해야 합니다.

언약의 결성되자 만찬이 따라 나옵니다. 성경은 아브라함이 '하나님의 친구'라고 합니다(약 2:23; 대하 20:7; 사 41:8). 아브라함은 하나님이 제시하는 희생에 근거하여 하나님과 친구가 되었습니다. 친구이기에 만찬 자리에서 서로의 속내를 이야기할 수 있었던 것입니다. 여호와께서는 이런 기회를 통해서 사라에게도 한 번 더 아들을 약속해주셨습니다. 이렇게 약속에 근거하여 친밀한 교제를 나누는 방법에 만찬보다 더 효과적인 길은 없습니다. 만찬이 끝나고 하나님은 아들을 잉태할 것(창 18:9-15)과 소돔에 행하실 비밀을 알려주십니다(창 18:16-33).

✝     **롯과 소돔의 참상**

'집착'하는 삶의 자세는 무엇을 이루어내기 위한 성공적인 동기가 될 수도 있지만, 하나님이 아닌 세상의 것에 집착하다 보면 그것이 당기는 힘에 함몰되어 생명까지 위협당하는 곤경에 처하게 되기도 합니다. 오래 전 소돔 성에 살던 롯처럼 말입니다. 그는 세상의 삶과 문화에 너무 집착하여, 30분 후면 망할 성을 떠나기 싫어 머뭇거렸습니다. 하늘의 천사가 "롯아, 속히 도망쳐라!"(창 19:22)고 고래고래 고함을 쳐도 떠날 줄 모르던 롯을 천사가 두 손을 붙들고 강제로 끌고 나오지 않았더라면, 그도 유황불에 타 죽었을 것입니다. 세상이 이끄는 힘은 이렇듯 너무나 강해서 믿는 신자라 하더라도 도움 없이는 헤어 나오기 어렵습니다.

창세기 19장은 앞의 18장과 연관되어 서술돼 있습니다. 여호와께서 "소돔과 고모라에 대한 부르짖음이 크고 그 죄악이 심히 무거우니 내가 이제 내려가서 그 모든 행한 것이 과연 내게 들린 부르짖음과 같은지 그렇지 않은지 내가 보고 알려 하노라"(창 18:20-21)라고 말씀하신 대로, 소돔에 오셔서(창 19:1) 그 죄가 어떤지 현장에서 목격하셨습니다. 그러고는 더 볼 것도 없이 이 성을 쓸어버리기로 작심하시고 행동으로 옮기십니다. 아브라함은 이 사실을 미리 알고 소돔 성을 위해 기도했는데(창 18:16-33), 하나님은 아브라함(롯이 아님에 유의할 것)을 기억하사 롯을 구원하십니다(창 19:29). 아브라함은 여호와께서 그 성을 어떻게 처리하셨는지 알기 위해 다음날 아침 일찍 소돔을 찾아 폐허가 된 모습을 확인합니다(창 19:27). 소돔 성과 함께 멸망한 도시들은 아브라함이 팔레스타인 남북 전쟁 때 구해줬던 도시들입니다(창 14장). 창세기 19장은 별도의 이야기가 아니라 아브라함과 연관된 이야기로, 언약의 무리들과 그 바깥세상 사람들에 관한 이야기입니다. 소돔과 그 이웃 도시 사람들이 다 죽는 형편에서도 하나님은 자기 언약의 백성에게 주권적인 은혜를 베풀어 챙기십니다. 반면에 언약을 파기한 사람들은 다 멸망의 길로 갔습니다.

여호와께서 파송한 '사람들'(창 18:22), 곧 두 '천사들'은 18장과 같은 날 해 질 녘 즈음 소돔에 당도했습니다(창 19:1). 거의 60킬로미터에 이르는 거리를 몇 시간 만에 왔다는 진술은 이들이 신적인 존재라는 것을 은연중에 암시합니다. 소돔 성문에 앉아 있던 롯이 '일어나 사자들을 영접하고 절했다'라고 하는데, 삼촌 아브라함과 함께 살았던 경험이 있어서인지 예절을 잘 지키고 대접도 잘 합니다. 하지만 아브라함처럼 달려가서 영접하지는 않고, 시늉은 내는데 영 시원찮습니다.

창세기의 저자는 롯의 인격이 어떤지 한 번에 다 설명하지 않고 사건에 따라 간접적으로 드러냅니다. 지금 하는 행동도 과거에 그가 살아온 결과로 나타나는 것입니다. 또한 지금 소돔성을 멸망시키는 가운데서도 롯을 구원하기로 하신 그분의 계획은 롯의 인격을 조금 냉소적으로 묘사하여 하나님의 은혜를 드러내고 있습니다.

롯은 삼촌 아브라함과 함께 갈대아 우르를 떠나 가나안으로 왔고, 삼촌과 함께 애굽에도 내려가는 등, 나그네의 삶을 몇 년간 살았습니다. 하지만 삼촌과 함께 사는 것이 따분했을까요? 마침 소알까지 온 땅에 물이 넉넉하여 여호와의 동산 같은 소돔과 고모라를 택하여 삼촌과 결별하게 되었습니다. 소돔 가까이 이주한 롯은 소돔이 마주 보이는(창 13:12) 곳에 장막을 쳤습니다. 유목민의 천막이라는 것이 가죽으로 듬성듬성 덮고 있는지라, 밤이 되어 장막에 누웠을 때에는 소돔 백성들의 밤 문화가 눈요깃감으로 들어왔을 수 있습니다(창 13:13). 세상 눈요기, 마음의 요기를 즐기던 롯은 결국 장막을 소돔 성문 안으로 옮기기에 이릅니다(창 14:12). 소돔 백성과 함께 세상 것을 추구하며 살다가 팔레스타인 남북전쟁 시에 포로로 잡혀가기도 했습니다. 물론 삼촌 덕에 구조를 받았지만, 이 모든 것은 하나님의 섭리였습니다. 그럼에도 여전히 소돔을 잊지 못하여 소돔으로 돌아가기를 택한 롯은 그들과 함께 열심히 살았습니다. 19장은 소돔을 변화시키기는커녕, 소돔의 문화에 동화되어 질식할 뻔하는 롯의 모습을 적나라하게 보여줍니다.

# ✛　세상 정신에 물든 롯

　　롯이 앉아 있던 성문(창 19:1)은 광장으로, 시장이 열리거나 재판 등이 진행되기도 하는 일종의 공공장소입니다. 도시 전체와 관련된 사업이 있으면 여기서 논의했습니다. 롯은 외지인인지라 정식 법관은 되지는 못했지만(창 19:9) 제법 알아주는 유지가 된 듯합니다. 그가 세속적으로 성공하기 위해 얼마나 노력하여 살았는지는 그의 고대광실과 같은 대저택이 말해 줍니다. 1-11절에는 '집'이라는 단어(창 19:2,3,4,10)와 '문'이라는 단어가(창 19:6,9,10,11) 각각 네 번씩 나옵니다. 아브라함의 거처인 '장막'이 네 번 등장한 것과 대조됩니다(창 18:1,2,6,10). 그는 집 문을 잠그면 누구도 들어올 수 없다고 생각했던 모양인데(창 19:6), 난동을 부리던 자들이 부수고 들어오려고 시도했습니다(창 19:9,10). 고고학자들은 이 문이 나무로 된 큰 문으로 열쇠 없이는 들어갈 수 없었다고 합니다. 그리고 8절에서 롯은 '내 집에 들어왔은즉'이라고 말하는데, 이는 '내 지붕의 대피소 아래'라는 뜻입니다. 여러 개의 대들보가 지붕을 받치고 있는, 크고 단단한, 충분히 보호해줄 수 있는 대피소인 셈입니다.

　　롯은 이 나그네들이 고귀한 분들이라는 걸 알아차리고는 '내 어르신들'이라 부르며 맞이합니다. "종의 집으로 들어와 발을 씻고 주무시고 일찍이 일어나 갈 길을 가소서"라고 초청한 것은, 그가 이곳에 자리 잡고 오래 살았던 경험에 비추어볼 때, 소돔 사람들이 나그네들을 어떻게 대할지 예상했기 때문입니다. "악한 주민들이 눈치 채기 전 이른 아침에 떠나시기를 바랍니다." 이런 뜻이지요. 그러나 뜻밖에도 손님들은 거리에서 밤을 새우겠다고 합니다. 롯을 싫어해서가 아니라 저들이 온 목적을 수행하기 위해서입니다. 사람들이 드나드는 성문 입구를 점거하려고 한 것입니다. 롯은 억지로 권하여 기어코 나그네들을 집 안으로 들였습니다. 손님들을 보호해야 한다는 목적이 있었겠지만, 더불어 자기가 세상에서 성취한 고대광실을 과시하고 싶은 마음도 있었을 것입니다. 그러나 아무리 성곽 같은 보호소도 난동을 부리는 무도한 자들 앞에서는 무용지물이었습니다(창 19:8). 그나마 천사가 저들의 눈을 멀게 할 때나 잠시 보호소가 되었을 뿐, 이후에는 다 불타버렸지요. 소돔 성은 그야말로 무서운 곳이었습니다. 이 나그네들이 일부러라도 거리에서 밤을 새우려 한 것은 이 성의 죄악을 현장에서 검거하기 위한 것이 첫 번째 목적이었지만, 롯이 죄악 된 세상에서 사는 자세를 알아보기 위한 목적도 있었던 것으로 보입니다. 어쨌든 그가 손님들을 집 안으로 불러들였기에 이들의 도움으로 악당에게서 구조되고 나아가 손님들의 방문 목적도 알게 되어, 이들의 도움으로 멸망에서 구원받은 것입니다. 손님 대접의 의미를 구속사에서 찾는다고 하면 아브라함-롯 계열에서 두드러지게 나타나는 것을 알 수 있습니다.

굳이 거리에서 밤을 새우지 않아도 하나님께 도달된 이 성의 부르짖음이 어땠는지, 나그네들은 직접 눈으로 볼 수 있었습니다. 롯의 집에 낯선 나그네들이 들어왔다는 소문이 온 성에 퍼지자 숨었던 소굴에서 정욕을 채우기 위해 나오는 야수처럼, 노소를 불문하고 남자들은 나그네들과 성관계를 가지려 모여듭니다(창 19:5). 얼마나 많은 남자들이 모여들었느냐 하면, 소돔 남자들이면 남김없이(창 19:4) 모여들었다고 합니다. 이 정욕이 얼마나 강한지, 천사들이 전광석화 같은 불빛으로 눈을 멀게 했지만 도망갈 생각은 커녕, 오히려 나그네들이 도망가지 못하도록 문을 찾는 모습(창 19:11)이 가관입니다. 창조의 이치를 거슬러 불타는 정욕을 채우려는 이 폭도들을 생각해보세요(참조, 삿 19:22; 레 18:22 이하; 20:23; 롬 1:27). 죄악이 독종처럼 번져 도무지 개선의 여지가 없는 이 썩은 성을 불태워버려야 할 명백한 증거가 확보된 셈입니다. 하나님이 참으시는 것도 이제 한계에 도달했습니다.

## 32

창 20:1-18

# 아비멜렉의 꿈에
# 나타나셔서

아무리 환경이 바꾸어도 믿음만 있으면 초지일관의 행동이 나올 것이라 기대는 하지만, 믿음의 조상도 환경의 지배를 받습니다. 아브라함은 근 20년 넘게 살아왔던 헤브론의 마므레 상수리나무 곁을 떠나 남방에 있는 네게브로 이주했습니다. 오아시스가 있는 가나안 땅의 극남단 가데스(창 14:7)와 애굽의 국경 수비대가 있던 술(벽이라는 뜻, 창 16:7) 사이에 장막을 치고 살았던 것 같습니다. 그 당시 헷 족속이 쳐들어와서 이주한 것이라고 추측하기도 하지만, 가뭄 등의 이유로 초지를 따라 옮긴 것 같습니다. 하나님이 내년 이맘때에 아들을 낳을 것이라고 약속을 주셨기 때문에 한곳에 머물고 싶었을 텐데, 아마도 급한 사정이 있었던 것 같습니다.

## ✝ 나그네 삶의 한계상황

나그네인 아브라함의 삶에는 아내 사라가 언제나 함께 합니다. 사라야말로 아브라함의 천생연분, 둘은 하나님이 맺어준 부부입니다. 경제적인 측면에서 볼 때도 사라 덕에 애굽에서 얻은 재물이 큰 도움이 되었을 것입니다. 그랄에서 일어난 일은 사라로 인해 일어난 문제였습니다. 20장은 시작과 끝에서 '그의 아내 사라'(사라 이쉬토오, 창 20:2)와 '아브라함의 아내 사라'(사라 에쉐트 아브라함, 창 20:18)라고 기록하여 사라가 누구인지를 분명히 밝힙니다. 뿐만 아니라 사라가 이야기 전개에 중요한 역할이라는 것을 드러냅니다. 하나님은 '이 여인을 인하여'(알 하이샤) 아비멜렉을 죽이겠다고 하시면서(창 20:3), '그 사람의 아내'(에세트 하이쉬, 창 20:7)를 돌려보내라고 하십니다. 아브라함은 뒤늦게야 '내 아내'(이쉐티)라 밝히며(창 20:11), 원래 배다른 누이동생이었다가 '처'(레이샤)가 되었다고 설명합니다(창 20:12). 개역개정이 '여인', '아내', 또는 '처'로 번역한 단어는 히브리어로 '이샤'(여자)입니다. 결국 사라가 아비멜렉으로부터 큰 선물을 받고 아브라함에게 돌아가는 것으로(창 20:14) 그랄 사건은 종결됩니다.

아브라함은 애굽에서와 같은 죄를 반복하는 입장이니 양심에 좀 더 거리낄 법도 한데 오히려 대담한 모습을 보입니다. 이전에는 아내 사라에게 거짓말을 부탁하면서 애원조로 '제발 바라건대 내 누이라고 말해주기 바라오'(이므리-나, 창 12:13)라 한 반면, 이번에는 아예 명령조로 얘기합니다. '나에 대해서 내 오라버니이다, 하고 말하라'(이므리-리 아히 후, 창 20:13)고 강요했지요. 이번에는 사라 역시 아무런 가책을 못 느낀 듯 전적으로 동의한 것 같은 인상을 줍니다. '우리가 가는 곳마다 그는 나의 오라버니이다 하리라'(창 20:13)라고 맞장구치며 사라도 거짓말에 적극적이었습니다. 아비멜렉이 하나님께 항변하기를 아브라함뿐 아니라 '역시 그녀도'(베히-감, 창 20:5) 거짓말했다고 한 것을 봐도 알 수 있습니다. 이 어구는 오경에 11번 나타나는 강조형입니다. 아비멜렉은 정말 순수한 마음(양심, 올바름, 경건)에서 사라를 후첩으로 취했다는 것입니다. 때문에 자기 행위에 대해 죄받을 일이 없다고 합니다.

물론 믿음의 조상이나 예수님이 아닌 이상, 우리 모두는 괴악한 자들입니다. 롯이 세속적 가치를 좇다가 패가망신한 것을 아브라함이 잊어버렸는지도 모르겠습니다. 세상 속에 사는 나그네에게 한계상황이 닥친 것입니다. 세상으로부터 나지 않고 하나님께로 난 자들, 곧 위로부터 난 자들이라면 세상과 대립각을 세우면서 빛과 소금이 되어야만 합니다. 그러나 때로는 그렇게 되지 못하고, 오히려 우리의 연약함에 지배당해 우리의 행위 때문에 이방인들로부터 심문을 당하게 되는 상황에 처하기도 합니다.

그래서 성령께서는 아브라함이 나그네의 삶 속에서 죄짓고 연약함에 지배당하는 모습에 대해 이렇게 말씀하셨습니다. "이 사람들은 다 믿음을 따라 죽었으며 약속을 받지 못하였으되 그것들을 멀리서 보고 환영하며 또 땅에서는 외국인과 나그네로라 증언하였으니"(히 11:13). 성령께서는 땅의 것보다 하늘의 것을 바라보게 하십니다. 신자이지만 세상 속에서 살다 보면 비굴한 자신의 한계를 보게 됩니다. '죄가 가득한 곳에서 나 주님만 봅니다' 하고 찬송하지 않을 수 없습니다.

✝ **꿈에 나타나 간섭하시다**

하나님이 아비멜렉에게 꿈에 나타나 긴급하게 말씀하십니다. 여기서 꿈이라는 단어에는 정관사가 붙어 있습니다(바할롬). 보통 꿈이 아니라 하나님의 계시 수단이라는 뜻입니다(민 12:6). 구약시대에는 하나님이 이방인들에게도 꿈으로 자신의 뜻을 나타내 보였습니다. 창세기 후반에서는 바로의 떡 굽는 자와 술 관원장도 하나님이 계시하시는 꿈을 꾸었으며, 다니엘서에서는 느부갓네살도 꿈으로 하나님의 계시를 받았습니다.

아브라함 시대에 하나님을 아는 참된 지식이 전적으로 사라졌던 것은 아닙니다. 택함 받은 아브라함이 '이곳에서는 하나님을 두려워함이 없다'(창 20:11)라고 한 표현은 사실 이방인을 얕잡아보는 태도가 반영된 말입니다(창 14:18; 12:6). 특별히 아비멜렉에게 꿈으로 나타나신 것만 해도 놀라운 일인데, 하나님은 거두절미하시고 '네가 죽으리니'(창 20:3), 즉 너는 죽을 시점에 서 있다고 선언하십니다. 이유인즉 그가 취한 여자 때문인데, 그 여자는 남편(주인)에게 혼인으로 묶인 자(창 20:3)이기 때문입니다. 뜬금없이 죽는다고 하니 아비멜렉이 얼마나 무서웠겠습니까? 고대 근동에서는 유부녀와 간통하면 이유를 불문하고 사형에 처해졌습니다. 군주가 모르고 한 일이지만, 스스로 국법을 어긴 셈입니다. 아브라함도 생명의 위협을 느껴 무서워했고, 곧 죽을 것이라는 경고를 들은 이방 왕 아비멜렉도 무서워서 떨었습니다. 아비멜렉은 흥분하여 항변합니다. "모르고 죄 지은 의로운 백성도 멸하시려고 합니까?"(70인 역, 창 20:4). 황당한 일을 당해도 유분수지, 모든 것을 다 아시는 아도나이 하나님께서 이럴 수 있냐는 것입니다. 곧 죽게 된 마당에 어찌 억울한 경위를 말하지 못하겠습니까? '진실로(온전한)'(감)라는 표현이 두 번이나(창 20:5,6) 나옵니다.

아비멜렉의 항변에 대해 하나님도 맞장구를 치면서(창 20:6) '온전한 나도'(감 아노키) 안다고 두 번에 걸쳐 응답하십니다. 일단 남의 아내를 취했으니 그 행위가 깨끗하다고 할 수는 없지만, '깨끗한 양심'(브탐 레바베카, 창 20:6)으로 한 것이라고 인정하십니다. 유부녀를 간통하는 범죄는 사실상 하나님을 거스르는 범죄인데, 만약 이 지경까지 이른다면 하나님은 아비멜렉을 용서하지 않으시고 죽이셨을 것입니다. 성경만 아니라 이방 나라의 법들도 유부녀 간통에는 가차 없습니다. 이런 이유로 다윗이 밧세바를 간통하여 눈물로 회개할 때도 '내가 주께만 범죄하였나이다'(시 51편)라고 문제의 본질을 두고 처절하게 회개했던 것입니다.

하나님이 해결책을 내놓습니다. 지금 당장(창 20:7) '그 사람'의 아내를 돌려보내라는 것입니다. 아비멜렉이 왕으로서 어떤 절차라도 밟지 못하도록 그 뜻을 미리 꺾듯이 말씀하십니다. 당장 시행하라는 의미입니다. 아무 일이 없었던 것처럼 처신하고, 원상태로 회복하지 않으면 반드시 죽이겠다고 하나님은 경고하십니다. 아비멜렉은 꿈에서 깨자마자 남이 알지 못하도록 은밀하게 사라를 돌려보냈을 것입니다. 죽느냐 사느냐 하는 마당에 우선 살고 봐야겠다 싶지 않았을까요?

아비멜렉이 사라를 돌려보내야 하는 데는 또 다른 이유가 있습니다. 아브라함이 선지자이기 때문입니다. 여기의 '선지자'(나비)라는 단어는 성경에서 처음 나오는데, 그 의미는 '소명 받은 자', '말하는 자', '알리는 자', '위해 기도해주는 자' 등의 뜻이 있습니다. 이 모든 기능을 아브라함이 다 소화했는지는 모르지만, 아비멜렉은 꿈에서 말씀하셨던 주가 아브라함과 특별한 관계에 있다고 충분히 느꼈을 것입니다(창 18:19). '그가 너를 위하여 기도할 것인데, 네가 사라를 돌려보내면 너는 살 것이다'라는 말을 들었을 때 아비멜렉은 이 외인이 미워 죽이고 싶었는지도 모릅니다. 하지만 살기 위해서는 그의 도움을 받지 않을 수 없습니다. 아비멜렉은 사라가 아브라함의 아내인 줄도 몰랐지만, 비굴한 아브라함이 하나님의 선지자이고, 하나님이 이름도 지어준 특별한 자인 줄은 더더욱 몰랐습니다. 더더구나 자기 운명이 그의 기도에 달려 있는 줄은 미처 상상도 하지 못했지요.

아비멜렉은 왕으로서 '나그네 하나쯤이야' 하였지만, 자기 마음대로 처리하지 못했습니다. "이르시기를 나의 기름 부은 자를 손대지 말며 나의 선지자들을 해하지 말라 하셨도다"(시 105:15; 출 7:1; 민 11:29; 12:6). 험난한 세상에 살면서 스스로 생각해도 '나는 참 못난 인생이야' 할 수밖에 없는 우리 성도들의 권세가 여기에 숨어 있습니다. 우리는 하나님이 세상을 위하여 세워두신 존귀입니다. 그러니 아비멜렉은 울며 겨자 먹는 식으로 아브라함을 후대하지 않을 수도 없었고, 도움을 청하지 않을 수도 없었습니다.

# 33

# 어미 사라의 이스마엘 축출

성경은 '여호와께서 말씀하신 대로 사라를 돌보셨다'라고 기록합니다. 여기서 '돌보셨다'(파카드)라는 말은 성경 여러 곳에서 나타나는데, 마음에 두다, 앙모하다, 권고하다, 갚다, 벌하다, 보응하다, 권징하다, 계수하다, 조사하다, 세우다, 명하다, 검열하다, 위임하다, 관리하다, 맡기다 등 다양한 의미로 번역할 수 있습니다. NIV는 '파카드'를 'was gracious to', 즉 하나님이 사라에게 은혜로우셨다고 해석합니다. 모진 기다림의 세월이 있었지만 약속하신 말씀을 끝내는 이루시고 마는 것이 은혜롭다는 뜻입니다.

그간 아브라함 내외는 대략 25년 넘는 세월 동안 하나님이 말씀하시면 뛰어오를 듯이 좋아하다가 말씀대로 안 이루어지면 낙심하는 세월을 반복하며 보냈습니다. 사람들은 당장 이루어주셔야 은혜롭다고 생각하지만 하나님의 계획은 그렇지 않습니다. 하도 이루어지지 않아 이제 두 사람은 포기 상태에 이르렀습니다. 두 사람 모두 궁상맞게 낙심하고 있을 때, 하나님은 약속하신 대로 아들을 주셨습니다. '이것이야말로 하나님이 하신 일이구나' 하고 마음속 깊이 새겨 자신을 의지하지 않게 됩니다. 사람들은 '너무 오래 걸린다, 이제 안 되나 보다' 여길지 몰라도, 하나님은 자기가 한 약속을 기억하시고 돌보아주십니다.

# ✚ 말씀하신 대로, 말씀하신 시기가 되어

21장의 첫 두 절이 강조하는 것은 여호와의 말씀이 가지는 신뢰성입니다. 이삭의 출생과 관련한 말씀이 세 번 나오는데, 성경은 그때마다 '말씀하신 대로'(카아세르 아마르, 창 21:1), '말씀하신 대로'(카아세르 디베르, 창 21:1), '말씀하신 시기가 되어'(아세르-디베르, 창 21:2)라고 기록합니다. 더 짧지도 길지도 않은 정확한 시간에(창 17:21; 18:14), 아들을 주겠다고 하신 대로 아들을 낳은 것은 하나님의 능력이 아니고는 일어날 수 없는 일입니다.

백 세의 아브라함과 구십 세의 사라가 아기를 낳을 줄은 아무도 예상하지 못했습니다(창 21:2,5,7). 이런 이유로 히브리어 원문은 언약에 자상하신 '여호와'를 강조하기 위해 일반 구문과 달리 하나님의 이름을 제일 앞에 둡니다. 그리고 '임신했다'라는 동사와 '낳았다'라는 동사를 나란히 배열하여 사라에게 얼마나 특별한 일이 일어났는지 말하고 있습니다(참조, 창 29:32-35; 30:19). "하나님은 사람이 아니시니 거짓말을 하지 않으시고 인생이 아니시니 후회가 없으시도다 어찌 그 말씀하신 바를 행하지 않으시며 하신 말씀을 실행하지 않으시랴"(민 23:19). 하나님의 입에서 나간 약속의 말씀은 절대 헛될 수 없습니다. 약속하신 하나님이 친히 능력으로 역사하셔서 그분의 뜻과 일들을 이루어 내십니다(사 55:11).

말씀대로 된 일임을 믿는 사람은 무엇이든지 말씀대로 더 순종하고 싶고, 그 말씀대로 더욱 살고 싶기 마련입니다(창 21:3-5). 아브라함은 사라에게 태어난 아들, 즉 '그에게 태어난 아들'(하노라드 로, 창 21:3)에게 온 정성을 쏟아붓고 있습니다. "아들의 이름을 이삭이라 하라"는 하나님의 명령대로(창 17:19) 아들의 이름을 이삭이라 짓습니다(창 21:3). 말씀대로 낳은 아들이기에 하나님의 명령대로 작명한 것입니다. 태어난 지 8일 만에 할례를 행하라는 명령을 따라 그대로 행합니다. 성경에 태어난 지 8일 만에 할례를 행한 경우는 이삭이 처음입니다(창 17:12; 21:4). 하나님이 약속하신 대로 아들이 태어났으니 아브라함은 하나님의 명령을 따르고 싶은 것입니다. 약 속대로 성취되는 것을 보았기 때문에, 더 순종하고 싶은 심정입니다.

약속대로 아기가 태어났고, 말씀하신 대로 순종하니 사라의 장막에는 웃음이 만발합니다(창 21:6-7). 사라는 하나님이 자기를 웃는 자로 만들어주셨다고 합니다. 아마 이웃 사람들에게 하는 말일 것입니다. 전에 아기를 낳겠다고 하실 때에 불신의 웃음을 웃었는데(창 18:12), 이제 그런 웃음은 온데간데없이 사라지고, 이삭의 가정에는 하나님의 신실하심과 기쁨만 남았습니다.

'듣는 자가 다 나와 함께 웃으리로다'(6절)라는 표현은 이웃이 기쁨에 동참한다는 뜻보다는(참조, 눅 1:58) '나에 대해 듣는 사람마다 웃을 것이다'라고 표현하는 것이 옳을 것 같습니다. 이웃들이 사라에 관한 가십 때문에 웃을 것이라는 의미로, 과거에 쓴웃음을 웃었던 사라가 이제는 오히려 비웃음을 받게 될 것이라는 뜻입니다. '하나님이 아기를 낳게 해주겠다고 하실 때에는 왜 믿지 않고 비아냥댔을까? 그때의 일을 생각하면 이웃들이 나를 비웃어도 할 말이 없지' 하는 후회의 표현인 셈입니다. 과거에 완전히 믿지 못하고 비웃었던 일을 하얗게 지워버리고 싶은 심정이겠지요.

사라는 성령으로 시흥(詩興)에 사로잡혀 있습니다. '사라가 자식들을 젖먹이겠다고 누가 아브라함에게 말하였으리요마는'(7절)에서 '말하다'로 번역된 히브리어 '마랄'은 오직 시적 구문에서만 나오는 단어입니다(참조, 욥 8:2; 33:3; 시 106:2). 피엘 강조형을 사용하여, 그 어떤 인간도 알려 줄 수 없으나, 오직 하나님만이 이 사실을 알고 약속하실 수 있었다고 강조합니다. 아울러 '말하다'(창 21:7)의 히브리어 동사 '마랄'(מָלַל, '할례하다'(4)의 히브리어 동사 '물'(מוּל), '젖떼다'(8절)의 히브리어 동사 '가말'(גָּמַל)은 동사의 각 자음 두 개(ל, מ)가 같습니다. 이를 통해 사라는 아기가 태어난 것, 그 아기에게 할례를 행한 것, 아기가 젖을 뗀 것 등, 약 3년 정도에 걸쳐 일어난 이 모든 일들이 꿈만 같다고, 하나님의 기적이 아니고는 상상도 할 수 없다고 시적 감흥을 드러낸 것입니다. 사라가 대단한 학자라서 고도의 언어유희를 하는 것이 아니라, 성령으로 고백하는 것입니다.

이삭이라는 이름의 뜻, 즉 '웃음'을 생각하면 참으로 깊습니다. 이 웃음은 현실과 너무나도 대조되기 때문입니다. 구십 세, 백 세나 된 부부가 아이를 낳는다고 누가 상상이나 하겠습니까! 부부관계를 통해 태어난 아이이기에 일반 은총을 통해 출생한 아이지만, 또한 특별 은총으로 태어나게 하셨기에 우리가 웃는 것입니다. 여호와를 대적하고, 불신으로 육신을 자랑하는 피조물의 교만을 꺾고 이겼기 때문에 웃는 것입니다. 이어서 보겠지만, 이스마엘이 이삭을 조롱하고, 육신을 자랑하는 죄인들이 십자가에 못 박히시는 그리스도를 조롱합니다. 불신의 세상이 교회를 비웃고, 육신을 의지하여 하나님의 뜻을 조소했습니다. 하지만 우리는 여호와의 말씀을 의지하는 은혜가 승리하는 것을 보고 즐거워할 것입니다.

## ✝ 사라가 본 '미래의 우환'

이삭의 출생은 특별한 의미를 갖습니다(창 21:8-21). 하나님께서 아브라함에게 주신 자손에 관한 약속 성취의 첫 사례이기 때문이지요. 이렇게 하나님의 일이 이루어지고 있는 와중에 약속을 따라 나지 않은 자손이 있습니다. 그가 바로 이스마엘입니다. 성경은 '이스마엘'이라는 이름조차 언급하지 않고 여종 하갈의 아들이라고만 합니다(창 21:10-11). 하나님께서는 하갈과 그 아들에게도 자비를 베풀어 죽음에서 구원해주고 큰 백성을 만들어주겠다고 약속하시지만, 어디까지나 아브라함 때문입니다(창 21:11,13).

그 당시에는 젖 떼는 일이 큰 잔치였습니다. 의술이 별로 발달하지 않은 고대사회에서 아기가 태어나 그때까지 살아남았다는 것만으로도 대단히 기쁜 일이었지요. 그날에 연회를 베푸는 것은 고대사회에서 흔히 있던 일이었지만, 아브라함의 장막에서는 이 사건이 먼 장래에까지 영향을 미치는, 커다란 계시사적 의미를 갖게 됩니다.

연회에 참석한 사람들이 흥겨운 분위기에 취해 보지 못한 것을 사라는 보았습니다. "사라가 본즉 아브라함의 아들 애굽 여인 하갈의 아들이 이삭을 놀리는지라"(창 21:9). 순간적으로 본 것의 결과가 이스라엘, 아니 인류의 역사에 큰 영향을 미치게 됩니다. 아담이 선악과를 본 데서 타락이 시작하였으니, 믿음의 여인 사라는 자신이 본 것에서부터 장래의 우환(악)을 제거하려고 한 것입니다. 하갈이 절대 보고 싶지 않았던 것(이스마엘의 죽음, 창 21:16)과, 눈이 밝아져 샘물을 보는 장면을 통해서도 보는 것이 얼마나 중요한지 여실히 드러납니다. 약속을 믿고 항상 믿음으로 사는 사라는 사람들이 보지 못하는 것을 보았고 그 의미를 파악했으며, 장차 있을 우환을 예방합니다. 반면, 믿음이 없고 약속을 믿지 않는 하갈과 이스마엘은 옆에 있는 우물도 보지 못한 채 통곡만 합니다. 믿음은 사물을 보는 눈을 열기도 하고 닫기도 합니다.

사라가 이삭의 젖 떼는 잔치에서 본 것은 이스마엘이 이삭을 '놀리는' 장면입니다. 열일곱 살 내지 열아홉 살 먹은 이스마엘이 세 살 혹은 다섯 살 먹은 이삭을 놀리는 것입니다. '놀린다'라는 히브리어는 이삭(이쯔하크)과 같은 어근의 '메짜헤크'(창 21:9)입니다. 문제는 이 동사의 의미를 사라가 어떻게 이해했느냐는 것입니다. 나쁜 뜻 없이 '웃는다' 혹은 '장난하다' 정도로 이해하고, 혹시나 나중에 있을지도 모를 재산 분쟁을 우려했다고 볼 수도 있습니다. 이런 논조를 따르는 번역본이 〈American Translation〉, 〈RSV〉, 〈Moffatt〉, 〈NAB〉 등인데, 70인역과 불가타의 지지를 받습니다. 히브리어 단어 자체만 보거나 이삭이라는 이름의 연유만 놓고 본다면 '놀린다'는 중립적인 의미를 띨 수도 있습니다.

하지만 성경 전체의 계시사적 맥락에서 볼 때는 좋은 쪽으로 해석하기 힘듭니다. 그래서 NIV는 '조롱하다'로 번역합니다. 원어 성경인 마소라 사본에는 '메짜헤크'에 걸리는 목적어가 없습니다. 개역개정은 이스마엘이 이삭을 놀린 것으로 기록하고 있지만 마소라 사본은 목적어 없이 사용하여, 이삭이 아니라 보이지 않는 하나님을 조롱하는 것으로 암시하고 있습니다. 또한 이 장면을 본 사람은 사라이지만, 정작 하나님이 그 장면 뒤에서 이스마엘의 소행을 쳐다보고 계신다는 뜻이 숨어 있습니다.

사실 아브라함이 '큰 잔치'를 베푼 이유는 불가능한 형편에서 하나님의 특별한 은혜로 아들을 낳았고 아이가 여기까지 살았기에, 하나님의 선하심에 감사를 표시하기 위해서입니다. 그런데 이런 잔치에서 이스마엘이 이삭을 조롱한다면, 그것은 곧 하나님을 모독하는 것입니다. 또한 '짜하크'(놀리다) 동사가 강조형인 피엘형으로 쓰인 것을 보면, 그 소행에 아주 부정적인 측면이 있다고 강조하려는 의도가 분명합니다(참조, 창 19:14; 26:8; 39:14,17; 출 32:6; 삿 16:25). 보디발의 아내가 요셉이 자기를 희롱했다고 할 때도(창 39:14,17), 이스라엘 백성이 금송아지 앞에서 '뛰놀았다'(출 32:6, NIV는 to indulge in revelry, 큰 술판이 벌어졌다)라고 할 때도 단순히 유희를 했다는 뜻이 아닙니다. 바울은 이스마엘이 한 소행을 거룩한 자손을 '핍박한 것'으로 봅니다(갈 4:29). 이 말은 심지어 '살인하다'라는 뜻을 가지고 있기도 합니다(삼하 2:14).

# ✝ 이스마엘의 조롱의 대상

이 연회는 만인이 모인 앞에서 지금까지 장자 노릇을 해온 이스마엘을 제쳐두고 새로 난 이삭에게 아브라함 가문의 장자권이 있음을 공적으로 인정하는 자리였습니다. 무리들이 축제 분위기에서 장래에 주인이 될 이삭에게 도열하여 인사하는 참인데, 이런 광경을 지켜보던 이스마엘의 심중에 그만 울화통이 터진 것입니다. 그가 열일곱 살까지 자라오며 하나님이 이삭을 두고 계시하신 계획을 모를 리 없었을 것이며, 자기 출생에 대해 어머니가 말하지 않았을 리도 없습니다. 우려했던 바가 현실로 나타났습니다! 자신의 장자권이 공적으로 탈취되는 현장이 벌어졌으니까요. 사람들이 기뻐하는 순간, 이스마엘은 할 수 있는 한 모든 미움과 조소를 내뿜습니다.

20장에서 사라가 아비멜렉에 의해 몸이 더럽혀질 뻔한 일이 있었으나 하나님이 즉각적으로 개입하셔서 풀려난 일을 우리는 압니다. 어쩌면 이스마엘은 이삭에게 '너는 아브라함의 아들이 아니야'라고 조롱했을지도 모릅니다. 이스마엘이 이렇게 기를 쓰고 조소하는 현장을 사라가 목격한 것입니다. 보통 일이 아닙니다. 뱀의 후손이 여자의 후손의 머리에 독침을 꽂고 있습니다. 믿음에서 나는 아브라함의 대소(大笑)가 지옥에서 나는 비소(誹笑)로 응수되는 순간입니다. 거룩한 씨에 대한 핍박이 개시되는 순간이기도 합니다. 따라서 이스마엘의 희롱은 단순한 장난이 아니라, 하나님의 나라와 그 백성의 장래를 향한 무서운 위협입니다. 사라가 바로 이것을 본 것입니다. 일전에 하갈이 임신했을 때 기고만장한 자세로 사라를 멸시했던 일을 배제할 수는 없었겠지요. 하지만 단순히 모성애나 질투심보다는 언약의 정통성을 누가 계승하느냐는 극렬한 싸움이 걸린 것입니다. 자신은 아브라함의 법적인 아내이자 안주인이고, 아들은 여호와의 약속의 아들이기 때문입니다. 사라는 믿음의 노선에서, 약속에 굳게 서서 싸우고 있습니다.

# 34

창 22:1,2

# 강하게 하려고 검증하시다

하나님이 누구를 '시험한다'(나사)라고 할 때에는 '유혹하다'라는 의미가 아니라 '검증하다'라는 뜻입니다. 유혹해서 넘어뜨리려는 것이 아니라, 참으로 진실한지 알아보고 복을 주시기 위한 것입니다. 사탄은 우리를 멸망시키기 위해 유혹하지만(벧전 5:8; 약 1:15; 롬 6:23), 하나님은 우리를 강하게 하려고 시험하십니다(출 20:20; 신 8:2). 구약에 이 단어가 나타나는 경우들(민 14:22; 출 15:25; 16:4; 신 8:2; 13:4; 삿2:22; 대하 32:31)을 살펴보면 그 뜻이 더 분명해집니다.

구약에서 하나님이 시험한 경우를 생각하면 대표적으로 욥을 꼽을 수 있습니다(욥 1:6-12; 2:1-6). 아브라함이 받았던 시험과 차이가 있다면, 아브라함의 시험에는 사탄이 언급되지 않는다는 것입니다. 사탄이나 천사가 아닌 하나님 자신이 아브라함을 시험대에 올리십니다. 하나님은 아브라함이 믿음을 진실로 지키는지 안 지키는지 시험하고자 하셨습니다(비교, 출 16:4). 아브라함은 하나님을 경외하는 자로서 여호와를 위해 자기 독자도 아끼지 않고 시험을 통과했습니다(창 22:12). 여호와께서는 아브라함을 축복할 것이며, 그의 후손을 많게 할 것이고, 그가 원수들의 문을 얻을 것이라고 맹세하십니다(창 22:17).

# ✤ 시험의 목적

18절에 이르러 분명해지듯, 시험의 목적은 아브라함의 순종을 이끌어내는 것입니다. 순종의 대가는 아브라함에게 주신 무한한 축복들(창 12:2,3,7; 13:14-17; 15:5,6,18-20; 17:1-8,15,16,21; 21:12)을 더욱 확증하고 확장하는 것입니다.

시험당할 무렵, 아브라함은 하나님과의 관계는 물론 세상과의 관계가 최고점에 이른 상태였습니다. 시험은 '이런 일들 후에', 즉 아비멜렉 왕과 평화조약을 맺은 후, 브엘세바에 에셀 나무를 심어 자기 자손의 장래는 오직 하나님의 손에 있다고 고백하는 의미로 영생하시는 하나님의 이름을 부른(창 21:33) 그때였습니다. 고목(枯木)과 같았던 사라의 태에서 하나님의 약속대로 아들이 나오니, 지난날 많은 나라의 왕들에게 사라를 빼앗길 뻔했던 일들이 꿈만 같았을 테지요. 아들이 태어나는 약속의 성취를 경험하였고, 이제 그 아이가 십 대 후반까지 무사히 자랐으며, 가정 분란의 원인이던 이스마엘까지도 축출한(창 16:16; 21:5,8-10) 때였습니다. 이때의 아브라함은 어떤 특출나게 모범적인 행동을 보이기보다는 본문이 말하는 대로 하나님께 순종과 신뢰(창 22:1,5,8)를 보이며 나아갔습니다. 하나님께는 '내가 여기 있나이다'(창 22:1,11), 아들 이삭에게도 '내가 여기 있노라'(창 22:7) 하는 믿음의 여유를 보였지요. 1절에서 말하는 대로, 하나님이 아브라함에게 '바요메르'(이르니) 하시면, 아브라함이 하나님께 '바요메르'(말하기를)하기까지 아브라함의 신앙은 물이 올랐습니다.

그러던 중 마치 벼락이 떨어지듯, 하나님은 아브라함에게 살아 있는 아들을 잡아 불에 태워 자신에게 바치라고 하십니다(창 22:2). 20장 3,6절처럼 꿈속에서 들은 말씀이 아니었습니다. '아브라함'을 부르는 소리(70인역은 11절과 같이 두 번 부르신 것으로 기록)는 분명했고, 아브라함은 이를 듣고

'내가 여기 있나이다'라고 분명하게 응답했습니다. 혹시 사탄이 하나님의 일을 망치려는 목적으로 하나님을 빙자하여 말한 것은 아닐까 의심할 수도 있습니다. 그러나 성경은 사탄이 사람이나 짐승을 통하지 않고 스스로는 사람의 소리를 낼 수 없다고 보여줍니다.

다른 사람이 아닌 '네 아들', 그것도 '사랑하는 아들'인데, '사랑하는'에 해당하는 '아하브'는 완료형으로 쓰여 있어 '지금도 최고의 애정을 갖고 있는'이라는 뜻입니다. '독자'(예히데카)라고 못 박아 이스마엘을 퇴출시킨 이후(창 21:12-14) 아브라함 곁에 있는 하나밖에 없는 아들이라고도 지칭하십니다. 그뿐 아니라 '이삭'이라고 이름까지 명시하시지요. 이삭은 아브라함 부부의 근심과 어둠을 밝혀준 여호와의 웃음이었고, 여호와의 언약의 고리였습니다. 요컨대 이삭 없이는 아브라함의 후손도, 장래도, 나아가 세상의 구원도 말할 수 없었지요. 그가 살아야 '큰 민족'을 이루든지 '모든 민족이 복을 받든지'(창 12:3) 할 것 아니겠습니까? 그런데도 하나님은 아브라함의 보물이자 기쁨인 이삭(웃음)을 강조하면서 번제로 바치라 하십니다.

전에는 자연적으로 생산된 아들(이스마엘)을 포기하라 하시더니, 이제는 약속으로 태어난 초자연적인 아들(이삭)까지 '제발 취하여'(카흐-나), '기어코 가서'(벨레크-레카), '번제로 드리라'(베하알레후 샴 레올라)라고 하십니다. 여기 사용된 동사들은 미천한 피조물인 아브라함에게 하나님의 절대적인 명령에 순종하라는 강력한 요구를 담고 있습니다. 특히 '제발'(나)은 애원조로 말하는 것이 아니라 논리적인 귀결을 뜻하는 말, 즉 '나에게 복종한다면, 필히 아들을 취하라'라는 뜻입니다. '기어코 가라'(벨레크-레카)는 해당 구절 외에는 구약에서 찾아볼 수 없는 표현입니다. 번제는 문자적으로 '올라가는 것'을 의미합니다. 바쳐진 제물이 온전히 태워져 그 연기가 올라가는 것이 바로 번제입니다. 하나밖에 없는 가장 사랑하는 아들을 완전히 소멸

되는 번제로 바치라니, 아브라함 입장에서는 어이 없고 황당했을 것입니다.

하나님이 아브라함을 시험하기 위해 하신 일이지만 너무 과격하지 않나요? 이는 죄 때문에 받아야 하는 시험이 아니라(약 1:13) 아브라함의 믿음과 순종을 한층 더 성장시키기 위한 것입니다. 더 깊은 인내와 더 높은 믿음의 연단을 받기 위한 것입니다(신 8,16; 시 26:2; 히 11:17; 약 1:12; 벧전 1:6-7). 그러나 아무리 성장을 위한 시험이라 하더라도 너무합니다. 레위기의 제사법에 의하면, 번제는 먼저 칼로 제물을 죽이고 각을 떠서 제단 나무 위에 올려놓으면 불이 제물을 살라 연기가 올라가게 됩니다(레 1장). 이삭은 웃음은커녕 허망한 눈물로, 시체 태우는 냄새가 되게 생겼습니다.

## ✝ 이런 믿음은 어떻게 생겨나는가?

사람, 그것도 애지중지하는 하나뿐인 아들을 몽땅 태워 바치라는 신을 믿는 것이 정상적인 신앙인가요? 아무리 믿음이 좋은 신자라도 가장 아끼는 것까지 다 태워 연기로 바치라고 한다면 못 믿겠다고 돌아설 것입니다. 잔인한 하나님이라며 등을 돌리는 게 인지상정입니다. 아들을 낳으려고 기다린 세월이 자그마치 25년, 이제는 아이가 자라 제대로 살 수 있다는 희망과 기쁨이 생겼는데 이를 즐기는 순간도 잠깐, 사람을 하나의 짐승같이 번제물(레올라, 여기서 '레'는 대격으로 이삭을 짐승이나 물건같이 취급한다는 뜻)로 바치라는 것이 말이 됩니까! 그러나 하나님은 저울에 달아보면 연기같이 가벼운 인생, 그나마 하나님이 받아주시는 연기라면 얼마나 값어치 있는 연기가 되는지 모릅니다(레 1:9; 1:13, 1:17; 2:2; 8:21). 하나님은 이것을 원하신 것입니다.

하나님은 아브라함에게 약속을 통해 받은 이삭을 돌려달라고 명령하셨습니다. 붙어 있는 땅의 모든 소중한 것들을 돌려달라고 하신 것입니다. 그리고 하나님만 믿으라 하십니다. 보잘것없는 피조물인 인간에게 너무나 가혹한 요구인 것 같습니다. 더구나 아들을 제물로 바치라는 것은 이방 종교와 다를 바 없지 않습니까? 이방인들이 자손을 많이 낳게 해달라는 의미로 첫아들을 신에게 바치기도 했고, 단지 신들을 기쁘게 하기 위해 자녀를 제물로 바치는 일이 아브라함 이후 시대에는 종종 있었습니다. 이런 풍속은 페니시안, 애굽, 모압, 암몬에서 흔히 발견되는데, 모세의 율법은 이런 죄를 사형에 준한다고 했습니다(왕하 3:27; 16:3; 17:31; 21:6; 23:10; 시 106:37 이하; 렘 7:31; 19:5; 32:35; 겔 16:20,21). 자녀 공양은 사람이 죄를 짓고 그 가책 때문에 하는 것입니다(참조, 미 6:6-7). 그러나 하나님은 이런 제사와 제물을 원치 않으셨습니다(시 106:37). 아브라함이 우상을 섬기는 지역에서 나왔지만(수 24:2-3), 그렇다고 해서 하나님과 언약한 자가 약속의 아들을 제물로 바치려고 했다는 것은 어불성설입니다.

아브라함의 처신을 두고 우상 섬기는 자들과 다를 것이 무엇이냐고 빈정대는 사람도 있지만, 하나님은 세상의 비방과 조소 따위에 개의치 않으십니다. 하나님은 주권자이십니다. 아브라함이 설사 '내가 하나님 말씀대로 순종하면 하나님의 약속은 끝나고 말 것입니다'라고 불평해도 개의치 않으실 것입니다. 하나님은 자신의 명령에 순종하기만을 요구하실 뿐입니다. 왜냐하면 하나님이 아브라함을 통해 그리스도의 일을 하려 하셨기 때문입니다. 인간의 상식, 나아가서는 하나님 자신의 성품이나 약속에 맞지 않는 일을 당할 때 믿음으로 이겨내야 한다는 말은 전적으로 맞는 말입니다. 이때의 믿음은 자신의 감정이나 의지의 발로가 되어서는 안 됩니다. 하나님의 특별한 뜻에 따른 믿음이 성령으로 인해 생겨나야 합니다.

여호와의 길은 아브라함과 그의 후손이 어둠과 죽음의 관문을 통과하는 것을 요구하십니다. 이것이 약속의 길이자 하나님이 바라시는 바입니다. 여호와를 향한 믿음은 보지 못하는 것을 보이는 것으로 여기고 바라는 것입니다. 죽은 자가 살아난다는 생각은 해본 적도 없지만, 죽은 자가 다시 살아나는 비밀은 전능자 하나님께 있다는 것을 믿어야 합니다. 성경은 마침내 아브라함이 갖게 된 믿음의 상태를 이렇게 묘사합니다. "아브라함은 시험을 받을 때에 믿음으로 이삭을 드렸으니 그는 약속들을 받은 자로되 그 외아들을 드렸느니라 그에게 이미 말씀하시기를 네 자손이라 칭할 자는 이삭으로 말미암으리라 하셨으니 그가 하나님이 능히 이삭을 죽은 자 가운데서 다시 살리실 줄로 생각한지라 비유컨대 그를 죽은 자 가운데서 도로 받은 것이니라"(히 11:17-19).

대부분의 번역들이 18절을 번역할 때 자손에 중점을 두고 번역합니다. 하지만 히브리 원문이나 신약이 인용한 의도를 살펴보면, '이삭 안에서 네가(혹은 너에게, 즉 아브라함이) 자손이라 불릴 것이다'로 옮기는 것이 옳습니다. 아브라함이 하나님의 약속인 이삭 안에 들어가야만 자손이 된다는 뜻입니다. 아브라함 자신이 하나님의 약속 안에 들어가야만 하고, 약속 안에 들어갈 때는 죽은 사람도 살릴 수 있는 전능한 하나님을 믿어야 한다는 뜻입니다. 아브라함이 이렇게 믿으면 이삭을 하나님께 드리는 것을 어렵지 않게 여길 수 있는 믿음이 생기고, 자손 문제는 하나님이 약속한 대로 하나님이 이루어낼 것이라는 선언입니다. 바로 여기에 아브라함이 자기 백성의 아버지가 되고 이스라엘이 큰 민족이 되는 비밀이 있습니다. 하나가 죽어 여럿이 사는 역사의 비밀이 숨겨져 있는 셈입니다.

## ✝ 하나님의 의도

이삭이 바쳐질 모리아 산은 하나님이 자신을 계시하는 장소로, 훗날 이스라엘에게 율법이 주어지고 제사 제도가 정의되는, 무엇보다도 성전이 지어지는 곳입니다. 만에 하나 사람들의 왕래가 많은 곳에서 이삭을 번제로 드리려 했다면 자칫 이방인의 비웃음을 살 수 있기에 인적이 드문 먼 곳에서 번제를 드리라고 하셨습니다. 더 중요한 것은 아브라함의 기분에 따라 바치는 제물이 아니라 이동하는 사흘 동안의 깊은 숙고와 인고를 거쳐, 자신과의 싸움을 끝낸 후에 번제를 드리라고 하신 것입니다. 이를 통해 참되고 온전한 제물, 하나님의 시험을 통과한 온전한 정성과 제물을 드릴 수 있기에 일부러 멀리 떨어진 곳으로 부르셨습니다. 가야 할 곳도 아브라함의 뜻이 아닌 '하나님이 지시하는 한 산'이었습니다. 여기에는 앞서 언급했듯이 모리아 산에 미래의 성전이 세워진다는 의미가 있습니다(역대하 3장 1절에는 예루살렘으로 나옵니다).

'모리아'라는 단어는 '보다'(라아) 혹은 '경외하다'(아라)라는 뜻을 가지고 있습니다. 거기에서 하나님은 아브라함을 보실 것이고 아브라함을 위해 준비하실 것이며, 아브라함은 하나님을 경외하고 경배할 것입니다. 하나님은 아브라함의 고통을 아시고 이삭 대신 양 한 마리를 준비하셔서 번제로 바치도록 하시는데, 여기서 놀라운 대속 교리의 움이 돋아납니다.

하나님이 어찌 인간을 제물로 바치라고 하시겠습니까? 모든 이방인의 가소로운 공격은 구속 교리의 은밀한 진전에 입을 다물게 될 것입니다. 하나님의 명령이 아무리 모순 같아 보여도, 주님의 말씀이면 순종하고 봐야 합니다. 하나님의 의도는 사람을 죽이는 이방의 거짓 종교와는 완전히 구별되는 참된 종교, 곧 나(사람)를 대신하는 대속 교리의 진의를 보여주려는 데 있습니다.

# 35

창 23:1-20

# 사라의 죽음
# 이야기가 긴 이유

23장은 이삭이 37세 때 일어난 일로, 어머니인 사라의 죽음을 주로 다루고 있습니다. 아브라함이 이삭을 제물로 바쳤던 22장이 10대 후반이라면, 23장은 대략 20년 이후에 일어난 일입니다. 사실 아들을 번제로 바쳐야 하는 일생일대의 위기에서 아들이 도로 살게 된 것(창 22:1-19)은 아브라함의 신앙생활에 있어 최고의 경험이었습니다. 믿음이란 이런 것이라고 이 세상에 증거할 수 있게 되었으니, 죽어도 여한이 없었을 것입니다.

거의 죽은 자였다가 다시 살아나게 된 아들을 통해 장래를 바라보는 이 시점에 아브라함이 유일하게 바라는 것이 있다면 이삭의 결혼일 것입니다. 마침 성경이 이삭과 리브가의 결혼을 예비하는 이야기도 꺼냈겠다(창 22:20-24), 이제 이삭이 결혼만 하면 더할 나위 없겠다 싶었겠지요. 그런데 며느리 될 사람을 보기도 전에 사라가 죽게 되었습니다. 자손에 대한 하나님의 약속이 막 이루어져 가고 생명의 빛이 이제 발하는 줄 알았는데, 아브라함의 가정에 죽음이 임한 것입니다. 창세기 5장에 기록된 아담부터 노아에 이르기까지 가장들의 죽음을 알리던 조종이 아브라함의 가정에서도 어김없이 찾아온 것입니다.

가장보다 아내가 먼저 죽었습니다. 10대에 결혼했다면 120년이 넘는 시간 동안 같이 살아오면서 온갖 파란만장한 일을 함께 경험했던, 그래서 더욱 정들고 사랑했던 사라! 아브라함은 그녀의 시신이라도 잘 매장해주고 싶은 마음입니다. 그러나 아브라함은 아직도 '나그네와 우거인'이기에(창 23:4) 가나안에 자기 소유의 매장지가 없었습니다. 사라가 죽은 곳은 가나안 땅 헤브론입니다. 하나님이 그렇게도 아브라함과 그 자손에게 영원한 소유로 주겠다고 약속하셨던 가나안 땅에서 죽었지만, 그녀의 조그만 시신 하나 묻을 매장지가 없습니다. 하나님이 아브라함을 갈대아 우르에서 부르셨을 때가 대략 75세라 한다면, 하나님이 가나안 땅을 아브라함에게 주겠다고 약속하신 지 70년이 지났습니다. '눈을 들어 쳐다보라, 보이는 땅을 너와 네 후손에게 다 주겠다'라고 심심찮게 말씀하셨는데, 정작 필요한 땅 한 평이 없습니다. 이런 상황에서 아브라함이 가졌던 신앙의 소망은 어떻게 되겠습니까?

✛ **땅의 상속자가 매장지를 구하다**

성경은 아브라함이 이방인들과 교섭하여 매장지를 얻는 이야기를 23장 전체에 걸쳐서 하고 있습니다. 그렇게 얻은 매장지가 가나안 땅을 얻을 것이라는 하나의 예언이며 담보가 되는 일이 될까요? 하나님이 약속하신 일이지만, 정작 아브라함이 부딪친 현실에서는 이방인과 혼신의 힘을 다해 교섭한 끝에 한 조각의 땅을 겨우 '소유'하게 됩니다. 그리고 마므레 앞 막벨라 밭 굴에 아내를 장사합니다(창 23:18,19). 앞으로 아브라함은 물론 이삭과 리브가도, 야곱과 레아도 묻힐 땅을 얻게 된 것입니다(창 49:29-32; 50:12-14).

아브라함은 막벨라 굴이 있는 땅을 얻기 위해 헤브론까지 왔습니다. 이곳에서 멀지 않은 곳, 곧 우물이나 에셀 나무가 있는, 이삭이 태어나고 살았던 브엘세바(창 21:30,33)에서는 이미 나왔습니다. 그곳에서 블레셋 거민들과 평화협정을 맺었기에(창 21:22-34) 아브라함은 행여 그들이 위협으로 느낄까 싶어서 그곳에서는 '소유지'를 구할 수 없었기 때문입니다. 이에 헤브론에 사는 새로운 거민 헷 족속과 교섭을 해야 했지요. 어차피 나그네 된 자가 어렵게나마 한 조각의 땅을 얻었다 한들 무슨 의미가 있겠냐마는, 한 조각의 매장지라도 하나님이 약속한 땅이기에 이것이라도 붙들고서 영원을 바라보고 싶은 심정이지 않았을까요?

헷 족속도 아브라함이 가나안 땅의 맹주였으며(창 14장) 근래에는 여러 나라들과 협정을 맺은 일(창 21:22 이하)을 기억하는지 아브라함을 향해 '하나님의 세우신 지도자'(창 23:6)라고 존경을 표합니다. 그러나 한 조각의 매장지를 파는 문제와는 다르다는 듯, 죽은 자를 장사해야 하는 현실적 문제를 인정하면서도 동시에 얼마나 냉정하게 구는지 모릅니다. 자기들의 세상 법으로 하나님 백성을 얼마나 옭아매려고 하는지, 아브라함은 이번 매장지 교섭을 통해 세상의 매정함을 더욱 실감하게 되었지요. 땅의 실제 주인은 창조자 하나님이시고 진정한 주인께서 그의 자녀들에게 약속한 땅이기에 현재 세상의 '주인'이라는 것이 결국 소작이나 다름없는데, 그럼에도 진정한 상속자에게 야박하게 구는 모습을 볼 수 있습니다.

헷 족속의 땅 매매 문제에 관련된 법 조항들은 〈ANET〉(Ancient Near Eastern Texts Realing to the Old Testament, 제임스 B가 편집한 것으로, 구약성서와 관련된 고대 근동서적)의 191페이지 46,47조항에서 볼 수 있습니다. "만약 성내에 어떤 자가 들(밭)이나 소작 땅을 소유하고 있고, 그 땅이 모두 그에게 주어졌다면, 그는 봉사를 해야 할 것이다. 만약 그에게 작은 부분만 주어졌다면 봉사할 필요가 없지만, 그 주인에게는 봉사해야 한다. 만약 그가 소작 짓는 땅의 소유주의 밭을 가로챘다면, 혹은 그 성의 백성들이 그 밭을 그에게 주었다면 그는 봉사해야 한다." 이런 헷 족속의 법이 과연 아브라함

시대와 동일한 시기인지에 대한 문제가 있기는 합니다. 설사 가나안 땅에서 늦은 청동기 시대의 유물들이 발견되어 아브라함 시대와 동일한 시기에 존재한 헷 족속의 법이라 해도 여러 번역자들의 해독에 정확성이 떨어져 명백히 이해하기는 어렵습니다.

하지만 헷 족속의 법이 창세기 23장과 관련된다는 정황은 있습니다. 밭 주인 에브론이 밭 전체를 팔려고 했지, 밭의 작은 부분인 굴만 팔기를 원치 않았다는 점입니다. 그가 왜 그렇게 했는지는 알 수 없지만, 아마도 밭에 붙어 있는 작은 굴만 팔았을 경우에는 그에게 경제적 손실이 있었을 것입니다. 그렇다고 아브라함이 에브론의 밭 전체를 살 경우에는 얼토당토않은 가격을 치러야 했습니다. 그러나 그는 이것이 가나안 땅에 대한 하나님의 약속의 담보이고 후손들을 위한 약속의 첫 발을 내딛는 것이라면, 어떤 희생을 치르더라도 사기 원했습니다.

앞서 언급한 헷 족속의 법 46항에 따르면 그 땅의 백성들이 땅의 주인인 에브론에게 교섭하여 땅을 팔도록 했고, 그 밭 전체가 아브라함에게 주어졌을 때 아브라함은 땅 주인에게 봉사를 해야 합니다. 어쩌면 아브라함은 거금을 주어서라도 봉사를 상쇄하려 한 것인지도 모릅니다. 그 땅의 백성들도 그런 거금을 받아놓고 또 봉사를 요구한다면 에브론을 비난했을 것입니다. 헷 족속의 법 47항의 일부는 이렇게 기록되어 있습니다. "만약 그가 밭의 큰 것을 산다면 그는 봉사를 하지 않을 것이다." 비록 아브라함이 세상에서 살아가지만, 나그네로 살지언정 이 땅의 어떤 왕에게도 종으로 매이고 싶지 않았습니다. 그는 하나님만 섬기기를 원했습니다.

헷 족속의 법은 왕이 신하들에게 밭을 임대해주어 소작하도록 하는 봉신 관계를 바탕으로 법을 제정했습니다(특히 47항). 그러나 성경은 봉신 관계 속에서 매매가 이루어지도록 하는 것이 아닙니다. 다윗 왕이 아라우나 밭을 살 경우도 온전한 값을 치렀습니다(삼하 24:22,23a; 대상 21:23). 비록 악한 왕 아합이라도 나발의 포도원을 강탈하지 못했습니다. 그가 비열한 수단을 사용하여 강탈했지만, 하나님은 그것을 용납하지 않으셨습니다. 창세기 23장에 드러난 과장된 겸양지덕의 태도는 자기 이익을 위한 계산이 얽힌 봉신 관계보다는 죄스러운 인간의 모습을 보여주는 장치입니다.

짐멀리(Walther Zimmerli)는 23장을 17장 8절과 관련지어 해석했는데, 바람직한 접근입니다. 그의 주안점은 하나님께서 가나안 땅을 아브라함과 그의 자손에게 영원한 유산, 곧 소유로 주겠다고 하신 점입니다. 창세기 23장 2절과 19절은 가나안 땅이라고 강조할 뿐 아니라, 17장 8절에는 등장하는 히브리어 '아후자'(소유)는 23장 4절, 9절, 20절에 이어 창세기 49장 30절과 50장 13절까지 지속적으로 등장합니다. 하나님이 전에는 이렇게 약속하셨지만 현실은 그렇지 않다는 것입니다. 짐멀리는 무덤에 대해 다음과 같이 주석을 답니다. "무덤은 덧없음과 죽음의 상징이 아니라 하나님이 장래에 대해 말씀하신 바에 대한 확실한 기대와 소망스러운 성취에 대한 징표다."

가나안 땅의 막벨라 굴은 애굽에서 포로 생활을 하고 있는 이스라엘 백성으로 하여금 '약속의 땅'에 대한 꿈을 갖게 했습니다. 이 매장지는 약속이 성취되는 시작이자 소망의 증표였습니다.

## ✝ 언약의 어머니의 죽음과 장사

다시 23장 처음으로 돌아가 봅시다. 아브라함의 아내이자 이삭의 어머니인 사라가 죽었습니다. 히브리인들이 추앙하는 어머니이고 언약의 어머니이며 '여자의 후손'의 어머니가 죽었습니다. 아무리 신실하고 고결한 신앙을 가졌다 하더라도, 그녀 역시 인생이기에 창세기 5장의 '그리고 그는 죽었더라'라는 장송곡을 비껴갈 수 없었습니다. 조금 늦게 오거나 조금 빠르게 오는 차이는 있을 수 있지만, 누구도 죽음을 비껴갈 수 없습니다. 그녀의 죽음을 애통하는 장례식에는 하나님도 침묵하시는지 23장에는 하나님의 이름도 나타나지 않습니다. 6절에 '하나님의 세우신 지도자'라는 표현이 나오지만, 여기서 '하나님'은 '큰'이라는 뜻으로 이해할 수 있으며, 이 방인들이 말하는 그들의 신입니다.

사라는 127세에 기럇아르바에서 죽었습니다. 이곳은 가나안 땅인 헤브론입니다. 성경은 이곳의 이름을 말할 때 두 가지 표현을 병용합니다(창 13:18; 35:27; 수 14:15; 15:13). 이 땅 맞은편 북쪽에는 막벨라가 자리 잡고 있고 그 옆에 마므레가 있는데, 마므레에 새로운 도시가 건설되어 헤브론이라 불렸습니다. 즉, 이 명칭들은 인접한 성읍들의 이름으로 다 가나안 땅입니다. 아브라함은 일찍이 마므레 상수리나무 옆에 여러 번 거주했던 적이 있습니다(창 13:18; 14:13; 18:1). 브엘세바 평지는 이삭이 태어났고 아브라함이 주로 살았던 지역입니다(창 20:1; 21:33,34; 22:19). 브엘세바에서 헤브론까지는 대략 48킬로미터쯤 됩니다. 사라가 이곳 헤브론 막벨라에서 숨을 거두었습니다.

성령께서는 그녀의 죽음에 대해 가나안 땅에서 죽었다는 것(창 23:2)과 가나안 땅에 장사되었다는 사실(창 23:19)을 조명하시며, 사라의 죽음을 아브라함이나 이삭의 죽음 못지않게(창 25:8; 35:29; 49:33) 특별히 다루고 있습니다. 아브라함이 장막 안에 들어갔다 온 것인지 다른 곳에 갔다 왔는지는 모르겠지만, 그녀의 시체 앞에 서서 애통하고 슬퍼하는 모습이 성경에 나타나 있습니다. 그녀의 부재가 약속에 대해 침묵하기에, 아브라함은 저 건너편의 새로운 가나안을 바라보지 않을 수 없었습니다. 그 후에는 일상생활로 돌아가 남은 생애를 살아내야 합니다.

함께 살아온 과거사를 슬픔 속에서 회고해보면 한도 소망도 서려 있습니다. 사라는 137세 된 남편과 아직 결혼하지 않은 37세의 독자를 남겨두고 떠났습니다. 일세기 넘게 같이 살아왔던 부부의 정은 하나님의 인도와 섭리를 따라 익을 대로 익어서 나눌 수 없는 관계가 되었습니다. 갈대아 우르를 떠나 하란을 거쳐 가나안에 들어오는 먼 여정을 거치면서 애굽으로 갔다가 아내를 빼앗길 뻔 했던 경험, 하나님의 도움으로 구조되어 다시 돌아온 가나안 땅에서 조카가 떠나며 겪었던 아픔, 가나안 남북 전쟁 때 포로로 잡혀갔던 롯이 구조된 일, 애굽 출신 노예를 남편에게 첩으로 주었다가 홍역을 치른 일, 첩의 아이 때문에 결국 남편의 정을 물리치고 갈라놓아야 했던 고통의 순간들, 환락의 도시 소돔과 고모라가 하늘에서 내려오는 유황불로 타 없어지는 광경을 보았던 경험, 세상에서 내로라하는 왕들의 마수에 넘어갈 뻔한 경험들까지, 둘은 이루 말할 수 없는 시간을 보냈습니다.

그렇다고 해서 둘의 삶에 늘 어두운 면만 있었던 것은 아닙니다. 나그네의 삶을 살았지만 부자가 되어 장막을 여러 개 소유하며 남에게 나누어주기도 하고 손님을 대접할 형편도 되었습니다. 종들을 거느리며 살기도 했고, 한때는 적군을 물리치고 돌아와 하나님의 제사장이 축복해주기도 했으며, 이로 인해 가나안의 맹주로 추앙받던 때도 있었지요. 여러 나라의 왕들이 아브라함의 덕을 보려고 연합을 제의하기도 했습니다. 무엇보다도 제일 좋았던 것은 오랜 시간 기다려온 아들을 늘그막에 낳아 젖 뗄 때에 큰 잔치를 베풀던 일이 아니었을까요? 이제 아들이 장성하여 며느릿감을 생각하려는데, 사라가 별세하여 홀홀 떠나버린 것입니다.

일평생 함께했고, 떠돌이인 나그네의 삶에서 온갖 역경과 좌절을 같이 견디어주던 사라가 죽었습니다. 유대인들은 사라의 죽음이 모리아 산에서 이삭이 겪은 이야기를 뒤늦게 듣고 충격을 받았기 때문이라고 말하곤 합니다. 모든 인생은 죽기 마련이지만, 갑자기 닥쳐온 죽음이기에 아브라함은 충격을 받을 수밖에 없었습니다.

## ✝ 아브라함이 죽은 것 같았다

한 세기가 넘는 시간 동안 함께 걸어온 영혼의 반려자, 사라가 죽었습니다. 23장은 죽음의 휘장이 그녀를 덮은 순간을 '사라가 죽었으니'(2절)로 기록하기 시작하여 "아브라함이 그 아내 사라를 장사하였더라"(19절)로 끝을 맺고 있습니다. 훗날 이삭이 그곳으로 갔다고 진술하는 것으로 보아(26장) 아마도 사라가 죽을 시점에 아브라함은 블레셋 영역에 장막을 쳤던 것 같습니다. 이리저리로 유목하는 나그네의 삶을 사는 아브라함의 형편상 브엘세바에서 헤브론으로 거주지를 옮기던 과정에서 미처 다 옮기지 못한 상황이었나 봅니다. 아브라함은 잠시 다른 곳에서 목양하다가 종들에게서 비보를 전해 듣고는 급히 달려와 사라의 장막으로 '들어간' 것으로 보입니다.

이미 할아버지가 된 아브라함은 얼마나 마음이 아팠는지 '슬퍼하며 애통했습니다.' 같은 의미의 단어를 두 번이나 사용한 것은 그만큼 슬픔의 고조(高潮)가 대단했다는 뜻입니다. 아마도 아브라함은 머리에 먼지를 덮어쓴 채 옷을 찢고 땅을 치며 울었을 것입니다. 임종도 지키지 못했으니 그 슬픔은 더 했겠지요. 그가 느낄 안타까운 심정을 표현하는 말은 3절의 '그 시체'(메토)입니다. 죽은 사라의 시체를 표현하기 위해서는 여성형을 사용하여 '그녀의 시체'라고 표현해야 하는데 남성형을 사용하여 '그의 시체'라 표현한 것입니다. 이 말은 "내가 죽어야 하는데 왜 네가 죽었니, 이 시체가 내 시체여야 하는데, 너보다 내가 먼저 죽어야 하는데"라는 말을 함의하고 있는, 매우 안타까워하는 표현입니다. 때문에 아브라함은 죽은 사라를 '내 시체'

(메티, 개역개정은 나의 죽은 자, 창 23:4,8,13)라고 표현합니다. 같은 마을의 헷 사람들도 아브라함의 애틋한 마음을 아는지 사라의 시체를 '당신의 시체'(메테카, 개역개정은 당신의 죽은 자, 창 23:6,11,15)라고 부릅니다. 사라의 죽음이 얼마나 현실로 다가왔으면 할아버지 아브라함이 '내 앞에 있는 내 시체'(메티 밀레파나이, 창 23:4,8; 개역개정은 '내 앞에서'가 '내어다가'를 수식하는 것으로 번역함, NIV는 아예 빠뜨림)라고 강조했을까요!

우리 모두에게는 한 평생 함께 살아온 사람과 이별해야 하는 때가 꼭 오게 되어 있습니다. 그때에 아브라함처럼 '내 앞에 있는 내 시체'라고 부를 만큼 돈독한 관계가 되어야지, '내 앞에 있는 그/그녀의 시체'에 불과할, 세상 사람들처럼 겉으로만 웃는 부부관계가 되어서야 되겠습니까? 한평생 믿음으로 고락을 같이 해온 사랑하는 이를 두고 있을 수 없는 일입니다. 실컷 울어야 합니다.

우리는 기독교의 부활 신앙을 핑계로 울 때와 웃을 때를 구분 못해서는 안됩니다. 눈물샘은 잃은 자의 큰 충격을 완화해주는 놀라운 은혜의 안전장치입니다. 울어야만 그/그녀가 살아생전에 가졌던 뜻이 드러납니다. 그리고 영혼이 육신과 분리되는 원인과 그 의미가 더욱 깊어집니다. 사랑하는 사람의 죽음으로 아브라함에게 막연하던 죽음이 현실이 되었습니다. 그러나 언제까지 슬퍼만 할 수 없습니다. 슬프지만 희망이 없는 것도 아니고, 고통스러워하고 절망에만 빠져서는 더욱 안 됩니다. 죽은 자나 다름없던 이삭을 살리시는 하나님을 믿기 때문입니다. 믿음이 죽은 자의 육신에 대한 애정과 그로 인해 더욱 커지는 슬픔을 외면하지는 않습니다. 나아가 믿음은 지금껏 받아 누려온 축복을 기억하고, 앞으로 죽은 육신을 영화롭게 하실 하나님의 은혜를 기억하는 것입니다.

# ✚ 무심하게 침묵하시는 하나님

하지만 시체를 앞에 두고 계속 울기만 해서야 되겠습니까? 시체가 부패하지 않도록 방부제를 발랐다 하더라도 그 지역이 어떤 지역입니까? 온대기후 지역이니 시체는 곧 부패하여 썩는 냄새가 진동할 것입니다. 할아버지 아브라함은 그 시신 앞에서 일어났습니다(창 23:3). 일어나야지, 별다른 도리가 있나요? 곧 썩을 시체 앞에서 슬픈 기색으로 앉아 울부짖은들 사라가 살아나겠습니까? 그렇다면 이제는 묻어야 합니다.

아브라함은 사라를 믿음으로 매장하고 싶습니다. 일평생 자신을 따라다닌다고 이런저런 고생을 다 했는데, 사랑하는 사라의 시체를 위해 무덤이라도 살뜰하게 마련하고 싶었습니다. 하지만 낭패입니다. 작은 사라의 몸을 묻을 땅 한 조각도 없으니까요.

현실의 문제가 단순히 세상의 문제인 것 같지만 신자에게는 그렇지 않습니다. 이 땅의 문제는 곧 하늘의 문제이자 내 신앙과 직결됩니다. 사라가 죽은 곳은 가나안, 그것도 가나안 중심부에 자리 잡고 있는 헤브론입니다. 하나님이 아브라함에게 수없이 주겠노라 약속하셨던 그 땅이 아니던가요?

창세기 23장은 국모 사라의 죽음이지만, 하나님이 약속하신 땅임에도 매장지 한 조각 없다는 문제에 초점을 맞춥니다. 그래서 매장지를 얻는 문제에 긴 분량을 할애한 것입니다. 하나님이 직접 하셨던 지나간 약속들을 한번 훑어봅시다.

여호와께서 아브람에게 나타나 이르시되 내가 이 땅을 네 자손에게 주리라 하신지라 자기에게 나타나신 여호와께 그가 그곳에서 제단을 쌓고_창 12:7

롯이 아브람을 떠난 후에 여호와께서 아브람에게 이르시되 너는 눈을 들어 너 있는 곳에서 북쪽과 남쪽 그리고 동쪽과 서쪽을 바라보라 보이는 땅을 내가 너와 네 자손에게 주리니 영원히 이르리라 … 너는 일어나 그 땅을 종과 횡으로 두루 다녀 보라 내가 그것을 네게 주리라_창 13:14-17

그 날에 여호와께서 아브람과 더불어 언약을 세워 이르시되 내가 이 땅을 애굽 강에서부터 그 큰 강 유브라데까지 네 자손에게 주노니_창 15:18

내가 너와 네 후손에게 네가 거류하는 이 땅 곧 가나안 온 땅을 주어 영원한 기업이 되게 하고 나는 그들의 하나님이 되리라_창 17:8

하나님은 왜 아브라함을 갈대아 우르에서 불러내셨습니까? 성경은 아브라함과 그 후손에게 가나안 땅을 주기 위해서, 그것도 '영원한 기업'(라아후짜트 올람, 창 17:8)으로 주기 위해 불러내셨습니다. 아브라함의 마음을 쓰리게 하는 것은 사라를 묻을 작은 '매장지'(아후짜트 케베르, 창 23:4)조차 없다는 것입니다. '아후짜트 올람'을 주겠다고 불러냈는데, 정작 사라의 작은 몸을 묻을 '아후짜트 케베르'도 없습니다. 영원한 소유지는 고사하고 당장 한 평의 땅도 없으니 이 얼마나 모순인가요? 땅(기업)은 70년 넘는 기간 동안 수없이 하셨던 약속입니다.

아브라함에게 높은 고지(高地)에 올라가 목을 길게 죽 뻗어서 동서남북을 바라볼 수 있는 대로 보라고 했습니다. 보이는 땅 가나안을 다 주시겠다고요. 사람도 듣기 좋은 약속을 실컷 해놓고도 정작 어려운 현실이 닥쳐 그 약속에 의지하여 도움을 요청할 때 모르쇠로 나오면, 그만큼 매정하고 평생 못 잊을 원한의 고리가 또 없습니다. 하물며 참 신이신 여호와 하나님이, 그것도 한두 번 약속했습니까? 잊을만하면 또 나타나셔서 약속을 믿으라고 신신당부하지 않으셨습니까! 그런데 꼭 필요한 현실을 당하여 시체를 매장하려는데, 그것도 다름 아닌 약속의 가나안 땅 중심부에서 한 평의 땅조차 없습니다. 이런 상황에서 하나님의 약속은 물론, 하나님 자신을 어떻게 믿을 수 있습니까? 하나님도 이렇다 저렇다 한 마디 않은 채 침묵을 지키셨을 뿐입니다. 아니, 23장에는 하나님의 이름조차 나타나지 않아, 하나님은 마치 역사의 휘장 뒤편에 숨어 계신 것 같습니다. 22장에서 자손에 대한 약속을 애 끓이며 포기해야만 했던 아브라함이 여기서도 포기하지 않으면 견뎌 낼 수가 없었을 것입니다. 땅에 대한 약속을 포기하고 저 건너편을 바라보아야만 숨통이 트일 것 같았습니다.

# 사라의 무덤을 구한 교섭 과정

'일어나 나가서 헷 족속에게 말하여 가로되'(창 23:3b)라는 표현으로 매장지를 얻으려는 아브라함의 교섭이 시작됩니다. 여기서 중요한 것이 있습니다. 아브라함이 어떤 마음 자세로 세상 사람을 만나느냐 하는 것입니다. 땅에 대한 약속까지 굳게 하셨던 하나님이 정작 무심하시니, 아브라함이 불평하는 마음으로 세상 사람과 교섭에 나섰을까요? 신자가 하나님께 불평하는 마음을 갖고 세상에 나가면 어떤 일도 되지 않기 마련입니다. 아브라함이 어떤 마음가짐을 가지고, 어떤 목표를 가지고 세상 사람과 교섭하는지를 안다면 본문을 잘 이해할 수 있습니다. 세상 사람들이 침묵하시는 하나님보다 잘 대해줄 것으로 생각하면 오산입니다. 아브라함의 슬픔에 동정하는 듯하지만, 막상 이해관계가 얽히면 본심이 드러납니다. 하나님을 모르는 세상 사람들의 노림수라는 것이, 겉으로는 위해주는 척하다가도 궤계가 얼마나 얄팍하고 매정한지 모릅니다. 하나님이 도와주셔야 세상을 이깁니다.

## ✚ 지금은 무덤만이지만, 언젠가는 가나안 전체가!

비록 하나님은 아브라함에게 침묵하시지만 약속의 말씀은 여전히 살아 있습니다. 가나안 땅이 지금은 아브라함의 소유가 아니지만, 하나님이 약속하셨기에 후손의 때에는 가나안을 소유하게 될 것이라 믿는 것입니다. 무덤만큼만 내 소유가 되지만, 언젠가는 가나안 모든 땅도 소유하게 될 것이라는 믿음입니다. 아브라함은 이런 믿음을 바탕으로 헷 사람과 교섭하려 한 것입니다. 월터 브루그만은 "살려고 하는 법적 행동은 현재의 상황에 반대하여 약속에 완전히 투자하는 것이다"라고 말했습니다. 이런 맥락에서 아브라함이 사서 소유로 삼으려 한 매장지는 '지나가는 덧없음 또는 죽음의 상징이 아니라, 이미 정해진 것에 대한 기대 또는 하나님이 미래에 대해 말씀한 것들을 희망적으로 선취(先取)하는 표징'으로 이해할 수 있습니다.

아브라함은 하나님이 무심하시다고 느꼈지만, 그럼에도 하나님의 약속을 굳게 믿고 헷 족속에게 나아가서 자신이 나그네요 거류하는 자이니 죽은 자를 장사하기 위해 매장지를 달라고 합니다. 이에 헷 족속은 "당신은 우리에게 큰 사람으로(시 36:7; 80:11; 창 21:22에서는 엘로힘이 크다는 뜻으로 사용됨) 존귀를 받고 있는 분이니 우리의 굴 중에 좋은 것을 골라도 반대할 사람이 아무도 없다"라고 대답합니다. 다른 동네 사람도 아니고 같은 동네 사람이, 더구나 아내가 죽어 장사 지내려는데 누가 막겠느냐고 말한 겁니다.

아브라함 시대에는 땅이 개인 소유로 되어 있었습니다. 죽은 아내를 묻으려는데 반대할 개인이 없다는 의미입니다. 그러나 아브라함은 대가를 치르고 땅을 사서 그곳에 사라를 묻으려고 한 것입니다. 단순히 매장지를 구하는 것이 아니라, 매장지를 소유하는 것이 목적이었지요. 헷 족속은 할 수만 있다면 자신들의 소유지를 아브라함에게 넘기지 않겠다는 입장이었지만, 하나님이 그들의 교섭에 간섭하셔서 무덤으로 쓸 굴은 물론, 원래는 생각조차 안 한 밭과 그곳에 심긴 나무까지 아브라함의 소유가 되었습니다.

아브라함이 이렇게까지 땅을 소유하려 한 이유는 단순히 개인 재산을 만들겠다는 의도가 아니라 하나님의 약속을 되새기고 싶었던 것입니다. 한편으로 생각해보면 가나안의 원 주인은 하나님이시고, 원 주인이신 하나님께서 아브라함과 그의 후손에게 준 것이기에, 진정한 소유자는 아브라함과 그의 후손들입니다. 현실은 이방인들이 차지하여 주인 행세를 하고 있지만요. 온 세상이 주님의 것이지만 지금은 사탄이 왕 노릇 하는 것과 같은 이치입니다. 장차 그가 얻어야 할 땅을 이방인들이 차지하고 있으니 어떻게 해서든 헷 족속의 마음을 얻어 자신의 소유로 삼고자 한 것입니다.

이전까지 아브라함은 하나님 앞에 꿇어 엎드린 경험이 여러 번 있지만(창 18:2; 19:1; 22:5), 사람들 앞에서는 꿇은 적이 없습니다. 특히 가나안 사람들에게는 존대를 받을지언정 꿇어 엎드린 일이 없었지만, 매장지 교섭을 위해서는 두 번이나 꿇어 엎드리는 모습을 보여줍니다(창 23:7,12). 어떻게든 이 땅을 사고야 말겠다는 의지의 표명인 셈입니다. 아브라함은 겸손하게, 그러나 뱀같이 지혜롭게 접근하고 있습니다. 땅 주인에게 잘 말해 달라며 동네 주민들에게 중재를 부탁합니다.

## ✝ 땅을 구하는 3단계 교섭 과정

교섭 장소는 '성문'이었습니다(창 23:10). 한국의 옛 나무 정자 그늘과 엇비슷한 것으로, 동네 사람들이 그곳에 모였습니다. 그곳에는 동네 유지들, 곧 식견이 있고 말발이 먹히는 사람이 주로 모입니다. 청년들과 가족들도 모였을 것입니다. 성읍의 이런저런 이야기들이 오고 가는, 성읍 안의 삶의 맥박이 고동치는 곳이었습니다. 어려운 문제가 생길 때면 거기 앉아 있던 사람들이 '저기 가서 물어봐라' 하기도 하고, 곧바로 마을의 원로 몇몇이 모여 재판도 해주던 곳이었습니다. 아브라함은 슬픈 마음을 뒤로하고 이곳을 찾아가 아주 세심하게, 3단계를 거쳐 접근합니다.

## 1단계(창 23:3-6)

우선 헷 족속에게(베네 헷, 창 23:3,5,7,10,16,18,20) 가서 무덤을 달라고 합니다. 이에 그들은 묘실 중 제일 좋은 것을 제시합니다. 사실 아브라함은 미리 에브론의 밭머리에 있는 막벨라 굴을 묘실로 염두에 두었고, 어떻게 해서든 그곳에 사라를 묻기로 작심했습니다. 하지만 아브라함의 고백처럼 토착민 헷 족속(주전 1200년대의 헷 족과 다름, 아브라함 시대의 헷 족에 대해서 많은 연구가 나와 있음)에게 아브라함은 시민권이 없는 '나그네요 거류하는 자'(게르 베토샤브, 창 23:4)에 불과합니다. 그런 그에게는 땅을 사서 소유할 권한이 없었습니다. 유일한 방법이 있다면 헷 족의 사람들과 결혼하는 것인데(참고 창 26:34,35; 27:46), 믿음의 조상 아브라함에게는 당치도 않은 일이었습니다. 그래서 생각해낸 방법이 먼저 헤브론의 시민 백성 전체를 상대로 하소연하여 백성들을 등에 업은 다음, 유지들을 자신의 편으로 만드는 것입니다. 이 유지들의 지지를 얻어 에브론과 교섭할 수 있다고 생각한 것이지요. 이들은 다 함께 성문에 모여 있었습니다. 변방을 쳐서 중심으로 나아가려 한 것인데, 하나님은 이 일에 묘하게 섭리하셔서 아브라함의 소원 이상으로 먼 장래까지 염두에 두고 이루어지도록 하셨습니다.

아브라함은 헷 족속에게 나아가서 겸손히 말합니다. "나는 당신들 중에 나그네요 거류하는 자이니 당신들 중에서 내게 매장할 소유지를 주어 내가 나의 죽은 자를 내 앞에서 내어다가 장사하게 하시오"(창 23:4). 아브라함의 신분이 나그네였기에 '파시오!' 하지는 못하고 '주시기 바랍니다'(나탄)라고 정중히 표현합니다. 이에 대해 헷 족속은 한결같이 "내 주여 들으소서 당신은 우리 가운데 있는 하나님이 세우신 지도자이시니 우리 묘실 중에서 좋은 것을 택하여 당신의 죽은 자를 장사하소서 우리 중에서 자기 묘실에 당신의 죽은 자 장사함을 금할 자가 없으리이다"(창 23:6)라고 대답합니다.

이들은 아브라함을 '하나님이 세우신 지도자'로 볼 수도 있지만 '능력있는 지도자'로 이해했습니다. 실제로 NIV는 '엘로힘'을 '하나님'이 아니라 'mighty'로 옮기고 있습니다. 이들은 아비멜렉과 아브라함의 이야기도 들었을 것이고, 몇 년 동안 같은 지역에 살아보니 하나님이 함께하는 능력의 종으로 각인되었나 봅니다. 헷 족속이 마치 아브라함을 높여주고 겸양하는 것처럼 들리지만, 사실은 언중유골이었습니다.

아브라함이 원했던 것은 '묻힐 장소의 소유지'(아후짜트-케베르, 창 23:4)인데, 헷 족속은 단순히 묻힐 장소를 뜻하는 '묘실'(케베르, 창 23:6,11,15)에 장사하라고 합니다. 이 말은 '인지상정이라고, 묘실은 최고로 좋은 것을 하시지요. 다만 어디까지나 무덤만 쓰세요. 매장지를 당신의 영원한 소유지로 줄 수는 없습니다'라는 뜻입니다. 서로 다른 관점은 이런 양상으로 23장 이야기가 끝날 때까지 나타납니다. 아브라함은 계속 '아후짜트-케베르'를 사용하고(창 23:4,9,20), 헤브론 시민 모두는 '케베르'을 사용합니다(명사로 6절에 두 번, 동사로 6절에 두 번, 11,15절에 각각 한번). 물론 아브라함도 '케베르'를 동사로 사용하긴 하지만 헷 족속의 비위를 건드리지 않으려고 하거나 저들의 말을 받아 하는 경우에 한정해서 사용합니다(창 23:4,8,13,19). 피가 마르는 교섭 가운데 침묵하고 계시는 듯한 하나님은 여전히 함께 계셔서 그의 종을 돌보시며 교섭의 물꼬를 트고 계십니다.

아브라함은 단번에 문제가 해결될 것이라 기대도 안 했을 뿐더러, 세상의 속성을 모르지도 않았습니다. 아비멜렉이 우물을 늑탈한 장면에서도 드러나지만, 세상 사람들은 아브라함이 하나님과 깊이 관련된 사람이라는 것을 알고서도 그를 업신여기기 일쑤입니다. 그런 일을 여러 번 겪었던 아브라함이 세상을 모를 리 없겠지요. 교섭이 이제 막 시작되었지만 아브라함은 사라의 매장지를 헷 족속의 영토 안에서 얻겠다는 데 반대하지 않는다는 사실을 감지합니다(창 23:14,15절). 여기에 힘을 얻어 아브라함은 교섭을 한 단계 다음으로 끌고 나갑니다.

## 2단계(창 23:7-11)

아브라함은 다음 단계로 지역 유지들과 교섭하면서 에브론의 굴을 요구하였고, 에브론은 굴과 밭을 제시합니다. 아브라함은 저들이 보여주는 친절한 우의에 감사하여, 그리고 소기의 목적을 달성하기 위해 몸을 납작하게 엎드리고는 다시 저들과 이야기합니다. 이번 교섭의 대상자는 그 땅의 유지들입니다. "그들에게 말하여 이르되 나로 나의 죽은 자를 내 앞에서 내어다가 장사하게 하는 일이 당신들의 뜻일진대 내 말을 듣고 나를 위하여 소할의 아들 에브론에게 구하여 그가 그의 밭머리에 있는 그의 막벨라 굴을 내게 주도록 하되 충분한 대가를 받고 그 굴을 내게 주어 당신들 중에서 매장할 소유지가 되게 하기를 원하노라 하매"(창 23:8-9).

7절의 '그 땅 주민 헷 족속을 향하여'(레암 하아레츠)는 그 땅에서 거주하는 일반 사람들을 의미할 수도 있지만, 아무래도 상류층 유지들로 지역에 정치적 영향력을 미치는 사람들을 두고 하는 말인 것 같습니다. 홀스트는 이 말을 '완전히 참정권이 있고 땅의 소유권을 가진 시민들'이라고 하여 일반적인 헷 족속이라는 표현과 구분하고 있습니다. 어쨌든 에브론에게 직접 말할 단계는 아직 아니라고 생각한 아브라함은 그곳에 앉아 있는 일반 백성은 물론 유지들의 마음을 얻어, 나그네 된 자신이 무덤의 소유자가 되도록 확실하게 해두기로 한 것입니다. 아브라함은 이제 구체적으로 접근합니다. 당신들도 무덤 얻는 일에 좋은 뜻을 갖고 있으니 그 굴에 대한 완전한 허가, 즉 에브론이 그 굴을 자신에게 넘기도록 압력을 가해 달라고요.

8절의 '구하여'(파가아)는 '가서 누구에게 간청해 달라' 혹은 '누구를 압박해 달라'는 의미입니다. 그만한 부동산을 가진 자를 설득하려면 성읍의 정치력을 가진 지도자들이라야 될 것입니다. 여기까지 오도록 아브라함은 밭머리에 있는 '굴'만 생각하고 있습니다. 그런데 하나님은 더 큰 것을 주시려고 물꼬를 터 갑니다. 좌중에 앉아 있던 에브론이 불쑥 대답하는 것이 아닙니까! 자신은 사회 지도층의 중계가 필요가 없다고요. 자신의 권리로 자신의 것을 파는 일에 남의(사회적 지도층의) 압력을 받아 존엄성이 상할 필요가 없다는 것입니다. 어쩌면 아브라함은 이 점을 노렸는지도 모릅니다. 그러나 이 일 가운데에도 하나님이 역사하고 있습니다. 그때 아브라함이 기대조차 하지 않았던 새로운 국면이 전개되었습니다. "에브론이 헷 족속 중에 앉아 있더니 그가 헷 족속 곧 성문에 들어온 모든 자가 듣는 데서 아브라함에게 대답하여 이르되 내 주여 그리 마시고 내 말을 들으소서 내가 그 밭을 당신에게 드리고 그 속의 굴도 내가 당신에게 드리되 내가 내 동족 앞에서 당신에게 드리오니 당신의 죽은 자를 장사하소서(창 23:10-11).

여기서 눈여겨 보아야 할 점은 에브론이 아브라함을 진정 존경하는 마음에 여러 증인들 앞에서 밭과 굴을 선물로 주겠다는 것인지, 아니면 자기 것을 팔기 위해 능청스러운 제스처를 취하는지입니다. 에브론은 '내 주여'라는 존칭을 써가며 확실하게 '주겠다'(나탄)라는 동사를 11절에만 세 번이나 쓰는데, 미래완료형으로 기록하여 반드시 주겠다는 의지를 표명합니다. 그러나 이런 우의 있는 말들도 앞으로의 교섭을 예비하기 위한 징검다리라는 것이 곧 드러납니다. 에브론은 굴이 붙어 있는 밭을 같이 팔겠다고 밝힙니다. 굴만 따로 떼어서는 팔지 않겠다는 것입니다.

이제 교섭은 새로운 국면으로 접어듭니다. 아브라함은 밭머리에 있는 굴만 생각하고 교섭에 임했는데, 에브론은 왜 밭을 같이 팔려고 했을까요? 그것도 온갖 겸양을 떨어가면서 말입니다. 그가 밭과 굴을 아브라함에게 선물로 주려고 하는 것이 아닌 이상, 여기에는 분명 이유가 있습니다. 앞서 말한 헷 족속의 법을 다시 한번 떠올려 볼까요? "만약 성내에 어떤 자가 들 (밭)이나 소작 땅을 소유하고 있고, 그 땅이 모두 그에게 주어졌다면, 그는 봉사를 해야 할 것이다. 만약 그에게 작은 부분만 주어졌다면 봉사할 필요가 없지만…."

게다가 그는 자기를 제쳐두고 백성들과 유지들을 거치는 아브라함이 못마땅했던 것 같습니다. 좀 골려주어야겠다는 생각도 있는 것 같습니다. "듣자 하니 아브라함 당신 부자라던데 왜 조그만 굴만 사려고 합니까, 같이 붙어 있는 밭도 사시지요? 가격은 은 400세겔입니다." 이런 식으로요. 우리가 상업적으로 계약할 사이도 아니고, 아브라함이 죽은 자를 위해 장사해야 한다고 하니, 굳이 팔자면 이 가격에 팔 수밖에 없다는 태도입니다. 오늘날에 비추어 얼마큼의 가치인지는 모르지만, 당시 바벨론 준가대로는 길이가 1킬로미터, 너비가 0.5킬로미터인 큰 밭을 살 수 있는 가치라고 합니다. 그곳에 모인 좌중들도 입이 딱 벌어질 수 있는, 시가 10배 이상의 금액이라고도 하고요. 당시 일 년 수입이 5-10세겔이었다고 하니 터무니없는 액수입니다. 한참이 지나고 다윗시대에, 다윗은 성전 부지 가격으로 은 50세겔을 지불했습니다(삼하 24:24). 아마도 에브론은 그 정도로 터무니없는 가격을 부르면 아브라함이 땅을 사지 않을 것이라고 생각했던 것 같습니다. 겉으로는 아주 겸손한 태도를 취하며 자신의 큰 땅을 사라고 권하지만, 내면에는 '나그네 주제에 우리 영토를 넘보다니' 하는, 토착민의 멸시가 배후에 자리 잡고 있었던 것으로 보입니다. 구태여 이 땅을 사겠다면 비싼 가격으로 팔겠으니 살 테면 사 보라는 태도입니다. 겸양으로 가장하면서 뒤로는 멸시와 이익을 추구한 것이지요. 세상은 너무 야박하지만, 에브론이 밭과 함께 굴을 팔려고 한다는 사실은 확인된 셈입니다.

## 3단계(창 23:12-16)

아브라함은 헷 족속 앞에서 에브론과 교섭을 하고, 에브론은 가격을 매깁니다. 아브라함은 그 땅 백성을 향하여 또다시 몸을 굽혀 절합니다. 이제 매매 단계로 넘어 오기 직전인데다가 기대조차 못 한 땅까지 살 수 있는 기회이니 재빠르게 에브론의 마음을 증인들 앞에서 묶어두고 싶었던 것입니다. 70인역은 13절을 "당신이 내 편에 있기에"(에페이데 프로스 에무 에이)라고 옮겨 그의 마음이 아브라함 편에 섰다고 봅니다. 우선 에브론의 마음을 자기편으로 만들고는 자기 말을 들어 달라는 것입니다. 그의 속마음이야 어떻든 에브론은 무덤을 팔기 원하고(창 23:9), 지금은 붙은 밭도 팔려고 하니, 당신(에브론)에게서 공짜로 얻지 않고 합당한 가격을 지불하겠다고 증인들 앞에서 밀어붙입니다. 이 부분에서 아브라함은 에브론에게 처음으로 직접 말합니다. 이에 에브론은 증인들 앞에서 팔겠다고 했으니 가격을 말할 수밖에 없었고, 터무니없는 가격이면 아브라함이 사지 않을 것으로 여겼는지도 모릅니다. 그러나 아브라함에게는 가격이 문제가 아니라, 사랑하는 아내의 시체를 꼭 자신의 소유지에 묻고 싶은 것입니다. 그래서 헷 사람들이 증인으로서 동의하는 가운데, 한 푼도 깎지 않고 그 가격을 지불했습니다. 가격을 두고 흥정하지 않은 것입니다. 하나님께서 약속한 가나안 땅을 소유하는 데 이 한 조각의 매장지가 그 시작이 될 것이라는 신앙 때문입니다.

## ✝ 가나안 땅에 얻은 매장지보다 그리운 더 나은 본향(17-20)

"마므레 앞 막벨라에 있는 에브론의 밭 곧 그 밭과 거기에 속한 굴과 그 밭과 그 주위에 둘린 모든 나무가 성 문에 들어온 모든 헷 족속이 보는 데서 아브라함의 소유로 확정된지라"(창 23:17-18). 이 땅은 가나안에 대한 약속의 보증으로 하나님이 주신 것입니다. 앞에서 본 바대로 교섭이 만만치 않은 가운데, 하나님은 아브라함을 사랑하기에 교섭의 매 순간에 간섭하셨습니다. 하나님이 아브라함을 축복하실 때 그 땅을 주겠다고 약속하시지 않았습니까? 그 축복 때문에 나그네의 처지로는 절대 살 수 없던 땅을, 헷 사람들이 먼저 굴이며 밭이며 팔겠다고 나서게 된 것입니다. 언약의 하나님이 이 일을 이렇게 이끌어 가셨습니다.

고대사회에서 나그네가 땅을 소유하는 것은 어려운 일이었습니다. 에브론은 아브라함에 대한 하나님의 선하심에 봉사하는 줄도 모르고 이용당한 셈입니다. 하나님의 축복에는 언제나 역사하는 힘이 있습니다. 비록 죽음이 존재하고 하나님의 이름조차 나타나지 않는 현장이지만, 하나님은 자신의 자녀들을 외면하지 않습니다. 기대조차 하지 못하던 생각 밖의 축복을 넘치도록 주십니다. 아브라함의 자손들이 원수들의 대문을 소유하게 될 것이라던 주님의 예언이 이렇게 이루어지는 셈입니다. 아무리 높은 가격이라도, 땅의 그것으로 하늘의 담보를 삼으려는 아브라함의 믿음에, 값은 아무 문제도 아닙니다.

아브라함은 값진 경험을 했습니다. 처음에는 죽음과 애통이 가득함에도 약속하신 하나님은 침묵하고 계신 듯하고, 세상 민심은 야박하기 그지없어 사방 어디에도 기댈 언덕이 없는 것 같아 보였습니다. 그러나 끝까지 하나님의 약속을 향한 믿음을 저버리지 않고 최선을 다했더니 언약의 자녀들을 위해 하나님이 배후에서 역사하시는 것을 선명하게 체험했기 때문입니다.

23장 초반에 아브라함은 슬픔과 애통 가운데 '일어났지만'(בַּיָּקָם, 바야캄, 창 23:3), 종내에는 바라던 것보다 더 크고 좋은 것이 자기 소유로 '확정되었습니다'(וַיָּקָם, 바야캄, 창 23:20). 결국 23장은 아브라함의 소유지에서 사라를 장사하는 피날레로 끝납니다. 이 놀라운 경험은 아브라함에게서 끝나지 않습니다. 아브라함의 믿음을 본 후손들은 자신들의 조상을 따라 했습니다. 이삭은 아브라함을(창 25:9), 야곱은 이삭을(창 49:31), 야곱의 아들들은 야곱을(창 50:1,2,12-14), 이스라엘 자손들은 요셉을(창 50:25-26, 출 13:19) 따라 리브가도 레아도 믿음으로 이곳 헤브론에 묻습니다. 아브라함부터 출애굽까지 그 세월이 얼마입니까? 아무도 이 매장지를 두고 시비를 따지는 자가 없었습니다(창 50:13).

오늘날 우리에게 삶은 전부가 아니며, 죽음도 끝이 아닙니다. 아브라함이 고백하듯 '나는 당신들 중에 나그네요 거류하는 자'라는 사실을 잊지 말아야 합니다. 아브라함은 아내를 막벨라 굴에 장사했지만, 사실 맞은편에 있는 마므레를 바라보았습니다. 성경에는 마므레 없이 막벨라만 나오지 않습니다. 지금 벨라에는 죽음과 애통이 있지만, 바로 인접한 맞은편에는 부활의 동산 마므레가 있습니다. 성경이 '마므레 앞 막벨라'(바막벨라 아쉐르 리프네이 마므레; 창 23:17,19)를 강조하는 이유입니다. 이스라엘 백성도 아모리인들의 죄악이 가득 찰 때까지 400년 동안 나그네의 삶을 살아야만 했습니다(창 15:16). 저들의 죄악이 분량에 찰 때까지는 멸망이 오지 않습니다.

하나님이 의로우심과 오래 참으심으로 세상을 통치하시기에, 우리는 나그네로 살아야만 합니다. 이곳에서의 삶이 전부인 양 살아서는 안 됩니다. 히브리서 기자는 아브라함이 가진 믿음의 본질을 이렇게 정의합니다. "이 사람들은 다 믿음을 따라 죽었으며 약속을 받지 못하였으되 그것들을 멀리서 보고 환영하며 또 땅에서는 외국인과 나그네임을 증언하였으니 그들이 이같이 말하는 것은 자기들이 본향 찾는 자임을 나타냄이라 그들이 나온 바 본향을 생각하였더라면 돌아갈 기회가 있었으려니와 그들이 이제는 더 나은 본향을 사모하니 곧 하늘에 있는 것이라 이러므로 하나님이 그들의 하나님이라 일컬음 받으심을 부끄러워하지 아니하시고 그들을 위하여 한

성을 예비하셨느니라"(히 11:13-16).

아브라함이 하란을 떠난 지 70여 년 동안 나그네와 거류하는 자로 살아 놓고는 늘그막에 고작 땅 한 평 얻으려 기를 썼다고 그를 폄하하지 맙시다. 그까짓 한 평의 매장지를 얻으려고 그런 고액을 지불하다니! 끝까지 나그네로 남아야지 왜 매장지를 두고 이렇게까지 불합리한 계약을 했냐고 지적할 수도 있습니다. 그러나 아브라함은 하나님의 약속, 곧 영원히 가나안을 소유할 것이라는 약속을 믿었기에, 보이는 땅 가나안에서도 하나님의 약속을 현실화하고 싶었습니다. 하나님이 주실 약속의 땅에서 담보를 삼고 싶었던 것입니다. 그가 기어코 얻고자 한 것은 고작 땅 한 평이 아니라 신앙의 힘이었고, 사라의 무덤은 이 세상에서의 종착지를 상징하는 동시에 영생에 대한 믿음을 나타낸 것입니다. 아브라함은 보다 나은 본향을 바라보았습니다. '이는 하나님의 경영하시고 지으실 터가 있는 성을 바랐던'(히 11:10) 것으로, 여기 무덤에서 씨를 심으며 수확의 날을 소망한 것입니다. 우리도 믿음으로 무덤을 준비해야 합니다(마 26:12).

아브라함 죽음 기사를 가운데 두고(창 25:7-11) 앞에는 아브라함과 첩 그두라 사이에서 난 후손들의 족보, 뒤에는 이스마엘의 족보가 자리 잡고 있습니다. 이 후손들이 살던 지역이나 직업적 특성들이 고고학적으로 밝혀진 것도 있지만, 아직은 밝혀지지 않은 것이 더 많습니다. 성경은 처음부터 끝까지 일관되게 구속사를 말합니다. 고고학적인 발굴이나 고대 문서, 또는 어떤 전승들을 들춰낸다고 구속사의 속살이 알려지는 것은 아닙니다. 오직 계시된 말씀을 통해서만 그 예언적 의미를 알 수 있지요. 그렇다고 세상 학문들이 하찮은 것도 아닙니다. 그것들이 계시 연구에 보조 역할을 하기 때문입니다.

## ✝ 내보낸 그두라의 자손이 돌아올 때

140세가 넘은 아브라함이 노예를 후처로 삼아 아들을 여섯 낳았다고 하니, 믿음의 조상이 노망난 것 아닌가 싶나요? 사실 칼빈도 이를 두고 나쁘다고 할 수는 없지만 치졸했다고 했습니다. 아브라함이 그두라를 첩으로 취한 시기는 이삭이 결혼한 후, 즉 아브라함이 140세를 넘긴 때로 보입니다. 그 근거는 창세기 24장 36절에서 아브라함의 종이 리브가의 어머니에게 한 말에서 찾을 수 있습니다. "주인이 그의 모든 소유를 그 아들에게 주었나이다." 아브라함의 종이 하란으로 출발하기 앞서 유산 상속은 이미 이루어졌습니다. 게다가 이삭은 별도의 진영(네게브)에서 살고 있으니, 아브라함은 이삭에게 이미 권리를 넘겨준 상태입니다. 즉, 죽기 직전에 그두라의 자손들을 내보낸 듯합니다.

이삭을 낳을 때 이미 생식력을 잃은 마당에 140세가 넘은 그가 어떻게 여섯 아들을 낳을 수 있었는지는 문제가 될 수 있습니다. 어거스틴은 이삭을 낳을 당시 믿음으로 얻었던 생식력(회춘)이 그 후로 몇십 년 더 유지됐다고 봅니다. 아무튼 사라가 죽은 후 아브라함의 마지막 38년 중 빠져서는 안 되는 한 가지 사건이 그두라를 취하여 아들들을 낳은 것입니다. 그는 그두라에게서 낳은 아들들을 상속자 이삭과 한 족속으로 이뤄 놓고 세상을 떠났습니다. 아브라함의 임종에 비추어 그두라 자손의 족보를 기록한 것은 창세기 저자가 나름대로 중요한 의미를 전달하기 위해서입니다.

그두라에 대해 알려진 바는 없지만 그 이름의 뜻은 '향료'입니다. 그의 자손들은 아라비아 아카바만 동쪽에 널리 퍼져서 향품과 몰약과 향료들을 거래하는 무역상이었습니다. 직업으로 보건대 아브라함의 시체에 바를 향료들이 넘쳐났을 것 같지만, 그두라의 자손들이 아브라함의 임종을 지켰다는 보고는 없습니다. 단지 이삭과 이스마엘만이 함께 부친을 장사 지냈지요.

성경은 이 여섯 아들들을 '그두라의 자손'(베네 그두라, 창 25:4)이라 기록할 뿐, '아브라함의 아들'이라고는 부르지 않습니다. 반면 이스마엘은 명백히 '아브라함의 아들'이라 기록됩니다. 왜냐하면 그 당시의 관례를 따라 사라가 의도하여 낳은 아들이기 때문입니다. 아마도 외로움 때문에 첩을 취하였고 그 결과 약속을 따르지 않은, 육신으로 난 아들들이 생겼지만, 아브라함은 이 아들들을 이삭과 분리시켜 약속의 자손을 보호하려고 합니다. 전에 하갈과 이스마엘을 내쫓을 때에는 사라의 간청뿐 아니라 하나님의 말쏨도 있었지만, 이번에는 이삭에 대한 약속의 말씀을 의심하지 않고 순전히 자발적으로 외로운 결단을 내립니다. 나이가 많아 정신이 흐릴 수도 있지만 아브라함의 신앙의 힘은 그렇지 않았습니다. 물론 많은 아들들을 곁에 두고 다 같이 살면 좋았겠지만, 아브라함은 '이삭에게 자기 모든 소유를 주어'(창 25:5) 누가 약속의 상속자인지 확고히 했습니다. 자식들을 잃는 한이 있어도 자기를 부인하여 십자가를 지는 제자의 도를 지킨 것입니다.

그러나 아브라함이 내보낸 그두라의 자손들 중 어떤 이들은 미래의 이스라엘에 영광으로 돌아옵니다. 지금은 내쫓기듯 떠났지만 결국 아브라함의 품으로 돌아오는 것입니다. "허다한 낙타, 미디안과 에바의 어린 낙타가 네 가운데에 가득할 것이며 스바 사람들은 다 금과 유향을 가지고 와서 여호와의 찬송을 전파할 것이며 게달의 양 무리는 다 네게로 모일 것이요 느바욧의 숫양은 네게 공급되고 내 제단에 올라 기꺼이 받음이 되리니 내가 내 영광의 집을 영화롭게 하리라"(사 60:6,7). 이 대목에 등장하는 '에바'가 바로 그두라의 후손입니다!

✝        **열두 지파가 하나 되는 교회로 뻗어나가다**

아브라함이 175세를 일기로 죽은 후(창 25:7-11) 12절에는 약간 긴, 서론 역할을 하는 말씀이 나옵니다. "사라의 여종 애굽인 하갈이 아브라함에게 낳은 아들 이스마엘의 족보는 이러하고." 이스마엘이 아브라함의 아들이라고 명시하고 있습니다. 그두라의 여섯 아들에게는 적용되지 않은 특별한 배려입니다. 하지만 사라의 여종 하갈이 아브라함에게 낳은 아들이라고 단서를 달아둡니다. 교회의 씨가 아니라는 것입니다(창 21:12-13). 아브라함에게서 낳은 아들이기에 그에게서 수많은 후손들이 생기겠지만(창 17:20; 21:13), 하갈이라는 계집 종으로부터 육체를 따라 난 자로 치부됩니다(갈 4:23).

하나님이 아브라함에게 약속했듯, 이스마엘 역시 열두 지파를 이루게 됩니다(창 25:16). 사실 열둘(12)이라는 수는 하나님께서 피조물과 역사를 조절하시고 운영하시는 수입니다. 나홀(창 22:20-24), 에돔(창 36:10-14), 이스라엘(창 35:23-26), 그리고 주님의 사도들(마 19:28; 눅 22:30; 계 21:12-14), 마지막으로 종말 때 하나님 나라의 시민 144,000명(12×12)까지, 전부 열둘과 관계됩니다.

이스마엘 후손들은 '그 이름과 그 세대대로' 각 나라들을 이루어 각각 통치자를 삼고, 그들 자신들의 삶을 위해 아라비아 반도의 각 지역들로 뻗어갔습니다. 우리는 이 사실을 유의해서 봐야 합니다. 그들은 이렇게 정치적인 집단으로 영영 나누어졌고(창 25:13-16), 간혹 사막의 거주자들과 섞이기도 했습니다. 타락한 삶 그대로를 따라 자연적인 생장(生長)을 하였고, 마침내 광야의 야생마처럼 되었습니다.

이삭을 통해 나온 아브라함의 후손들은 열두 지파였지만 하나의 나라를 형성합니다. 이들 모두는 한 언약, 한 하나님의 계시에 의해 통제를 받고, 한 백성 한 나라, 한 역사로 발전해갑니다. 비록 죄로 인해 하나의 왕국이 찢어지고 망하는 경우가 생기지만, 다윗의 보좌를 향해 떠오르는 의의 태양, 그리스도의 통치 하에서 하나 되는 교회로 뻗어 나아갑니다(겔 34:23-24; 37:24 이하).

반면 이스마엘의 후손들은 하갈로부터 애굽의 영(靈)을 받아 '그 모든 형제의 맞은편에 거주하였습니다(창 25:18). NIV에서는 이 부분을 'and they lived I hostility toward all their brothers'라고 옮깁니다. 이 표현은 두 가지 의미로 해석이 가능한데, 첫 번째는 이스마엘의 후손들이 이삭의 후손들과 아주 근접한 데서 살게 된다는 뜻이고, 다른 하나는 NIV 번역처럼 적대 관계 속에서 산다는 뜻입니다. 이는 여호와의 사자가 하갈에게 이스마엘에 대해 예언한 것(창 16:11-12), 곧 '그가 모든 형제의 동방에서 살리라'(… and he will live in hostility toward all his brothers; NIV)라는 예언이 성취된 것입니다. 이 예언대로 이스마엘에서 나온 아랍과 이삭에서 나온 이스라엘은 서로 근접한 곳에 살면서 언제나 역사의 회오리를 일으키고 있지요.

이들의 적개심은 거룩한 자손에게 베푸시는 하나님의 은총에서 탈락한 데서 빚어졌습니다. 이스마엘의 후손은 점점 더 죄의 길로 나아갈 것이나, 이들 중 더러는 하나님의 긍휼을 입고 그리스도를 믿어 아브라함의 자손으로 접붙여질 것입니다. 앞서 언급했던 그두라의 후손들을 다루는 성경 구절(사 60:6-7)은 아브라함의 품으로 돌아올 족속들에 이스마엘의 후손들인 느바욧과 게달을 포함시키고 있는데, 눈여겨볼 부분입니다.

The Bible
Genesis
Genesis
Genesis

5부

계시의 진전

Genesis
Genesis
Genesis

# 38

창 25:20; 29-30장

# 이삭에게 반복된 불임의 이유

"이삭은 사십 세에 리브가를 맞이하여 아내를 삼았으니 리브가는 밧단 아람의 아람 족속 중 브두엘의 딸이요 아람 족속 중 라반의 누이였더라"(창 25:20). 이 본문은 이삭이 결혼했다는 사실과 그의 아내가 아람 족속이라는 점을 강조합니다. 이는 바로 24장의 핵심을 요약하는 말씀입니다. 24장에서 아브라함은 며느리를 반드시 '내 고향 내 족속'에서 찾아야 한다고 거듭 강조했습니다(창 24:4,5,7,10,24,39,40,47). 해당 본문 역시 리브가가 '아람 족속'(아라미)이라고 두 번이나 강조하고 있습니다. 아브라함은 어떻게 해서라도 며느리를 자기 고향 땅에서 선택하겠다고 마음먹었습니다. 반면, 이삭과 리브가 사이에서 태어난 에서는 헷 족속 여인과 결혼하여 그 부모로 하여금 얼마나 마음고생(모라트)을 시켰는지 모릅니다. 에서가 그 지역의 딸들과 결혼한 것처럼 야곱도 이방 여인들과 결혼할 것이 걱정된 리브가는 남편 이삭의 견해와 달리 야곱을 도망가게 합니다(창 27:46).

리브가는 '밧단 아람의 아람 족속 중 브두엘의 딸이요 아람 족속 중 라반의 누이'였습니다. 하나님 앞에서 악했던 가나안 사람이 아니라 아람 족속이었습니다. 물론 아람 족속도 우상숭배에서 자유롭지는 못하여(수 24:2) 이미 타락한 처지이긴 하지만, 여호와에 대한 참된 경외가 꺼진 것은 아닌 것 같습니다. 이런 이유로 아브라함은 기어이 자기 족속 중에서 며느리를 찾으려고 한 것입니다. 그리하여 리브가는 이삭과 결혼하여 참된 교회로 연합되었습니다. 여기서 하나님의 구원 계시 흐름의 통로가 어떻게 가고 있는지를 보여줍니다. 우리가 여기서 발견해야 할 것은 하나님께서 언약을 따라 거룩한 자손을 구별하신다는 것입니다.

우리는 이삭의 톨레도트를 통해 이미 언약 교리의 중요한 모티프인 선택 교리가 언급되고 있다는 사실에 주목해야 합니다. 성경의 저자이신 성령께서는 믿는 자의 자녀들이 세상의 자녀들과 확실히 구별되기 전에는 '선택했다'는 말을 하지 않습니다. '선택했다'는 말이 언급될 때는 주의 분명하고도 신실한 언약이 정해지고, 더불어 언약으로 말미암아 사실적으로 구별될 때입니다. 물론 이런 말이 하나님의 영원한 작정을 무시하는 것은 아닙니다. 언약의 말씀을 우선으로 두고 현실적으로 강조하는 것이지요.

결혼 후 이삭은 하나님께서 아버지 아브라함에게 약속하신 언약의 말씀을 기대하였을 것입니다. 그 내용은 17장에 구체적으로 언급되어 있는데, 세 가지로 구분됩니다.

A. 교회의 씨에 대한 약속, 즉 열국의 아비가 되고 번성하게 하겠다고 한 약속(창 17:4b-6절),
B. 여호와와 그 후손과의 영원한 관계를 갖겠다는 약속(창 17:7),
C. 기업에 대한 약속(창 17:8).

✝ **리브가의 불임을 개인의 문제로만 해석할 건가?**

이러한 약속에도 이삭의 장막에는 불임이라는 암울하고도 언약을 위협하는 먹구름이 오래 드리우고 있었습니다. 이런 현상을 화란의 주석가 알더스는 다음과 같이 해석합니다.

"이삭과 리브가의 결혼은 아브라함과 사라와 같이 처음부터 아들이 없는 형편 가운데 있게 된다. 하나님은 자신이 약속한 바를 인간의 계획과 기대에 따라 성취하지 않는다. 이삭의 신앙 역시 시험을 받아야만 한다."

우리 독자들은 이런 설명을 좋은 해석으로 여길 수 있습니다. 설사 약간의 오류가 있다 하더라도 자유롭게 자신의 의견을 제시하는 오늘날의 세상에서 은혜로 여기고 슬쩍 넘어갈 수도 있겠지요. 그러나 해석자가 하나님의 말씀을 보는 시각이 미치는 영향은 실로 엄청납니다. 알더스는 이 말씀을 이삭의 전기로 보았습니다. 때문에 자연스럽게 이삭의 믿음이나 이삭의 믿음을 시험하는 역사에 초점을 맞추는 것이지요. 하나님이 아브라함의 믿음을 시험했다는 기사는 있지만(창 22장), 이삭의 경우는 믿음을 시험당한 적이 없습니다. 알더스는 이 사건을 계시사로 보지 않고, 단순히 아브라함에게 있었던 불임이 반복되는 것으로 봅니다. 하지만 이삭 부부의 불임은 성도에게 닥치는 신앙의 어려움을 설명하려는 데 의도가 있는 것이 아닙니다. 이런 고통을 야기하시는 하나님의 계시의 양식에 진전이 있다는 것을 드러내는 것이 그 의도입니다. 바꾸어 말하면, 아브라함 부부에게 있었던 불임과 이삭 부부에게 있었던 불임이 겉보기에는 같은 상황으로 보이지만, 하나님이 의도하시는 내용은 다릅니다.

칼빈은 아주 예리하게 문제를 짚는데, 이 말씀이 개인이 겪는 신앙의 어려움을 다루는 것이 아니라 '교회의 진전'(ecclesiae progressus)을 다루는 것이라고 봅니다. 우리가 볼 때는 '교회의 진전'을 의미한다고 하니 칼빈의 견해가 느닷없이 느껴져 받아들이기 힘들 수 있지만, 분명한 사실은 성경이 어느 개인의 전기를 말하지 않는다는 것입니다. 만약 성경이 개인 전기의 모음집이라면, 등장인물 개개인이 겪는 온갖 역경이 다 그려져야 하지 않을까요?

성경은 어떤 사건, 개인, 혹은 집합을 통해 진행되는 하나님의 일이 인생의 구원을 위해 역사하는 것을 그리고 있습니다. 때문에 성경은 그 뜻이 펼쳐지는 데 필요한 정보만 상세히 보여줄 뿐입니다. 이삭의 톨레도트에서도 구약 교회의 시초 단계에서 이삭에게 자연 생산이 안 된다는 문제가 아니라, 교회의 자손, 즉 하나님이 약속하셨는데도 세상에 구원이 도래하지 않는다는 문제를 안고 있는 것입니다. 칼빈은 이 문제를 다음과 같이 해석합니다.

"리브가가 결혼 초기에 불임 상태였다고 말한 점을 특별히 주목할 필요가 있다. 그녀의 불임 기간은 3,4년이 아니라 자그마치 20년이나 계속되었고, 자녀에 대한 그녀의 절망이 갑자기 주어지는 축복을 보다 빛나게 해준다는 사실을 우리는 알게 된다. 그러나 무엇보다 생각해야 할 점은, 교회의 번식이 처음에는 이렇게나 작고 느리다는 사실이다. … 아브라함도 오랫동안 자손을 못 보다 고령이 되었을 때 한 가닥의 위안을 받았고, 그 한 사람에게 모든 희망을 걸었다. 이삭도 이미 나이가 많았으나 아버지가 되지 못하였다. 그렇다면 하늘의 별과 같이 많아질 것이라던 자손은 어디 있는가? 누군들 하나님이 종내에는 그렇게 번성하리라던 집안을 이제 공허하게 만드실 작정이라고 생각하지 않겠는가? 그러나 '잉태하지 못하던 여자로 집에 거하게 하사 자녀의 즐거운 어미가 되게 하시는도다'(시 113:9)라 하신 말씀은 교회와 관련해 틀림없이 실현될 것이다. 이렇듯 속도가 느리고 미미한 진전을 지닌 미천한 기원이 그 후에 예상 밖의 번성으로 더욱 영광스럽게 되고, 교회는 자연적인 방편에 의해서가 아니라 하나님의 권능과 은총에 의해서 발전하고 번영한다는 것을 우리에게 가르쳐 주는 것이다. 사실 하나님은 이삭에게 지나치게 집착하는 태도를 교정 또는 조절할 의향을 가지고 계셨을 것이다. 그러나 이 같은 하나님의 행사에서 살펴야 할 주요하고 거룩한 자손은 하늘이 주신 것이기에 결코 자연의 일반적 질서에 따라 산출되는 것이 아니며, 교회는 인간의 부지런함이 아니라 오직 하나님의 은총으로만 된다는 것이다."

이삭이 겪은 불임으로 인한 괴로움에 믿음의 시련도 함축되어 있을 수 있지만, 알더스는 이러한 적용을 앞세웁니다. 오늘날 우리도 그런 시련을 겪는다는 식이지요. 칼빈은 앞선 인용에서 보듯, 이와 반대로 이삭으로 나타나는 구약 교회의 구조의 관점에서 해석합니다. 오늘날을 살아가는 우리는 이삭이 당한 시련을 당할 수 없는 다른 시대에 살고 있다는 것입니다. 이삭의 경우, 교회의 씨가 이미 약속되어 있었음에도 교회의 씨가 멈춘 듯한 시련을 겪고 있는데, 오늘날 우리는 그런 시련을 겪지 않습니다. 따라서 이삭과 오늘날의 우리를 단순히 '불임'이라는 개인적인 사정으로 쉽게 연결하여 적용할 수 없습니다. 이는 이삭만 경험한 일입니다. 그렇다면 이삭이 당한 일련의 일들이 이삭 자신에게는 어떤 뜻이었으며, 오늘날 우리에게는 어떤 의미를 가질까요?

## ✝ 사실이 아닌 것에 기초를 두는 신앙이라면?

역사에 근거하지 않으면 우리의 신앙은 기초할 근거를 잃어버릴 수밖에 없습니다. 만약 사실이 아닌 것에 기초를 두는 신앙이라면, 모래 위에 세워진 성과 같아 곧 무너지기 마련입니다. 이삭의 톨레도트, 아니 성경 전부는 철저히 사실에 기초하고 있습니다. 1940년대 화란 개혁교회에서 일어났던 구속사 대 모범적 설교 논쟁을 간략히 살펴보는 것이 본문 이해에 도움이 될 것입니다. 당시에는 하나의 종교 교훈을 위한 예화 내지는 삽화의 집합으로 구약을 취급하던 견해가 극성을 부렸습니다. 오늘날도 마찬가지입니다. 구약을 하나의 전승의 집합체로 봅니다. 아브라함, 이삭, 야곱을 개별적 인물로 보지 않고, 여러 지역의 지역적 특성에 따라 이름이 달라진 전승으로 보기도 하지요. 구약의 역사성을 부인하는 것입니다. 미국의 유명 신학자이자 교수인 드라이버(Tom F. Driver)는 다음과 같이 주장했습니다.

"그러나 그 이야기의 중요성과 참된 의미는 나타나는 인물의 유형에 있으며, 엄밀히 말해 이야기들이 역사적이든 아니든 간에 그것들에서 유추될 수 있는 도덕적, 영적 교훈들에 의미가 있다. 족장들은 '우리들의 모범'이다. 그리고 저들의 전기를 통해 신앙과 선행, 때로는 무가치하거나 도덕적으로 실패하는 모범들이 생생하고도 분명하게 우리 앞에 놓여 있다."

당시 비평가들은 성경을 단순히 하나의 종교적 수집(蒐輯)으로, 신앙의 모범을 말하는 하나의 전기(傳記) 정도로 여겼습니다. 이런 성경 비평은 하나님의 말씀을 부정하는 방향으로 나가고 있었습니다. 그런 추세에 반대해 개혁교회 안에 있던 알더스가 성경의 역사성을 견지한다고는 했지만, 성경을 종교적 예화 정도로 볼 뿐 아니라 개인의 전기로 읽어 모범으로 삼으려는 자세는 비평가들과 다를 바 없었지요.

이런 시대적인 추세에서 화란 캄펀 신학교의 구약 교수였던 홀베르다(Holwerda)는 '모범'이라는 말을 곧 구약의 역사성을 부인하는 정도로 받아들였습니다. 그는 구약의 역할이 모범을 예시하는 정도로만 역사에 기초하는 것이 결코 아니며, 구약을 앞으로 올 '그리스도적'으로 읽어야 한다고 강하게 주장하며 구약을 그리스도적으로 주석했습니다. 그의 이러한 구약 연구 태도는 당시 개혁교회 안에서 상당한 인기를 얻었습니다. 그가 주장한 '그리스도적' 주석은 조금 후에 '구속사적'이라는 말로 대치되었습니다. 구속사란 비평가들이 구약의 역사성을 부인하는 형편에서 성경 말씀이 확실히 역사에 근거하며, 종교 교훈을 말하는 것이 아니라 그리스도를 지향하는 하나님 계시의 말씀이라는 것을 강조하는 것입니다.

홀베르다는 '모범적'으로 해석하고 설교하는 방식에서 구약 계시의 역사성과 통일성이 증발되는 경우들을 나름대로 분석했습니다.

첫째, '모범적' 주석을 주장한 비평가들은 성경 이야기를 '억지 평행'시켜 우리를 위한 도덕적 교훈을 얻고자 했습니다. 알더스의 경우만 하더라도 본문을 이삭의 전기로 보고, 평행을 찾기 위해 기록되지 않은 그의 생애까지 추적하여 신앙의 모범을 삼고자 했지만, 정작 역사성에 관한 문제는 안중에도 없었습니다. 우리의 교리가 역사에 기초하지 않고 하나의 종교적 예화 내지는 삽화에서 비롯된 것이라면, 근본은 무너질 수밖에 없습니다. 우리 신앙고백의 기초가 사실에 근거하느냐, 예화나 신화에 근거하느냐가 달린 문제이기 때문입니다.

알더스는 본문을 이삭의 전기라고 주장했지만, 그러기에는 이삭의 톨레도트가 지나치게 일관성이 없다는 것을 곧 알아차렸습니다. 그러나 자신의 의견을 거두기는커녕, 이런 이야기 방식은 동양적인 전개 방식으로서, 서양식 논리라는 한계를 가지고선 제대로 이해할 수 없다며 전개 방식을 탓하게 됩니다. 결론은 '그래도 이삭의 전기'라는 것입니다. 이삭의 톨레도트(후예)가 이러하다며 시작한 본문이 정작 이삭의 생애보다 야곱의 생애에 더 큰 비중을 할애하고 있으며, 오히려 레아, 라헬, 라반 등의 전기에 가까운 모습을 띠고 있는데도 말입니다. 사실 이삭의 톨레도트는 알더스가 발견한 대로 전체적인 통일성을 찾기 힘들고 여러 인물의 전기들이 서로 얽혀 있는 집합체처럼 보입니다. 이렇듯 외형적인 연결고리에만 집중하고 모범으로만 여기며 설교를 한다면, 그 설교는 좌초되기 마련입니다.

칼빈은 이미 오랜 전에 성경을 이렇게 읽는 것을 신속하게 차단했습니다. 그는 본문을 '교회의 시작' 내지는 '교회의 진전'의 문제로 보았습니다. 오늘날, 특히 한국 독자들은 성경을 개인의 전기로 보는 데 익숙하기에 칼빈의 이런 해석이 오히려 어렵게 느껴질 것입니다. 그러나 우리에게 어렵게 느껴지는 것은 문제가 되지 않습니다. 성경 저자가 애초에 의도한 것이 무엇이었는지가 문제입니다. 칼빈에게 성경은 한 사람의 개인 생애에서 모범을 찾는 이야기가 아닙니다. 마찬가지로 오늘날 모든 개개인의 삶에서 이삭의 예화와 비슷한 상황을 찾아낼 수 없습니다. 칼빈에게 본문은 교회의 역사적인 시작이며, 훗날의 세대가 기초를 둘 교회의 초석이라는 것입니다. 오늘날 교회도 같은 초석 위에 세워지고 있습니다. 본문은 개인적인 것이 아닌 만큼 누구도 개인에 대한 어떤 것을 찾아낼 수 없으며, 그런 시도 역시 해서는 안 됩니다. 오늘날 우리에게 생명처럼 중요한 것은 시작 단계의 확실한 역사성입니다. 이 시작의 역사성이 문제가 된다면 모든 교회 건설도 허공을 치는 것입니다. 중요한 것은 하나님이 자신의 교회를 시작하셨다는 역사적 사실이며, 이를 통해 교회를 향한 건설자의 보장이 확립됩니다.

둘째, 홀베르다는 성경해석을 유기적으로 하느냐, 아니면 단편적으로 하느냐를 또한 지적합니다. 알더스는 이삭에게만 집중하여 그의 전기를 서술하려고 할 뿐, 창세기 전체와 관련해서 이해하지 않으므로 큰 문맥은 부인하고 있습니다. 본문을 개인의 전기로 볼 경우 이삭의 후손에서 나게 될 언약의 자손이 가지는 무게는 감소되고, 오히려 결혼 생활에서의 어려움이나 결혼 생활에서 발생하는 윤리 문제가 부각됩니다. 그들은 이를 통해 이삭 이야기를 오늘날 우리의 결혼 생활에 적용하려 하는데, 하나님의 구원사 안에서 전개되는 이삭의 이야기에만, 즉 전체의 유기적 관계를 따지지 않고 단편적으로 보기에 발생하는 문제입니다. 반면 칼빈은 전체적 문맥 관계를 중히 여겨 본문의 핵심을 '교회의 진전'으로 말하고 있지요.

셋째, 구약을 종합적으로 읽을 것인가 아니면 기계적으로 읽을 것인가

하는 문제입니다. 알더스는 이삭이 겪는 믿음의 시련을 주안점으로 보고, 그가 결혼 초기에 어려움을 겪었다고 말합니다. 그리고 적용하기를, 오늘날 우리도 다른 방식이지만 그런 경험을 갖기 마련이라고 하지요. 반면 칼빈은 이와 반대로 말합니다. 하나님께서 이삭의 개인 생활에 대해 시험해야 할 이유들이 있을 수도 있지만, 성경을 통해서는 그것들을 알 방법이 없으니 그렇게 해석하면 안 된다는 것입니다. 알더스는 자녀들을 얻는 문제를 중심 사건으로 잡고 기계적으로 해석했습니다. 지엽적인 문제를 주제로 삼고, 나머지는 그 주변으로 엮어간 것이지요. 이러니 중심이 무엇인지 파악하기가 쉽지 않습니다. 칼빈은 '교회의 진전'이라는 핵심을 잡고 본문에 등장하는 믿음의 시련 문제를 핵심에 연결했습니다. 칼빈이 종합적으로 해석한 것입니다.

성경 계시를 예화 정도로 여기고 구약 계시의 역사성을 부인하는 것이 당연시되던 시대에, 홀베르다는 모범주의적 해석과 그에 따른 설교를 강하게 반대했습니다. 하지만 그가 모범 자체를 아예 거부한 것으로 여긴다면 그 또한 그를 잘못 이해하는 것입니다. 그는 성경이 말하는 모범 자체를 부인하지는 않았습니다. 다만 어떤 방식으로, 무엇에 근거하여 우리에게 모범이 될 수 있는지를 중요하게 여겼습니다. 성경 계시의 원래 의도가 무엇인지를 먼저 내세운 것입니다. 훗날 같은 개혁파 교단의 스킬더(K. Schilder)나 트림프(C. Trimp) 같은 교수들은 구속사 안에서 모범에 대한 정당한 위치와 권리를 확립했습니다. 우리가 알아야 하는 것은 성경에 나오는 인간의 행동이 하나님의 약속사와 그의 구원 의지의 도구라는 사실입니다. 오늘날의 우리는 하나님의 말씀과 구원에 응답하여 하나님의 언약에 들어가야만 합니다. 구원이든 심판이든 말씀의 구속사에 들어가야만 합니다.

# ✝ 창세기 전체와 관련지어 보아야

결론적으로 이삭 부부의 불임을 창세기 전체와 관련지어 보지 않으면 큰 문맥을 놓치게 됩니다. 당연히 개인 전기로 볼 수밖에 없지요. 그래서 언약의 자손이 생성되는 일과 관련짓지 못하고 결혼 생활에서의 어려움이나 윤리적인 문제로 접근해 오늘날 우리의 결혼 생활에 적용합니다. 하나님의 구원사 안에서 전개되는 흐름, 즉 창세기 12장에서부터 시작하여 25장에 이르고, 그 이후에도 계속되는 전체적이고 유기적인 관계를 보지 않고 단편적으로 보는 것입니다.

우리도 최근의 추세를 따라 이삭의 믿음의 시련을 주안점으로 본다면 당연히 결혼 초기에 겪었던 어려움에 착안하게 됩니다. 그러다 보면 '비록 다른 방식이지만 우리도 이런저런 믿음의 시련을 당하는 것이 당연하다'라는 적용을 하게 됩니다. 하지만 칼빈은 교회의 씨가 세상에 어떻게 오느냐의 문제로 보았습니다. 어떻게 불임을 극복할 것인가 하는 다분히 문자적인 주해 방법을 취하지 않았습니다. 그는 '교회의 진전'을 핵심 주제로 잡고 '믿음의 시련'이라는 도전을 그 핵심에 연결했습니다. 종합적으로 주석을 한 것입니다.

그렇다면 왜 이삭과 리브가에게도 같은 어려움이 반복되고 있을까요? 하나님은 단순히 사람의 출생을 막은 것이 아니라 교회의 탄생을 막으셨습니다. 이삭과 리브가는 약속된 교회의 탄생(창 17장)을 위하여 20년간이나 기도하고 간구했습니다. 저들은 믿음으로 약속된 바를 두고 씨름한 것입니다. 이들의 형편은 아브라함 부부와 다릅니다. 이삭과 리브가에게는 여전히 자연적 출산의 가능성이 열려 있습니다. 따라서 이삭 부부가 오랫동안 기도했다는 것은 단지 자연적인 출산과 가정의 행복을 추구하는 것이 아닙니다. 새로운 인간성 출현을 위한 기도였습니다. 아기 하나가 태어나는 일도 하나님이 간섭하셔야만 가능하다는 것을 가르치시려는 의도로 이렇게 허락하신 것입니다. 리브가가 아무리 믿음 좋은 가문(아람 족속) 출신에 이스라엘의 어머니 사라의 며느리라 할지라도, 또 하나님이 확고하게 언약을 세우셨다 해도(창 17장) 자동으로 성취되는 것이 아니었습니다. 이는 오로지 믿음과 기도로만 성취됩니다. 이를 통해 앞으로도 교회의 씨는 오직 하나님으로 말미암아 출생되는 것이라고 성령께서는 가르치십니다.

# 39

## 교회의 씨를 쟁취하려는 싸움

구약학 교수인 반게메렌(Willem Vangemeren)은 아브라함, 이삭, 야곱 등 세 족장들에게 다음과 같은 공통점이 나타난다고 지적합니다.

첫째, 하나님의 약속을 받음 : 자손, 땅, 개인과 모든 나라의 축복들(창 12:1-3; 22:17-18; 26:3-4; 28:13,14).

둘째, 가나안 땅에서 살아가는 이국인이자 유랑민으로 천막을 치고 살아 감(창 12:8; 13:4,18; 26:25; 33:20).

셋째, 가정생활에 비슷한 어려움이 있음 : 아내들의 불임 - 사라(창 11:30; 15:23; 16:1), 리브가(창 25:21), 라헬과 레아(창 29:31; 30:9,17,22); b); 아내들이 이방 왕에게 뺏길 뻔함 - 사라와 바로(창 12:10-20), 사라와 아비 멜렉(창 20장), 리브가와 아비멜렉(창 26:1-11); 아들들 간의 치열한 경쟁 - 이삭과 이스마엘(창 21:2-21), 야곱과 에서(창 25:22-26,29-34; 27:1-45), 요셉과 형제들(창 37:4,11,18).

넷째, 자연적 재난, 앙갚음, 시기와 갈등을 경험함 : 가뭄과 흉년(창 12:10; 26:1; 41:56-42:2), 우물 소유권 문제(창 21:25-30; 26:18-25,32).

이렇게 성경을 통시적으로 본다면 성경 이해에 도움이 될 수도 있지만 계시의 진전이라는 측면에서는 각 사건들의 특이성이 무시될 수도 있습니다. 다음 질문들을 통해 사라와 레아, 라헬의 경우와 비교하여 리브가의 불임의 특성을 알아볼 수 있을 것 같습니다.

## ✝ 리브가의 불임의 특성

하나님께서 아브라함과 사라의 임신 가능성을 의도적으로 낮춘 목적은 무엇인가요? 언약은 하나님이 절대적으로 하시는 일입니다. 언약을 계획하시고, 언약을 세우시고 실행하는 등, 언약에 관한 모든 것은 전적으로 하나님이 하십니다. 17장에서 하나님은 아브라함을 아버지가 되게 하시고, 그와 그의 후손의 하나님이 되시어 영원히 그 언약을 지키겠다고 하셨습니다. 더불어 이 자손에게 기업의 유산을 주겠다고도 하십니다. 이 언약은 합당한 행위 없이, 전적으로 일방적인 은혜로 맺어진 것입니다. 바울도 로마서에서 이 주제를 다룰 때 아브라함과 에서와 야곱의 역사를 언급합니다. 아브라함에게 자식이 태어나고, 이로 인해 아브라함이 아버지가 된 것은 아브라함의 생식적·자연적 가능성에 의해 이루어진 것이 아니라 오직 하나님의 초자연적인 주권에 의해 이루어진 것입니다. 요한이 말한 대로는 교회의 씨가(하나님의 자녀가) 혈육으로나 육으로나 사람의 뜻으로 말미암지 않고 하나님으로부터 나는 것입니다. 오직 하나님만이 자기 교회를 창조하시는 분입니다.

하나님이 아브라함을 교회의 아버지가 되도록 부르시고 하나님으로부터 난 자들의 아버지가 된다는 것은, 이 부성(父性)으로 모든 인간적 부성을 종결시킨다는 뜻입니다. 달리 말하면 하나님이 아브라함을 아버지가 되게 하셨기에, 그 시발(始發)은 물론 아버지로서의 활동이나 가능성까지도 전적으로 하나님께 있습니다. 따라서 하나님이 그를 아버지가 되게 부르신 것은 남자가 결혼하여 아버지가 되는 피조물의 자연적 가능성을 자동으로 배제합니다. 사람의 뜻으로 말미암지 않는 부성으로, 전적으로 수동적인 의미의 아버지가 된 것입니다. 하나님은 아브라함을 택하심으로 아버지가 되는 노선이 되도록, 아브라함과 사라가 타고난 자연적인 부성과 모성을 완전히 사멸시키셨습니다. 이들 부부가 쇠잔하여 죽은 것 같고 피조물로서의 가능성이 쇠퇴된 후, 그러니까 그들이 완전한 불임이 되어 어찌할 수도 없는 수동성을 띨 때 한 아이가 주어진 이유입니다. 이때에야 비로소 하나님의 주권적인 기적으로 아이가 주어진 것이라 보이기 때문입니다. 그러니 성경의 각도에서 볼 때 믿음의 조상인 아브라함이 죽어야 하는 것은 자명한 일이며 지극히 논리적입니다. 하나님은 아브라함을 교회의 아버지로 만들기 위해 먼저 그 부성을 완전히 정지시키셨던 것입니다. 따라서 이 문제는 보통의 불임과 전혀 다른 문제입니다.

우리는 교회의 다른 지체나 우리 이웃에게 왜 아이가 없는지 말할 수 없습니다. 하지만 왜 하나님이 아브라함을 불임이 되게 하셨는지, 그 대가 끊어질 위험에 처하게 하셨는지에 대한 이유는 말할 수 있습니다. 교회를 위해 필요했기 때문입니다. 우리 이웃이 아이를 낳지 못하여 삶에 고통을 겪고 믿음이 시험을 받는 상황에 처한다고 하면, 우리는 어떻게 할 도리가 없습니다. 우리가 할 수 있는 일이라 해봤자 그들의 믿음이 단련받도록 우리의 형제애로 격려하는 것뿐입니다. 그들의 시련이 우리들의 믿음에 실질적으로 봉사해주지도 않습니다. 그러나 아브라함의 경우는 다릅니다. 그는 교회의 아버지가 되었기 때문에, 또한 우리 때문에 죽임당하는 고통을 당해야만 합니다. 자신에게 있는 개인적인 믿음의 시험이 아니라, 우리 때문에 곤고(困苦)를 겪어야만 했습니다. 하나님은 여기에 우리의 신앙이 쉴 수 있는 기초를 놓은 것입니다.

그런데 왜 이삭과 리브가에게도 같은 일이 반복되고 있을까요? 하나님이 또 다시 심술을 부려 잘못되도록 하신 걸까요? 하나님은 사람의 출생을 막은 것이 아니라 일단 교회의 탄생을 막으신 것입니다. 이삭과 리브가는 자기들에게 교회 안에서 약속된(창 17장) 부모됨을 위하여 20년간이나 기도하고 간구했습니다. 저들은 믿음으로 약속된 바를 두고 씨름을 해왔던 것입니다. 그러나 이들의 경우는 아브라함 부부의 경우와 다릅니다.

이삭의 나이가 60이나 되었지만 여전히 아버지가 될 수 있는 자연적 가능성이 남아 있었고, 리브가 역시 경수가 끊어지지 않아 자연적 출산의 가능성이 열려 있었습니다. 따라서 저들의 기도는 여전히 기능하는 자연적 가능성 가운데 한 아기가 태어나고 가정의 행복을 추구하는 내용이 아니었습니다. 그들의 기도는 새로운 인간성의 출현을 위한 기도였습니다. 하나님은 이들 부부에게 이 일 역시 하나님이 간섭하실 때에만 가능하다는 것을 가르치려고 하신 것입니다. 아무리 리브가가 믿음 좋은 가문(아람 족속) 출신에 경건한 시어머니 사라의 며느리라 하더라도, 그리고 하나님이 아브라함의 가문을 언약으로 세우셨다 하더라도(17장), 이 언약은 자동으로 이루어지는 것이 아니라 믿음과 기도의 방법으로만 성취된다는 것을 성경은 드러내고 있습니다. 이를 통해 교회의 씨는 전 세기를 통하여 오직 하나님으로 말미암아 출생한다는 것을 우리에게 알려주는 것입니다. 이런 이유로 하나님은 아브라함의 고통을 이삭에게도 주신 것입니다. 잉태가 인간의 능력이나 가능성으로 가능한 것이 아니라, 오직 하나님으로 말미암는다는 사실을 알게 한 것이지요. 이런 기도가 응답은 되어 이삭에게 두 아들이 태어나지만, 결국에는 야곱과 에서가 택함 받은 자와 택함 받지 못한 자의 노선으로 나누어지는 것을 통해 하나님의 주권이 드러납니다.

반면, 레아와 라헬이 경쟁적으로 아이를 낳은 사건에서 불임은 어떤 의미일까요? 한 남편이 두 아내를 잘 못 다뤄 일어난, 결혼 생활에서 나타나는 치정 싸움으로 봐야 할까요? 그저 '불임'이라는 소재 때문에 사라-리브가-레아/라헬을 같은 선상에 놓고 해석해서는 안 됩니다. 계시에는 분명히 진전이 있기 때문입니다. 미리 말하지만 이 기사의 실체는 '거룩한 유산 상속자'를 쟁취하려는 것으로, 인간이기에 육정이 가미됐지만, 사실은 영적 싸움입니다. 하나님은 야곱과 두 아내 간의 온갖 결혼 의도, 경향성, 편애성을 배제하고 하나님의 선택하신 것이 이기게 하시는, 강하신 분임을 계시합니다. 여기서 홀베르다의 주장을 살펴봅시다.

"두 부인은 고상한 이념, 곧 교회의 씨를 위해 투쟁하였고, 때문에 둘 다 기도로 싸웠던 것을 잊어서는 안 된다. 둘의 동기와 방법은 믿음으로 영감받은 것이지, 육정으로 말미암은 것이 아니다. 여기에 '육체'라는 무서운 존재가 개입되고, 이로써 높고 조심스러운 영적 충동과 수단들이 오염된 것은 부인할 수 없는 사실이다. 라헬의 처지는 언제나 간신히 구조받는데, 야곱이 자연적 선호를 따르지만 하나님은 그녀가 어머니 되는 것을 막으셨다. 그녀가 말한 대로 '정말 죽을 지경이다.' 여기에 그녀는 초자연적으로 억제하시는 권세에 가로막힌다. 교회의 어머니가 되고자 하는 그녀의 욕망이 영적인 것이라는 사실은 의심할 바 없지만, 그녀는 여전히 자연적 우선권(필자 주 : 야곱의 애호)을 가지고 교회의 어머니에서 레아를 제외하려 한다. 그러므로 하나님은 그녀가 하나님 앞에서 자랑하지 못하게 하시려고 그녀를 죽게 하셨고(불임), 결국 레아가 교회의 어머니가 되게 하셨다. 모든 자연적 우월권 같은 것이 선택이라는 은혜의 특징과 싸우고 있는 것이다."

## ✝ 에서와 야곱의 싸움이 계속되는 지점

다음으로 우리가 고려해야 할 것은 이삭-리브가의 사건들이 앞의 경우, 즉 사라에게서 이삭이 태어나고 하갈에게서 이스마엘이 태어난 사건과 어떤 관련을 가질까 하는 측면입니다. 라헬의 불임이나 리브가의 불임에서 공통적으로 나타나는 요소는 하나님의 신실하심과 그의 주권입니다. 레아에게서는 하나님의 신실하심이 드러나고, 라헬에게서는 하나님의 주권성이 돋보입니다. 홀베르다는 다음과 같이 얘기합니다.

"이들 둘이 교회의 어머니가 되기 위해 알아야 할 점은 어떤 자연적 가능성이나 자연적 권리가 아무런 역할을 하지 못한다는 것이다. 그래서 이 둘은 사라가 고안했던 것과 동일한 출구를(16장) 모색했다. 어머니가 되기 위한 의도였지만, 하나님이 인정한 것은 아니었다. 물론 이스마엘은 종의 아들로서 아들로 인정받지 못했고 빌하의 아들들과 실바의 아들들은 아들로 인정되는 것이라면, 당시 자유인 신분의 여인들에게서 태어난 아들들과 함께 유산을 받느냐 하는(창 21:10) 문제가 제기될 수도 있지만, 여기서는 논외로 다룬다. 하나님은 아브라함과 사라에게 자신만이 교회의 씨를 언약의 생명력으로 생산하게 할 수 있다는 사실을 계시해주셨다. 교회의 씨가 자연적 가능성에서 나올 수 있느냐는 질문에 하나님은 아니라고 대답하신 것이다. 사라의 임신 가능성이 제외된 것은 하나님이 그녀로 하여금 어머니가 되지 못하게 막으신 첫걸음이었다(사라 자신의 가능성이 죽었다). 이에 사라는 하갈을 통해 아들을 얻어 그의 어머니가 되고자 하였다. 그러나 그렇게 얻은 아들은 쫓겨났으니, 당시의 자연적(혹은 풍습적) 가능성을 추구하였던 두 번째 길에서도 하나님이 사라를 막으신 것이다. 그러나 레아-라헬의 불임은 사라의 불임과 다른 성격의 문제이다. 교회의 씨가 자연적 가능성으로부터 태어날 수 있느냐 하는 문제가 아니기 때문이다. 레아-라헬의 불임은 자연적 특권(기득권)으로 인해 교회의 씨가 태어날 수 있느냐 하는 문제이다. 이삭의 후예(톨레도트) 이야기와 관련하여 이 문제를 진술한다면, 자연적으로 누리는 특권 덕분이냐 아니면 하나님의 기쁘신 뜻이냐 하는 문제이다. 다른 말로 하면 레아-라헬 간의 투쟁은 사라-하갈의 싸움이 계속되는 것이 아니라, 에서-야곱의 싸움이 계속되고 있는 것이다. 여기에는 자연적 가능성의 문제가 논의되는 것이 아니기에, 하나님은 레아로 하여금 그녀의 육체적 가능성이 죽지 않도록 해서 아이들을 갖도록 하신다. 또한 하나님은 라헬로 하여금 자연적 '두 번째' 방법을 통해서 어머니가 되도록 하신다. 하지만 라헬이 이렇게 한들 실질적으로 한 걸음조차 진척하지 못한다."

하나님의 교회는 인간의 기득권이 아니라, 하나님의 기쁘신 뜻입니다 (29-30장). 인간의 특권으로 교회가 시작되는 것이 아니라, 하나님의 기쁘심에 따라 교회가 시작된다는 사실은 야곱의 두 아내가 아들의 이름을 짓는 데서 잘 나타납니다. 홀베르다는 다음과 같이 말했습니다.

"하나님이 교회의 어머니로 인간을 선택하실 때는 타고난 잘생김이나 자연적 특권을 따르는 것이 아니라, 전적으로 그의 기쁘신 뜻에 따라 선택하시되, '세상의 천한 것들과 멸시받는 것들'(고전 1:28)을 선택하신다. 아무도 하나님 앞에서 자랑하지 못하게 하기 위해서이다. 하나님은 레아가 미움받는 것을 보셨기 때문에 그녀로 어머니가 되게 하셨다. 그리고 그녀가 아들의 이름을 짓는 장면을 통해 하나님이 그녀에게 주신 은총과 그분의 기뻐하시는 뜻이 나타난다. 르우벤은 '아들을 보라!'라는 뜻으로, 여호와께서 그녀가 천대받는 것을 보시고 교회의 어머니로 삼아주셨다는 탄성이다. 시므온은 '여호와께서 자기가 미움받는 것을 보셨다'라는 뜻이다. 유다는 '지금 내가 여호와를 찬양할 것이다'라는 뜻이다. 레아가 여호와의 이름을 사용하여 아들들의 이름을 짓는 것을 보면 언약의 하나님이 신실하시다는 것을 나타내려는 것이다. 레아는 자신이 어머니가 된 것이 언약 자녀의 어머니가 되었다고 말하고 있다. 레아는 여호와가 기뻐하시는 뜻에 의해 언약 자손의 어머니가 되어 결국에는 야곱이 자신에게 정당한 위치와 대우를 줄 거라 기대했다. 즉, 하나님의 구속 사역을 위한 그분의 기뻐하시는 뜻 덕에 야곱에게 인정받기를 소원한 것이다. 그래서 그녀는 자신이 받는 미움 그까짓 거, 곧 끝장날 것이라고 갈망했다. 여호와께서 '들으시고 보시는데'(레위와 르우벤을 낳을 때)라고 자연스럽게 말한다. 야곱에게 인정받지 못하고 업신여김을 받지만, '하나님이 나를 택하시니 나는 여호와를 찬양할 것이라'(유다를 낳을 때)라고 뽐낸다. 넷째 아이를 낳은 후, 레아에게도 긴 시간 동안 아기를 갖지 못했던 것은 '그녀가 좋은 행운으로 말미암아 과도하게 교만하지 않도록 위해서인데, 언약의 하나님 여호와께서 자신에게 자궁의 생산성을 신실하게 하사하신 것으로 돌리기 위함'이었다."

## ✚ 아이를 더 낳으려는 경쟁의 의미

잠시의 휴식이 지난 후 라헬이 자신의 첩 빌하를 통해 첫 아들들을 낳음으로 두 자매간의 싸움은 본격적인 양상을 띱니다. 첫 아기가 생기자 라헬은 승리를 장담했지요. 홀베르다는 이렇게 말합니다.

"단(억울함을 푸심 : 하나님이 자신의 권리를 얻게 하셨다)과 납달리(경쟁함 : 그녀가 초인간적 투쟁으로 언니를 이기게 하셨다)의 이름을 통해 레아보다 앞선 첫째가 되기 원했던 라헬의 마음이 드러난다. 그녀가 그렇게 작명하여 자연적 능력을 주장한다 한들 진척되는 것은 아무것도 없다. 여전히 레아와 비교해볼 때 두 번째 서열에 불과하다. 더욱이 그녀를 곤란하게 한 것은 그녀가 쓴 방법을 맞수인 레아 역시 할 수 있다고 충동한 것이다. 라헬이 이런 생각을 하게 된 배경은 육정이 지배하고 있기 때문이다. 어떻게 해서든 첫째가 되고 싶어 하는 라헬, 아내의 불임 때문에 여호와께 나아갔던 이삭과는 다른 모습의 야곱, 결국 레아마저도 싸움을 받아들여 모든 대책을 강구하는 모습을 보인다. 라헬의 도전에 레아는 정공법을 택하여 첩의 아이를 낳아 계속 선두를 지킨다. 갓(행운)과 아셀(복되도다)은 신앙적인 배경에서 비롯된 이름이 아니다. 이쯤 살펴보면 레아는 더 이상 여호와를 신뢰하거나 여호와의 기쁘신 뜻을 믿고 하는 작명이 아닌 듯하다. 자신의 위치를 위협하는 라헬에 맞서 육체적인 수단으로 싸우는 레아의 마음이 드러난다. 게다가 라헬을 골려줄 목적도 담긴 듯하다."

홀베르다에 따르면 라헬은 마지막으로 자연적 수단들을 통해 하나님을 강권하려 시도합니다. 그녀는 아이를 더 낳는 은총을 얻으려는 싸움에서 끝까지 경쟁하려 하였고, 무엇이든 붙잡으려 합니다. 이런 라헬의 자세를 대변하는 것이 합환채(두다이)입니다. 라헬은 이 합환채를 하나님의 기쁘신 뜻을 쟁취하여 승리할 수 있는 마지막 인간적 수단으로 여겼습니다. 여기서 레아의 자세를 눈여겨볼 만합니다.

합환채를 얻기 위해 방문한 라헬에게 대답하는 레아를 살펴보면(창 30:15) 그간 남편으로부터 아무런 인정을 받지 못한 슬픔이 담겨 있습니다. 레아는 라헬이 무엇을 의도하는지 꿰뚫어 알았습니다. 레아는 라헬이 그간 불임이었던 사실을 알고 그녀의 요구를 들어줍니다. 레아는 오랫동안 육적 무기로 동생과 맞서 싸워 왔습니다. 그리고 이제 싸움을 멈추고 싶어졌습니다. 잇사갈과 스불론이 레아의 아이들에 보태졌습니다. 레아는 합환채 대신 남편을 얻는 기회를 얻어 더 많은 자녀를 가지게 되었고, 다시 한번 라헬을 앞서게 되었습니다. 레아가 라헬보다 앞서고 있지만, 실상은 합환채라는 자연적 수단과 거리를 두고, 첫 번째가 되고 싶어 하는 라헬의 소원을 이룰 기회를 양보한 것입니다. 이를 통해 레아는 다시 올바른 길로 돌아서게 됩니다. 육적 수단을 멸시하고 경쟁을 포기했으니까요. 레아는 다시 기도하였고, '하나님이 레아의 소원을 들으셨습니다'(창 30:17). 그래서 그녀는 다시 아들 둘과 딸 하나를 얻었습니다. 그녀가 작명하는 데서 볼 수 있듯이 다시 믿음의 궤도에 서게 됩니다. 하나님은 자신이 기뻐하시는 것에 순종하는 그녀를 선두주자로서 라헬과의 격차가 더 벌어지게 합니다. 이런 영적이면서도 육적이고 치정으로 얼룩진 싸움을 볼 때, 자연적 특권을 위한 싸움에서 자연적 수단들이 사용될 때에는 관계가 2대 2로 서로 균형을 이루었습니다. 이제 레아는 하나님이 기뻐하시는 뜻을 선택의 결정적 요소에 두게 되었고, 반면 라헬은 자연적 수단으로 자연적 욕구를 성취하려 합니다. 하나님은 누구를 선택하시겠습니까? 계속해서 홀베르다의 의견을 살펴봅시다.

"라헬은 괴로워진다. 하나님이 기뻐하시는 뜻에 경악을 금치 못했는데, 이 사실은 그녀를 산산조각 나도록 만들었다. 그녀의 요구는 하나님께 어떠한 인정도 받지 못했고, 그녀의 하찮은 수단들은 하나님을 강요하지 못했다. 이제서야 라헬도 기도하기 시작한다. 이제 그녀의 기도는 자신의 모든 주장을 내세우려던 것에서 하나님이 기뻐하시는 뜻에 자신을 맡기는 것으로 바뀌었다. 이제 하나님이 기뻐하시는 뜻이 그녀에게도 크게 이루어졌다. 여호와께서 그녀를 들으시고 그녀에게 아들을 주셨기 때문이다. 라헬이 아들의 이름을 작명하는 장면은 유의해 볼 만하다. '하나님이 나의 부끄러움을 씻으셨다'(창 30:23)라며 요셉, 즉 '여호와는 다시 다른 아들을 내게 더하시기를 원하노라'(창 30:24)라고 이름 짓는다. 이는 그녀가 오직 하나님의 신실하심만 의지하였다는 증거이다. 더 이상 첫 번째가 되고 싶어 하던 질투가 아니다. 그녀는 기도하면서 자신의 특권을 철회하고, 언니가 단과 납달리를 낳았을 때에 사용했던 방법으로 더 이상 경쟁하지 않는다. 이제 그녀는 하나님이 기뻐하시는 뜻에 의해 레아 옆에 서는 교회 어머니로서의 위치를 굳히고 싶은 것이다. 이제 그녀는 자기에게 주어진 은혜에 따라 교회를 건설할 수 있다. 하나님은 모두에게 같은 위치에서 교회를 건설하게 해주지는 않지만(롬 12; 고전 12), 각자에게 한 위치를 주신다. 그리고 기뻐하시는 뜻이 인정되는 곳, 그곳에서는 더 이상 교회를 건설하는 일이 경쟁으로 인해 찢어지지 않고 사랑 가운데 연합하여 진척된다."

그렇다고 라헬의 자기중심적인 사고나 인정받고자 하는 충동이 완전히 꺾인 것은 아닙니다. 마지막 아들의 이름을 '베노니'(벤-오니, 불행, 창 35:18)라고 지은 데는 여전히 풀리지 않은 채 응어리진 그녀의 한이 함축되어 있습니다. 그러나 야곱은 중년의 라헬에게 마지막 남은 자존심을 더 좋은 의미의 이름으로 재빠르게 바꾸어 놓습니다. '베냐민'(빈야민, 오른손의 아들)은 하나님이 강하게 하사 번창하게 하시고 나의 세대에 교회를 세우신다는 믿음이 반영된 이름입니다. 비록 야곱의 '사랑을 받는 자', 야곱 마음의 '첫째 된 자'가 예루살렘을 향하던 에브랏 변방에서 죽어 묻히는 운명을 맞이하는 그 순간에도 야곱은 희망으로 바꾸어 한을 풀어줍니다.

## ✝ 약속의 자녀 모두를 위해 우는 어미

죽은 라헬은 훗날 구속사에서 어머니의 상으로 나타나 우는 모습으로 그려집니다. "나 여호와가 이같이 말하노라 라마에서 슬퍼하며 통곡하는 소리가 들리니 라헬이 그 자식을 위하여 애곡하는 것이라 그가 자식이 없으므로 위로 받기를 거절하는도다"(렘 31:15). 경쟁자였던 레아의 아들이나 자기 아들을 막론하고 이스라엘이 망하여 포로로 잡혀가는 길에 임시로 수용해둔 라마, 즉 나라의 경계선에 있는 포로수용소에 서서 라헬은 울고 있습니다. 이 집합소에는 자신의 후손들도 있지만 레아의 후손들이 더 많습니다. 그녀가 열성적으로 원했던 자녀가, 교회의 씨를 향한 여호와의 열심 때문에 십자가에 못 박히게 되었습니다. 이를 위해 라헬은 도구가 되어야만 합니다. 그녀 자신의 자손들뿐 아니라 레아의 배에서 태어난 자녀들까지 기꺼이 받아들인 후에 도구가 되어야만 하지요. 살아생전의 라헬에게는 참으로 어려운 일입니다. 그러나 그녀는 하나님이 자기는 물론 세상 누구보다 가장 강하신 분이라는 사실을 발견하게 되었고(창 30:22), 이 때에 라헬은 자녀들을 낳음으로 복됨을 보았습니다(딤전 2:15). 수 세기가 지난 지금, 예언의 영은 라헬로 하여금 세대 간의 위화감으로 싸우는 여인들의 적개심, 분단된 왕국의 갈등을 넘어서게 하셨습니다. 그리고 분열된 교회의 현실에서 그녀로 하여금 전체 교회를 품에 안게 하셨습니다.

지금 라헬은 라마에서 베냐민을 대하는 심정으로 잡혀가는 유다(레아의 자손)와 잇사갈(레아의 첩이 낳은 자손)을 향해 울부짖고 있습니다. 어떠한 위로의 말도 거절하면서 말입니다. 이유는 오직 한 가지, 저들 모두가 약속된 지체들이라는 것을 발견했기 때문입니다. 자기 배에서 나온 '친 자손'만이 아니라 자기 여종 빌하에서 나온 후손은 물론 다른 배에서 나온 후손들을 위해서도 울었습니다. 야곱의 후손 모두를 위해 통곡한 것입니다.

스킬더(K. Schilder)는 이에 대해 이렇게 말합니다. "이 울음을 여호와께서는 즉각적으로 들으셨다. 지금 라헬은 약속을 얻기 위해 오랫동안 기다릴 필요가 없다. 그 응답은 즉각적으로 왔다. '나 여호와가 이같이 말하노라 네 소리를 금하여 울지 말며 네 눈을 금하여 눈물을 흘리지 말라 네 일에 갚음을 받을 것인즉 그들이 그 대적의 땅에서 돌아오리라 여호와의 말이니라 나 여호와가 말하노라 너의 최후에 소망이 있을 것이라 너의 자녀가 자기들의 경내로 돌아오리라'(렘 31:16-17). 라헬아 잠잠하고 눈물을 거두라, 너의 염려가 아무것도 아닌 것은 아니지만 너의 간구를 여호와께서 들으셨다. 저들이 집으로 돌아올 것이고 너희 자녀들이 돌아오는 것을 너는 보게 될 것이다. 라헬, 너는 참으로 복되도다. 너의 자녀들이 대를 잇고, 보호받고, 레아의 아이들까지도 자신의 것으로 여기는 이는 참으로 그리스도의 위대한 씨를 위한 것이니 너의 슬픔 가운데서도 복이 있도다."

이런 관점에서 볼 때 야곱의 두 아내 사이에 벌어진 싸움은 치정 싸움이 아니라 교회의 씨를 쟁취하기 위한 싸움입니다. 등장인물들의 전기나 불임은 주안점이 아닙니다. 이런 인간의 약점 가운데서도 하나님이 기뻐하시는 뜻이 역사하고 있습니다. 여기서 하나님의 백성은 태어나고, 미래에는 새 예루살렘의 대문 위에 그 이름들이 영원히 새겨질 것입니다(계 21:12). 그리고 이스라엘 역사 가운데 영원한 추억이 되도록 제사장들의 에봇에는 이스라엘 열두 아들의 이름이 새겨지게 하셨습니다(출 39:6,7,14). 이런 영광스러운 시대 이전에는 꼴사나운 싸움판이었습니다. 아이를 많이 가졌지만 '미움받는 자'와, 비록 아이는 못 가졌지만 '사랑받는 자' 간에 일어난, 수단과 방법을 가리지 않은 한판 승부였습니다. 그러나 구속사의 진전은 이들 모두가 자아를 부정하고 육체의 욕정을 죽일 때 일어납니다. 먼 십자가를 바라보면서 말입니다. 이들이 죽을 때, 즉 레아가 자신의 자연적 가능성을 포기하거나 라헬이 자신의 자연적 특권을 포기할 때에 하나님의 기뻐하시는 뜻이 나타납니다. 하나님의 기뻐하시는 뜻은 미천하고 미움받던 자 레아를 고귀하게 만들고, 라헬의 자기주장을 깨뜨리게 하여 부끄러움을 가져다주는 동시에 그녀를 높였습니다. 하나님이 기뻐하시는 이 열두 교회의 대문을 차지합니다. 하나님이 기뻐하시는 뜻 덕에 교회는 화목해지고, 교회를 건설하는 하나님의 백성은 연합하여 하나를 이루는 것입니다.

　사라와 리브가를 거쳐 레아와 라헬에게까지 이어지는 불임을 같은 논조로 볼 것이 아니라, 하나님의 교회가 진전하는 가운데 각 사건이 가지는 특이점을 염두에 두고 보아야 합니다. 모범주의적 해석으로 교회 시초의 역사성이 무너져서도 안 될 뿐더러, 역사 가운데서 하나님이 자기의 교회 건설에 차이점을 두어서 우리에게 여러 가지로 교훈하시는 의도를 빠뜨려서도 안 됩니다.

# 40

# 쌍둥이의 출생과 이삭의 족보

리브가에게 해산의 때가 찼고, 두 쌍둥이가 나왔습니다. 같은 일을 두고 말하면서도 호세아서 13장 13절은 아이가 나오는 장면에 '서다'(아마드) 동사를 사용합니다. 아기가 정한 때에 산문(産門)을 열고 나오지 않으면 아기나 어미의 생명이 위험해집니다. 이 순간을 호세아는 '나온다'는 말 대신에 '서다'로 표현하고 있지요. 하나님이 정한 때, 즉 회개를 촉구할 때에 북쪽 에브라임이 하나님 앞에 서지 않으면 위험해집니다. 북쪽 이스라엘은 지혜 없는 아이가 되는 셈입니다. 아기에게는 스스로 설 수 있는 힘이 없습니다. 신비하게 밀어주고 그를 서게 해주는 힘이 없다면, 태에서 나오지(서지)도 못 합니다. 호세아는 북 이스라엘이 정직하게 서야만 하는 시대적 형편을 이야기하는 것으로 보입니다.

첫아이가 마치 짐승 털같이 붉어 리브가는 '에서'라 이름 지었습니다. 성경은 에서가 털이 많다고 기록하는데, 육적 원기가 왕성하고 야생적인 모습 그대로 그의 생애는 진행됩니다. 그의 이름과 관련된 단어들, 즉 '아도미'(붉은)와 '에돔'(그 붉은 것), 그리고 '세이르'(털이 있는)와 에서가 살았던 산 '세일'이 언어유희를 하듯 연결되고 있지요.

# ✚ 꽉 잡고 속이고 올곧은 사람

야곱이라는 이름을 '야곱-엘'(하나님이 뻗어주다, 하나님이여 야곱을 보호하소서!)의 단축형으로 보는 학자들도 있습니다. '입다'(수 15:43)가 '입다-엘'(수 19:14), '야브네'(대하 26:6)가 '야브네-엘'(수 15:11)의 단축형인 것처럼 말입니다. '야곱'이라는 이름은 형 에서의 발꿈치를 꽉 붙잡고 세상에 나오는 행동을 보고 지어졌습니다. 자기가 먼저 나가려고 형의 발꿈치를 잡았지만, 야곱의 힘으로는 어쩔 수 없었나 봅니다.

야곱이라는 이름은 히브리어 동사 '아카브'에서 나온 것으로 보이는데, 여기에는 두 가지 뜻이 있습니다. 첫 번째는 '속이다', 두 번째는 '꽉 잡다'입니다. 이 동사의 명사형 '아케브'에도 마찬가지로 '발굽'이라는 뜻이 있고, 두 번째로 '속이는 자'라는 뜻이 있습니다. 모음만 다를 뿐이지 자음은 같습니다. 솔직히 부모가 자식 이름을 지으며 '속이는 자'라는 의미를 부여했을리 만무하겠지요. 형 에서는 야곱에게 두 번이나 속임을 당하고 난 후에야 두 번째 의미의 야곱을 떠올렸을 것입니다. "에서가 가로되 그의 이름이 야곱이라 함이 합당치 아니하니이까 그가 나를 속임이 이것이 두 번째니이다"(창 27:36a). 이때부터 야곱이라는 이름의 원래 의미인 '꽉 잡다'보다 '속이다'를 먼저 떠올리게 되었습니다.

호세아서 12장 3-4절 "야곱은 모태에서 그의 형 발뒤꿈치를 잡았고 또 힘으로는 하나님과 겨루되 천사와 겨루어 이기고 울며 그에게 간구하였으며 하나님은 벧엘에서 그를 만나셨고 거기에서 우리에게 말씀하셨나니"라고 기록합니다. 야곱은 형을 이기려고 그 발뒤꿈치를 꽉 붙들 뿐 아니라 심지어 하나님과도 힘을 겨루는, 그야말로 영성 강한 족장으로 오늘날 우리에게까지 전해지는 대단한 신앙인이었습니다. 그러나 그의 후손 이스라엘(에브라임)은 타락하여 '바람을 먹으며 동풍을 따라가서 종일토록 거짓과

포학을 더합니다'(호 12:1). 비록 인간적인 허물이 많았지만, 족장 야곱은 언제나 하나님 중심의 영성을 가지고 있었기에, 야곱의 후손인 호세아 시대의 이스라엘의 타락은 완전히 다른 양상을 보입니다.

야곱의 인격과 행동을 설명해주는 말 '조용한 사람'(창 25:27)은 해석이 어렵습니다. '가정적'이라고 해석하는 학자가 있는데, 이는 야성적이고 모험적이던 에서의 성격과는 반대로 야곱의 성격이 조용했다고 보는 것입니다. 그 외에도 '단순한 사람', '평화로운 마음을 품은 사람', '부드러운 사람' 등으로 해석하기도 합니다. 그러나 '조용한'으로 번역된 히브리어 '탐'은 사전에 의하면 '완전한, 흠이 없는' 등의 의미를 가지고 있습니다. 물론 묘사되는 야곱의 인격을 살펴볼 때 그를 '흠이 없고 완전한 사람'으로 보기는 어렵지만 말입니다.

그렇다면 '탐'은 어떤 의미를 가졌을까요? 70인역은 이 단어를 헬라어로 옮길 때 '하프루스'로 옮겼는데, 이는 '단일의, 단순한', '열려 있는, 솔직한, 소박한, 저의가 없는', 그리고 '우직한'이라는 뜻을 지니고 있습니다. 내면적으로 자아가 파산하지 않은, 즉 일편단심이라는 뜻을 가지고 있지요. 어떤 학자는 이런 배경에서 '탐'을 '목적의 단일성'이라고 보기도 합니다. 따라서 우리는 이런 결론을 내릴 수 있습니다. '야곱은 지적인 의미에서 단순하고, 윤리적으로 양면성이 없으며, 종교적으로는 마음이 나누어지지 않은 상태였다. 나아가서 그는 존귀하다, 정직하다, 순수하다, 건전하다, 여러 가지 동기들에 의해 지배당하지 않았다(물론 훗날에는 이중성을 드러내지만), 생의 의미를 찾는 일에 결의에 차 있다'라고도 볼 수 있습니다.

그리고 야곱은 '장막에 거주하고'(창 25:27) 있었습니다. 야곱이 가정적, 혹은 마마보이여서 엄마의 치마폭에 쌓여 살았다는 뜻은 결코 아닙니다. 족장 시대의 가족은 성례 단체이자 제의 단체, 즉 교회였습니다. 당시 생활이 이루어지던 장막은 예배가 이루어지는 처소이기도 했지요. 고고학적인 발굴을 통해서 이런 사실을 발견할 수 있습니다. 창세기 4장 26절이 '여호와의 이름을 불렀더라'라고 말씀하는 것은 바로 가정에서 예배가 행해졌다는 뜻입니다. 그러나 에서는 사냥을 핑계로 예배의 장소를 떠났을 것입니다. 오늘날로 말하면 자기 주도권과 자유를 추구한다는 명목으로 인생을 마음껏 누린 것입니다. 따라서 에서는 방랑하는 사람들의 조상입니다. 비록 야곱에게 인간적인 허물도 많았지만, 에서에게서는 찾아볼 수 없는 하나님을 향한 곧은 마음이 있었습니다.

## ✝ 이삭의 족보

창세기 25장 19-23절은 '아브라함의 아들 이삭의 족보(톨레도트, 후예)는 이러하니라'로 시작합니다. 이삭은 이미 태어났고(창 21:2) 자랐습니다. 제물로 바쳐질 뻔했고(22장) 결혼도 했습니다(24장). 그리고 이제 와서 '이삭의 역사가 이러하다'라고 말합니다(창 25:19). 마침내 이삭은 늙어 기운이 다 떨어졌고, 자기 열조에게로 돌아갔습니다(창 35:29). 눈여겨볼 만한 것은, 창세기 25장 19절에서 35장 29절이 이삭의 삶에 대해서는 이야기를 전하지 않고 오히려 자식인 에서, 특히 야곱의 이야기를 들려주고 있다는 것입니다. 그러니 이 본문을 가지고 이삭의 전기를 구성할 수는 없습니다. 더욱이 이삭의 노경(老境)에 관한 보도는 아주 희소합니다. 야곱이 형 에서의 장자권 축복을 속여 가로챈 일(창 27장)과 도망가는 야곱에게 축복하는 모습(창 28:1-5)에 잠시 등장하고, 나이가 많고 늙어 기운이 다하여 죽는다는 표현이 언급되는(창 35:28-29) 정도입니다.

이런 기술 방법을 통해서 하나님께서 의도하시는 바가 있습니다. 이삭은 계시 역사에서 과거와도 연결되고, 자식들과 같은 장막에 거하면서 내일을 위해 사는 존재로도 그려집니다. 이를 통해 하나님이 아브라함-이삭-야곱의 하나님이 되심(출 3:6,15,16; 4:5; 왕상 18:36; 대상 29:18; 대하 30:6; 행 3:13)을 보여주는 연결고리 역할을 하는 것입니다. 이런 배경을 두고 이야기를 전개하여 톨레도트의 성격을 드러내고, 동시에 하나님께서 자기의 언약을 지키신다는 것을 확실히 보여주려 합니다. 단순히 이삭이 어떻게 살았는지 보여주는 것이 아니라, 칼빈이 말한 대로 '교회의 진전'을 보여주고자 하는 것입니다. 이삭 안에서 '하나님의 약속이 처음으로 성취되었다'라는 역사적 정보를 확실히, 그리고 기쁘게 알려주고자 하십니다.

"아브라함이 이삭을 낳았다"라는 말씀은 그냥 지나칠 말씀이 아닙니다. 각박한 세상살이 속에서 하나님을 의지하는 자들이 역사 안에서 드디어 교두보를 확보했다고 알리는 강력한 고백입니다! 사라가 두 번이나 이방 왕의 첩이 될 뻔했고(창 12,20장), 조카 롯과 갈라선 후(13장) 소돔 성은 불 타 없어졌고(19장), 사라가 죽어도 제대로 된 매장지 한 평이 없는 형편(23장)이었습니다. 배다른 형제 이스마엘에게 위협당하고(21장), 모리아 산에서 제물이 될 뻔했습니다(22장). 그러나 이삭은 죽은 자와 다름없던 형편에서 살아나 결혼까지 했습니다(24장). 천신만고 끝에 아브라함의 육신의 아들들을 제치고 유일하고도 합법적인 상속자가 됐습니다(25장). 돌이켜보면 이 모든 일은 하나님이 약속하시고 재차 다짐하신 언약의 결과입니다(15,17장). 거친 세상의 풍파 속에서도 약속하신 바가 이루어진 덕에 역사 속에서 복의 근원이 되는 거점이 확보된 것입니다. "아브라함이 이삭을 낳았다"라는 짧은 서술의 속뜻은 이렇습니다.

## ✝ 이삭이 수동적이었어도 그의 하나님이 되신 뜻

이삭은 '아브라함의 아들'이라 명시되어 있습니다. '아들'이라는 말에 큰 의미가 담겨 있습니다. 혹자는 세 족장 중에서 이삭을 과소평가하기도 합니다. 주경학자 델리취(Keil Deilzsch)는 이삭이 모든 일에 아브라함을 모방한 것밖에 없다고 평가합니다. "그가 판 우물들도 블레셋 사람들이 메워버린 아브라함의 우물들이었다. 그가 지은 우물들의 이름들도 전에 사용한 것을 도로 사용한 것일 뿐, 이삭은 세 족장들 가운데 가장 수동적인 인물이다. 그는 반생을 수동적으로 한적하게 보냈고, 남은 여생은 노쇠한 가운데서 보냈다. 너무 무기력하고 종속적이어서, 말하자면 족장사의 중간 시대는 매우 침체 상태였다."

반게메렌도 이삭에 대한 평가가 박합니다. "야곱과 아브라함은 능동적인 인물로 묘사되나, 이삭은 어디서든 수동적인 것으로 나타난다. 즉, 이스마엘의 조롱(창 21:8-10), 번제로 거의 희생될 뻔한 일(22장), 아내 선택(24장), 아들들의 싸움(25:22-34, 이 본문에서 보면 하나님은 이삭이 아닌 리브가에게 말한다), 야곱과 에서를 축복한 사건까지 모두 수동적이었다. 그가 아비멜렉과 계약을 맺은 경우를 제외하고(26장) 이삭 생애의 중요한 사건들 대부분은 그에게 단순히 발생한 것이었다." 심지어 그는 아브라함이 '믿는 자의 아버지'이고 야곱이 '이스라엘의 족장들의 아버지'라면, 이삭은 '전이적 역할'만을 했다고 말합니다. 그러나 이삭은 아브라함의 아들, 그것도 기적으로 낳은 아들입니다. 무엇보다도 세 족장들의 이야기에는 어떤 등급도 없습니다. 야훼 스스로가 자신을 일컬어 '아브라함의 하나님, 이삭의 하나님, 야곱의 하나님'(출 3:6; 마 22:32)이라고 하시기에, 누가 더 위대한지 판단할 수 없습니다. 이삭은 진실로 자신을 제물로 드렸고(창 22:1-19), 묵상의 능력(창 26:43)과 기도의 능력(창 25:21)을 잘 알았습니다. 야훼께서 그에게 나타나셔서 아브라함에게 하신 맹세를 그에게 강화하셨고(창 26:1-5), 번성하게 해주겠다고 축복하셨습니다(창 26:12-14). 이삭은 이 말씀을 듣고 제단을 쌓았지요(창 26:25). 이방인들은 하나님께서 다른 족장들과 함께 하시는 것을 보았는데(창 21:22; 39:2-3,21), 유독 이삭과 함께 하시는 것은 '분명히' 보았다며, 그를 '하나님께 복 받은 자'(창 26:28,29)라고 했습니다. 이삭은 '믿음으로' 그 행위를 빛낸 사람들의 반열에 들 자격이 있는, 믿음의 사람이었습니다(히 11:20). 그러기에 하나님은 이삭의 하나님이라고 불리시는 것을 부끄러워하지 않으셨습니다.

'아브라함의 아들'이라는 말은 그저 이삭이 아브라함의 법적인 정통이었다는 말이 아닙니다. 아브라함의 소생에는 '사라의 여종 애굽인 하갈이 아브라함에게 낳은 아들'인 이스마엘과 그 후예들(창 25:12 이하)은 물론, 후처를 통해서 얻은 자손들도 많습니다(창 25:1 이하). 하지만 유독 이삭에게만 아브라함의 아들이라며, 유일한 법적 상속자임을 분명히 합니다. 아무리 이스마엘의 후손들이 열두 방백을 이루고 가나안 밖에서 하나님의 축복을 따라 번져간다 해도, 이삭이 누리는 풍성한 축복에는 비할 바가 아닙니다. 이삭이 아브라함의 아들이기 때문입니다. 그는 모든 교회의 조상인 아브라함의 아들입니다. 그를 통해서 만복의 근원이신 하나님의 아들이 날 것입니다. 이삭은 아브라함에게 육신적으로 기대할 수 없는 처지에서 태어난 기적이며 하나님의 선물이고, 무엇보다 하나님이 약속하신 대로 얻은 아들입니다. '내가 너와 내 언약을 세우리니'(창 17:4)라고 말씀하신 그대로 이루어진 것입니다. 그러니 아브라함이 이삭을 낳았다는 말씀은 허사(虛詞)가 아닙니다. '아브라함의 아들' 이삭은 구원을 위한 계시가 진행될 때 하나님의 선택이 심화된다는 것을 보여주는 대표적인 인물입니다. 하나님은 자신의 말씀으로 약속하신 바를 꼭 이루십니다. 이삭은 언약과 선택의 큰 원리를 보여주는 계시사의 주요한 인물입니다.

# 41

창 26:1-35

# 나그네일 때
# 오히려 강해진다

이삭은 남방을 향하여 내려갑니다. 당시 유목민들의 전형적인 삶의 방식입니다. 지도가 있던 것도 아니고, 그저 계절을 따라 짐승들이 움직이듯 남방 초장으로 옮겨갔습니다. 거하는 기간에 상관없이 목장을 찾아야 했고, 가뭄이 오면 장막을 거두고 옮길 수밖에 없었습니다. "내가 네게 지시하는 땅에 거주하라"(창 26:2)는 하나님의 명령은 이삭이 그랄에 이르기 전에 하신 것 같습니다. "그래서 이삭은 그랄에 거하였다"(창 26:6)라는 진술을 통해 알 수 있습니다. 이삭은 여호와의 말씀에 순종하는 모습을 보입니다. 이것이 여호와께서 이삭에게 처음으로 나타나셔서 하신 계시의 말씀입니다.

## ✝ 왜 애굽으로 가지 말라 하셨을까?

당시 유목민들은 흉년이 오면 으레 애굽으로 갔는데, 하나님은 애굽으로 가지 말라고 하십니다. 하나님을 이해할 수가 없습니다. 축복의 땅을 약속하셨지만, 여전히 그 땅에서 그들은 나그네와 거류하는 사람으로 살게 하실뿐더러 양식도 충분히 주지 않으십니다. 그래서 혹독한 흉년을 만나면 으레 애굽으로 이동했는데, 애굽으로 가지 말라고 하시는 것도 참 이상합니다. 믿음 없이 이 말씀을 들으면 여기서 재앙을 만나 굶어 죽으라는 소리로 들릴 수도 있습니다. 가지 말라는 이유를 성경은 명시하지 않지만, 칼빈은 이삭이 아브라함보다 '연약했기에', 즉 믿음이 더 약했기 때문에 애굽에서 노출될 위험을 감당하기 어려웠을 것이라 추측합니다. 그런 맥락에서 볼 때는 하나님이 자기 백성을 보호하는 차원입니다. 또 어떤 이는 아브라함이 애굽에서 당한 동일한 시험(아내를 누이라 한 시험, 12장 참조)의 전철을 밟지 않도록 하려는 것이라고도 합니다.

그러나 아브라함이 이런 일을 애굽에서만 저질렀던가요? 이삭은 지금 거하는 땅, 그랄에서도 동일한 시험을 당하여 이방인 앞에서 납작하게 됐습니다(창 26:20). 이런 점을 보면 아브라함의 믿음이 이삭보다 더 강했다고 말할 입장도 못됩니다. 이런 상황을 보건대 하나님이 이삭에게 애굽으로 가지 말라고 하셨던 이유를 '내가 지시할 땅'이라는 말씀에서 찾아야 합니다. 이 말씀은 아브라함이 갈대아 우르를 떠날 때에 주신 말씀입니다. 아브라함은 갈 바를 알지 못하고 나왔습니다. 여호와께서 알려주실 문제입니다. 세상이 아무리 어렵고 난감한 공격이 닥쳐온다 할지라도, 보이는 대로 행동하지 말고 오직 하나님의 약속에 대한 믿음으로 살라는 것입니다. 이삭에게도 이 진리를 알려주십니다. 네 길을 네가 결정해서 나아가지 말라는 것이지요. "하나님이 미래를 주실 것이다. 이 길을 걷다 보면 세상을 심판하는 일도 동시에 일어나기에 복잡하게 얽혀 있지만, 모든 것이 하나님의 은혜로 이루어질 것이니 너는 오직 믿음으로 살아라." 이것이 이삭에게 주시는 메시지입니다.

26장 3절에 이 땅에 '거류하라'(구르)라는 말이 나옵니다. 그 땅에서 나그네(겔)로 머물라는 뜻입니다. 종족이 주는 보호를 받아야 할 권리, 이런 것들 밖에 있는 신분으로 살라는 것입니다. 나그네는 남편 없는 과부처럼 언제나 가련합니다. 이삭은 나그네이기에 살아남으려면 이 땅에서 고정된 위치가 있어야 하는데, 하나님은 이것까지 금하십니다. 스스로 어떤 안식처를 찾으려는(룻 1장과 비교) 모든 시도를 금하십니다. 나그네들은 어려움이 닥치면 다른 사람과 관계를 맺는 것으로 해결하려고 합니다. 이삭도 그렇게 하려고 했지만 하나님은 그에게 아무 권세가 없는 것처럼 인내하면서 살고, 그럴 사람에게 속하지 말라고 하십니다.

성경에 나오는 '나그네' 혹은 '거류하는 자'(겔)란 말은 사회적이고 법률적인 의미가 아니라, 하나님과의 관계를 염두엔 둔 종교적인 의미입니다. "너희의 조상 아브라함과 너희를 낳은 사라를 생각하여 보라 아브라함이 혼자 있을 때에 내가 그를 부르고 그에게 복을 주어 창성하게 하였느니라"(사 51:2). 여호와께서는 '분리'에 강함을 불어넣어 주셨습니다. 우리는 나그네일 때 오히려 강해집니다. 그분은 나그네들에게 복을 주겠다고 약속을 맺으셨습니다. 인간의 도움 같은 것은 완전히 무시한 채 하나님 능력의 위대함이 나타나도록 하셨습니다.

나그네 개념에 하나 더 부연할 것이 있습니다. 하나님은 3절에서 "내가 이 모든 땅을 너와 네 자손에게 주리라"고 하셨습니다. 이삭이 현재 거하고 있는 지역은 물론 그와 그의 아버지가 지금까지 장막을 쳤던 모든 장소들을 포함하는 말입니다. 아브라함에게는 동서남북을 멀리서 바라보게 하시며 보이는 모든 땅을 주겠다고 하셨는데, 이삭에게는 지금 밟고 있는 땅을 강조하셔서 훨씬 더 현실감 있게 말씀하십니다. 이삭은 이 약속만 의지하고 모든 인간관계에서 멀어져야 합니다. 말하자면 이삭은 나그네의 위치를 받아들이고, 그럴에 눌러 앉으려는 생각을 해서는 안 됩니다. 이삭이 나그네로 지내야 하는 이유는, 그렇게 함으로써만 유산이 주어지기 때문입니다. 약속과 현실이 너무 동떨어져 보입니다. 그러나 하나님이 맹세하고 확립하신 것이기에 이삭은 긴장하면서 견뎌내야만 합니다. 현실의 고난, 어려움 그리고 기다림의 긴장이 있어도 하나님의 약속에는 장래가 있습니다. 아브라함 때보다도 훨씬 더 현실적으로 계시가 진전되고 있습니다.

## ✝ 일방적 언약의 쌍무적 형식

　　아브라함처럼 이삭도 후손과 땅의 축복을 받았습니다. "이는 아브라함이 내 말을 순종하고 내 명령과 내 계명과 내 율례와 내 법도를 지켰음이라 하시니라"(창 26:5)라는 말은 아브라함이 행한 행위 때문에 복을 약속받았다는 뜻이 아닙니다. 아브라함의 경우에서 보았듯, 언약은 하나님으로부터 먼저 옵니다. 세상의 계약처럼 교섭을 하거나 쌍방 간에 비준을 체결하는 것이 아니었습니다. 순전히 하나님의 절대적, 주권적 은혜로, 하나님으로부터 옵니다. 이것을 두고 '하나님의 일방적인 언약'이라고 합니다. 하지만 이 은혜가 실천에 옮겨질 때에는 쌍무적 형식을 띱니다. 하나님이 주시는 무상의 언약이지만, 인간이 의식하고 자원하여 받아 지킬 때 효력이 생겨나지요. 그러나 이러한 인간 행위도 하나님의 능력으로 가능하다고 믿는 것이 개혁주의의 고백입니다.

　　17장에서 하나님은 아브라함에게 일방적으로 언약을 선언했습니다. 그리고 22장에 와서는 독자 이삭을 번제물로 바치라는 혹독한 시험을 행하셨습니다. 하나님이 이렇게 명령하신 것은 약속하신 언약의 처음부터 끝까지 전 과정을 이삭 안에서 원리적으로 성취하려는 의도를 두셨기 때문입니다. 그것은 죽음을 통과하는 부활 신앙입니다. 그러나 아브라함이 볼 때는 하나님이 지금껏 말씀하고 약속하신 모든 내용이 망가지는 것이 됩니다. 그가 볼 때는 이삭의 죽음과 함께 모든 메시아적 소망이 결딴납니다. 하지만 아브라함은 이 시험을 이기고 다음과 같은 평가를 받습니다. "이르시되 여호와께서 이르시기를 내가 나를 가리켜 맹세하노니 네가 이같이 행하여 네 아들 네 독자도 아끼지 아니하였은즉 내가 네게 큰 복을 주고 네 씨가 크게 번성하여 하늘의 별과 같고 바닷가의 모래와 같게 하리니 네 씨가 그 대적의 성문을 차지하리라 또 네 씨로 말미암아 천하 만민이 복을 받으리니 이는 네가 나의 말을 준행하였음이니라 하셨다 하니라"(창 22:16-18). 하나님께서 그간 하신 약속을 깨뜨리는 듯 보이지만, 아브라함은 끝까지 그 언약을 붙들었습니다. 이 대목에서 아브라함은 아담과 크게 대조됩니다. 믿음의 조상 아브라함의 믿음으로 말미암아 언약을 쌍무적으로 실현했습니다. 아무런 보상이 약속되지 않은 일방적인 명령이었는데, 믿음으로 그 명령을 받아들이고 순종했습니다.

그렇다고 해서 '쌍무적'이라는 말을 이해할 때 우리(아브라함이나 이삭을 포함하여)가 무엇을 더 보태야 하는 것처럼 생각해서는 안 됩니다. 은혜+믿음=100. 그러나 이마저도 은혜에 대한 믿음이라는 바른 반응을 제대로 설명한 도식은 아닙니다. 개혁주의 교리대로 이 믿음 역시 성령께서 주시지 않으면 안 됩니다. 아브라함은 하나님이 맹세하여 명령하시는 언약의 모든 것을 자기의 것으로 받아들이고, 여호와께서 계시하시는 모든 뜻을 이루는 방향으로 삶의 지향점을 정했습니다. 아버지의 집을 떠나라 하셔서 떠났고, 할례를 행하라 하셔서 행했으며, 모리아 산에서 아들을 번제로 바치라 하셔서 바쳤습니다. 하나님은 이것을 '내 명령'(레 8:35; 민 9:19,23)이고, '내 계명'(출 20:6; 레 22:31; 26:3; 민 15:39,40; 신 5:10)이며, '내 율례'(레 18:3,4,5; 19:19,37; 20:8,22; 25:18; 26:3,15,43)이자 '내 법도'(출 16:28; 레 26:46)를 지킨 것으로 간주하셨습니다. 모세의 율법이 생기기 이전부터 하나님의 백성은 이런 모습으로 살았습니다.

# 42

창 27:20-28:5

# 인간의 행동이 좌충수가 되다

27장은 이야기 형식을 갖춘 하나님의 계시입니다. 이야기 속에 나타나는 환경, 생각지 않은 기회들, 인물들의 행위 등은 여러 형태의 욕정에 의해 지배를 당하고 있지만, 역사의 주관자이신 하나님은 이 모든 것을 수렴하여 이 세상에 아들이 올 수 있도록 특별한 방법으로 분주하게 역사하십니다.

이삭이 육신의 생각으로 에서를 사랑하여 축복하려는 움직임을 리브가와 야곱이 눈치챈 후, 이삭의 집안은 불꽃 튀기는 각축장이 됩니다. 믿음의 방법은 다 어디로 가고 모두가 세상적인 방법으로 음모를 꾸미기에 바쁩니다. 그러나 두꺼운 죄악의 벽이 가로막는 가운데서도 하나님이 기뻐하시는 뜻은 빛나고 있습니다.

하나님은 인간의 죄악 된 행동들이 자충수가 되도록 일하시면서, 세상에 구속의 길을 내시는 일에 전심전력하십니다. 장차 올 것들을 믿음으로 취하기보다 인간적인 방식으로 쟁취하려는 육신적 노선을 파산시키는 하나님의 도모가 승리하는 모습을 볼 수 있습니다.

## ✝ 이삭의 좌충수

이삭은 두 쌍둥이가 태어나기 전에 주어진 계시의 말씀, 곧 큰 자가 작은 자를 섬길 것이라는 예언을 무시했습니다. 전통적으로 이해하는 장자 축복을 기정사실화한 게 문제의 근원이었습니다. 최소한 이삭은 하나님께 여쭙기라도 했어야 합니다. 에서가 생활하는 모습은 언약을 무시하는 듯한 태도였기 때문입니다. 언약의 축복을 받는 규범은 아브라함의 길, 곧 여호와 앞에서 완전하라(타밈)라는 것이었는데, 에서는 도리어 그 언약을 멸시하고 있었습니다. 이런 에서에게 이삭이 축복하려는 것은 예삿일이 아닙니다. 메시아적 축복을 전수하려는 것이기 때문입니다. 이삭이 하나님 뜻을 거스르고 에서에게 장래의 메시아적 축복을 하려 함으로, 축복권은 도리어 야곱에게로 넘어가고 맙니다.

이삭은 야곱에게 복이 돌아가지 않도록 하려고 축복이란 축복은 다 에서(실상은 변장한 야곱)에게 주어버렸지만 결국에는 에서가 누릴 수 있는 복이 하나도 남지 않게 되어버렸습니다. 이삭이 야곱을 배제하려다 오히려 하나님의 섭리로 인해 에서를 완전히 배제하게 된 것입니다. 에서가 받을 것은 아무것도 남아 있지 않게 되었습니다. 나중에 결과를 안 이삭이 소스라치게 놀란 이유를 알 수 있습니다. 자신의 불신과 하나님을 향한 거역 앞에서 오히려 하나님의 임재하심을 체험했기 때문입니다.

✝ **에서의 좌충수**

사람이 아무리 자연적 방법을 도모하여 복을 얻으려 해도 하나님의 은혜의 법이 이깁니다. 에서가 복을 받는 길은 은혜를 받고, 믿어 회개하는 길밖에 없습니다. 그러나 에서는 어릴 때부터 이 길을 마다하고 멸시했습니다. 복을 받을 수 있는 절호의 시점이 왔을 때, 죽을힘 다하여 사냥한 고기로 아버지의 입맛을 돋우어주는 일이 축복을 결정하는 키인 줄 알았습니다. 사냥이 최고라며 제 갈 길을 가니, 하나님은 그가 그대로 가게 놔두십니다. 그리고 복을 받는 결정적인 순간에는 그 자리에 없도록 하십니다.

에서가 복을 누리지 못하는 또 다른 나쁜 행동은 사기를 친 것입니다. 장자권을 팔 때에 여호와 이름으로 '에서가 맹세하고 장자의 명분을 야곱에게 팔았습니다'(창 25:33). 그런데 이제 와서는 아무런 맹세에 매여 있지 않은 듯 행동하면서, 장자의 축복을 받으려고 사기를 칩니다. 일말의 양심이 남았으면 아버지에게 이실직고해야 합니다. 동생 야곱에게 이미 장자의 복을 팔아버렸는데 어떻게 하면 좋습니까? 그러나 에서는 앞서 한 맹세에 대하여 일체의 감각도 없습니다. '나는 아버지의 아들 곧 아버지의 맏아들 에서로소이다'(창 27:32)라며 끝까지 자신이 장자라고 주장합니다. 팔아버린 이상 나온 순서에 의한 물리적 형은 될 수 있을지언정, 복 받을 장자의 신분은 이제 없습니다.

## ✝ 리브가와 야곱의 좌충수

그렇다면 하나님은 리브가와 야곱이 기획한 사기에 대해서 '그래 너희들은 내가 택한 자들이니 무슨 짓을 해도 눈 감아 주마'라고 하실까요? 리브가와 야곱이 사기로 얻은 성공은 복이 되지 못합니다. 하나님의 언약에는 오직 한 길, 믿음의 길만 있습니다. 에서는 아버지가 살아 있을 동안은 참지만, 야곱을 죽이겠다고 결의를 다집니다. 이 복수심은 20년 후에도 사그라지지 않지요. 훗날 보니 400명에 달하는 군사를 이끌고 야곱의 가족들을 몰살하려 했습니다.

에서의 분노 앞에서 리브가는 산산조각 납니다. 한 날에 두 아들 모두를 잃을 지경이 된 것이니, 모든 것을 다 잃은 셈입니다. 에서는 버림당했고, 야곱은 도망가야 했습니다. 이삭에게는 이방인 며느리 핑계를 댔지만, 야곱을 빨리 피신시키기 위한 한낱 구실에 불과했습니다.

야곱은 축복을 받았으니 성공했나요? 이삭은 야곱이 하란으로 떠나기 전, 한 번 더 축복해줍니다(창 28:1). "네가 거류하는 땅을 네가 차지하게 하시기를 원하노라"(창 28:4b). 그러나 야곱 자신이 손수 얻은 것은 무엇입니까? 약속? 선택의 말씀? 이것들은 그가 태어나기 전에 이미 받은 약속들입니다. 그는 유업으로 받겠다고 한 땅에서 오히려 떠나야 하는 신세가 되었습니다. 모든 것을 다 얻었다 싶었지만, 정작 먼 훗날이 되어서야 성취됩니다. 야곱을 떠나보낸 리브가는 야곱을 다시는 보지 못하고 죽습니다.

그럼에도 한 가지 사실, 하나님이 승리하신다는 사실은 분명합니다. 인간들이 아무리 얽히게 해놓아도 하나님의 말씀은 하나하나 성취되어갑니다. 인간이 만들어놓은 미로(迷路) 속에서도 하나님의 은혜, 선택, 믿음의 길은 뻗어나가고 있습니다. 하나님의 백성들이 만연한 사기, 불신, 불성실 가운데서 동화되어 갈지라도 하나님의 꺾을 수 없는 약속의 말씀은 여전히 그들을 지배하고 있습니다. 그러니 자랑하는 자는 주 안에서 자랑할 수밖에 없습니다. 우리는 이렇게 고백할 수밖에 없습니다. "우리는 미쁨이 없을지라도 주는 항상 미쁘시니 자기를 부인하실 수 없으시리라"(딤후 2:13).

# 선택에 걸맞는 언약과 규정

창세기 28장은 야곱의 도피 여정 중 한 곳에 하나님이 나타나셔서 모습을 보여주시는 매우 중요한 장면을 담고 있습니다. 하나님이 야곱에게 나타나신 것, 이 신현은 교회의 중보자가 누구신지를 보여주는 놀라운 계시의 말씀입니다. 우리는 여기에 담긴 계시사적 의미를 이해해야 합니다. 이 부분은 이삭의 족보(톨레도트, 창 25:19-35:29)가 서술되는 가운데 끼어 들어와 있는 구조로 쓰여 있습니다. 이 족보에서는 '큰 자가 작은 자를 섬길 것'이라는 예언의 말씀이 전체 흐름을 지배하고 있습니다. 모든 시대의 교회는 행위로 말미암지 않는다는 것을 리브가에게 주신 신탁 말씀을 통해 확인받습니다(롬 9장 참조). 이삭과 에서는 이 말씀을 무시해버렸고, 결국 하나님 뜻을 거역하는 셈이 되었습니다. 이에 맞서 리브가와 야곱은 이 하나님의 말씀을 육신적인 방식대로 성취하려 했습니다. 이들 모두가 하나님 뜻을 짓밟아버린 셈입니다.

## ✝ 선택은 사람의 몫이 아니다

이삭과 에서는 하나님의 뜻을 반대되는 방법으로 성취하려 하였지만 소용없는 것이 되어버렸고, 리브가와 야곱은 그와 반대로 육신의 뜻으로 공모해 자기 방식대로 보장받으려고 하였지만, 마찬가지로 소용없는 것이 되어버렸습니다. 선택은 오직 하나님만 하십니다. 사람의 영역이 아닙니다. 하나님은 이삭과 에서가 육정으로 하나님의 선택을 거슬러 한 일을 비웃었으며, 리브가와 야곱이 펼친 공동작전도 멸시하셨습니다. 결과적으로 야곱이 복을 받지 않았느냐고 반문할 수 있겠지만, 하나님의 뜻대로 한 것은 아닙니다. 하나님은 모든 인간적인 수단들을 막다른 골목으로 몰아넣으십니다. 이때 하나님께서 미로에서 건져주지 않으시면 어떤 것도 이룰 수 없습니다. 이것이 선택의 본질입니다. 하나님만이 선택의 주체이십니다.

'야곱이 브엘세바에서 떠나 하란으로 향하여 가더니'(10절)라는 구절은 단순히 야곱의 여정이 어떤 방향인지 알려주는 말씀이 아닙니다. 여기에는 깊은 신학적인 내용이 담겨 있습니다. 브엘세바에서 하란으로 가는 중에는 벧엘을 거쳐 갑니다. 그러고 보니 이 길은 아브라함이 가나안으로 들어올 때 거쳤던 경로인데, 야곱은 역방향으로 되돌아 가는 중입니다. 하나님이 할아버지 아브라함을 갈대아 우르에서 불러내어 지시할 땅으로 가라고 한 곳이 바로 하란입니다(창 12:1; 11:31; 행 7:3). 그때에 아브라함은 언약의 말씀 외에 가진 것이 아무것도 없었습니다. 하란이 뜻하는 바입니다.

아브라함이 가나안에 들어오자 주께서 그에게 나타나셔서 이 땅을 약속하셨습니다(창 12:1-3). 약속의 말씀을 받고 난 후, 아브라함은 벧엘 동편에 장막을 치고 거기서 제단을 세워 공적 예배를 시작합니다(창 12:8). 따라서 벧엘은 제단이 세워진 곳, 아브라함의 자손에게 주겠다고 확인받은 땅입니다. 아브라함이 벧엘을 넘어 마지막으로 이른 곳이 브엘세바입니다(창 21:33). 헤브론에서 자손의 약속을 받고 종내에 브엘세바에서 영생하시는 하나님을 예배합니다. 이삭이 수년간 방황과 여러 가지 어려움을 통과한 후에, 여호와 하나님이 이상 더 다투지도 않아도 되는 우물을 이삭에게 주신 곳입니다(창 26:22). 26장을 읽어보면 이삭은 브엘세바에서 약속된 유산, 즉 자손 번성을 확인받았습니다(23절 이하). 예배를 드리고 장막을 치며 우물을 판 곳이 바로 브엘세바였습니다. 이방인 아비멜렉까지도 이삭이 여호와께 복 받은 자임을 알아보고, 서로 계약을 맺자고 한 곳이기도 합니다. 이렇게 하란-벧엘 – 브엘세바는 구속사적으로 하나님의 약속과 축복의 장소입니다.

## ✝ 선택을 행위로 달성하려니…

야곱은 자기 조상들이 축복 받은 곳들을 뒤로 한 채 거꾸로 가고 있습니다. 칼빈은 이 상황을 다음과 같이 설명해줍니다. "우리가 세심하게 관찰할 사실은 하나님에 의해 축복 받은 자가 추방당하고, 영광의 기회는 배역한 에서에게 주어져서 모든 것을 소유할 수 있도록 남아 있다는 점이다. 이제 에서는 경쟁자 없이 안전하게 통치할 수 있게 되었다." 야곱은 이미 상속자가 되었으니 에서의 손에 있는 모든 소유를 쟁취할 수 있어야만 합니다. 그러나 현실은 오히려 역전된 듯합니다.

아브라함이 애굽에서 돌아와 벧엘에 이른 후 전에 세운 제단을 발견하고 예배를 재개하면서 '내 집에 돌아왔습니다'라고 말했습니다(창 13:3-4; 12:7절과 비교). 그런데 지금 야곱은 무엇을 하고 있습니까? 쉴 곳을 위해 돌을 찾고 있습니다. 야곱은 방황하는 중입니다. 아브라함이 하나님의 명령을 받아 세상을 뒤로하고 떠난 그곳을 지나쳐, 야곱은 하란을 향하고 있습니다. 하나님은 아브라함이 출발한 그곳으로 야곱을 내던지셨습니다. 야곱은 모든 것을 다 잃었습니다. 택함의 말씀을 들었지만 그에 따른 선택을 행위로 달성하려 하니, 하나님은 밑바닥으로 그를 내던져버리십니다. 그러니 약속의 유산을 받을 수 있는 길은 언약에 매달리는 것, 즉 믿음과 회개의 길밖에 없습니다. 이것이 '선택'이 의미하는 바입니다.

일시적이지만 오히려 에서가 푸르고 청청한 가지처럼 보입니다. 영광스럽고 강성해 보입니다. 야곱은 잘려나간 가지처럼 멀고 먼 땅으로 옮겨지고 있습니다. 거기서 하늘의 이슬로 적셔져 마른 땅의 순으로 돋아나겠지만, 자신의 의지와 계획, 그리고 꾀를 앞세우는 행위를 일체 포기하는 회개의 과정(창 32장)을 겪어야만 합니다. 자기를 앞세우는 야곱을 향한 여호와의 진노가 풀리고, 그분이 새 힘을 주실 때까지 기다려야만 합니다.

## ✝ 택함의 원리와 법칙

야곱과 에서 둘 다 언약의 표징과 인침을 받았습니다. 그런데 이 둘 중 하나는 하나님을 선택했습니다. 그렇다고 해서 애초에 약속이 두 종류였다든가, 상속자가 되는 길이 두 가지였다는 뜻은 아닙니다. 즉, 하나에게는 믿음과 회개라는 조건이 주어지고 다른 하나에게는 무조건적인 이해와 혜택만 주어지지 않습니다. 하나에게는 희생만 요구하고 다른 하나에게는 절대적인 약속만 주는 두 가지 길이 있었던 적은 없습니다. 하나님은 야곱에게도 언약의 길을 따라 살라고 요구하십니다. 에서는 회개와 장자의 명분을 거절하니 모든 것을 다 잃은 것입니다. 설사 그가 야곱을 위협하여 모든 것을 다 얻은 것처럼 보일지라도 말입니다. 야곱도 믿음이 아닌 행위로 말미암아 유산을 추구하려 할 때에는 하나님이 그를 약속의 땅 너머로 내쫓으십니다.

그렇습니다. 하나님의 선택에는 언제나 그것에 걸맞는 언약과 규정들이 주어집니다. 앞서 말했듯이 하나님이 자기 백성과 언약을 맺으실 때에 그 기원적 측면에서는 일방적이지만 실천적 측면에서는 쌍무적입니다. 언약의 대상자인 사람은 이를 의식적으로, 동시에 의지적으로 받아야 합니다. 이왕에 선택과 언약이라는 말이 나왔으니 이를 분명히 하는 것이 도움이 될 것 같습니다. 반게메렌(Willem Vangemeren)과 펠러마(W. H. Velema)는 언약의 일방적 측면과 쌍무적 의무를 이렇게 정의하고 있습니다.

"하나님은 창세 전에 자기 백성을 선택하시지만, 하나님과 그 백성 간의 언약은 시간 안에서 확립하시고, 역사의 과정을 통과하도록 하신다."

"선택은 잃은 백성을 향한 하나님의 은혜스러운 결정이고, 은혜 언약은 하나님이 믿는 자들과 그들 자녀들을 더불어 찾으시는 것으로, 선택과 은혜 언약은 서로 복스러운 관계이다."

"언약과 선택은 질적으로 같지 않다. 자기 백성을 선택하시는 하나님과 모든 언약의 자녀들이 교제를 나누는 것은 아니다."

말씀이 선포되는 교회의 현실에서 봅시다. 자신은 선택받았다고 확신하는 자보다, 오늘 선포되는 언약의 말씀을 들었다고 말하는 무리가 많습니다. 언약 못지않게 중요한 것은 언약을 신뢰하지 않을 때 위험이 따른다는 것입니다. 창세기 28장을 읽으면서, 같은 부모의 슬하에서 태어나고 자라 같은 교육을 받았지만 은혜의 언약을 그대로 받아들이지 않을 때에 따르는 저주와 보응이 어떠한지, 야곱과 에서 이야기가 암시하는 암울한 울림 또한 잡아내야 합니다.

# 야곱의 급여와
# 드라빔 절도

"라헬이 요셉을 낳았을 때에 야곱이 라반에게 이르되 나를 보내어 내 고향 나의 땅으로 가게 하시되"(창 30:25). 아이를 못 낳던 라헬까지 아이(요셉)를 가졌으니 야곱은 이제 두 아내와 아이들까지 자기 소유로 주장할 수 있게 되었습니다. 무엇보다도 사랑하는 라헬을 데려갈 수 있는 근거가 마련된 셈입니다. 법적으로야 아내들과 자식들이 야곱에게 속했지만(출 21:3-6; 레 25:35,45,46), 라반은 무엇이든 자기 소유라 우기고 보는 막강한(?) 힘을 가진 자이기에 야곱은 '처와 아이들을 내게 주소서'라고 정면으로 요구합니다(창 30:25; 31:43). 라반이 궤사에 능하다는 사실을 잘 아는 야곱은 섣불리 말을 꺼내지 않고 기다렸습니다. 라헬이 아이를 낳은 후에는 아무리 안하무인의 라반이라도 아이가 딸린 라헬을 남겨 놓고 가라고는 하지 못할 것이라 생각하여 그 틈을 노린 것입니다. 값 주고 산 노예가 아니라, 그저 아내를 얻기 위해 꽤 긴 시간 동안 봉사한 사위이기도 한데다, 라반이 복 받은 것은 분명히 야곱 때문이기에, 야곱은 이때를 기다린 것입니다.

✝   **야곱의 임금 협상**

칼빈은 세 가지 이유로 야곱이 떠날 마음이 생겼다고 봅니다. 첫째, 그간 당한 부당한 배반에 질렸다. 둘째, 세월이 많이 흘렀기에 에서의 분노가 풀렸다고 생각했다. 무엇보다도 셋째, 자기를 축복해주신 하나님의 약속을 기억하며 돌아가고픈 열망이 커졌다. 그러나 열한 명의 아들들과 한 명의 딸, 두 아내를 거느리게 된 야곱은 무턱대고 떠나지 않습니다. 지금껏 아내를 맞이하기 위해 14년간이나 봉사를 했다면, 이제는 가족을 위해 신중히 움직여야 합니다. 때문에 가족을 위해 6년 더 일하기로 결정했지만, 문제는 임금 계약입니다. 노동력이 절대적으로 필요하기에 야곱을 어떻게 해서든 잡으려는 라반의 탐욕을 잘 아는 야곱은 예의를 갖춰 삼촌에게 말합니다. 마침 약속된 봉사 기간이 끝나 새로운 계약이 체결돼야 하지만, 계약을 새롭게 맺기보다는 처자식과 함께 고향으로 보내달라고 합니다.

야곱의 요청에 라반은 딴청 수준의 대답을 내놓습니다. "라반이 그에게 이르되 여호와께서 너로 말미암아 내게 복 주신 줄을 내가 깨달았노니 네가 나를 사랑스럽게 여기거든 그대로 있으라"(창 30:27). 원전에는 '그대로 있으라'는 표현이 없고, '네가 나를 사랑스럽게 여기거든'이라는 조건절이 맨 앞에 나옵니다. 돌아가겠다고 하는 야곱의 말에는 가타부타 언급을 않고 오히려 억압하듯 얼버무립니다. 예기치 않은 요청에 말문이 막힌다기보다, 자기에게 유리한 방식으로 이야기를 전환하려고 합니다. 라반은 야곱의 환심을 얻기 위해서 이런 말도 합니다. '여호와께서 너로 말미암아 내게 복 주신 줄을 내가 깨달았노니.' 라반은 '여호와'를 믿는 사람도 아니면서 환심을 사려고 하는 말입니다. 어떤 학자는 '깨달았다'라는 표현이 점을 쳐서 알았다는 뜻이라고도 합니다. 어쨌든 라반은 자기가 받은 모든 것이 야곱과 연관돼 있음을 알아차리고 야곱에 대해 일종의 미신적 두려움을 품고 있으면서, 굴러 들어온 이 복 덩어리를 놓치려고 하지 않습니다.

야곱이 자신 있게 입을 엽니다. 라반의 양 떼를 위해 봉사를 시작할 때에는 적은 수였지만 지금은 거대하게 성장했다고 하지요. "내가 오기 전에는 외삼촌의 소유가 적더니 번성하여 떼를 이루었으니 내 발이 이르는 곳마다 여호와께서 외삼촌에게 복을 주셨나이다 그러나 나는 언제나 내 집을 세우리이까"(창 30:30). 여기서 주목해야 할 표현은 '내 발이 이르는 곳마다'입니다. 이는 바로 벧엘의 하나님께서 약속하신 대로 "땅의 모든 족속이 너와 네 자손으로 말미암아 복을 받으리라"(창 28:14b) 하시고, "네가 어디로 가든지 함께 있어"(창 28:15a) 복 주시겠다는 약속이 이루어진 결과라고 야곱은 확증합니다. 그리고 '떼를 이루었다'(30절)라는 표현도 벧엘에서 하나님이 약속하신 대로 동서남북으로 '퍼져 나갈지며'라고 약속하신 대로 이루어졌다고 증거하는 것입니다.

야곱이 내놓은 새로운 요구는 이렇습니다. "오늘 내가 외삼촌의 양 떼에 두루 다니며 그 양 중에 아롱진 것과 점 있는 것과 검은 것을 가려내며 또 염소 중에 점 있는 것과 아롱진 것을 가려내리니 이같은 것이 내 품삯이 되리이다"(32절). 양은 대부분 희고 염소는 대부분 검습니다. 그런데도 이 가운데서 아롱진 것, 점 있는 것만을 자기 소유로 인정해주면 계속 봉사하겠다고 하니, 라반에게는 천우신조와 같은 제안이 아닐 수 없습니다. 의외의 제안에 라반은 "내가 네 말대로 하리라"(34절)고 합니다. 속으로는 뛸 듯이 기뻤지만, 내색 않고 넘어가는 의뭉스러운 대답입니다.

야곱은 "후일에 외삼촌께서 오셔서 내 품삯을 조사하실 때에 나의 의가 내 대답이 되리이다"(창 30:33a)고 말합니다. 여기서 '내 대답이 될 것이다'라는 표현은 '누구를 반대하여 증거하는 행위'를 나타낼 때 쓰이므로(욥 9:14 이하, 32:12; 33:13), 훗날에 라반이 와서 양 떼들을 검사할 때에 야곱은 아무 말도 하지 않을 것이고, 오직 드러난 사실이 말하게 할 것이라는 자신감을 드러내는 것입니다. 라반이 아무리 매의 눈으로 살펴봐도 결과는 야곱의 신실함을 드러낼 것이라 확신합니다. 야곱에게는 믿는 구석이 있습니다. 인간적인 계산으로는 전적으로 야곱이 불리하지만, 야곱에게는 하나님의 약속이 있었습니다. 야곱은 라반으로 하여금 하나님이 일하시는 세계를 보게 합니다.

37-43절에서는 야곱이 불리한 조건 아래서도 품삯을 얻게 되는 방법을 알려줍니다. 야곱은 특출한 목자였기에 단색의 양과 염소에게서 점, 또는 줄이 있는 새끼를 얻어내는 방법을 알았습니다. 나뭇가지를 가져다 껍질을 벗기고는 그 가지들 앞에서 양이나 염소가 짝을 짓게 했습니다. 껍질이 벗겨진 가지들을 보면 줄이나 점 있는 새끼들을 생산한다는 것을 이용한 것입니다. 이 방법은 당시 목자들이 사용하던 방법이었습니다. 더욱이 야곱은 실하고 강한 놈은 자기 것으로 만들고 약한 놈은 라반의 것이 되도록 했습니다. 정말 뛰는 놈 위에 나는 놈이 있습니다. 훗날 야곱은 이런 지혜를 하나님께 받았다고 아내들에게 고백합니다(창 31:8-10).

여러 논란이 있을 수 있지만, 야곱에게 복 주시려는 하나님이 다양한 방법으로 일하시는 모습을 봅니다. 아무도 자랑하지 못하게 하는, 행위에서 나지 않은 하나님의 은혜를 보아야 합니다. 어느 모로 보아도 야곱의 자질에 근거하지 않은 '일방적인 선택하심'만이 우리가 잡아야 할 영원한 진리입니다. 이 택하심의 진리가 설 때, 야곱에게서 빛을 발견하고 이해할 수 있습니다. 그에게서 공덕을 찾으려고 한다면, 우리는 헤어 나올 수 없는 미궁에 빠집니다. 하나님이 야곱에게 부를 허락하신 것은 오직 그분의 선택에 따라 이뤄지는 절대적 은혜의 성격을 띠고 있습니다.

## ✝ 라헬은 드라빔을, 야곱은 마음을 훔치다

레아와 라헬은 아버지 라반의 짐승 떼가 야곱에게로 넘어온 것이 하나님의 결정이었다고 인정합니다. 하나님의 의로운 결정으로, 야곱의 수고를 통하여 자신들과 아들들을 위해 합법적인 소유가 된 것으로 받아들였습니다(창 31:16). 이제 그들은 하나님이 야곱에게 명령하신 바를 행해야 한다는 마음에 하나로 뭉쳤습니다. 아내들의 동의를 얻은 야곱은 주저하지 않고, 라반이 잠시 집을 비운 시간을 틈타(창 31:20), 권속들과 가축 떼를 이끌고 밧단아람을 떠나 하나님이 명령하신 '가나안 땅에 있는 그 아비 이삭에게로 가려'(창 31:3,18) 합니다.

그러나 라헬에게는 어두운 그림자가 드리우고 있었습니다. 라반이 없는 틈을 이용해 그의 드라빔(창 31:19)을 도적질한 것입니다. 드라빔은 가정에서 신주 모시듯이 떠받드는 일종의 우상으로 큰 것도 작은 것도 있었는데, 이것을 소유하면 복을 가져다준다는 미신이 있었습니다. 라헬은 여호와께서 레아를 도와주신 것처럼 본인이 어려울 때에도 여호와께서 도와주시겠지만, 혹시나 도와주지 않으신다면 이런 옛적 신들이라도 붙들겠다는 심산입니다. 불행히도 라헬은 이런 미신에 아직도 다소 얽힌 모습을 보여줍니다. 밧단아람에서 아버지가 받은 축복이 그의 미신 종교에서 연유한 것이라고 생각했나 봅니다. 훗날에는 야곱의 명령에 따라 '모든 신상과 자기 귀에 있는 고리'를 '세겜 근처 상수리나무 아래에 묻고'(창 35:4) 헤브론으로 향하지만, 이 시점에서는 여전히 미신을 가지고 있었던 같습니다. 라헬이 베냐민을 낳고 죽었을 때 족장들과 레아가 묻힌 '교회의 동산'에 묻히지 못하고 멀리 떨어진 '에브랏 곧 베들레헴'(창 35:16-19)으로 가는 길에 묻힌 이유가 여기에 있습니다.

이 사건에서 눈여겨볼 부분이 있습니다. 야곱은 그 거취를 아람 사람 라반에게 고하지 않고 가만히 도망했습니다(창 31:20). 원어를 그대로 직역하면 '야곱이 아람 사람 라반의 마음을 도적질했다'(바이그노브 야아콥 애트-레브 라반 하아라미)라는 뜻입니다. 성경 저자는 이중으로 언어유희를 하고 있습니다. '마음'의 히브리어는 '레브'로, 라반과 비슷한 발음입니다. '아람 사람'은 히브리어 '라마'에서 온 것으로 '속이다'라는 뜻입니다. 종합해서 살펴보면, 무정하게 속이는 자 라반이 섣부른 자신의 꾀로 인하여 마음을 도적질당했다는 뜻입니다. 야곱이 도둑고양이처럼 살며시 도망갈 줄은 꿈에도 생각 못 했습니다. 된통 당한 것입니다. 나중에 두려웠기 때문(창 31:31)이라고 변명하는 것으로 미뤄볼 때, 야곱은 막강한 군사력을 가지고 있었던 라반(창 31:23)이 무서웠던 모양입니다. 그러나 라반 역시 야곱을 어느 정도는 두려워한 듯합니다. 그는 아브라함에게 주신 여호와의 축복이 자기에게로 넘어온 것을 알고, 이 축복을 영속화하기 원했습니다. 야곱과 딸들을 결혼시켜 자기 진영 안에 머물게 해보려고 발버둥 쳤지만, 축복의 근원 야곱이 되돌아가겠다고 하자 시기심은 물론 겁이 나지 않을 수 없었지요. 야곱이 가만히 라반의 마음을 도적질했다면, 라헬은 라반의 드라빔을 도적질합니다.

비록 야곱의 신앙이 약했지만, 밧단아람에서 고향으로 돌아가는 메소포타미아의 엑소더스(탈출)는 이루어지고 있습니다. 야곱은 유브라데 강을 건너(수 24:2; 시 72:8; 미 7:12) 가나안이 내려다 보이는 길르앗 산에 이릅니다(창 31:21). 사흘이 지나 양털을 깎으러 나갔던 라반이 야곱의 야반도주 소식을 들었습니다. 라반은 자기 형제, 친척, 군사를 이끌고 야곱을 추격하여 7일 만에 길르앗에 있는 야곱을 따라잡았습니다(창 31:23). 그리고 야곱을 만나기 전날 밤, 꿈속에서 하나님이 라반을 향해 경고하십니다. 야곱이 결정하여 행동한 사실에 관해 어떤 시비곡직(是非曲直)도 따지지 말라 하시지요. 야곱을 '해할 만한 능력이 내 손에 있어도'(창 31:29) 어찌할 수 없게 되었습니다. 야곱은 물론 그의 식구들 모두('너희들', 29절의 '너를')를 다 도륙할 수 있었지만 하지 않는다는 뜻입니다. 하나님이 약속하신 대로 야곱을 보호하시기 때문입니다(창 28:15).

## ✝ 진실로 두려워 할 자

라반의 신을 도적질했다는 비난에 대해 야곱은 아주 강하게 응수하면서 자신의 의로움을 드러냅니다. 이는 실로 야곱의 명예가 걸린 문제입니다. 그도 그럴 것이 야곱은 하나님만이 축복의 근원이고 삶의 지탱이라 믿고 살아가며, 이로써 아람인들과 아브라함의 후손 간에 구분이 생기기 때문입니다. 단지 야곱 한 개인이 아니라 하나님의 존귀가 걸린 문제입니다. 그러니 증인들이 보는 가운데서 장막들을 철저히 조사해보라고 호언장담합니다. 자기 사람들 중에서 그 신이 발견되면 그 자는 죽임을 당할 것이라고 맹세까지 하지요. 그리고 라반의 재물이 발견되면 가져가라고 단호히 말합니다(창 31:32). 이로써 야곱은 사랑하는 아내 라헬에게 부지중에 사형선고를 한 셈입니다. 매의 눈같이 야곱의 무리를 뒤지던 라반은 야곱의 장막부터 마지막으로 라헬의 장막까지 들어갔지만, 라헬은 낙타 안장 밑에 드라빔을 숨겨놓고 안장 위에 걸터앉아 있었습니다. 아버지 라반이 들어올 때에는 때마침 경수가 나는 순간이므로 일어서지 못한다고 말했습니다. 라헬이 이때에 '여자의 길'(생리의 문자적 번역, 35절)을 하고 있는지 아니면 또 아비를 속이고 있는 것인지는 확신할 수 없습니다. 어쨌든 라헬의 행동으로 말미암아 야곱의 입장에서는 라반이 결혼할 때 자신을 속인 것에 대해 앙갚음을 했고, 라반이 섬기는 신은 통념상 경수 중인 불결한 여자 밑에서 부정해집니다.

아무리 뒤져도 드라빔을 찾을 수 없자 야곱은 오히려 양 진영의 형제들 앞에서 노하여 라반을 책망합니다. 이때 야곱은 그간의 서운함을 토로했고(창 31:42), 라반은 아브라함의 하나님, 나홀의 신의 이름으로 언약을 체결합니다. 이때 야곱은 하나님을 '아버지 이삭이 경외하는 이'로 고백하며 맹세합니다(창 31:53). 이 날 이후부터 라반과 야곱은 서로 이별하고 라반은 메소포타미아로, 야곱은 가나안으로 향합니다.

'이삭의 경외하는 이'라는 말은 구약 전체를 통해 42절과 53절에만 나옵니다. 성경에 자주 등장하는 '야레 야훼', 즉 '여호와 경외'와는 매우 다른 '파하드 이삭'이라는 표현을 씁니다. NIV와 ESV는 'The Fear of Issac'로 번역하는데, 개역개정은 '파하드'를 '두려움'(출 15:16; 신 28:67; 삼상 11:7; 욥 4:14; 사 24:17; 렘 48:43), 또는 '공포'(시 91:5), '위엄'(사 2:10) 등으로 번역했습니다. 그래서 부르거라는 학자는 '이삭의 경악'으로 번역하기도 합니다. 여러 가지 해석이 가능하지만, '파하드 이삭'은 이삭이 하나님에 대해 느끼는 경악입니다. 야곱이 라반을 두려워하고(31절) 라반은 찾아온 복이 되돌아갈 것을 두려워하며, 야곱의 두 아내들은 공격해오는 아버지를 두려워하는 환경에 처해 있을 때, 야곱은 진실로 두려워할 자는 라반이 아닌 '이삭의 경악자'이며, 그분으로 자신들을 방어하고 있는 것입니다.

# 45

창 32:1-32, 34:1-31

# 축복을 향한 일념과 서원의 변화

욕심 많은 라반이 죽일 듯이 추격해오던 위기를 평화조약 맺는 걸로 겨우 마무리하고 가나안을 향하여 나아가는 야곱에게 비보가 들려옵니다. 숙원을 풀려고 이를 갈아온 에서가 요단강 동쪽 세일산에서부터 군사 400명을 거느린 채 야곱을 향하고 있다는 소식이었지요! 처자식은 물론이고 모든 소유가 거덜 날 판입니다. 이때 야곱의 심정은 '심히 두렵고 답답했습니다' (창 32:7). 여호와께서 야곱에게 가나안을 주겠다 언약하시고 어디든 함께 하시며 '너를 이끌어 이 땅으로 돌아오게 할지라'(창 28:15)고 약속받았던 택함 받은 자(창 25,28장) 야곱이 드디어 약속된 땅으로 돌아가려는데, 왜 이런 상황을 맞닥뜨리게 되었습니까? 야곱은 여전히 변하지 않았기에, 약속의 땅을 유업으로 받을 조건 역시 갖추지 못했기 때문입니다. 이런 이유로 하나님께서는 '야곱'이 '얍복'에서 '예아바크'(씨름)하도록 용광로에 넣어 그를 새롭게 하십니다(비슷한 음이 반복되는 것을 주목하세요).

그러나 하나님은 직접 나타나지 않고 아주 기묘하게 역사하십니다. 사람의 일, 사람의 꾀, 사람의 기획, 그리고 사람의 씨름으로 보이게 하시면서도 결국에는 '하나님이 역사하는시구나!' 하는 탄성이 나오도록 일하시지요. 인간 만사에 하나님이 결정권을 갖고 계시지만, 보이지 않게 일하시면서도 여전히 주장하고 계시는 것을 보여주는 성경이 창세기 32장입니다.

# ✚    씨름 기도의 상대

32장에서는 '2'라는 개념의 수를 내세워, 사람의 일들이 아무리 얽혀 있어도 하나님이 처음부터 끝까지 역사하심을 은근히 드러냅니다. 분문에서 '마하나임'이라는 두 진영(그룹)은 곧 하나님의 진영 대 에서의 진영을 나타냅니다. 약속의 땅을 떠나는 야곱에게 하나님의 천사들이 나타났듯이(28장), 돌아오는 야곱에게 다시 나타나셔서 호위하는 듯한 행동을 합니다. 야곱은 마하나임에서 힌트를 얻어 살아남기 위해 가족 떼를 둘로 나누고, 두 미팅(야곱 대 하나님, 야곱 대 에서)을 기획하며, 두 밤에 걸쳐(창 31:13,22) 두 번 기도합니다. 한 번은 언약에 근거하여 진실된 기도를 하고 (창 31:9-12), 또 한 번은 생사를 건 씨름 기도를 합니다(창 31:24-30). 이런 소용돌이 속에서 야곱은 하나님의 은혜를 힘입어 이스라엘로 변화되었고, 마침내 영광의 아침 햇살이 솟아오릅니다(창 31:31).

사절단과 예물을 보내놓고도 마음이 놓이지 않았던 야곱은 가족도 둘로 나누어 미리 보내기도 하는 등 수단을 간구하지만, 마음이 놓이지 않기는 마찬가지입니다. 마지막 밤, 야곱은 기도하기로 결단하였고, 이 기도는 결국 씨름 기도가 됩니다. 물론 이 씨름도 야곱이 먼저 제안한 것은 아닙니다. 홀로 고민하고 있는 야곱에게 '어떤 사람'이 야곱에게 씨름을 걸어옵니다. 이 '사람'의 정체에 대해서는 이런저런 말들이 많지만, 야곱 스스로가 30절에서 '내가 하나님과 대면하여 보았다'라고 말하는 것으로 보아 하나님이실 것입니다. 칼빈은 이 사람이 중보자의 직능을 수행하시는 영원한 하나님의 아들이라고 해석합니다.

야심한 밤, 깊은 고민으로 죽을 것 같은 심정이었던 야곱은 자신에게 닥친 일에 최선을 다합니다. '날이 새도록' 씨름했다고 해서(24절) 온밤을 기도했다 생각할 필요는 없습니다. 22-24절을 보면 야곱은 가족들과 자신의 소유가 얍복강을 건너게 하는 데 온밤을 보냈습니다. 야곱의 관심은 자기 자신과 소유의 안전에 온통 쏠려 있습니다.

씨름에는 이력이 난 야곱입니다. 어머니 뱃속에서도 형과 '서로 싸웠던'(창 25:22) 자이고, 세상에 나올 때에는 형님의 발목을 '꽉 붙잡고' 나왔습니다. 게다가 에서가 지닌 장자의 축복을 '속여서' 탈취한 자입니다. 라헬을 얻기 위해 라반과도 씨름했습니다. 고통과 서러움 가운데서도 기어코 라헬을 얻어내고 만, 14년에 걸친 길고도 힘겨운 씨름이었습니다. 드디어 능구렁이 라반을 이겨내고 처자식과 엄청난 재물을 쟁취하여 돌아오는 길에 이상한 씨름꾼이 나타나서 씨름을 걸어오는데, 야곱은 죽을힘을 다해 씨름에 임합니다. 내일이면 모든 것이 끝일지도 모른다는 생각에 죽을둥살둥 열심히 씨름했습니다.

날이 새도록 씨름이 이어지는 가운데 특이한 일이 벌어집니다. 야곱이 아무리 수를 써도 기술이라곤 먹히질 않습니다. 그때 상대가 야곱의 몸에 살짝 손을 댔는데, 글쎄 그만 환도뼈가 부러지고 맙니다. 야곱은 이분이 바로 하나님임을 알아챘습니다. 야곱은 '하나님이시군요. 저 죽기 싫습니다. 저를 보내주세요'라고 하지 않았습니다. 사람이 하나님을 보면 죽는 법입니다(출 19:21). 그러나 야곱은 두려워하기는커녕 오히려 하나님께 매달리며 "당신이 내게 축복하지 아니하면 가게 하지 아니하겠나이다" 하고 놓지 않았습니다. 이것은 이렇게 부르짖는 것이나 다름없습니다.

"하나님을 대면해서 죽는 한이 있어도, 하나님 당신의 축복을 받아야겠습니다. 하나님의 축복을 받지 않고는 아무런 의미가 없습니다. 지금까지 쌓아온 것들이 다 날아가게 생겼습니다. 오직 당신이라도 저의 복이 되어주시기 바랄 뿐입니다. 이제 모든 것이 하나님 당신에게 달려 있다는 것을 깨닫습니다. 영원히 장애인이 되어도 상관없습니다. 주님 당신이 내게 복

내려 주신다면, 그것만이 내 삶의 의미이고 유일한 장래입니다."

날이 밝아오기 시작합니다. 야곱은 하나님을 눈으로 보게 될 것이고, 그 광채와 위엄 앞에서 야곱이 죽을 것을 아시는 하나님은 져주십니다. 하나님과 씨름을 해서 이길 사람이 어디 있겠습니까? 하나님이 원하셔서 져주시는 것입니다. 하나님이 얼마나 크신지, 하나님을 알게 하기 위해 조금 손을 댔을 뿐인데 장애인이 되고 마는 것 보세요! '네 힘으로 사는 것 같이 날뛰었지만, 네 몸조차도 네가 마음대로 못해' 하고 말씀하시는 듯합니다. 그리고 더욱 근본적인 질문을 야곱에게 하십니다.

"네 이름이 무엇이냐?"

"야곱입니다."

어찌하든지 내 힘으로 다른 이의 샅바를 '꽉 붙잡고'서 살려고 발버둥치던, 남이야 어찌 되든 할 수만 있다면 '사기 치는 자' 야곱이 맞습니다. 야곱은 자기 이름을 폭로함으로 자기 죄를 고백한 것입니다. 지금껏 내 힘, 내 잔꾀, 내 수만 믿고 하나님 앞에서, 또 사람 앞에서 거드름을 피우면서 살아왔던 못된 성품을 인정하고 하나님께 용서를 구합니다. 이렇게 애원하는 야곱에게, 하나님은 네가 하나님도 사람도(아마 에서와 라반) 이겼다고 판정해주십니다.

## ✝   벧엘의 난관

야곱이 파란만장한 타국 생활을 시작할 무렵, 벧엘에서 만난 하나님은 사닥다리 가운데 나타나셔서 조상들에게 하신 약속을 견고히 하시며 "네가 어디로 가든지 너를 지키며 너를 이끌어 이 땅으로 돌아오게 하리라"(창 28:13-15)고 하셨습니다. 이에 야곱은 하나님께 서원으로 응답합니다(창 28:20-22). 하나님은 약속을 지키시어 20년 만에 가나안으로 '평안히' 돌아오도록 인도하셨습니다. 이제 야곱은 그 서원한 바를 실행에 옮겨야만 했습니다. 에서를 만나기에 앞서 사망의 음침한 얍복강 골짜기에서 하나님을 만나 눈물로 애원한 대로, 하나님은 야곱을 에서의 손에서 구원해주셨습니다. 마치 이 일이 엊그제 일 같은데, 야곱은 숙곳에서 세겜 성으로 가서 밭도 사고 제단을 쌓으며 여전히 이곳에 머물러 있습니다. 아마 이곳에서 눌러살 생각이었나 봅니다(창 33:17-20). 하나님께 드린 서원은 안중에도 없습니다. 세겜과 벧엘의 거리가 불과 20킬로미터 남짓인데 말입니다. 학자들은 숙곳에 잠시 머물렀고 세겜에서 더 오래 살았는데, 그 기간이 대략 8-9년 정도 될 것이라고 합니다. 이 오랜 기간 동안 야곱에게 벧엘의 하나님과 그토록 그리던 부모님은 안중에도 없었을까요?

한마디로 얘기하면 야곱은 도무지 약속의 상속자로서 합당하게 처신하고 있는 것으로 보이지 않습니다. 아브라함이 가나안 세겜 땅에 들어갈 때에 이미 '가나안 사람이 그 땅에 거주하였더라'(창 12:6)고 하고, 아브라함이 가나안 땅 소돔과 고모라의 죄악상이 어떻다는 것을 보았으며(19장), 가나안 땅 헤브론 사람들의 물질주의적 탐욕을 경험했습니다(23장). 이런 이유로 독자 이삭의 배필을 가나안 족속의 딸 중에서 구할 마음이 추호도 없었던 것입니다(24장). 이 점에서는 이삭도 마찬가지였습니다(창 28:1). 조상들로부터 내려오는 전통을 잘 알던 야곱은 가나안 사람들의 타락을 익히 알고 있었습니다. 그렇다면 대가족을 데리고 가나안으로 들어오던 야곱은 더더욱 긴장하여 주위를 살펴야만 했습니다. 더구나 딸 디나가 한창 사춘기이기도 하고 장성한 아들들은 겁 없는 나이가 되어 있으니 더욱 그리했어야 합니다. 비록 세겜에서 살지만, 겉보기에 야곱은 제단을 쌓고 '하나님은 이스라엘의 하나님'(조상들의 하나님이라고 하지 않음)이라 고백하며 제법 신앙을 고수하는 것처럼 보입니다. 하지만 가나안 땅에 돌아온 그의 신앙은 어딘지 모르게 고장 난 모습 같습니다. '이스라엘의 하나님'이라는 표현은 어쩐지 체험 중심의 신앙적 독보주의에 물든 것처럼 보이기도 합니다.

우선 그가 숙곳과 세겜으로 옮길 때 하나님의 계시에 따라 움직였다는 말이 없습니다. 더구나 신앙의 전통을 따라 벧엘로 향하고자 하는 열망도 찾아볼 수 없습니다. 반면에 숙곳에서는 짐승들을 위해 우릿간을 짓고 세겜에서는 장막을 치더니, 오래 머물러 있을 것처럼 땅도 삽니다. 추측하건대 세겜에서 세상 사람들과 더불어 살기가 좋았던 모양입니다.

✝ **야곱의 변질**

고고학적 발굴의 결과, 야곱 시대의 세겜은 신흥도시로 발돋움하는 지역이었습니다. 추장이 있었던 것으로 보아 아직 성읍으로까지는 발전하지는 않았으나 미래가 열려 있는 곳이었습니다. 밧단아람에서는 어머니 리브가의 권유에 따라 얼마 동안 '거했던'(창 27:44) 것이고, 하나님께서는 벧엘에서 '거하라'(창 35:1)고 하셨지만, 누구도 세겜에서 거하라고 권유하지 않습니다. 대신 이방인 하몰이 '거하라'(창 34:10)고 권했지요. 야곱이 세겜에서 이방인들과 오래 살다 보니 타성에 젖어 가나안 사람들과 하나님 백성의 구분도 잊은 채 지내게 된 것처럼 보입니다. 어쩌면 라헬이 훔쳐 온 드라빔도 35장에서 벧엘로 올라갈 때 신상들과 옷들과 장신구 등 이교화된 것들을 묻을 때 함께 묻은 것 아닌가 싶습니다. 심지어 34장에는 하나님의 이름도 등장하지 않습니다. 택한 자와 택함 받지 못한 자를 막론하고 성폭행, 기만, 살인, 나아가 인종 몰살까지, 온갖 죄악이 분출하고 있습니다.

야곱이 하나님과 맺고 있던 영적 관계가 이렇다 보니 가정에서의 통솔력도 많이 약화한 모습을 볼 수 있습니다. 디나가 히위 족속 추장 하몰의 아들 세겜에게 성폭행을 당했을 때, 아들들은 전면에 나타나는 반면 야곱은 매사에 수동적인 자세를 취합니다. 디나는 '야곱의 딸'(3절)이고 자신은 '디나의 아비'(11절)이건만, 흉측한 소식을 듣고도 어떠한 고통도 표현하지 않습니다. 비슷한 일을 당하였던 다윗의 반응과 사뭇 다릅니다(삼하 13:21). 야곱은 일절 말을 하지 않습니다(5절). 당시에 남존여비 사상이 있기도 했고, 자기가 좋아하지 않던 레아의 딸이기에 더욱 관심 밖이었는지도 모릅니다. 야곱의 이런 차별적이고 무관심한 태도에 디나의 친 오빠들인 시므온과 레위는 더욱 화가 났습니다. 이 문제를 두고 오히려 이방인인 하몰이 먼저 야곱에게 찾아와서 혼사를 제안을 할 때에도(6절), 그들은 디나를 가리켜 '너희 딸'(8,9절)이라고 지칭하는데, 이는 야곱이 아닌 그의 아들들을 대화의 상대로 여기는 듯한 인상을 줍니다. 결국 야곱은 뒤로 빠지고 '야곱의 아들들'이 문제를 처리합니다(7,13,14절).

야곱의 아들들은 이 문제를 이스라엘에게 '부끄러운 일'(7절)이요 '일어나서는 안 되는 일'로 확신하는 반면, 야곱의 판단은 달랐던 모양입니다. 설사 아들들과 견해가 같았는지 모르지만, 해결 방법에 관한 판단은 유보하고 있습니다. 아들들이 하몰과 그 성읍을 몰살하고 나서야 야곱은 아들들에게 '나와 내 집이 멸망'할 수도 있는 '악취'(30절)를 풍기는 사건이었다고 말합니다. 하나님보다 세상 권력을 더 두려워하는 이런 불신앙적인 말은, 적어도 신앙 공동체의 족장이 할 말은 아닙니다. 이에 대해 아들들이 그럼 디나를 '창녀'(31절)로 만들어도 괜찮냐고 대들지만 야곱은 묵묵부답입니다. 야곱의 신앙은 참 알다가도 모를 것입니다. 벧엘에서 경험한 고도의 계시 신앙과 얍복 강 나루터에서 도움받았던 그 간절한 신앙은 대체 어디로 간 것인가요! 밧단아람에서의 20년, 숙곳과 세겜에서의 8,9년, 도합 30년에 가까운 긴 세월 동안 세상과 어울려 살다 보니 야곱의 눈에 세상이 많이 들어온 모양입니다.

비록 야곱의 아들들이 할례를 빙자해 한 종족의 남자들을 몰살하는 난행을 자행하지만, 이 일은 구속사의 큰 흐름에서 한 가지 단초를 남깁니다. 가나안 사람들의 죄악이 차서 멸망하기까지는 한참 멀었지만, 하나님은 자신이 택한 백성의 거룩을 건드리는 자들에게 반드시 훗날 있을 심판의 엄중함을 가르치신다는 것입니다. 이러한 관점에서 야곱은 그저 수동적이었다기보다 세상과 타협했다고 할 수 있습니다. 야곱은 어떻게 하면 이 세상에서 받아들여질까, 어떻게 하면 같은 부류로 취급될까 하는 문제에만 관심을 가지고 있어서 누구의 감정도 상하게 하지 않으려고 하는 것 같습니다. 이런 태도는 신자가 세상을 살면서 취할 태도가 아닙니다(요일 2:15-17).

신자는 하나님께 서원한 것이 있다면 그것을 이루어야 합니다. 하나님이 택하신 백성이라면 그 시기를 늦출수록 더 큰 어려움과 환란이 닥쳐온다는 것을 배워야 합니다. 세상이 좋다는 이유로 서원한 것을 미루고 미루다 보면 모든 면에서 어려움이 닥칩니다. 야곱의 경우 가정의 화목이 이루어지지 않고 자식들마저 아버지의 권위와 통솔에서 벗어났으며, 영적 리더십은 상실되고, 이웃의 이방 족속들로 인해 두려움을 느끼게 되었지요. 하나님이 회개하는 자기 백성을 보시고 사방에 두려움을 주셔서 평안히 엑소더스 할 수 있게 하지 않으셨더라면 정말이지, 야곱의 집에 멸문지화가 닥칠 뻔했습니다!

# 에서와 야곱의 톨레도트

이삭이 180세에 죽은 후(창 35:27-29), 두 아들 에서와 야곱의 톨레도트가 등장합니다(각각 창세기 36장과 37:2-50:26). 이삭이 두 쌍둥이를 낳을 때가 60세이니, 이삭이 죽을 때 이들의 나이는 120세입니다. 야곱이 애굽에 내려가기 10년 전이고, 요셉이 총리가 된 지 9년 차였습니다. 한 세대가 지나가고 다음 세대가 빠르게 떠오르고 있는 가운데, 연대기적으로는 시차가 나지만 성경은 '에서'라는 주제를 한데 묶어 이야기를 전개합니다.

## ✝ 에서의 족보, 에돔의 역사

에서의 이야기는 주로 족보 목록이지만, 에돔의 역사도 제법 엿보입니다. 36장 1-8절은 에서의 족보인데, 6-8절은 에서가 자신의 가족과 소유를 데리고 가나안을 떠나 세일로 가는 이야기입니다. 크게 보면 1-8절이 가나안에서 에서의 역사, 9-43절은 세일에서의 역사를 다룹니다. 그 가운데서도 9-14절은 에서의 아들에서 손자 3대에 이르는 족보를 아들의 관점에서 재진술하고 있습니다. 이에 반해 1-8절에서는 어머니의 관점에서 바라봅니다. 15-19절은 에서의 자손 중 부족들을 다루고, 20-30절은 호리 족속을 다룹니다. 재미있는 사실은 역대상 1장 34-42절이 창세기를 반복한다는 것입니다. 역대상 1장 35-37절은 창세기 36장 10-14절을, 역대상 1장 38-42절은 창세기 36장 31-43절을 반복하고 있는데, 창세기 36장 15-19절(부족들에 관한 이야기)과 에서의 아내 오홀리바마에 관한 이야기(창 36:14a와 36:24-25)는 생략하고 있습니다. 창세기 26장 31-39절은 에돔 땅에서 다스린 왕들에 대해서 기록합니다. 마지막으로 40-43절은 지역에 따라 다스린 에서의 족장들을 다루는 듯합니다. 아무튼 에서와 그 자손들은 가나안을 떠나 세일에 정착하면서 정치적, 행정적 수완이 대단했던 모양입니다. 많은 '족장들'(창 36:15-19; 20-30; 40-43)과 '왕들'(31-39절)이 배출되었고, 정치 제도와 행정 제도를 통해 그 지역에서 통치를 펼쳐나갔습니다.

창세기는 구속사에서 곁가지들을 먼저 잘라내고, 다음에 보존된 원 가지에 관해 말합니다. 앞선 사례들에서도 이런 패턴을 볼 수 있는데, 셋 가문(창 4:24-5:32)에 앞서 가인의 후손(창 4:17-24)이 잘려 나갑니다. 뒤이어 셈의 후손(창 11:10-32) 이전에 노아의 후손들(창 10:1-32)이 정리됩니다. 아브라함의 후손(창 25:1-6) 이전에 롯의 후손(창 19:30-38)이 잘려나가고, 이삭의 후손(창 25:19,20) 이전에 이스마엘 후손(창 25:12-18)이 잘려나갑니다. 그리고 우리는 야곱의 후손(창 37:2 이하) 이전에 에서의 후손이 구속사에서 잘려 나가는 모습을 보고 있습니다. 그러나 구속사에서 잘려나갈지라도, 에서는 여전히 이삭의 아들로 남아 그의 후손들은 구속사에 밀접히 관련됩니다. 칼빈의 말을 살펴보겠습니다. "에서가 하나님의 기준에서 볼 때는 교회와 동떨어진 이방인이지만, 그 역시 이삭의 아들로서 현세적 축복을 받는 등 하나님이 총애하시는 자로 기록된다. 모세는 에서의 종족을 추켜세우고 그로부터 나온 백성의 긴 목록을 충분히 기록하고 있다." 에서의 톨레도트가 지닌 구속사적 의미를 알기 위해서는 우선 에서가 에돔으로 불리는 경우가 적어도 다섯 번 나타나는 것에 유의해야 합니다. 그가 가나안에 거주한 역사를 말하는 시작과 끝에서 각각 '에서 곧 에돔'(창 36:1,8)이라고 표현합니다. 성경은 세일산 역사의 시작에서도 '에돔 족속의 조상 에서'(창 36:9)라 말하고, 에서 자손들의 족장 명단을 말한 후에도 '에서 곧 에돔의 자손'(창 36:19)이라고 표현합니다. 의례적인 표현으로 여길 것이 아니라, 성령님이 특정한 의도를 갖고 말씀하신 사실을 알아차려야 합니다.

에돔은 붉다, 붉은 것(팥죽)을 의미합니다(창 25:25,30). 에서라는 이름에는 장자의 명분을 업신여기고 붉은 팥죽 한 그릇에 판 자라는 평판이 들어 있습니다. 이것이 그의 역사라고 고발하는 것입니다. 가나안 땅을 물려받지 못한 채 불모지에서, 기름진 땅을 떠나 세일 산에서 살게 된 자들의 후손이 당한 처지를, 엄밀히 말하면 메시아적인 축복을 누리지 못하는 처지를 가리키고 있습니다(창 27:39). 물론 리브가의 뱃속에 있을 때 이미 하나님이 선택하셨고, 그 말씀하신 것에 따라 궁극적으로 이루어진 일이지만, 팥죽 한 그릇에 장자의 축복권을 판 죄악 된 행동으로 인해 이 지경까지 이르렀다고 고발하는 것입니다. 물론 하나님의 작정에 따라 일어난 일이지만, 그 작정이 전개되는 역사적 과정을 보면 에서의 경거망동과 거룩하지 못한 자들의 행보를 선택한 책임은 면할 길이 없습니다. 그래서 그는 에돔 족속의 조상이 되었고, 결국 이교 나라라는 나락(奈落)으로 점차 빠져들고 맙니다.

에서와 야곱의 대조점은 둘의 거주지에서도 잘 나타납니다. 7절은 '…그들이 거주하는 땅이 그들의 가축으로 말미암아 그들을 용납할 수 없었더라'라고 합니다. 에서는 물론 야곱에게도 가나안은 영원히 살 집이 아니라 단지 '거주하는 땅'에 불과했습니다. 그래서 야곱은 아브라함이나 이삭처럼 나그네로서 하나님만 의지하여 살았습니다. 하지만 에서는 이스마엘이나 롯처럼 다른 곳에서 사는 게 더 마음 편하게 느껴졌는지, 아니면 하나님이 약속한 땅이 마냥 낯선 땅처럼 느껴졌는지 결국 야곱에게 가나안을 넘겨주고 떠났습니다. 강제로 몰아낸 것이 아닙니다. 어느 학자의 말처럼 자기 발로 "구속사의 기록에서 걸어나갔습니다." 에서의 아들 엘리바스는 이방인 딤나를 '첩'(창 36:12,22)으로 맞아 이스라엘 역사에서 가장 혹독한 원수가 될 아말렉을 낳았습니다. 에서 자신은 부유한 토착민 아나의 딸 오홀리바마와 혼인했습니다(창 36:2,14). 하나도 아닌 여러 이방여자와 결혼했습니다. 그는 가나안에 있으면서도 가나안 여인들과 섞여사는 것을 마음 편히 생각했는데, 후에는 세일에 있는 호리 족속과 결혼하는 것까지 즐거워합니다. 야곱은 여호와의 얼굴(브니엘)을 바라보며 가나안에 사는데, 에서는 '가축의 얼굴 때문에'(창 36:7b) 가나안을 떠나 마음 편히 삽니다.

에서는 다른 이방 나라처럼 일찍이 왕권을 확립하여 급속도로 세력을 확장해 갑니다. 에서의 후손들이 겉보기에 강성한 나라가 되어간 반면, 야곱의 후손들은 핍박받고 고난받는 광야생활을 이어가고 있습니다. 에서의 후손들은 야생마처럼 날뛰었지만 구원의 축복은 받지 못했습니다. 그들은 아브라함의 노선이 아니었고, 그 안에 들 마음도 없었습니다. 이들이 이스라엘을 얼마나 괴롭혔는지는 역사가 보여줍니다(민 20:14-21; 옵 1:1-18; 말 1:2-5; 렘 49:17-18; 시 137:7-9; 마 2). 그러나 다윗 왕이 저들을 정복했고, 남은 세력은 그리스도 안에서 복속될 것입니다. 이것이 구원의 역사입니다.

## ✝ 야곱에게서 시작된 구약 교회의 톨레도트

'이것이 야곱의 톨레도트이다'라는 표현에서 야곱은 단지 하나의 개인이 아닙니다. 개인이 배제되는 것은 아니지만, 그의 온 가정을 다룹니다. 달리 말하면 야곱의 백성, 약속된 자손들이 이루는 교회를 말하지요. 성경은 아브라함, 그 아들 이삭, 그리고 이삭의 아들 야곱에게서 시작된 교회의 성장에 대해 말합니다. 몸이 죽은 자와 같던 아버지에게 능력 있는 계시가 역사하자 아들이 세상에 나왔고, 위로부터 나온 교회가 그 안에서 성장하고 있습니다. 결국 창세기는 '야곱'이라는 이름을 가진 구약의 교회에 하나님이 어떻게 계시로 역사하셨는지 보여주는 책입니다. 창세기는 '태초에'라며 입을 떼는 것으로 시작하여 요셉의 죽음으로 결말을 맞이하는 50장으로 된 한 권의 책이지만, 구원 계시의 역사는 중단 없이 진전합니다. 그 다음 책인 출애굽기가 히브리어로 '그리고'(1)로 시작하는 이유는 다 이 때문입니다. 아울러 야곱의 역사는 신약성경의 첫 구절까지 계속되고 있습니다. 마태복음이 '예수 그리스도와 그 톨레도트'라고 하는 것은, 성경이 '하나의 책'이라고 웅변하는 것입니다.

야곱의 톨레도트는 '큰 자가 어린 자를 섬길 것이다'라고 했던 말씀에 기초를 두고 있습니다(창 25:23). 그런데 요셉의 역사 역시 형제들이 요셉에게 절하게 될 것이라는 꿈에 기초를 두고 있습니다(창 37:5-11). 37장을 기점으로 이 꿈이 실현되는 과정이 본격적으로 전개됩니다.

하나님은 인간사의 좋은 일과 나쁜 일을 가리지 않고 간섭하셔서 인도하십니다. 다른 말로는 섭리라고 합니다. 야곱의 가정에서 일어나는 일들을 통해 섭리의 면면을 볼 수 있습니다. 야곱이 다른 아들들보다 막내 요셉(베냐민 출생 전으로 보임)을 편애하다 보니 다른 아들들이 요셉을 미워하고 거절하는 일이 벌어졌습니다. 형제들이 요셉을 혹독하게 거절하는 불상사가 일어나지만, 하나님은 이 모든 것을 선으로 바꾸셨습니다. 요셉의 입에서 나온 고백을 살펴봅시다. "하나님이 큰 구원으로 당신들의 생명을 보존하고 당신들의 후손을 세상에 두시려고 나를 당신들보다 먼저 보내셨나니 그런즉 나를 이리로 보낸 이는 당신들이 아니요 하나님이시라"(창 45:7-8a). "당신들은 나를 해하려 하였으나 하나님은 그것을 선으로 바꾸사 오늘과 같이 많은 백성의 생명을 구원하게 하시려 하셨나니"(창 50:20). 과거의 파란만장한 인생 역경을 위대한 하나님의 섭리의 손길로 보는 것입니다. 하나님의 위대한 섭리의 손길은 역사의 진공상태에서 만들어진 것이 아니라, 야곱의 가정에서 일어날 수 있는 인간의 본능적 타락에서 시작합니다.

성경은 야곱 가정의 이야기가 시작되는 배경을 요셉이 십칠 세의 '소년' 이던 시절, 다시 말해 형제들과 함께 들에서 양을 치던 때로 소개합니다. 야곱이 하란에서 돌아온 지 11년이 되는 해로, 요셉에게 '네 어머니'라 말하는 것을 보면 라헬이 아직 살아 있다는 뜻입니다(창 37:10). 아마 이때 야곱은 벧엘에 거주 중이었나 봅니다. 12절에서는 요셉이 아버지와 함께 헤브론에 거주하면서 세겜에 있는 형들의 안부를 살피러 심부름을 떠난 것으로 보입니다. 요셉은 야곱의 첩들이 낳은 아들들(단, 납달리, 갓, 아셀)을 보조하면서 양을 쳤습니다. 야곱은 레아와 라헬의 피 튀기는 경쟁심과 그 질투를 알았기에 아들들 간에도 요셉을 미워하는 일이 있을 수 있다고 생각해 이런 조치를 취한 것입니다. 그러나 이것은 야곱의 생각에 불과합니다. 야곱은 열 아들들의 마음을 잘 모르고 있습니다. 레아의 아들들이나 첩의 아들들이나 요셉을 미워하기는 매한가지입니다.

요셉이 미움받은 데는 이유가 있습니다. 기질 탓인지 정의감이 강해서인지, 그것도 아니면 아버지의 칭찬을 더 받기 위해서인지는 몰라도, 형들이 조금만 잘못해도 즉시 아버지에게 일러바칩니다. 단순히 일러바치는 것만으로도 충분히 미움을 살 텐데, 과장해서 잘못되게 일러바치니 형들은 요셉을 미워하지 않을 수 없었습니다. 2절의 '잘못'(디바탐 라아)은 구약성경에서 언제나 나쁜 의미를 풍깁니다(잠 10:18; 민 13:32, 14:36-37). 한마디로 요셉은 아버지가 편견을 가지고 형들을 대하도록 호도한 것입니다. 나이는 십칠 세인데, 철없는 애(나아르, 창 37:2)인 셈입니다. '나아르'(소년)가 '라아'(나쁜) 말만 하고 다닙니다. 요셉은 사랑만 받고 교육은 안 받은, 지혜라곤 찾아볼 수 없는, 영락없는 철부지입니다. 그런 요셉이 훗날 지혜롭게 변해가는 것은 일면 놀랍습니다. 하지만 여전히 자기가 한 짓은 잊어버리고 형들이 가해한 일은 잘도 기억하지요. '당신들은 나를 해하려(라아) 하였으나…'(창 50:20)라고 하거든요. 아무튼 사람은 자기 잘못을 잘 잊어버리면서 남이 나에게 한 잘못은 세월이 지나가도 잊지 않습니다.

## ✝ 신현, 꿈과 이상, 그리고 섭리

야곱이 요셉만 편애하는 것은 할아버지, 할머니 때부터 내려오는 집안 내력입니다. '이삭은 에서를 사랑하고 … 리브가는 야곱을 사랑하였'(창 25:28)습니다. 아버지 야곱도 '레아보다 라헬을 더 사랑하는'(창 29:30) 바람에 바람잘 날이 없었지요. 3절은 "요셉은 노년에 얻은 아들이므로 이스라엘이 여러 아들보다 그를 깊이 사랑하여 위하여 채색옷을 지었더니"라고 기록합니다. 여기서 '채색 옷을 지었다'라는 말은 편애의 극치를 표현합니다. 히브리 원문으로는 '소매가 달린 긴 옷'(케토넷 파짐)인데, 이곳 외에 성경에서는 딱 한 군데에서 이 단어가 나옵니다. 다윗 왕의 딸 다말이 '채색옷을 입었다'(삼하 13:18)라는 표현입니다. 이런 이유를 들어서 많은 주석가들은 이 옷이 왕권과 관계되는 옷이라고 추정합니다. 아버지 야곱이 다른 형들을 제쳐놓고 요셉을 가문의 통치자로 공식 지명했다는 뜻입니다.

야곱으로서는 좀처럼 정이 안 가던 레아의 장자 르우벤이 자신의 첩과 패륜적인 간음을 저질렀으니(창 35:22), 옳다구나 싶어 사랑하는 자(라헬)의 장자 요셉에게 통치권을 맡기려 했던 것 같습니다. 자기들의 과실을 날마다 아버지에게 일러바치는 자에게 아버지는 설상가상으로 군주의 옷을 입힌 데다 철딱서니 같은 놈 요셉은 거들먹거리기까지 하니, 형들의 심사가 어땠겠습니까! "그의 형들이 아버지가 형들보다 그를 더 사랑함을 보고 그를 미워하여 그에게 편안하게 말할 수 없었더라"(창 37:4). 구약학자 브루그만의 말처럼 이제 요셉에게는 '미래의 파도'가 요동칠 일만 남았습니다. 그러나 절대 간과할 수 없는 측면이 있습니다. 형들은 요셉을 단순히 미워한 정도가 아닙니다. '그에게 편안하게 말할 수 없었더라'(4b)라는 표현은 인사도 안 받아줬다는 말이고, 이를 넘어서 세 번이나 혐오의 감정을 드러냈는데도(창 37:4,5,8), 요셉은 꿈 이야기를, 그것도 왜 두 번이나 했냐는 것입니다. 요셉이 과대망상 환자이기 때문일까요? 아닙니다. 요셉은 상당한 진지함을 가지고 형들에게 꿈 이야기를 했습니다. 의역하면, 요셉은 '형님들 부탁입니다. 꼭 들어보십시오!'(창 37:6)라고 간청했습니다. 게다가 '이 꿈'(6,10절)이라며 강세를 두고 말했습니다. 원문상으로는 요셉이 형들에게 꿈 내용을 발설하는 장면에 '보십시오'(힌네)라는 말이 붙습니다. 이것은 요셉이 꿈 이야기를 할 때에 스스로 꾸며낸 이야기가 아니고, 있는 그대로를 전하는 것이며, 이 꿈들은 우리 집안과 먼 장래를 보여주는 것이라고 형들에게 호소하는 것입니다. 형들은 결코 철딱서니, 고자질쟁이, 허풍쟁이의 말로 들어서는 안 됐습니다. 요셉은 주의를 환기시키면서 '내 꿈 이야기는 진실이니 들어야 합니다'라고 선지자의 위치에서 말했기 때문입니다. 한마디로 요셉은 이 꿈을 하나님이 주시는 계시로 알아차린 것이지요.

월키는 창세기에 등장하시는 하나님이 자기를 계시하실 때 세 가지 수단을 이용하시는데, 1-11장에서는 신현, 12-35장에서는 꿈과 이상들, 그리고 36-50장에서는 섭리라고 합니다. 요셉의 꿈은 하나의 전이 단계로서, 창세기에서 하나님이 꿈으로 계시하면서 말씀은 하지 않으신 첫 번째 케이스입니다. 요셉의 꿈은 앞으로 현실화될 예언의 징표이고, 역사의 배후에 하나님의 섭리가 지배하고 있음을 보여주는 계시의 도구입니다.

# 47

창 38:1-30

## 며느리와 시아버지 관계의 결과

며느리가 시아버지와 불륜을 저질러 아이를 낳았는데, 이 아이 중 하나가 메시아의 먼 조상이 됐다니, 도덕적으로 생각하면 어처구니없지 않습니까? 며느리가 창녀(사실은 며느리)로 가장해 시아버지에게 접근했고, 시아버지는 정욕을 주체하지 못해 창녀와 하룻밤의 관계를 가졌다, 그 사건으로 인해 아이가 태어났고, 그 아이가 메시아의 조상이 된다. 이 얼마나 부정합니까? 아마 이 이야기를 TV 드라마로 만든다면 자막에 '절대로 따라 하지 마세요'라는 경고가 붙을 것입니다. 그러나 본문은 메시아가 태어날 유다 가문이 어떻게 세워졌는지, 이와 관련해 여호와께서 약속하신 자손이 이 땅에서 어떻게 솟아나게 하시는지 보여줍니다. 정상적인 부부관계를 통해 일어나야 할 일이지만, 죄로 인해 그럴 수 없는 형편이 벌어졌습니다. 결혼생활이 죄로 인해 오염되었다 하더라도 여호와의 은혜는 죄인에게 믿음이 생기도록 역사하셔서, 선택받은 자가 마침내 하나님이 누구시며 죄와 도탄에 빠진 인류를 위해 어떤 일을 하시는지 알도록 이끄십니다. 결국 본문은 죄와 은혜에 대한 계시를 그려냅니다.

✚ **강제로 간 길, 스스로 간 길**

성경은 아비 야곱의 죄만 고발하는 것이 아닙니다. 지리적 배경을 제시해가며 유다가 죄의 심연 속으로 빠지는 장면을 생생하게 묘사하고 있습니다. 1절은 유다가 자기 형제들을 떠나 아둘람으로 '내려갔다'라고 기록합니다. 아버지와 형제들이 사는 고지대 헤브론을 떠나서 낮은 지역인 아둘람(유다 산지와 블레셋 평지 사이에 있는 고대 가나안 왕궁이었던 곳, 수 12:15; 15:35)으로 내려가 거기서 장막을 쳤습니다. 성경은 그 동기를 말하지 않지만 짐작하기 어렵지는 않습니다. 유다는 제단이 있는 헤브론의 문화가 싫어졌고, 그로 인해 자기 가족들과 인연을 끊어버린 채 이방 세계 속에 들어가서 세상 친구들과 실컷 어울리며 사는 것이 좋다고 생각했던 것이지요. 사람이 살다 보면 높은 곳도 낮은 곳도 옮겨가면서 살 수 있습니다. 하지만 유다가 한 행동은 세상 죄가 달콤해서 내려갔다는 의미로 이해할 수 있습니다. 여호와의 제단(교회)을 떠나 가나안 문화의 중심지로 내려가, 아둘람 사람 히라와 가까이 지내며(창 38:1) 난잡한 인생(창 38:20-23)을 사는 것은 스스로 죄악의 덫에 빠지는 것입니다.

유다가 아둘람으로 내려간 것은 스스로가 원해서, 자신의 의지로 한 일입니다. 그러나 창세기 39장 1절에서 요셉이 애굽에 '내려간' 일은 강제로 된 것입니다. 가나안 문화나 애굽의 문화가 똑같이 세상 죄악의 문화로서 거기서 거기입니다. 그러니 하나님의 자녀들이 세상 어디를 가서 어떻게 사는지는 자기 신앙의 문제입니다. 성경은 유다와 요셉을 대조하여 유다의 죄를 고발합니다. 죄악의 심연에 빠져도 믿음으로 사는 자가 있는가 하면, 희망이 없어 보일 정도로 죄악에 빠지는 자가 있습니다. 유다는 희망을 걸 수 있는 인간이 아니라고 고발합니다. 미국의 신학자 리차드 프랫(Richard Pratt)이 유다와 요셉의 삶을 어떻게 대조하고 있는지 살펴봅시다(리처드 프랫, He Gave Us Stories).

| 유다(창 38:1-30) | 요셉(39:1-23) |
|---|---|
| 이방 여자와 교제(1-3) | 이방 여자와는 분리(6b-12) |
| 성적 부정함(12-18) | 성적 도덕성(6b-12) |
| 희생시키는 자(24) | 희생당하는 자(13-20a) |
| 하나님의 심판(6-10) | 하나님의 축복(20b-23) |
| 여자의 진실된 고발(25) | 여자의 거짓된 고발(13-20a) |
| 죄를 고백함(26) | 죄짓기를 거절함(10) |

유다는 요셉을 팔았던 죄는 잊어버린 채 긴 세월 동안(창세기 38장 1-11절은 적어도 18-20년간으로 볼 수 있고, 38장 12-30절은 아홉 달로 볼 수 있다는 학자가 있다) 죄에 젖은 삶을 살고 있습니다. 반면 자기가 판 요셉은 그 기간 죄악과 싸운다고 말하기에도 힘든 어려움을 당하고 있습니다. 이런 측면을 볼 때 유다에게서 무엇을 기대할 수 있겠습니까? 마지막에 유다는 자기 죄를 고백하지만, 죄를 이기고 은혜를 베풀어 주시는 하나님의 절대적 주권이 아니라면 별 볼일 없는 사람입니다.

✝ **별볼일 없는 시아버지를 변화시킨 며느리**

시시한 시아버지의 심보나 행동을 볼 때, 다말은 얼마나 화가 났을까요? 더욱이 간음은 자기가 저지르고 도리어 자기 목숨까지 노리는 위선자에게 당장이라도 달려가 전후 사정을 드러내고 싶지 않았을까요? 적어도 직접 대면해서 오만하고 위선적인 '그 사나이'를 공적으로 무안하게 만들 수도 있었습니다. 하지만 다말은 죽음의 현장으로 끌려 나오면서도 시아버지에게 간접적으로 메시지를 전달하는 방식을 택합니다. 자기를 임신시킨 사람이 '이 물건 임자'(창 38:25)라 설명하고 '청컨대 이 도장과 그 끈과 지팡이가 누구의 것인지' 알아보라고 합니다. 얼마나 겸손하면서도 사실에 입각해 정곡을 찌르는 추궁입니까? 자기 생명이 이 요청 하나에 달려 있는 절체절명의 순간에 말입니다.

하나님은 하나님을 배역하고 위선 떠는 유다의 마음을 일순간에 바꾸어 놓으셨습니다. 하나님의 백성이라 하면서도 온갖 나쁜 짓을 일삼던 그는, 다말의 증거물 앞에서 온 우주의 시간이 멈추는 듯한 기분이 들었을 것입니다. 무거운 쇳덩어리로 얻어맞는 듯한 충격이었을 것입니다. 지금까지의 방탕함을 따라 처신한다면 증거물들을 없애버리고 자기 뜻대로 할 수도 있었겠지요. 그 당시야 DNA 검사를 할 수도 없는 시대 아닙니까. 하지만 하나님은 다말 안에서 유다 자신을 재발견하도록 인도합니다.

유다는 응당 자기 며느리가 새롭게 보였을 것입니다. 삼 개월 전 가나안 창녀(15절에서는 '짜나흐', 21,22절에서는 '케데샤'이다. 전자는 일반적 길거리 창녀이고 후자는 신전에서 봉사하는 창녀를 뜻한다)와 관계를 가져놓고 이를 숨긴 채 살아가는 유다. 그런데 그 간음의 상대가 바로 자기 며느리 다말이었다는 엄청난 사실을 알게 되었습니다. 게다가 생명의 위험을 무릅쓰고 증거물을 자기 손에 넘겨주고 처분을 기다린다니, 며느리가 어떤 마음으로 이러는지 당최 알 길이 없습니다.

남편과 시아버지로부터 5년 혹은 7년 동안 냉대를 받으며 계속 며느리로 남아 있었던 일, 친정으로 쫓겨 가서도 계속 수절했던 것, 결국 가나안의 창녀로 변장까지 해서 자기와 관계를 가진 동기를 생각하면 전율하지 않을 수 없었을 것입니다. 대부분 가나안 여인이 이스라엘로 시집오면 히브리 정신을 쇠락시켜 이방화하는데, 다말은 히브리 가문을 일으키려는 마음 한 가지뿐이었습니다. 그러나 정작 유다 자신은 가문을 세우기는커녕 히브리인의 정체를 다 포기하고 육신을 좇아 쾌락을 따르고 있었으니, 며느리 다말 앞에서 부끄럽지 않았을까요? 유다는 이제야 자신의 모습을 직면하게 된 것 같습니다.

설령 다말이 계략을 꾸며 유다를 속였다고 한들, 그것은 믿음의 계략이자 믿음의 속임이 아닐 수 없습니다. 신앙의 용기가 아닌 어떤 인간적인 동기로는 할 수 있는 일이 아닙니다. 창기가 하는 일인데다 속이는 짓이 나쁘다는 이유로 다말을 비난할 일이 아닙니다. 가나안 여인을 통해서 아브라함의 후손인 유다의 심금에 하나님이 선명히 말씀하십니다. '하케르 나', 즉 '청하건대 보소서'(창 38:25)라는 말을 곱씹어 볼수록 유다는 자신의 비참한 상황을 더욱 느끼게 됩니다. 전에 유다는 요셉의 옷에다 피를 적시고 이 옷이 아버지 아들(자기 형제라고 하지 않는다)의 옷인지 '하케르 나'(창 37:32)라고 했었습니다. 그리고 몇 년이 지나서 며느리로부터 똑같은 요청을 받습니다. 유다의 슬픔은 배가 됩니다. 며느리 권고대로 알아보면 알아볼수록 다말은 옳으나 자신에게는 의로움이 없습니다.

유다는 결과를 인정합니다. "그는 나보다 옳도다"(창 38:26). 개역개정에는 비교급으로 번역되어 있으나, 이 표현은 '제외 비교'라고, 실제로 비교하는 말이 아닙니다. 자기와 다말 사이에서 자신은 전적으로 의롭지 못하고 다말만 전적으로 옳다고 인정하는 수사법입니다. 때문에 "그녀는 옳고 나는 아니다"라고 바꿔 쓸 수도 있습니다. 과거사는 물론 현재의 일을 막론하고, 내게는 의로움이 없노라고 드디어 고백합니다. 아버지 야곱, 형제 요셉, 나아가서 며느리 다말에게 한 행위 전부가 옳지 않다고 인정한 것입니다. 아마 유다 평생에 이렇게 자신을 직면하기는 처음이었을 것입니다. 지극한 겸손으로, 회개의 결과입니다.

# The Bible
# Genesis
# Genesis
# Genesis

## 6부

성취의 모형

# Genesis
# Genesis
# Genesis

# 48

창 39:1-23

# 요셉의 고난과
# 형통의 배후

통치자가 될 꿈을 꾼 요셉이었지만, 정작 그는 형들에 의해 팔려 애굽으로 내려가게 됩니다. 거기서 야곱을 대신하는 선구자 역할을 하며, 장래 이스라엘에게 일어날 일의 계시와 모형(높아짐-낮아짐-높아짐)으로 쓰임 받습니다. 하나님이 작정하신 바가 있기는 하지만, 인간들의 죄악으로 인해 요셉은 낮아지고 환란을 당합니다. 노예로 팔린 것도 억울한데, 죄도 짓지 않고 누명을 뒤집어써 기약 없는 감옥생활을 합니다. 하지만 하나님의 복 주심과 그의 신실함으로 다시 높아집니다. 요셉은 애굽의 모든 보화는 물론 세상적인 기회가 주는 유혹을 물리치고 오직 하나님의 뜻에 신실하기를 원했고, 하나님은 심지가 견고한 이런 사람을 통해 그분의 도모(圖謀)를 이루십니다. 그 결과 요셉은 과거 족장들에게 약속하셨던 바가 실제로 이루어지는 경험을 맛보게 됩니다. 목불인견(目不忍見)인 유다의 범죄를 통해서도 메시아적, 왕적 가문이 솟아나게 하시더니, 39장에서는 신실한 요셉을 통하여 애굽에서 야곱의 집이 솟아나게 하십니다. 이렇듯 하나님의 주권적 역사는 사람이 헤아릴 수 없습니다.

## ✝ 복의 진원지가 되는 열쇠

강제로 애굽까지 끌려온 요셉, 당분간은 어디로 가도 고난의 연속입니다. 하지만 큰 자가 되기 위해서는 고난의 연단을 받아야 합니다. 하나님은 선한 이가 언제나 비천한 상태로 머물러 있게 두지 않으시기에 요셉을 존귀하게 하십니다. 보디발의 집(39장), 왕궁의 감옥(40장), 그리고 바로 앞(41장)에서도 그를 높이셨습니다. 요셉은 애굽에 도착하자마자 바로궁의 관직(창 39:1)을 맡은 자, 그중에서도 호위대장(요즈음 말로 하면 경호실장)의 집으로 팔렸습니다. 요셉이 그의 집에(창 39:2,5) 팔렸다는 것은 기적입니다. 노예 시장에서 노예를 사는 자가 보디발뿐만이 아니었을 것이기 때문입니다. 보디발의 집은 대궐 같았습니다. 집이 얼마나 큰지, 집 안에는 왕의 감옥도 있습니다(창 40:3). 그곳에는 밭도 있고, 그의 소유물들(창 39:5,6)도 많이 있었습니다.

권세도 있고 소유도 많은 '애굽 사람'(창 39:1,2,5)의 집에 노예로 팔린 것도 보통 일은 아닌데, 희한하게도 애굽 사람인 '그 주인'(창 39:3)은 가정사의 모든 일을 노예였던 요셉에게 맡겼습니다. 요셉을 사용하지 않을 수 없는 억지스러운 사정이 돼서 그런 것이 아니라, 집, 밭 그리고 모든 소유물을 요셉의 '손'(창 39:3,4,6)에 맡겨보니 모든 것이 잘 되고 복이 굴러오는 것을 경험했기 때문입니다. 비록 요셉의 신분은 종이지만, 저들의 눈에는 복덩어리로 비쳤습니다.

어떻게 이런 일이 일어났을까요? 성경은 그 이유를 요셉이 보디발에게 팔렸다는 문장 바로 다음에 알려 줍니다. "여호와께서 요셉과 함께 하시므로 그가 형통한 자가 되어"(창 39:2a). 사실 하나님은 요셉의 증조부 때부터 줄곧 임마누엘을 약속하셨습니다(창 26:3,24; 28:15; 31:3). 그리고 임마누엘 약속은 다 이루어졌지요. 하나님을 믿지 않던 이방인들도 하나님이 족장들과 함께 하심을 믿었고, 그들에게 다가가 언약을 맺자고 제안했습니다. 족장들이 누리는 축복의 영역 안에 들어가야만 복을 나누어 가질 수 있다고 생각했기 때문입니다(창 22:22; 26:28; 30:27). 이방인이 보기에도 하나님은 족장들과 함께 계셨습니다. 그들이 복의 진원지라는 것은 먼발치에서도 알아챌 수 있었습니다. 이삭의 경우에는 이방의 왕들과 장관들이 하나님이 그와 함께 하시는 것을 '분명히' 보았다고 합니다. 요셉의 경우 한 울타리 한 지붕 아래서 애굽인들과 함께 살았기 때문에 하나님이 요셉과 함께 하시는 것을 더욱 현상적으로 느낄 수 있었을 것입니다. 임마누엘은 약속 정도가 아니라 현실 속에서 실질적으로 일어났습니다.

39장에서는 창세기의 다른 장들보다 '그리고 이런 일이 일어났다'(וַיְהִי, 바예히)는 말씀이 훨씬 많이 나오는데, 열다섯 번이나 나옵니다(2(3번), 5(2번), 6, 7, 10, 11, 13, 15, 18, 19, 20, 21). 요셉이 애굽에서 겪은 많은 일들을 이해하기 위해서는 처음부터 이 사실을 인정해야지, 인정하지 않으면 풀리지 않는다는 뜻입니다.

열쇠는 '여호와'입니다. 여기서 하나님의 이름은 창조자 '엘로힘'이 아니라 구속자 '여호와'로 다섯 번이나 거명됩니다(창 39:2,3,21,23). '여호와'는 요셉 이야기 중에 한 번 더 사용되지만(창 49:18) 애굽에서는 사용되지 않는 이름이며, 요셉도 이 이름을 부르지는 않았습니다. 애굽에서는 전능자 하나님의 이름이 사용됩니다. 훗날 모세는 여호와가 이스라엘의 하나님이라고 공포했습니다. 그런데 요셉이 보디발의 집에 있을 때와 감옥에 갇혀 있을 때만 여호와가 사용된 것은 특이합니다. 다시 말하면 요셉이 보디발의 집에서 잘 나갈 때에도 물론이지만, 억울하게 옥에 갇혀 있을 때에도 구원하시는 여호와께서 요셉과 함께 하셨다는 뜻입니다. 웅덩이에 던져진 것도 모자라 노예로 팔리는 등, 기약 없는 신세가 되나 싶었는데, 여호와께서 함께 하시어 잔뜩 꼬여 있던 인생의 문제가 해결되고, 자신은 물론 남도 유익하게 했습니다. 난데없이 억울하게 누명을 쓰고 감옥에 갇히기는 하지만, 이 와중에도 여호와는 여전히 함께 하십니다. '여호와'의 이름을 보디발의 집과 감옥 상황에서 사용한 것은 여호와께서 언제나 택한 자와 함께 하신다는 것을 역설하기 위해서입니다. 요셉의 전 생애에서 이 동인(動因)을 전제하지 않는다면 그를 이해할 수 없습니다. 클라우스 베스터만(Claus Westermann) 같은 신학자는 이를 '요셉 전(全) 이야기의 신학적 입문'이라고 불렀습니다.

## ✝ 요셉의 '손'의 형통의 원인

요셉이 번창할 때는 물론 고난과 역경에 처할 때도 요셉의 삶에서 여호와만이 삶의 유일한 동인(動因)이었습니다. 23절 끝에 보면 '여호와께서 그의 범사에 형통케 하셨더라'는 표현이 있는데, 문자적으로 번역하면 '그리고 그가 무엇을 하든 간에 여호와께서 그것을 번창케 하셨다'라는 뜻입니다. 여호와가 함께 하신다는 원인이 있었기에 요셉은 이스마엘 사람의 '손'에서 애굽으로 이송되었고, 요셉이 하는 '손'마다 번창케 되었으며, 보디발의 소유가 다 요셉의 '손'에 맡겨진 것입니다. 처음에는 시위대장의 가정사, 나중에는 감옥의 중요한 일들을 맡게 된 것이 사람의 노력으로만 된 것이겠습니까! 배후에 여호와께서 함께 하셨기 때문입니다. 하나님이 족장들에게 거듭해 약속하셨던 '너'와 '너의 후손'이 모든 민족의 복이 되게 하겠다고 하신 말씀이 요셉의 때에 이르자 드러나게 성취되고 있습니다.

39장의 1-6절과 21-23절은 여호와의 임재를 말한다는 의미에서 3장의 화염검 이미지를 떠오르게 합니다. 요셉을 둘러싼 축복과 보호의 화염검이 있습니다. 설사 어떤 죄악이 쳐들어와도(창 39:7-20) 요셉을 이겨낼 수 없습니다. 모든 죄악은 소멸하는 불이신 여호와의 용광로에서 녹아내립니다. 이 신비스러운 능력의 동인(動因)을 알지 못한 보디발의 아내가 손아귀(능력)에 요셉을 꽉 잡으려고 하였지만(12절) 잡지 못했습니다. 보디발 아내의 손에 남겨진 요셉의 옷은 그의 권세 아래에서 거짓 증거로 쓰였을지는 모르지만, 요셉 자체를 잡지는 못했습니다. 그는 그저 가련한 여인일 뿐입니다. 요셉 없이 옷만 가진다 한들 무슨 의미가 있겠습니까? 옷이 요셉을 만들어가는 것이 아니라, 하나님이 요셉에게 주신 꿈이 요셉을 키워가고 있습니다.

# 감옥에 갇혀 있던
# 꿈 해석자

창세기 40장에서 요셉은 하나님의 특별한 인도하심으로 바로 왕궁의 높은 관리 두 사람을 만납니다. 저들에게 요셉은 특별한 사람으로 비쳐, 그들의 꿈을 해몽하여 앞으로 닥칠 일을 예언해줍니다. 이를 통해 요셉은 비록 감옥에서이지만 더욱 존귀를 얻게 될 것이고, 후에 애굽과 그의 가정에서 높아지는 계기가 됩니다(41,42장). 본문은 하나님을 모든 사건의 주관자로 소개합니다.

## ✝ 모든 사건의 주관자

1절은 '이런 일이 일어났더라'(וַיְהִי, 바예히)로 시작하는데, 20절에서는 '또 이런 일이 일어났으니'라 말합니다. 요셉이 꿈을 해몽하고 사흘째 되는 날에 해몽한 그대로 사건이 일어났다는 의미이며, 옥에 갇혀 있는 요셉의 영적 영향력에 의해 엄청난 세상 사건이 좌우되도록 하나님이 역사하실 것이라고 말하는 것입니다.

40장을 여는 단어는 '그 후에'(바예히 아하르 하드바림 하엘레)인데, '이 사건들 후에 이런 일들이 일어났다'라는 뜻입니다. 이는 요셉의 이전 행적에도 하나님이 섭리하셨는데, 이번에도 하나님의 희한한 인도하심이 또 일어난다는 의미입니다. 바로 궁의 고위 관직자 두 명이 요셉이 갇힌 옥에 갇히고, 요셉이 그들을 수발하게 됩니다. 요셉이 얼마나 오랫동안 감옥에 갇혀 있었는지는 모르지만, 애굽에 팔려 와서 풀려날 때까지 13년이 걸렸습니다. 잡혀 올 때의 나이가 17세였다면, 옥에 풀려나 바로 앞에 설 때는 30세입니다(창 37:2; 41:46). 40장의 사건, 곧 요셉이 바로의 환관장들을 만나는 일은 30세가 되기 2년 전의 일이니(창 41:1), 노예로 끌려온 지 11년째 되던 해입니다. 이 기간 동안 요셉이 보디발의 집에서 얼마나 종살이를 했으며 또 옥살이를 얼마 동안 했는지는 구분 짓기 어렵지만, 어쨌든 11년이면 짧은 세월이 아닙니다.

40장 이전에 요셉은 여호와의 은혜를 입었고, 그 덕에 옥살이가 많이 개선되었습니다(창 39:21-23). 하지만 여전히 죄수의 신분이고 '감옥'에 갇힌 신세입니다. 아버지가 계시는 고향에서 멀리 떨어져 서로 생사조차 모르는 상황이고, 애굽에서도 희망이 안 보이는 처지입니다. 하나님의 은혜로 감옥살이가 개선되었다 하지만, 감옥은 어디까지나 감옥입니다. 11년 전 요셉이 광야에서 던져진 '구덩이'와 여기 나오는 '감옥'은 둘 다 히브리어로 '보르'(창 37:20,22; 40:15)입니다. 사정이 다르지 않다는 것이지요.

하지만 이때만큼 요셉에게 평강이 넘쳐난 때도 없었던 것으로 보입니다. 여호와의 은혜를 경험하고 있기 때문입니다(창 39:21). 세상의 이야기처럼 '세월이 약'인지, 11년의 세월 속에 미움과 분함도 사라지고, 오늘 주어진 일에 감사하게 되었고, 감옥살이도 하나님의 은혜로 받아들이는 마음이 생겼습니다. 그러나 무엇보다도 요셉을 사로잡고 있는 것은 하나님의 임재이자 은혜였습니다. 가만히 생각할수록 사망의 음침한 심연 속에서도 하나님이 지켜주신 증거들이 많이 생각났을 것입니다.

먼저, 도단의 어느 구덩이에서 건짐받은 일 자체가 놀랍습니다(창 37:28). 보디발의 집에서 가정 총무가 된 것도 하나님의 은혜가 아니었으면 상상도 못 할 일이었습니다. 게다가 하마터면 보디발 아내의 거짓 고소로 목이 날 아갈 뻔했는데, 이렇게 살아남아 역할을 맡게 됐다는 것은 변함없는 하나님의 사랑과 섭리가 있었기 때문이라는 생각이 들었습니다(창 39:21-23). 이런 가운데 지난날 아버지의 집에서 누린 존귀(창 37:3)를 추억합니다. 하지만 이내, 어릴 때 꾸었던 꿈이 한낱 일장춘몽인가 하고 골몰합니다. 이사야서에서 여호와의 종이 "흑암 중에 행하여 빛이 없는 자라도 여호와의 이름을 의지하여 자기 하나님께 의지할지어다"(사 50:10b)라고 다짐하였듯, 요셉도 생각하면 생각할수록 의식이 뚜렷해집니다. 분명 하나님의 사랑에서 비롯된 부인할 수 없는 징조(꿈)였는데, 그것이 하나님의 뜻(작정)이었다면 하나님의 전능한 손이 그를 높일 수밖에 없지 않을까 자문해봅니다. 도대체 누가 요셉의 꿈을 해석해줄까요? 이 꿈이 하나님으로부터 나온 것이라면 분명 해석도 있어야 하는데 말입니다.

요셉은 옥중에서 자기에게 분명히 보여주시는 은혜와 인자(창 39:21)를 자각하며, 한편으로 인간 만사를 지배하시는 하나님 뜻(작정)에 민감해집니다. 환난을 겪는 가운데서 하나님의 뜻(작정)에 대한 믿음이 성숙해지며 지혜와 사리분별도 또렷해집니다. 덕분에 비록 어둠에 처해 있지만, 하나님의 은혜로 말미암아 그 빛을 분별하게 됩니다. 비록 앞날은 분명하지 않아도, 그것에 순응해서 살아야만 한다고 믿고 나아가는 것입니다.

그가 꾸었던 꿈은 창창한 장래를 보여주는 꿈이었지만, 도리어 멸망으로 치닫는 현실을 경험했습니다. 감옥에서 만난 두 환관장의 꿈을 해석한 결과, 하나는 높아지고 다른 하나는 멸망하는 것을 지켜보면서, 자신의 앞길도 하나님의 주권에만 달려 있음을 절감합니다. 만사가 그분의 작정하신 뜻에 달려 있는 것이 믿어지면서, 비록 자신은 감옥에 갇혀 있지만, 하나님의 특별한 은총으로 말미암아 하나님의 선견자라는 자각으로 살아갑니다.

인간만사를 지배하시는 작정이 하나님께로부터 오며, 하나님은 꿈을 통해 자신의 뜻을 계시하실 수 있고, 꿈 해석 역시 하나님께로부터 온다고 더 확신하게 되는 것입니다(창 40:8).

## ✝ 꿈을 해석해주고 자기 존재도 깨닫고

자기가 꾼 꿈이 비밀에 붙여지고 해석이 없어 답답한 가운데 역경을 겪고 있지만, 더욱 겸손해지고 하나님을 경외하면서 살아가던 중, 요셉은 환관장들을 만났습니다. 그리고 그들에게 꿈과 해석이 하나님께로부터 나온다고 설명하는 가운데, 자신의 존재에 대해서도 깨닫게 됩니다. 때문에 그들이 꾼 꿈에 대해서도 단호하게 말할 수 있으며(창 40:8,12,18), 훗날 바로 앞에서도 꿈을 해석하는 것이 하나님의 일이라고 겁 없이 말할 수 있었습니다. 이러한 증언을 통해 구원으로 인도하는 일이 일어납니다(창 41:15,16). 우리가 살다 보면 정작 자신에 대해서는 잘 알지 못했던 일도 남에게 이야기하는 중에 순간적으로 깨달을 때가 있지 않나요? 그와 비슷한 것 같습니다.

앞으로 어떻게 될지는 모르지만, 지금까지의 일을 볼 때 요셉은 하나님이 주신 꿈이 지금도 비밀스럽게 풀려가고 있다고 확신합니다. 대략적인 그의 믿음은 말씀과 사건을 통해 확신으로 굳어집니다. 자신이 꾸었던 꿈과 그것이 이뤄지는 때에 대한 해석이 감추어져 있다 할지라도, 과거에 자신을 인도하신 하나님을 생각하면 소망이 있습니다.

자신에게 불확실한 것이면 남에게도 확실히 말할 수 없는 법입니다. 바울이 옥중에 갇혀, 자기는 기뻐하지 않으면서 빌립보 교우들에게 "기뻐하라 내가 다시 말하노니 기뻐하라"라고 말 못 합니다. 환관장들과 바로가 꾼 꿈은 물론 그 해석도 하나님이 주신 것이라고 믿었기에, 그들 앞에서 담대히 말할 수 있었습니다. "해석은 하나님께 있지 아니하니이까?"

환관장들의 꿈(창 40장)은 요셉의 꿈들(37장)과 바로의 꿈(41장) 사이에서 각각의 꿈들과 쌍을 이루어 꼭 실현될 것이라고 말하는 것처럼 보입니다. 그러나 더 큰 목적은 하나님이 세상사의 여러 사건들 가운데서도 특별히 요셉에게 초점을 두고 인도하신다는 것, 다시 말해 하나님의 뜻(작정)을 계시하고 수행하실 때, 특별히 요셉을 종으로 삼고 계신다는 것을 요셉이 스스로 깨닫게 하시려는 것입니다. 요셉은 이 점을 자각해야 합니다. 이러한 측면에서 요셉은 최초의 선지자가 된 셈입니다.

요셉은 이렇게 하나님의 계시로 인해 자신의 존재를 더욱 자각하게 되고, 2년 후에는 바로 앞에 나아가서 담대히 하나님의 뜻을 알릴 만큼 선지자로서 더욱 성숙해집니다(창 41:1). 결국 요셉이 감옥에서 애굽의 고관들을 만나게 된 것은 요셉의 과거지사와 미래를 영적으로 연결해주는 고리입니다. 미천한 위치에서 존귀한 위치로 나아가는 요셉의 삶, 그 비밀이 풀어지는 서곡으로 환관장들의 꿈과 해석 사건이 쓰입니다.

# 50

창 41:1-46

# 바로의 곤경과
# 한계의 해결자

40장에서는 요셉이 옥중에 갇힌 바로의 두 고위 관직자의 꿈을 해석해주고, 요셉이 해석한 대로 떡 맡은 관원장은 죽고 술 맡은 관원장은 살아서 복직되었습니다. 이후로 술 맡은 관원장은 요셉을 잊었던 것 같습니다. 그리고 이번에는 바로가 꿈을 꾸었는데, 해석할 자가 없습니다. 옥중에 있던 요셉은 바로의 꿈을 해석하기 위해서 황급히 궁으로 소환됩니다. '꿈꾸는 자'라고 비아냥당하며 형들에게 미움받아 팔려 종노릇하고, 무고하게 정죄 받아 옥에 갇힌 지도 벌써 13년이나 지났습니다. 오랜 시간이 지났지만, 요셉의 꿈은 하나님이 주신 계시요 언약이기에(창 37:7,9) 잊히거나 남에게 넘어갈 수 있는 성격이 아닙니다. 바로가 꿈을 꾸도록 하여 자기 자신과 제국의 문제를 이 꿈을 해석해주는 자에게 맡기게 하시는 것은 하나님의 섭리로, 이제 하나님이 계획하신 것이 수면으로 드러나기 시작하는 것입니다. 요셉은 하나님의 선견자로서 애굽을 구원하고(창 41장), 이를 계기로 형들과 자기 아버지를 애굽으로 모시게 됩니다(창 42-45장).

## ✚ 바로가 꿈을 해석 못하는 일의 심각성

하나님이 바로에게 꿈을 꾸도록 하심으로 온 애굽에 요동이 벌어지게 됩니다. '만 이년 후에'라고 성경이 적시한 것은, 술 맡은 관원장이 요셉에게 신세 진 일을 까마득히 잊어버린 지가 이 년이나 지났다는 의미입니다(창 40:14,15,23). 한낱 사람이 도움을 줄 것이라고 기대한 요셉은 어리석었습니다. 실망감에 지쳐갈 때쯤 요셉은 만사가 하나님이 허락하셔야 되는 것이며, 하나님이 자신을 두고 일하셔야 자신의 처지가 바뀔 수 있다는 믿음이 생겼습니다. 바로 그때 바로가 꿈을 꾸었습니다. 그것도 생일을 맞아 반역하는 자는 죽이고 충성하는 자는 본보기로 삼는 기념일이 사흘 후로 닥쳐오는데(창 40:20; 41:1), 신(神)을 자처하는 자가 꿈을 꾸고도 그 꿈조차 해결하지 못한다면 말이 안 됩니다.

나라에서 녹을 받아먹는 애굽의 고위 제사장인 '술객과 박사들'(창 41:8)은 정작 꿈을 풀지 못합니다. 바로가 전국에 명하여 내로라하는 술객들을 다 불러 모았지만, 단 한 사람도 해석할 수 없었습니다. 당시 애굽에는 주문을 외우며 꿈과 일월성신의 운행을 해석하는 특별한 학문이 있었습니다(출 7:11,22). 이들을 불러 다그쳐 보아도 왕의 꿈을 속 시원하게 해석해줄 수 있는 자가 없었습니다. 관원장들이야 감옥에 갇혀 있었으니 자기들 옆에 해석해줄 사람이 없었다는 의미가 되겠지만(창 40:8; 41:15), 바로의 경우는 최고라 불리는 자들을 얼마든지 호출할 수 있는 상황인데도 해석해줄 수 있는 자가 전무했습니다(창 41:8,24; 히브리어 원문은 '아무도 없었다/해석하는 자'라고 도치하여 강조하고 있습니다).

이 꿈이 흔한 말로 개꿈이 아님을 알리기 위하여 성경은 '바로가 하숫가(나일 강가)에 섰는데'(창 41:1)라고 말합니다. 나일강은 생명과 부요를 뜻하기 때문에 나일강의 치수는 생명 보장을, 실패는 제국의 멸망을 뜻합니다. 나일강이 얼마나 상징적이냐 하면, 바로가 "이 강은 내 것이다. 내가 나를 위하여 만들었다"(겔 29:4)라고 선언할 정도입니다. 바로가 나일강에 관한 문제를 해결할 수 없다면 제국의 운명에 큰 문제가 생긴 것입니다. 자기가 꾼 꿈의 의미를 해결할 수 없다는 것은 바로가 신이 아니라 어쩔 수 없는 인간이며, 그 한계를 여실히 드러내는 것입니다. 하나님의 불가사의한 능력이 제국을 흔들면, 아무리 절대자라 자처하더라도 사람은 절대 해결할 수 없으며 오히려 하나님의 능력을 보게 됩니다(출 8:19; 왕상 18:18; 마 2:3 등).

'왕의 마음이 번민할'(8절) 지경이니 왕실이 발칵 뒤집혔습니다. 바로는 애굽 최고의 신으로 숭상받으며 어떤 것도 다스릴 수 있고 나라의 미래에 대해 확신을 갖고 통치하는 존재인데, 이런 절대자의 마음이 꿈 때문에 번민하며(단 2:1) 괴로워한다는 것은 말이 안 됩니다(참조, 시 77:4). 왕이 꿈을 꾼 일, 전국의 술객들을 호출하는 일, 술 맡은 관원장이 복직하여 왕궁에서 일하게 되고 때맞춰 요셉을 기억하는 일, 요셉의 예언대로 흉년이 각국에 퍼져서 요셉이 가족과 상봉하게 되는 이 모든 일은 하나님의 섭리에 의해 일어난 것입니다(창 41:1,8,13,54).

이 와중에 관원장은 요셉을 잊어버렸습니다. 그러나 하나님은 한시도 자신의 백성을 잊지 않으십니다. 그저 하나님의 때를 기다리며 자족하는 마음으로 하루하루 살아갈 때, 하나님은 그를 기억하시고 때에 맞추어 일하십니다.

술 맡은 관원장은 덜컥 겁이 났습니다. 바로의 꿈으로 인해 왕궁에 소동이 일어났는데 침묵을 지켰다가는 결국 드러날 것 같았습니다. 아니, 무엇보다도 요셉과 함께 하시던 그 신이 자기를 가만히 두지 않을 것 같다는 두려움에 휩싸였습니다. 그래서 그는 '죄들'(창 41:9)을 기억한다며, 바로에게 이실직고합니다. 그가 왕에게 고하는 내용(창 41:10-13)을 살펴보면 대체로 옳지만, 술 맡은 관원장은 영악한 정치인입니다. 자신의 안위를 보전하기 유리한 대로 말을 옮깁니다. 히브리 종(요셉)이 꿈을 해석할 수 있다고 할 뿐, "그가 믿는 하나님이 해석해주신다고 하더라"는 말은 하지 않았습니다. 신을 자처하는 막강한 권력자 바로 앞에서 다른 신 이야기를 꺼내 난감한 처지에 빠지지 않겠다는 것입니다. 옥중에서는 자기 문제로 수심에 가득 찼던 처량한 처지였지만(창 40:7), 마치 스스로 운명을 개척한 양 과장하고 있습니다. 물론 요셉이 자기를 기억해달라고 부탁했다는 말을 했을 리가 없습니다. 이런 점들만 봐도 술 맡은 관원장은 요셉을 잊었기 때문이 아니라 자신의 보신을 위해 일부러 잊은 채 살아왔던 것입니다.

## ✝ 죄수가 애굽 구원을 위해 급하게 서다

옥중에 있던 죄수 신분의 요셉은 황급히 바로 왕 앞으로 호출됩니다. 상상하기 어려운 일입니다. 참으로 기이한 순간이 아닐 수 없습니다. 죄수가 바로 왕 앞에, 그것도 애굽의 구원을 위해서 서다니 말입니다. "이에 바로가 보내어 요셉을 부르매 그들이 급히 그를 옥에서 내놓은지라 요셉이 곧 수염을 깎고 그 옷을 갈아입고 바로에게 들어가니"(창 41:14). 이 문장에 등장하는 여섯 개의 동사는 왕 앞에 서는 사람에게 요구되는 예법을 말하는 것이지만, 핵심은 바로의 긴급함과 사환들의 분주함을 보여주는 데 있습니다. 요셉은 '감옥'에서 '왕궁'으로, 그것도 바로 왕 앞으로 옮겨집니다. 앞서 얘기했듯 자기 형제들에 의해 내던져진 구덩이(창 37:20,22,24,27,28)와 요셉이 나온 '감옥'은 히브리어로 같은 말(보르)입니다. 이후로 요셉은 다시는 옥에 갇히지 않았고, 나라의 2인자로서 늘 바로 옆에 있었습니다.

바로도 꿈을 해석하는 것이 어지간히 급했던 모양입니다. 요셉을 만나자마자 꿈 이야기를 꺼내는 것을 보면 자신과 나라의 운명이 꿈에 걸렸다고 인지한 것 같습니다. "내가 한 꿈을 꾸었으나 그것을 해석하는 자가 없더니 들은즉 너는 꿈을 들으면 능히 푼다 하더라"(창 41:15). 바로의 단도직입적인 질문에 요셉도 단호하게 단도직입적으로 대답합니다. 요셉은 주눅 들지 않았습니다. 자신에 관하여 구차하게 설명할 이유가 없습니다. 해석하지 못하면 생명이 오락가락할 위기인데도, 두려운 마음 같은 것은 전혀 찾아볼 수 없습니다. 그는 흥분도 설득도 논쟁도 하지 않습니다. 단순히 '그것은 내 안에 있는 것이 아닙니다' 하고, 오직 한마디만 할 뿐입니다. 이어서 '하나님께서 바로에게 평안하게 대답하실 것입니다', 즉 '평강'을 주실 것이라고 답합니다.

감옥에서도 그랬지만 바로 앞에서도 요셉은 선견자 의식을 드러냅니다. 앞날이 어찌 될까 하여 안절부절하는 환관장들에게도 요셉은 이 비슷한 말을 내놓았습니다(창 40:8). 요셉은 높은 직위에 있다고 듣기 좋은 말로 꾸미지 않습니다. 누구에게나 한결같이 대합니다. 하나님은 그가 이런 대답을 할 수 있도록 13년간이나 포로, 죄인으로 옥에 갇혀 있게 하셨습니다. 고난 가운데서 주님과 동행한 신자들에게서만 이렇게 짧고도 단호한 말이 나올 수 있습니다. 바로와 요셉의 대화를 살펴보면 누구에게 권세가 있고 누가 애걸하는 쪽인지 명확히 알 수 있습니다. 바로가 마치 어린애처럼 답과 해결책을 달라고 요셉에게 매달리는 모양새입니다.

# 51

창 42:1-38

# 요셉이 형들을 다루는 방식

요셉이 애굽의 총리가 된 후에도 야곱의 톨레도트(역사, 창 37:2)는 요셉 안에서 계속하여 진척되고 있습니다. 애굽에서 요셉의 신분이 높아졌다 해도 요셉과 야곱 집안의 삶의 의미 혹은 비밀이 일시에 해소되는 것은 아닙니다. 족장 역사의 비밀은 바로 아브라함의 후손을 향한 것으로, 여호와로 말미암아 땅의 모든 족속이 복의 근원으로 택함 받은 특별 언약에 연관된 것입니다.

싹이 트기 시작하는 이스라엘은 흉년을 맞이하여 없어질 것이 아니라 구원받아 살아남아야만 합니다. 이를 위해 하나님은 요셉을 자기 아버지의 집에 앞서 애굽으로 보내어 그곳에서 총리로 높아지게 하신 것입니다(창 45:5,7,8). 그러므로 야곱의 집안은 요셉이 양식을 배급해주는 곳으로 가야 하며, 그 후에 요셉과 형제들이 만나는 이야기가 뒤이어 나오는 것입니다.

## ✝ 요셉 이야기의 문맥 관계

하나님의 뜻에 따라 역사한 흉년에는 궁극적 목적이 있으니, 이스라엘 족속이 애굽으로 이주하는 것입니다. 그리고 가나안을 유산으로 받기에 앞서 가나안 밖의 거주지 고센 땅에서 먼저 택함받은 백성으로서 구별되어 살아보는 것입니다. 구별되되, 애굽과 접촉하면서 진정한 이스라엘이 형성되어가는 것이지요. 아마 하나님이 보시기에 쉽게 융화될 수 있는 가나안보다는 국수주의를 고집하면서 외국인을 냉대하는 애굽이 훈련장으로 적합하다고 여기신 것 같습니다. 그래서 출애굽 할 때에는 이스라엘 자신들이 생각하기에는 물론, 여러 민족이 바라보는 시각의 측면과 앞으로 진행될 역사의 측면에서도 여호와의 백성으로서 세상에 나올 시점에 이른 것입니다. 이는 바로 여호와께서 아브라함과 맺은 언약에 준하여(창 15장) 시작되는 역사의 첫걸음이자, 인류의 역사에서는 복의 출발이었습니다. 따라서 흉년이나 요셉의 신분 상승이라는 수단을 통하여 이스라엘 족속을 애굽으로 끌어오기 위한 것이며, 이를 위해서 애굽으로 이주(移駐)하기에 앞서 요셉과 형제들이 만나는 이야기가 나오는 것입니다.

하나님의 의도는 역사의 방향을 이렇게 이끌어가시는 것이지만, 성경에 처음 나오는 '이스라엘 아들들'(창 42:5)이라 불린 이스라엘 족속은 사실 내부적으로 죄와 타락에 얼룩져 있다는 사실을 간과해서는 안 됩니다. 믿음으로 여호와의 이름과 뜻에 거룩한 부름을 받은 이스라엘 족속이지만, 저들의 소명에 충성하지 않는 죄악을 하나님과 역사 앞에서 저지르고 있습니다. 시몬과 레위는 이웃 족속을 살육하였고, 야곱은 이 아들에게서 악취가 난다고 했습니다(창 34장). 르우벤은 아비의 침상을 더럽혔습니다(창 35:22). 요셉은 하나님께 택함받아 특별한 은사와 계시를 받았고, 이를 통해 아버지의 가문을 높이라는 소명을 받았지만, 형제들에게 미움받고 멸시당하고 악행을 당하다, 형제들에 의해 노예로 팔려나갔습니다(창 37장).

하지만 하나님의 인자하심으로 이스라엘의 집은 그 후로 미래를 향한 문이 열렸고, 요셉 역시 애굽에서 자녀들을 낳았습니다(창 42:38; 46:26,27). 하지만 요셉은 아비 집에서 분리되었고 유다는 자기 형제들에게서 떨어져 나가는 등, 야곱의 집에 임한 불행으로 인해 균열의 벽이 생기는 것도 사실입니다. 이로 인해 이스라엘의 집에는 어두운 먹구름이 드리우고, 야곱은 근심으로 세월을 보내게 됩니다(창 37:35). 이런 일이 일어나도 요셉의 형제들은 회개하지 않았고, 야곱과 아들들의 사이는 물론 형제 사이에, 무엇보다도 그들과 요셉 사이에 더 깊은 갈등의 골이 생기게 되었습니다. 이런 균열, 아니 막힌 담은 허물어지고 상처는 치유되어, 이스라엘 족속은 다시 일어나야만 했습니다. 이를 위해서는 요셉과 형제들이 만나야만 합니다.

야곱의 아들들이 저지른 범죄는 형제들이나 그 아버지, 무엇보다도 하나님 앞에서 잘못한 일로서 응당 요셉 앞에서 고백해야만 하는 일입니다. 그들은 요셉에게 범한 모욕과 범죄를 마음 깊은 곳에 묻어두고 꺼내지 않았지만, 하나님은 그들이 요셉에게 꿇어 엎드려 솔직히 인정하고 자신을 낮추기를 요구하십니다. 이렇게 될 때 비로소 야곱과 베냐민, 그리고 다른 형제들 사이에 사랑이 다시 형성될 것입니다. 이렇게 될 때에 그들 사이에 자기포기(희생)가 일어나고, 이를 계기로 화목이 이루어지며, 막힌 담과 균열은 치유될 것입니다. 나아가 이스라엘 족속은 다시 일어서게 될 것입니다.

이 모든 과정은 야곱의 집에서, 하나님의 영이 요셉에게 부여하신 명철과 지혜로 진행될 것입니다. 형제들에게는 강압적인 것 같아 보이기도 하지만, 사실은 가문을 살리는 조건이기에 꼭 필요합니다. 이 과정 가운데에 요셉이 자신의 형제들을 만나는 일이 포함되는데, 처리 과정 중에 요셉이 형님들에게 고통스러운 상황을 제공하기도 합니다. 그러나 이것은 하나님의 작정에 의한 것으로, 복된 결말로 인도되기 위해 거쳐가는 단계입니다. 결과적으로 요셉은 아버지 집의 구원자가 되고, 막내 베냐민은 이 일에 봉사할 것입니다. 이 모든 과정 위에는 하나님의 뜻이 이루어지게 하신 여호와의 작정하심이 있습니다.

이런 맥락에서 볼 때 창세기 42-45장은 서로 분리되지 않은 이야기입니다. 42장은 베냐민 없이 형제들이 요셉을 만난 후 야곱에게 돌아가는 이야기이고, 43장은 두 번째 만남으로 베냐민과 동행한 형제들이 애굽에서 요셉을 만나는 이야기입니다. 44장은 베냐민을 두고 요셉이 나머지 형제들에게 혹독한 심문하는 장면이고, 45장은 모든 갈등이 해결되어 화목이 이루어져, 이스라엘에게 소망의 빛이 솟아나는 이야기로 구성됩니다. 46장 이후는 이스라엘이 애굽으로 이주하여 야곱과 요셉이 재회하는 내용을 담고 있습니다.

## ✝  육신의 생명 구원보다 중요한 것

인생살이에는 생명과 죽음만큼 중요한 것이 없습니다. 야곱의 가문이 흉년을 맞아 생명의 위협을 느끼게 되자, 족장 야곱은 가문의 생명을 연명하기 위해 아들들을 애굽으로 보내 양식을 구해오라고 합니다(창 42:1,2). 양식을 배분하는 총 책임을 맡은 총리 요셉은 자신의 형제들을 보고 정체를 숨긴 채 한 사람을 옥에 가둬두는 조건으로 양식을 내어주고 생명을 보전하라 합니다(창 42:18,20). 요셉이 하나님께 받은 소명은 "하나님이 큰 구원으로 당신들의 생명을 보존하고 당신들의 후손을 세상에 두시려고 나를 당신들보다 먼저 보내셨나니"(창 45:7)에 있습니다. 육신의 생명도 중요하다는 뜻입니다.

인생이 육신의 생명을 구하는 것 자체도 중요하지만, 하나님이 보시기에 더 중요한 것은 영혼의 생명이 회복되는 것입니다. 이들의 경우에서 보자면, 요셉을 죽이려 했다가 노예로 팔아넘긴 형제들이 자신들의 죄악을 깨닫고 회개하도록 유도하는 것입니다. 양식을 사고파는 문제는 이를 위한 하나의 도구일 뿐입니다. 죄는 사람의 양심을 괴롭히기 마련인데, 죄를 마음 깊은 곳에 숨겨둔 이상, 하나님은 요셉을 통해 이 죄인들을 몰아붙이고,

고통을 주어서라도 그들이 저질렀던 범죄를 기억하고 돌이키게 하시려고 요셉의 지혜를 사용하시는 것입니다. 하나님의 백성들이 하나 되기 위해서는 죄를 고백해야 합니다. 이를 위해서 하나님은 요셉을 이용하셔서 한편으로는 모질게 형제들의 목을 죄어갔습니다. 늦었지만 이제라도 자신들의 죄에 대해 자책하고(창 42:21,22), 일어나는 모든 일에 자신의 죄를 대입하여 마음을 졸입니다. 좋은 선물을 받아도 "하나님이 어찌하여 이런 일을 우리에게 행하셨는가?"(창 42:28)라며 만시지탄(晩時之歎)을 느낍니다. 하나님의 뜻대로 그들은 후회했습니다. 이제 소망의 빛이 비추기 시작합니다.

## ✝ 죄는 긴급한 생명의 필요마저 방해한다

요셉이 예언한 7년의 흉년 중 첫 2년이 넘어가자 이웃의 모든 나라에서도 흉년의 영향으로 생명의 위협을 느끼기 시작했고, 야곱의 가정도 마찬가지였습니다. 문제는 야곱의 열한 아들에게 모두 처자식들이 있었고, 먹는 문제가 당장 발등에 떨어져도 어느 하나 나서서 해결하려는 이가 없다는 것입니다. 야곱도 애굽에 곡식이 있다는 소문을 들었는데, 젊은 아들들인들 그 소문을 못 들었을까요?

야곱은 자식들을 꾸짖듯이 "너희는 어찌하여 관망만 하느냐?"라고 합니다. 가나안에 기근이 왔을 때 증조할아버지는 이를 해결하려 애굽으로 향한 적이 있고(창 12:10 이하), 하나님이 막으셔서 결과적으로는 못 갔지만 할아버지 이삭도 애굽에 가려 한 적이 있습니다(창 26:2). 이처럼 가나안의 기근에는 애굽이 해결책으로 여겨졌습니다. 그런데도 이 젊은 아들들 중에는 발 벗고 나서는 자가 없었고, 서로에게 역할을 미루며 '서로 바라보고만'(라마 티트라우) 있었습니다. 아마 그들의 죄책감 때문이었겠지요. 증조할아버지가 애굽에 갔다가 혼쭐이 난 이야기를 들어서이기도 하지만, 무엇보다 그들이 죽이려다 팔아버린 요셉이 애굽으로 갔기 때문일 것입니다. 비록 22년의 세월이 흘렀지만, 고소해 하며 승리감에 도취되어 있던 자신들을 향해 애원하던 요셉의 모습이 선명하게 남아 있었을 것입니다. 애굽에 갔다가 하나님이 벌을 내릴지도 모른다는 생각이 드니, 누구도 기꺼이 애굽으로 갈 마음을 먹지 못한 것 아닐까요?

42장에서 하나님은 요셉을 통하여 형제들의 이 숨은 죄악을 토해내게 하는 모습을 보여줍니다. 죄라는 것은 이렇게 생명의 필요를 느끼는 긴급한 상황에서도 나서지 못하게 막습니다. 사람들을 무디게 하고, 아무 대책도 세우지 못하게 방해합니다. 반면 요셉은 하나님을 경외하고, 그 어려운 환경 가운데서도 믿음을 지켰기에 하나님이 지혜를 주셨고, 애굽뿐 아니라 온 세상을 살리는 구원자의 모습을 보여줍니다. 형제들과 대조되는 모습이지요. 아버지 야곱이 요셉을 미래의 가문의 족장으로 점 찍은 데는 다 이유가 있나 봅니다. 창세기 37장 2절에서 "야곱의 톨레도트(족보)는 이러하니라"라고 하면서, 사실 야곱보다는 자식들의 행적 위주로 이야기가 전개되지만, 이들 가문의 족장이 야곱이라는 사실을 잊어서는 안 됩니다. 이 때문에 중요한 사건들에서 야곱이 나타나는 것입니다.

가문이 사느냐 죽느냐 하는 시점에 이르자 야곱은 족장으로서 명령을 내립니다. "애굽에 곡식이 있다고 하니 너희는 그리로 가서 거기서 우리를 위하여 사 오라"(창 42:2a). 여전히 족장으로서 권세가 굳건한데, 누구의 명령이라고 아들들이 무시하겠습니까! 무엇보다도 아들들 역시 야곱의 말처럼 이 흉년에 '살고 죽지 아니하려면'(베니헤예흐 베로 나무트, 사는 데 강조점을 둔 표현) '애굽으로 가야 하는데' 하고 늘 마음 한편에 두고 있었던 차에, 족장이 말씀하시니 일이 진행됩니다. 이렇게 책임자는 현실을 빨리 알아차리고 일이 되도록 앞을 내다봐야 합니다. 그리고 "이스라엘의 아들들이 양식을 사러 갑니다"(5a). 여기서 '이스라엘의 아들들'(베네이 이스라엘)이라는 표현은 성경에 처음 등장한 것으로, 중요한 의미를 담고 있습니다. 이들이 비록 죄가 많고 굶주려 가나안의 여느 나라들처럼(창 41:57) 양식을 구하기 위해 애굽으로 내려가지만, 이들은 앞으로 아브라함의 축복을 받아 자손이 중다(衆多)할 것이고, 애굽에 뿌리내려 큰 민족을 이루게 될 것입니다. 이들은 야곱이 하나님과 씨름하여 이긴 자의 자손이라는 사실을 잊어서는 안 됩니다. 단, 이들이 살아 있을 동안에 자신이 지은 죄 문제를 해결해야만 참 생명이 될 수 있으며, 하나 되는 교회의 모습을 보여줄 수 있습니다.

그런데 야곱은 열한 아들을 다 보내는 것이 아니라 베냐민을 집에 둔 채 열 아들만 애굽으로 보냅니다. 야곱은 '재난이 그에게 미칠까 두려웠'(창 42:4)습니다. 야곱은 자신이 사랑했던 라헬의 마지막 아들이자(요셉은 이미 죽었다고 생각했으니) '요셉의 아우'인 그를 다른 아들들과 같이 보낼 수 없었습니다. 사랑하던 아내 라헬도, 채색옷을 입혀가며 유별나게 사랑했던 요셉도 잃은 마당에, 오매불망 베냐민만 위하여 살았다 해도 과언이 아니었습니다. 한편으로 야곱은 요셉이 짐승에 찢겨 죽은 것으로 알고 있긴 하지만, 마음 한구석에는 나머지 아들들을 믿지 못하기도 한 듯합니다. 이번에는 아버지가 베냐민만 사랑한다는 시기 어린 말이 형제들 사이에서 나오지 않습니다. 요셉을 없애고 22년의 세월을 보내다 보니 마음의 빚이 생겼는지도 모르겠습니다. 심한 기근에 이 문제를 해결하는 것이 급선무였을 수도 있겠고요. 시기하는 마음도, 사랑하는 마음도 배부를 때의 일입니다.

어쨌든 이들 열 명은 애굽으로 향했고, 요셉 앞에서 땅에 엎드려 절을 했습니다(요셉 베이쉐타하부-로 하파임 아레짜흐). 이게 어찌 된 일입니까! 요셉이 꿈을 자랑하면서 형님의 곡식단이 자기 단 앞에서 절하더라고 했을 때(창 37:7) 이 '꿈꾸는 자'가 무슨 허튼소리냐고 미워했는데, 형님들은 물론 요셉조차 그 순간이 올 것을 몰랐겠지요! 요셉을 통해 계시하셨던 그 꿈이 이렇게 이루어질 줄은 아무도 몰랐지만, 하나님은 이렇게 섭리하셨습니다.

## ✝ 만남의 의미를 바로 알아챈 요셉

성경은 22년 만에 이루어진 만남의 순간을 이렇게 묘사합니다. "요셉이 보고 형들인 줄을 아나 모르는 체하고 … 요셉은 그의 형들을 알아보았으나 그들은 요셉을 알아보지 못하더라"(창 42:7-8). 요셉은 즉각적으로 그들이 형들인 줄을 알아챘고(바야케르 요셉 애트-에하이브) 저들의 언어도 이해했지만, 저들은 알아채지 못했습니다(베헴 로 히키루후). 요셉의 형제들도 이해는 됩니다. 22년의 세월이 흘렀고, 아시안인들은 수염이 있는데 요셉은 수염도 없는 데다, 애굽의 관복을 입고 애굽의 말을 하면서 처신도 애굽인처럼 했으니까요. 거기다 이름도 사브낫바네아라 하니 으레 애굽인으로 알았겠지요. 요셉이 총리가 되어 있을 줄은 생각도 못 했을 것입니다. 무엇보다 그는 형제들을 신뢰할 수 없는 외인처럼, 동족이라는 정이 도저히 느껴지지 않도록 '엄하게'(카쇼브트) 말을 했기에, 형제들이 알아챈다는 것이 오히려 이상할 정도였습니다. 하지만 성경은 이런 광경을 아주 익살스럽게 묘사합니다. 요셉이 외인처럼 처신한다는 말과 형제들이 알아채지 못한다는 말을 표현할 때 '나카르'(알아보다) 동사를 사용하고 있습니다. 그래서 성령님은 '너희에게 요셉의 꿈을 통해 하나님의 뜻을 알려주었지만 무시하고 짓밟았지? 어디 한 번 당해봐' 하는 뉘앙스가 숨겨져 있습니다. 그러나 요셉은 이들에게 복수하려는 의도가 아니었습니다. 오히려 회개를 유도하시는 하나님의 사랑을 숨기고 있었지요.

이렇게 익살스러운 광경을 묘사하는 중에서도 요셉의 진지함이 튀어나옵니다. '요셉이 그들에 대하여 꾼 꿈을 생각하고'라는 말이 갑자기 등장합니다. 요셉은 꿈을 꾼 사람이고, 그 꿈 때문에 어려움을 견뎌내며 살아야만 했습니다. 옥중에서도 꿈을 해석했고, 바로의 꿈까지 해석하여 오늘 이 시점에 왔습니다. 따라서 22년 전 꾼 꿈을 이 시점에 기억해냈다는 것이 이상하지는 않지만, 왜 하필 이 시점에 무려 22년 전에 꾸었던 꿈을 기억했다는 말이 등장할까요? 꿈쟁이이자 해몽가 요셉이 마침내 자신을 향한 하나님의 빛을 온전히 이해했기 때문입니다. 즉, 요셉은 하나님이 부여하신 형들의 주(主)로서 아버지의 가문을 위해 이루어야 하는 사명을 알아챘다는 것입니다. 때문에 사명자로서 은혜를 베풀어야 하지만, 요셉은 먼저 전후 사정을 알기 원합니다. 그래서 자기 앞에서 절하는 형들, 자신에게 못되게 굴었던 그들이 어떻게 살아왔으며, 지금은 어떤 형편인지, 아버지 야곱의 집은 어떤 형편인지 알고자 했습니다. 이에 요셉은 자기 형님들을 애굽에 정탐하러 온 스파이로 몰아갔습니다. 양식을 구하러 온다는 빌미로 애굽의 어느 땅이 벌거벗은 채(에트-애르바트 하아레쯔; 창 42:9) 무방비 상태로 있는지 알아보려고 하는 정탐꾼들(메라글림; 창 42:9,11,14,16,30,31,34)이라고 계속 추궁했지요. 당시 애굽은 형제들이 들어온 방향으로 이웃나라에서 침략하던 시도들이 종종 있었기에, 요셉이 이처럼 추궁하는 것도 이해가 됩니다. 하지만 개역개정에서 '틈'으로 번역된 '에르바트'는 '벌거벗음'이라는 의미로, 요셉은 과거에 형들이 자신의 옷을 벗겼던(파샤브, 창 37:23) 일을 암시하는 것으로 보입니다. 하지만 요셉이 형들을 책잡아 걸고넘어진 것은 형들이 자신을 알아보지 못하도록 하기 위한 것입니다. 동시에 이렇게 추궁하여 야곱의 가정을 염탐하고 있는 것이기도 합니다.

요셉의 추궁에 그의 형들은 '우리는 다 확실(정직)한 자들이다'(케님, 창 42:11)라고 대답하며, 단지 곡식을 사러 온 자들이라고 밝힙니다. 그러나 요셉은 들은 척도 안 하고 정탐꾼이 아니냐며 추궁을 거듭합니다. 정직하다고 하는 저들의 마음은 요셉이 보기에 아직 멀었나 봅니다. 이처럼 냉정한 추궁이 계속되는 가운데, 바로의 권세를 가진 이방인 주(主)의 추궁을 양식을 구하러 온 일개 힘없는 자들이 어떻게 피할 수 있을까요? 길이 보이지 않습니다. 저들이 침략의 목적을 가지고 구성된 정탐꾼이 아니라, 한 아버지, 한 가정의 열 아들이라고 설명한들 먹혀들지 않습니다. 한 번에 모두를 잃을 수 있는 위험을 감수해가면서 열 아들을 한 번에 정탐꾼으로 보낼 아버지가 세상에 어디 있냐는 논지도 펼쳐보지만, 도무지 먹혀들지 않습니다.

## ✝ 요셉이 형제들을 다루는 태도

저들을 정탐꾼으로 몰아가는 요셉의 단호함에 형들이 자초지종을 설명합니다. 자신들은 가나안 땅에 있는 한 아버지의 열두 아들이라며 다음과 같이 설명하는 겁니다. "보십시오(힌네)! 막내아들(제일 작은 자)은 현재 아버지와 함께 있고 하나는 없어졌나이다." '없어졌다'는 말은 '그는 더 이상 살아 있지 않습니다'(아이네누, 창 5:22)로 해석할 수 있습니다. 탈굼에서는 이 부분을 '또 다른 하나는 그가 결국 어떻게 되었는지 우리가 모릅니다'라고 옮겼습니다. 여전히 살아 있어 자기들 앞에서 주(主)로 군림하고 있는데, 그 앞에서 이렇게 말하는 것이 얼마나 아이러니합니까! 웃음 혹은 분노가 나올 법도 한데, 요셉은 끄떡하지 않습니다. 끝까지 냉정을 유지합니다. 그러나 한 가지, 그들의 발언에서 요셉을 포함하여 형제들이 하나라는 것을 표현하고 있다는 것은 놀라운 일입니다. 하지만 요셉은 여전히 그들을 강압합니다. 너희가 형제들이 하나라고 말하는데, 그 증거를 내보이라고요. 증명할 방법은 '그들 중 하나를 돌려보내 막내아우를 데려오라'는 것입니다. 증명할 때까지 나머지는 옥에 갇혀 있어야 합니다. 이 증거가 없다면 요셉이 말한 혐의는 그대로 다 이루어질 것이라는 얘기입니다. 당시의 법에 따르면 이렇게 될 경우 이들은 사형을 언도받거나 영원한 노예가 되었습니다. 자신의 결연한 의지를 보여주기 위해 요셉은 이들을 함께 옥에 가두어 두었습니다. 그리고 관찰합니다. 아이러니합니다. 그들이 갇히는 '옥'은 요셉이 가나안에서 형님들에 의해 내던져진 구덩이고, 애굽에서 갇혔던 '옥'이니까요. 세상이 변해도 많이 변했습니다(창 42:14-17).

요셉이 형제들을 다루는 태도에 복수심이나 완고함이 있다고 보기는 어렵습니다. 반대로 요셉은 감정을 아주 절제하는 모습을 보여줍니다. 자신의 목적을 위한 결연함이 엿보입니다. 그도 사람이기에 '너희가 나를 이렇게 대했으니 너희도 당해봐라' 할 수도 있지만, 이런 모든 사적 복수심을 뒤로한 채 하나님의 교회가 어떠해야 하는지를 나타내 보여주어야 한다는 것이지요. 형들이 낮아져야만 하고 마땅히 있어야 할 처지에 있도록 하기 위한 것입니다. 베냐민이 함께 있지 않기에 아버지와의 관계가 어떻고, 형들과의 관계가 어떠한지 그들은 말해야 합니다. 그러다 보면 자연스레 없어졌다는 요셉에 대해서도 말하게 될 것이라는 계산에서입니다.

베냐민을 통해 야곱 집안의 형편이 드러나게 될 때, 하나님의 부르심을 받은 자로서 요셉은 이 가문을 화목시키고 재건할 것입니다. 이를 위해 요셉은 베냐민을 만나야 합니다. 요셉은 형들의 사랑과 관심을 받고 있는 베냐민을 확인하고(자신을 미워했던 것과 달리), 그렇게 바라던 '화목한 아버지의 집'을 보기 원합니다. 요셉의 원대로 따르면 야곱에게는 근심이 따르겠지만, 그 슬픔은 이내 기쁨이 될 것입니다. 요셉이 형들을 다루는 이런 방식은 화목함으로 치유되지 않는 위로가 사탕발림에 불과하며 균열만 있을 뿐이라는 전제가 깔려 있습니다.

# 52

창 42:1-38

# 요셉이 의도한 바의
# 첫 열매

창세기 42장에 나타나는 요셉의 모습은 애굽의 궁궐에서 권위를 행사할 때와 같습니다. 그는 '바로의 생명으로 맹세하노니'라며 거듭 천명합니다. 베냐민을 데려오지 않으면 감옥에 가둔 채 정탐꾼 취급하겠다는 요셉의 단호한 의지가 드러납니다(창 42:15,16). 하지만 형제들이 사흘간 감옥에 갇힌 후 요셉은 이들에게 사는 법을 가르쳐줍니다. "너희는 이같이 하여 생명을 보전하라"(쪼트 아수 비흐유, 창 42:18). 이 말은 어떻게 하든 베냐민을 데려와야지, 그렇지 않으면 살 길이 없다는 뜻입니다. 사실 지금까지 요셉의 문책에는 어떠한 진척도 없습니다. 그러나 요셉은 유화정책을 써서 그들을 풀어주려 합니다. 그 이유는 다음과 같습니다.

## ✝ 바로같이 엄한 요셉의 속내

첫째, 요셉은 자신이 하나님을 경외한다고 밝힙니다. 낯선 이방 나라에서 하나님을 믿는다는 말을 듣는 것은 상당히 이례적인 것으로, 너희 못지않게 나도 확실하고 공정한 사람이라는 뜻을 포함합니다. 특히 이방인인 애굽 사람에게서 이런 말을 듣는 것은 하나님을 믿는 이스라엘 자손들의 양심을 건드립니다. 요셉이 낮아짐으로 저들을 위로하는 것이지요. 그러나 아직 여호와의 이름을 꺼내지는 않습니다. 환난 때는 물론 지금도 함께 하시는 여호와의 이름을(창 39:2,3,23) 말하지 않는 것은 목적을 달성할 때까지 저들과 일정한 거리를 두어 자신의 정체를 숨기기 위함입니다.

둘째, 그들에게 인간적으로 접근하여 회유하는 것입니다. '너희가 죽지 않고 살아야 하지 않겠느냐, 지금도 가나안에서 굶주린 채 너희를 기다리는 처자식들, 아버지와 동생이 있지 않느냐'라는 것입니다. 그들을 위해서 빨리 돌아가야 하지 않겠느냐고요. 형들이야 감히 요셉 앞에서 자신의 소원을 말하지 못하지만, 요셉은 진정으로 그렇게 되기를 바란다고 말합니다. 단, 조건이 있는데, '너희를 다 돌려보내는 것이 아니라 하나는 옥에 갇혀 있어야 하고, 너희가 꼭 베냐민을 데려와야 나머지 하나를 풀어주겠다'라는 겁니다. 그래야 그들의 말이 진실인지 알겠다는 것이지요. 다 갇히고 하나를 돌려보내는 것보다, 하나가 갇히고 다 돌아가야 아홉 아들들의 소리가 합해져, 야곱이 베냐민을 애굽으로 가도록 허락하는 데 훨씬 쉽겠다는 계산입니다. 게다가 아홉 형제들이 돌아가야 더 많은 곡식을 가져갈 수 있겠지요. 사실 요셉의 마음이 사흘 만에 변한 것도 이 때문일 것입니다.

그들이 '그대로 행하였다'라는 말은 애굽인 주(主)가 그렇게 정한 이상 다른 도리가 없기에 따르기로 동의했다는 뜻입니다. 애매하게 정탐꾼으로 몰리다 해방되는 심정은 황공할 뿐이겠지요. 하지만 애굽의 주는 엄하게 경고를 합니다. 아우를 데려오면 '너희가 죽지 아니하리라.' 애굽에 남겨져 갇혀 있는 한 명의 운명은 물론이거니와 자신의 권세가 가나안까지 미칠 수 있으니, 너희는 돌아와야만 하는 운명에 처해 있다는 것을 함의합니다.

이제 문제는 누가 애굽에 남아 감옥에 갇힐 것이냐입니다. 이런 난감한 지경에서 저들은 앞다퉈 요셉에게 잘못한 일을 고백합니다. 그것도 매우 사실적으로 말합니다. 요셉이 알아듣는 줄도 모르고 고백합니다. "우리가 아우의 일로 말미암아 범죄하였도다 그가 우리에게 애걸할 때에 그 마음의 괴로움을 보고도 듣지 아니하였으므로 이 괴로움이 우리에게 임하도다"(창 42:21).

원어에는 이 표현에 '아발'이라는 단어가 있는데, 이를 직역하면 '우리가 진실로 범죄하였도다'입니다. 당시 요셉이 겪었던 '괴로움'이 지금 우리의 '괴로움'이라는 뜻입니다. 인과응보라는 의미이지요. 애굽의 주(主)가, 그 것도 여호와를 경외한다는 사람이 호의를 베푸니 저들은 부끄럽기도 하고, 하나가 인질이 되기는 하지만 나머지는 고향으로 돌아갈 수 있게 되어 기쁘기도 하면서, 옛 생각 때문에 양심이 고통스러운 상황입니다. 이참에 르우벤은 그의 핏값을 치른다고 고백합니다. 물론 그 역시 요셉이 팔린 데서 자유롭지는 못하지만, 그들이 하는 잘못된 행동에 경고를 했으며, 하나님의 공의가 요셉의 핏값을 들추어냈다고 고백하는 것입니다(창 42:21,22; 비교 창 4:10; 9:5).

요셉이 의도한 바의 첫 열매가 여기서 나타나기 시작합니다. 그들의 고백은 요셉을 강하게 충동하였고, 정을 억제하지 못한 요셉은 급히 다른 방에 가서 울고 돌아옵니다. 그리고 그들과 이야기를 나눈 후, 애굽에 남아 옥에 갇힐 자로 시므온을 택합니다. 부드러운 모습을 보여주었지만 엄한 태도는 여전합니다. 그들의 대화를 통해 요셉은 맏형 르우벤이 자신을 보호하려 했던 사실을 알게 되었기에 차자(次子) 시므온을 택하여 그들이 보는 가운데 결박하며, 자신의 근엄함을 다시 보여줍니다. 사실 시므온은 형제들 중 잔혹했고(창 34:25-29), 유대인의 전통에서는 시므온이 요셉을 처리하는 데 앞장서서 선동했다고 전해집니다. 시므온을 인질로 잡아둔 채 그들이 돌아올 때까지는 그들의 약속이 어떠한 변경도 불가능하다는 것을 보여준 것입니다.

요셉은 명령을 하달합니다. 그들 각자의 자루에 곡식과 길에서 먹을 양식을 넣으라고요. 그뿐만 아니라 각자의 자루에 그들이 가져온 돈도 도로 넣으라고 합니다. 그들은 이제 길을 떠납니다(창 42:25-26). 주로 약대상들이 여정 중에 이용하던 한 객점에서 그들 중 하나가 자루에서 돈을 발견했습니다. 분명 요셉은 형제들과 아버지의 집을 배려해 사랑으로 넣어준 선의의 징표이지만, 다음에 애굽으로 돌아가면 이로 인한 곡절을 겪게 될 것이라고 생각한 그들은 소스라치게 놀랍니다. 애굽인 주의 계략이 있다고 생각한 것이지요. 또 다른 형제가 희생양이 되어 떨어져 나가지는 않을까 하고 말이에요. 이렇듯 자라 보고 놀란 가슴 솥뚜껑 보고도 놀란다는 속담은 죄인들에게 딱 맞는 것 같습니다.

한 가지 생각해볼 대목은 그들이 왜 출발할 때 자신의 자루를 열어보지 않았을까 하는 문제입니다. 돈이라면 형제도 팔아넘기던 자들 아니었나요? 이들에게는 '하나'가 두려움으로 다가오는 것입니다. '하나'만 가나안에 가서 베냐민을 데려오라고 했다가 다시 '하나'만 결박해 감옥에 가두고 '하나'의 자루에서만 돈이 발견되니, 저들이 '하나'를 없애버린 결과라고 여기는 것이지요. 그 누구도 자루에서 돈을 발견한 익명의 '하나'처럼 자기들이 걱정하는 미래의 '하나'가 되고 싶지 않았을 겁니다. 그래서 "그들이 혼이 나서 떨며 서로 돌아보며 말하되 하나님이 어찌하여 이런 일을 우리에게 행하셨는고"(창 42:28b) 하는 것입니다. 지금까지 이들의 여정에서 '하나님'의 이름을 부르는 것이 처음일 뿐더러, 이들이 하나님을 두려워하는 것은 더욱 새로운 일입니다.

이런 감정의 소용돌이 속에서 아버지에게로 돌아온 그들은 그동안 있었던 일을 보고합니다. 베냐민을 데려가야 한다는 사명이 있었기 때문에 보고를 하지 않을 수 없었습니다. 그들이 아버지에게 말한 내용은 애굽에서 있었던 일을 대략적으로 얘기한 것으로, 베냐민을 꼭 데려가야 했기에 뺄 것은 빼고 더할 것은 더하여 보고했을 것입니다. 아버지의 마음을 위로하고 희망을 보여주려는 자세로 보입니다. 자기들이 당한 괴로움을 인과응보로 받아들여 서로 후회했다는 이야기나 사흘 동안 감옥에 갇혀 있었던 일, 지금도 시므온은 감옥에 갇혀 있다는 이야기들은 삭제했습니다. 이런 위험을 들은 아버지가 베냐민을 보낼 리가 만무하니까요. 그들은 아버지에게 희망적인 말을 첨가했습니다. 막내아우를 데려가기만 하면 "너희가 이 나라에서 무역하리라 하더이다"(베애트-하아레쯔 티쎄하루) 했다고요. 이 말은 애굽에서 자유롭게 왕래할 수 있다는 말도 되고, 자유롭게 사고팔 수 있는 백지수표를 얻었다는 뜻도 됩니다. 아버지가 베냐민을 데려가도록 허락만 한다면 흉년을 당한 우리의 처지가 만사 오케이라는 뜻입니다.

그러나 그들이 내심 걱정했던 바가 현실로 다가옵니다. 객점에서 돈이 발견됐던 사람처럼 자루를 쏟아보니 각자의 자루에서 돈뭉치가 쏟아져 나오는 것이 아닙니까! 오늘날 자본주의 사회를 살아가는 우리가 이 상황이었더라면, 돈뭉치를 보면서 얼마나 기뻐했을까요! 이런 횡재가 어디 있냐면서 말입니다. 그러나 "그들과 그들의 아버지가 돈뭉치를 보고(바이르우) 다 두려워(바이라우)" 했습니다(창 42:35b). 이런 돈은 의미 없다는 것입니다. 요셉이 형들과 아버지의 집을 배려해서 넣어둔 돈이라고 이해하겠지만, 이들은 하나님의 섭리를 알지 못하기에 자신들을 해롭게 할 빌미로만 보았던 것입니다. 그 엄격하던 애굽인 주가 자신들을 정탐꾼으로 몰아붙이더니, 이제는 도둑으로 몰아갈까 봐 걱정합니다.

✛ **남을 이용해 자신의 안녕을 구한다면**

아버지 야곱은 이 돈을 보아도 기쁨은커녕, 근심만 태산입니다 (창 42:35, 비교 창 42:28). 아들들이 애굽에 다녀오면서 양식은 물론 돈도 도로 가지고 왔지만, 야곱과 아들들 사이에는 어두운 먹구름만 가득할 뿐입니다. 야곱은 오히려 애통하면서 아들들을 나무랍니다. 그들이 들짐승처럼 아들을 하나씩 강탈해간다는 이유입니다. 과거에 아브라함은 제물을 바칠 때 솔개가 다가와 제물을 낚아채려 할 때마다 기도로 내쫓았지만, 야곱은 기도로 이스라엘 이름을 얻었으면서도 슬픔만 가득한 채 자식들을 비난만 합니다. 왜 "베냐민이 있다고 말했냐?"면서요. "너희들이 요셉을 낚아채 가고 시므온도 낚아채 가고, 이제는 베냐민을 강탈하려 하니, 하는 일마다 나를 거스르는구나, 너희 때문에 살맛이 나지 않는다"고 합니다. "너희가 나의 슬픔을 이해나 하며 동참이나 하겠냐"고 아들들을 힐난합니다(창 42:36).

야곱이 슬픔에 가득 잠겨 비난하는 것을 듣고도 아들들은 침묵만 지킬 뿐, 유구무언입니다. 단 하나, 르우벤만 장자 노릇을 한다고 말을 해보지만, 애간장만 태우는 격입니다. 자신을 믿고 베냐민을 보내달라고 합니다. 르우벤 또한 두 아들이 있는데, 만약 자신이 베냐민을 다시 데려오지 않으면 자신의 두 아들을 죽여도 된다면서요. 손자들을 그것도 둘이나 죽여가면서 자기 새끼를 구하려는 할아버지가 어디 있겠습니까. 야곱은 말도 안 되는 소리 하지 말라고 합니다. 베냐민의 형제 요셉도 죽고, 남은 자신의 위로인 베냐민마저 가버리면, 혹시나 가는 길에 재난을 만난다면, 이 늙은 야곱의 생애는 슬픔으로 스올에 내려가게 될 것이라며 한탄합니다(창 42:38, 비교 창 37:35). 시므온은 야곱에게 뒷전이지만, 형제들은 이런 아버지를 이해하나 봅니다. 그래서 야곱의 집은 슬픔이 가득 찬 침묵만 흐를 뿐입니다. 아버지와 아들들의 마음은 온통 요셉에 대한 생각뿐입니다. 누구 하나 선뜻 나서 우리 가문을 위한 희생양이 되어 베냐민에게 애굽에 다녀오라고 말할 수 있는 처지가 못 됩니다. 형제들은 말은 하지 않지만 머릿속이 복잡했을 것입니다. 아버지와 형제에게 큰 범죄를 저질렀으니까요. 아버지와 아들들은 요셉을 향한 애탄을 갖고 있습니다. 그도 그럴 것이, 그로 인해 야기된 균열이 아픔의 원인이기 때문입니다. 형제들은 물론 아버지의 마음은 마땅히 옥에 갇혀 있는 시므온을 향해야겠지만, 요셉의 형제 베냐민에게로 향할 뿐입니다.

진정한 회개는 하지 않으면서 가문의 정직함을 말해봐야 자기기만에 불과하며, 그들의 자조적인 후회(창 42:21)와 르우벤의 자책하는 통변적 질책(창 42:22), 아버지에 대한 간절한 약속(창 42:37)들은 죄로부터 자유를 향한 진일보가 분명합니다. 하지만 자유 그 자체가 되지는 못합니다. 베냐민과 아버지 야곱이 자신들을 위해 결단해주길 바라면서 자신은 동생과 아버지의 안녕을 위해 노력한다고 생각한다면, 이 역시 여전히 남을 이용해 자신의 안녕을 구하려는 것에 불과합니다. 그러나 진정한 자유를 위해서는 '그 하나' 때문에 '나 하나'가 이스라엘 족속의 치유를 위해 고통에 참여해야 합니다. 영광의 나라에 참여하기 위해서는 속죄양의 수고를 통한 교제가 있어야만 하는 것입니다.

# 53

창 43:1-34

## 요셉이 절하는
## 형들과 상봉하다

기근이 극심하여 이제 야곱의 집에도 양식이 떨어졌습니다. 난국을 맞이하여 애굽에서 가져온 양식도 바닥나기 시작합니다. 가문의 책임자로서 아버지 야곱은 아들들에게 다시 애굽으로 가서 양식을 사 오라고 합니다. 우선 살아야 하니 베냐민 문제는 꺼내지 않은 채 이야기부터 꺼냅니다. 그러나 살고 죽는 문제에서도 하나님은 사람이 남겨둔 최후의 보루를 포기하고 전적으로 하나님만 의지하게 하십니다.

## ✝ 야곱의 어쩔 수 없는 형편과 자기 포기(1-14)

지난번에 했던 말은(창 42:37) 이미 아버지에게 통하지 않았기에 르우벤은 침묵을 지킵니다. 그나마 아버지에게 자유롭게 말할 수 있는 아들은 유다입니다. 형으로서 구덩이에 던져진 요셉을 올라오도록 하여 풀어준 사람이 유다이고(창 37:26,27), 한때 집을 나가 타락한 채 살기는 했지만 곧 죄인임을 깨닫고 돌아온 자이기도 합니다. 그는 문제의 본질을 알고 아버지에게 해결사로서 나섭니다. 아주 강렬하고도 현실적인 문제로 아버지에게 접근합니다.

첫째, 문제는 우리끼리의 집안 문제가 아니라 '그 사람'(하 이쉬, 창 43:3,5,6,7) 때문에 일어나는 문제라는 것입니다. 그 사람이 '엄하게 경고한'

(하에드 하이드) 것이 '너희 아우가 너희와 함께 오지 아니하면 너희가 내 얼굴을 보지 못하리라'(3b, 5b)라고 한 말 때문이라고 하면서요. '아버지의 속마음은 우리가 모르는 바 아니지만, 베냐민 없이 양식을 구하러 간다 해도 말짱 헛일'이라는 것입니다. 베냐민을 데려가지 않으면 그 사람의 얼굴도 못 볼 뿐 아니라, 우리 생명도 무사하지 못할 것이라는 거지요. 그러니 아버지께서 우리 아우를 우리와 함께 보내시면 우리가 내려가서 아버지를 위해 양식을 사 오겠다는 맥락입니다.

둘째, 왜 아우가 있다고 그 사람에게 말했냐는 야곱에게 그 사람이 우리와 우리 친족에 대해서 '자세히 묻고 또 물으니'(샤올 샤알, 창 43:7a) 우리는 단순히 대답한 것밖에 없는데, 그가 아우를 데려오라 할지 '우리가 어찌 알았겠냐'는(하야도아 네다, 7b) 것입니다. 그 사람이 우리를 정탐꾼으로 몰아붙이고, 엄하게 질문하고 또 질문하니 그가 놓은 함정에 걸려들고 말았다는 뜻입니다.

성경을 살펴보면 유다는 야곱에게 요셉과의 첫 만남에서 정탐꾼으로 몰렸다거나, 시므온이 옥에 갇혀 있다는 얘기는 일절 언급하지 않습니다. 그저 요셉이 가족사를 물어본 정도만 얘기하는데, 아버지의 마음을 편안하게 하여 목적을 이루고자 하는 것입니다. 심문하는 애굽의 주가 경고하거나 질문한 내용, 형제들이 답한 내용은 히브리어 문법상 절대부정사형으로 기록되어 매우 강하게 강조하고 있습니다. 따라서 유다는 아버지 야곱에게 '염려가 있으시겠지만, 우리 형제들이 동생 베냐민을 해치려는 악한 동기로 정보를 누설한 것이 결코 아니라는 사실을 이해해달라'고 합니다. 그저 교묘하게 탐문하던 애굽의 주에게 자신들도 의식하지 못하고 걸려들었다고요. 그리고 애굽에 베냐민을 데려가는 게 염려되는 것은 잘 알지만(창 37:20), 지금 우리는 변했다고 아버지에게 간접적으로 암시하며 믿음을 줍니다.

셋째, 유다는 아주 현실적인 문제로 아버지를 압박합니다. '우리도 아버지도 자식들도' 흉년에서 살아남아야지, 죽으면 되겠냐고요. 그러려면 베냐민을 우리와 같이 보내셔야 한다고 현실과 직면합니다.

넷째, 유다는 아우를 위해 유다 '자신이 담보'(아노키 애에르베누, 창 43:9)가 되겠다고 합니다. 담보물인 '자신'을 매우 강조하는 어투입니다. 자신이 아버지의 소원대로 베냐민을 데려오지 못하면 자신은 아버지에게 죄를 짓는 것이기에, 자신을 저주하든지 아니면 가문에서 축출하셔도 된다는 의미입니다. 유다는 이 담보의 위력을 매우 잘 압니다. 유다도 며느리 다말에게 준 담보물(에라본, 창 38:17) 때문에 매이게 되었고, 이로 인하여 변호된 경험이 있습니다. 때문에 가문이 어려움을 당할 때 자신을 기꺼이 담보로 맡기는 것입니다. 이런 자세는 르우벤처럼 되지도 않을 일을, 즉 다짜고짜로 자기 아들들을 죽여도 되니 베냐민을 맡겨달라고 하는 것보다 훨씬 설득력이 있지요.

마지막으로 유다는 아버지 야곱에게 재촉합니다. 아버지가 머뭇거리지만 않았더라면 벌써 두 번이나 다녀왔을 거라면서요(창 43:10).

## ✝ 야곱 이스라엘이 설득당하다

유다와 베냐민 간에 보증 관계가 형성되었지만, 모든 여건을 볼 때 야곱은 여전히 어찌할 도리가 없습니다. 그래서 가문의 구원을 위해 아들들을 애굽으로 가도록 했습니다. 애굽으로 향하는 아들들에게 가나안의 특산물인 유향(짜리), 꿀, 향품(네코트), 몰약(발로트), 비자(유향나무 열매, 피스타치오), 파단행(아몬드)을 애굽의 주에게 드릴 선물로 들려 보냅니다. 이 여섯 품목 가운데 히브리어로 쓰인 세 가지 품목은 형제들이 요셉을 애굽의 상인들에게 팔 때, 이스마엘 인들이 약대에 싣고 가던 바로 그 품목이었습니다(창 37:25). 아버지 야곱은 이를 모른 채 한 행동이고, 형제들은 아직 애굽의 주가 요셉인 줄 모르지만, 저들의 마음에 요셉이 아롱지도록 성령님께서 일하신 것입니다.

그리고 야곱은 곡식 값을 두 배로 가져가라고 합니다. 처음 계산된 것이 잘못(미쉬게흐, 착오, 창 43:12) 되었을 수도 있었기 때문입니다. 그리고 "네 아우도 데리고 떠나 다시 그 사람에게로 가라"(창 43:13)고 말합니다. 사랑하는 베냐민을 나머지 아들들에게 맡기는 것입니다. 특별히 유다에게 베냐민을 위임하고, 아들들에게 베냐민을 강탈당한 것마냥 고독하게 홀로 가나안에 남습니다. 최후의 보루로 여겼던 이를 버리는 고통과 아픔이 있지만, 바로 여기에 형제들이 하나가 되고, 이스라엘이 세워지며, 멸망해가는 가문이 구원되는 원리가 있습니다. 얼핏 보면 야곱이 진 것 같지만, 사실은 이기는 순간입니다. 때문에 성령은 이 대목에서 그를 향해 야곱이라 부르지 않고 '이스라엘'이라 부릅니다(창 43:11). 모두를 위해 자신을 제물로 바치는 순간입니다. 자신의 후손과 가문을 전능하신 하나님께(엘샤다이, 창 43:14) 믿음으로 내놓고, 머리를 굽혀 자신의 가정과 미래를 언약의 하나님께, 그리고 그분이 하신 약속에 맡기는 것입니다. 이 전능하신 하나님은 아브라함의 하나님이요 이삭의 하나님이십니다(창 17:1). 이 하나님이 지금껏 자신들의 삶을 통치하시고 보호해주셨기에, 애굽의 주 앞에서도 아들들에게 '은혜'를 베푸시어 시므온과 베냐민을 아버지와 형제들의 집으로 돌려보내게 하시기를 기도합니다(창 43:11-14). 이제 이스라엘은 더 이상 노중의 위험이나 형제들의 갈등 따위는 언급하지 않습니다. 새 사람이 되었기 때문입니다. 베냐민을 아들들에게 맡긴 이상, 하나님의 시각으로 바라보는 것입니다.

약한 데서, 아니 모든 것을 포기하는 가운데서만 승리가 기다립니다. "내가 자식을 잃게 되면 잃으리로다." 에스더처럼 '죽으면 죽으리로다' 하는 데서 자신은 물론 민족이 사는 길이 열립니다. 되돌아보면 야곱의 삶은 밧단아람에서는 물론 라헬이 죽을 때까지도 아들들을 얻기 위해 얼마나 투쟁했던 걸음인지 모릅니다! 열두 족장 아들들을 데리고 아버지인 이삭에게 돌아와 언약 족속의 아버지로서, 수장으로서 가나안에서 군림했습니다(35장). 하지만 이 언약 족속은 죄악과 부패로 오염되었습니다. 그러나 그것과 상관없이 하나님의 뜻은 이루어져야만 합니다. 야곱의 가족이 떨어져 나가고, 야곱이 자기 족속을 포기해야만 가능한 일입니다. 이 일은 요셉으로 말미암아 일어나는데, 야곱은 그저 하나님이 택하신 도구가 되어 이스라엘이 애굽에 이식되도록 해야 합니다. 이런 일이 전능하신 하나님의 비밀스러운 방법으로 일어납니다. 야곱은 이런 체험을 이미 브니엘에서 했기에, 이제는 이스라엘로서 하나님의 족속을 믿음으로 포기할 수 있습니다. 역대 믿음의 족장들은 다 그러했습니다. 이삭도 하나님의 택한 아들을 포기해야 했고, 아브라함 역시 자신은 물론 약속의 아들을 포기해야만 했습니다. 택함받은 하나님의 자녀는 이미 얻은 것을 멀리서 바라보고, 약속하신 여호와 하나님께로 언제나 돌아가야만 합니다(창 33:21-29; 28:3-5; 26:22이하; 12:1이하 등).

✝ ### 요셉 형제들의 만찬의 의미(15-34)

성경은 형제들이 애굽으로 가는 여정을 반 절로 축약해버리고, 형제들과 요셉이 만나는 일에 초점을 맞춰 서술합니다. "그 형제들이 … 애굽에 내려가서 요셉 앞에 서니라"(창 43:15). 형제들 가운데 베냐민이 있었기 때문에 요셉은 형제들을 받아들입니다. 이들에 대한 정탐꾼의 혐의는(창 42:9,12,16) 거두어진 셈입니다. 이제 이들은 요셉의 손님이 되었고, 총리 공관으로 즉각 이송됩니다. 요셉은 나이 차이가 별로 나지 않는 동생 베냐민을 보는 순간 격정이 끓어오르지만, 동생을 보는 것으로 만족하며 억누릅니다.

사실 어떤 설명도 없이 직원들에 의해 총리의 집으로 끌려가며 형제들은 지레 겁먹었을 것입니다. 그들의 자루에 들어 있던 돈을 생각하며 틀림없이 도둑으로 누명을 쓰고 타고 온 나귀까지 다 빼앗겨 감옥생활을 하거나 노예로 전락할 것이라 생각한 것이지요. 때문에 총리 공관 입구에 이르렀을 때 자신들의 자루에 들어 있던 돈에 대해 설명한 것입니다. 그들의 요점은 누가 우리들의 자루에 돈을 넣었는지 모르며, 전일에 우리가 온 목적은 오로지 양식을 사러 온 것일 뿐, 그 외에 다른 목적은 없다고요. 이를 해명하기 위해 동생 베냐민도 데려왔고, 돈도 누군가 실수로 넣었다고 생각하여 두 배로 가져왔다고도 합니다.

그런데 청지기가 들려주는 말이 참으로 이상하면서도 마음 한편에서는 안심이 됩니다. "그가 이르되 너희는 안심하라 두려워하지 말라 너희 하나님, 너희 아버지의 하나님이 재물을 너희 자루에 넣어 너희에게 주신 것이니라 너희 돈은 내가 이미 받았느니라"(창 43:23). 야곱의 아들들은 극심한 두려움에서 한 말이지만 청지기는 오히려 대수롭지 않게 여깁니다. 아마 총리 요셉이 미리 일러둔 대로 말했겠지요. 애굽 총리의 직원이 하는 히브리 인사도 그렇고, 믿음의 말을 하자 형제들은 이상하게 여기면서도 안심했습니다. 저들의 하나님, 즉 저들 아버지의 하나님을 들먹이니, 여기서도 하나님의 손길이 역사하시는구나 하는 생각이 들어 안심이 되었을 것입니다. 두려움이 가라앉았지만, 여전히 홀린 기분이었겠지요. 그나마 시므온을 풀어 손님으로 영접해주어 그래도 안심했을 것입니다(창 43:23,24).

정오에 요셉이 들어오자 야곱의 아들들은 선물을 내놓고 땅에 엎드려 절을 합니다. 이제 이들이 한 아버지의 아들들이라는 사실이 확인되었습니다.

요셉이 아버지의 안녕과 살아계심을 묻자 아버지의 안부를 전하며 다시 머리 숙여 절했습니다. 이로써 형제들은 요셉에게 세 번째로 절하게 되었습니다(창 42:6; 43:26,28). 이 순간 요셉만이 하나님의 신비한 섭리를 알 뿐, 형제들은 아직 알지 못합니다. 요셉이 '자기 어머니의 아들, 자기 동생 베냐민'을 확인하고는 '소자여 하나님이 네게 은혜 베푸시기를 원하노라'며 아론과 같은 축복을 했습니다. 이 순간은 야곱이 베냐민을 떠나보내면서 전능하신 하나님께 그 사람이 너희에게 자비로운 연민들(창 43:14)을 베풀어 주시기를 기원하였고, 그 사람 요셉이 은혜(하난, 29; 비교 민 6:25) 베풀어주시기도 기원한 것이 성취되는 것입니다. 그뿐 아니라 베냐민을 향한 '그의 연민들'(라하마이브)이 뜨겁게 자랐다(ESV는 his compassion grew warm 이하 or his brother라고 하는데 NIV는 번역 안 했음)라고 합니다. 야곱의 기도가 응답되는 순간입니다. 지금 요셉은 만감이 교차하여 그 정을 억제하기가 힘듭니다. 당장이라도 목을 얼싸안고 울 것 같지만(비교 왕상 3:26), 아직은 때가 아닌 줄 알고 옆방으로 가서 실컷 울었습니다(창 43:30).

요셉은 자신을 추스르고 돌아와 '음식이 제공되도록 하라'고 명령합니다. 애굽의 법에 따르면 요셉 같은 고관은 별도로 상에 앉아야 했고, 그와 함께 먹는 애굽인들은 요셉의 손님들과 같이 먹을 수 없습니다. 애굽인들은 인종적 우월성을 가지고 '애굽 사람은 다 목축을 가증히 여겼기'(창 46:34) 때문에 함께 식사하는 것을 금기로 생각했습니다. 그래서 요셉의 형제들은 별도의 식탁에서 식사했습니다. 이런 천한 자들이 애굽 총리의 관저에서 처음의 우려대로 노예가 되는 것이 아니라 대접을 받아 같이 식사한다는 것은 꿈에도 생각할 수 없는 일로, 그저 놀라울 따름입니다.

더욱 놀라운 것은 가문의 장유 순서대로 배석된 것입니다. 저들은 요셉이 자기 가문을 훤히 꿰고 있다는 느낌을 받았습니다. 그러나 '그들은 서로 이상하게 여겼다'(바이트메후)라고만 할 뿐, 그들이 진정 보아야 할 사실은 알지 못합니다. 이스라엘 족장의 아들들이 하나님의 배석에 따라 정돈되고 있을 때, 정작 그들 사이에 요셉이 끼어 있는 것이 이상한데 말입니다. 요셉은 이스라엘의 열두 지파 형제들이 하나가 되게 하는 데 도구가 되고 있습니다.

비록 다른 자리에 앉아 있지만 특별한 교제를 나누고 식사하는 가운데, 요셉은 자신과 야곱의 아들들이 형제임을 자각합니다. 그리고 비밀스러운 방법으로 은연중에 형제임을 드러내지요. 자기 어머니의 아들 베냐민을 특별대우한다든가 하면서요. 요셉은 자기 음식을 그들에게 주되 베냐민에게는 다섯 배나 많은 몫을 제공합니다(창 43:34). 고대의 식탁에서 특별한 대접을 받는 것은 주로 연배가 높은 사람이지만(비교, 삼상 9:23 이하), 요셉은 제일 작은 자에게 특별한 대접을 합니다. 물론 지금은 그럴 수 없는 자리이긴 하지만, 예전 같으면(창 37:3 이하) 형제들은 질투가 나서 눈치로나마 내색을 할 터인데, 그런 내색이 보이지 않습니다. 하나님이 선택하시는 구별에 복종할 뿐, 그들에게서 모든 시기심은 날아갔습니다.

요셉이 차려준 식탁에서 생명과 교제가 나누어지고 있습니다. "그들이 마시며 요셉과 함께 즐거워하였더라"(34b). 생명의 교제 가운데서 이들은 만족하고 있습니다. 야곱 가문에 형제애가 다시 돌아오고 있습니다.

# 54

창 44:1-34, 42-45장

# 형들의 변화와
# 갈등의 해소

일개 목동이 세계 최강국인 애굽의 총리 관저에 초청되어 대접을 받는 것은 매우 경이로운 일입니다. 이 만찬을 통해 야곱 가문에 일어난 균열은 치유에 한 걸음 다가섰지만, 아직 진정한 치유가 일어난 것은 아닙니다. 치유를 실제화할 수 있는 사건들이 일어나야 하는데, 관심은 온통 베냐민입니다. 하나님의 지혜를 가진 요셉에게는 형제들의 마음을 떠볼 수 있는 책략이 아직 남아 있습니다. 형제들의 대화에서는 지난날 요셉에게 저지른 범죄로 괴로워하는 모습을 보였지만, 아직 요셉에게는 아니었습니다(창 42:21). 진정한 화목은 죄를 고백하는 데서 시작합니다.

요셉은 신뢰하는 부하에게 각 형제들의 자루에 곡식과 첫 여행 때 가져온 돈의 두 배를 넣고, 베냐민의 자루에는 곡식을 사기 위해 가져온 돈과 요셉의 은잔을 넣으라고 지시했습니다. 이들의 자루는 이미 가져온 것보다 두 배 많은 돈과 곡식으로 가득 찼기에 전에 없이 무거웠지만, 애굽의 총리가 특별히 베푼 호의에 취한 탓인지 무거운 줄도 모르고 애굽의 성문을 막 떠나고 있습니다. 베냐민과 시므온도 동행한데다 두 사람이 곡식을 더 가져가니, 이 흉년을 잘 넘길 수 있을 듯한 기분이었습니다. 무엇보다 가나안에 홀로 남아 학수고대하고 있을 아버지에게 돌아가서 이번에는 제대로 자식 노릇을 하게 됐다고 의기양양하게 떠나고 있습니다.

# ✚　형제들을 떠보는 마지막 책략

요셉은 자루에 넣어둔 은잔으로 형제들에게 도둑 누명을 씌우기 위해 자신의 청지기에게 추격하도록 명령합니다. 형제들은 영문도 모른 채 잡혔고, 부하들은 요셉이 일러준 대로 죄목을 말합니다. "너희가 어찌하여 선을 악으로 갚느냐 이것은 내 주인이 가지고 마시며 늘 점치는 데 쓰는 것이 아니냐 너희가 이같이 하니 악하도다 하라"(4b-5). 돈을 도둑질했다고 하지 않는 점이 재미있습니다. 요셉은 베냐민을 인질로 잡아 형들과 떼어 놓으려고 계략을 씁니다. 형들이 어떻게 하는지 보려고 하는 것입니다. 37 장에서처럼 자기 욕심을 채우고자 형제를 희생시킬 것인지 살펴보는 것입니다. 요셉의 은잔이 실제로 점치는 잔이었는가 하는 것은 논외입니다. 아마도 애굽의 총리로서 신분을 감추어야 하는 상황 때문에 꾸민 것이 아닐까 생각합니다.

형제들은 당당하게 대답합니다. "내 주여 어찌 이렇게 말씀하시나이까 당신의 종들이 이런 일은 결단코 아니 하나이다 우리 자루에 있던 돈도 우리가 가나안 땅에서부터 당신에게로 가져왔거늘 우리가 어찌 당신의 주인의 집에서 은 금을 도둑질하리이까 당신의 종들 중 누구에게서 발견되든지 그는 주의 종들이 되리이다"(창 44:7-9). 자기들이 한 일이 아니기에 이렇게 자신 있게 말하지만, 요셉을 통해 그들의 근본적인 죄 문제를 파고드는 하나님의 추궁을 아직도 깨닫지 못하는 어리석은 모습을 보여줍니다. 곧 베냐민에게서 은잔이 발견될 것인데, 어쩌려고 '그는 죽을 것이라'라고 자신하는지 모르겠습니다. 요셉의 청지기는 은잔을 훔친 자만 노예로 삼고, 나머지는 돌아가게 할 것이라고 말합니다(창 44:10). 장자 르우벤에서 시작해 막내 베냐민까지 검사가 시작되었습니다. 르우벤은 아버지의 첩과 동침하는 등, 평소에도 못 믿을 사람으로 여겨질 만한 행동을 했기에 형제들의 격정거리였을 것입니다. 시므온이야 애굽의 감옥을 경험했는데 말해 무엇 하겠습니까? 레위는 조금 과격한 성품이긴 하지만 무사통과했습니다. 유다는 형제들에게 인기도 많고 모범적인데 당연히 그럴 리 없습니다. 베냐민이야 막내인데다 지금껏 아무 문제 없이 형들이 하는 대로만 따라왔기에 은잔 따위를 훔치지 않았을 것이라 확신하고 있던 바로 그 순간, 베냐민의 자루에서 은잔이 나왔습니다. 하나님은 은 스무 냥에 요셉을 판 그들의 과거를 상기시키고 있습니다.

## ✝ 야곱의 아들들이 하나가 되다

요셉의 청지기가 베냐민을 끌고 갑니다. 형제들은 붙들려가는 베냐민을 보면서 포기해버릴 수도 있었습니다. 어쩔 수 없는 그의 운명인가 보다, 우리라도 살아야 하지 않을까 하고 말입니다. 22년 전에야 그들이 스스로 꾸민 일이다 보니 거짓말을 해야 했지만, 지금은 상황이 다르고 어쩔 도리가 없지 않느냐며 베냐민을 쉽게 포기할 수도 있었습니다. 그러나 이번에는 달랐습니다. 각자가 하나같이 옷을 찢었습니다. 베냐민의 누명을 자신들의 누명으로 받아들이고, 각기 짐을 도로 싸서 다 같이 요셉의 집에 당도했습니다. 요셉은 아직 등청도 하지 않은 채 집에 있었습니다(13절). 형들이 어떻게 하는지 보려고 했던 것입니다. 형제들은 애굽의 2인자를 보자마자 납작하게 엎드렸습니다. 요셉 앞에 엎드리는 것은 이번까지 네 번째입니다(창 42:6; 43:26,28,44:14). 요셉은 책임을 추궁합니다. 자기가 점 잘 치는 줄을 알지 못했냐고 합니다(창 44:15). 일부러 애굽인인 척, 그리고 만사를 다 아는 사람처럼 행동합니다.

이때 유다가 모두를 대신해서 나섭니다. 입이 백 개가 있어도 할 말이 없고, 혐의를 벗어날 수도 없다며 체념에 가까운 말을 꺼냅니다. 그러나 한 가지, 베냐민에게만 죄책을 지울 수 없고 모두에게 책임이 있으며, 누구도 의로운 자가 없다고 분명하게 밝힙니다. 아무도 은잔을 숨기지 않았다는 것을 알기에, 이는 분명 요셉에게 저지른 죄악을 하나님이 찾아내신 것으로, 어찌할 도리가 없다고 합니다. 요셉에게 저지른 몹쓸 짓은 어째 잘 숨기고 살아왔지만, 이번에는 하나님이 틀림없이 들추어내셨다고 인정합니다. 그리고 모두가 베냐민과 함께 요셉의 노예가 되겠다고 합니다(창 44:16). 형제들 모두는 베냐민 안에서 하나가 되고 있습니다. 그뿐만 아니라 요셉 앞에서, 아니 무엇보다 하나님 앞에서 자기들의 죄를 고백합니다. 온전하고 참된 교제는 하나님 앞에서 죄를 고백하는 인격자가 될 때에야 비로소 이루어집니다.

이어서 유다는 창세기에서 가장 긴 말을 합니다. 그의 말은 사실에 근거하면서도 함축되어 있습니다. 동시에 남을 감동시키는 힘이 있는 강력한 탄원이기도 합니다. 아들 베냐민에 대한 아버지 야곱의 사랑이 크니 자신을 희생시키더라도 베냐민은 놓아달라는 대속 교리가 구현되고 있습니다. 무엇보다 그는 최후 진술에서 자신의 온 생명과 계획을 다 포기하고, 오직 요셉의 뜻에 맡기는 결단을 합니다. "이제 주의 종으로 그 아이를 대신하여 머물러 있어 내 주의 종이 되게 하시고 그 아이는 그의 형제들과 함께 올려 보내소서"(창 44:33).

그는 두 가지 이유를 드는데, 첫 번째는 아버지와의 약조(창 44:32), 두 번째는 베냐민을 데려가지 않을 경우 아버지 야곱이 입게 될 큰 화 때문입니다(창 44:34). 지금 유다는 아버지의 안녕만을 위합니다. 무려 열네 번이나 '아버지'라는 말을 사용하였고, 베냐민을 잃으면 아버지는 죽을 것이라고 네 번이나 말합니다(창 44:22,29,31). 아버지와 베냐민을 살리기 위해서라면 노예가 되는 것도, 죽음도 불사한다는 말입니다. 아버지와 배다른 형제 베냐민에 대한 사랑이 요셉의 심금을 울리며 장벽을 허물고 있습니다.

요셉을 노예로 팔던 때의 태도(창 37:26-27)와는 확연히 달라진 모습입니다. 야곱의 아들들은 모두 하나가 되었습니다. 어찌하든 아버지가 고통을 당하지 않도록 고심했고, 형제를 구원하고 해방하기 위해 자기를 희생하려 합니다. 시기, 질투가 사라진 것은 성령의 역사입니다. 이제 야곱은 아들들 안에서 존귀하게 되고, 형제를 인신매매했던 이스라엘 족속의 불명예는 지워지고 있습니다. 사랑과 진실함, 그리고 형제애의 징표가 나타납니다. 요셉은 아버지와 베냐민을 위한 형들의 사랑과 신실함을 보며 과거의 상처를 치유받습니다.

## ✝ 대립 구도를 풀고 화해의 길로

창세기 37장 2절부터 파란만장하게 전개되던 야곱의 톨레도트 가운데, 요셉의 삶이 파노라마처럼 펼쳐집니다. 당시 고대 이방의 군주들은 자신이 살기 위해 남을 죽이고, 권력을 얻은 후에는 철권으로 통치했습니다. 아니, 당시뿐 아니라 세상의 나라는 언제나 남을 희생하여 내가 올라서는, 긴장의 대립각에 기초하고 있습니다. 그렇지만 하나님은 야곱의 가문을 통해 하나님의 나라를 세우실 때, 남을 희생시켜 내가 서는 것이 아니라 남을 위해 내가 희생함으로 하나님 나라의 기초가 세워진다고 가르치십니다. 요셉의 인생 역경에는 일종의 대립구도 혹은 균열이 내재되어 있지만, 결국에는 그 대립구도가 깨어지고 아름다운 화해로 마무리됩니다. 어떤 대립 구도가 있었을까요?

첫째는 요셉과 형제들 간의 대립구도입니다. 요셉과 요셉을 판 형들 사이에서 비롯되었지요. 요셉은 하나님의 손에 높아지고, 형들은 낮아집니다. 둘째는 애굽에서 요셉 앞에 서 있는 형제들과 가나안에 아버지와 함께 남은 요셉의 아우 베냐민 간의 대립구도입니다. 그리고 셋째는 르우벤과 그 형제들 사이에서 나타나는 대립구도로, 요셉에 대해 저지른 악행과 하나님의 보복과 관련하여 나타납니다. 시므온이 과거의 요셉처럼 형제들이 보는 앞에서 대표자가 되어 옥에 갇혀 형제들을 대신한 제물이 됨으로 해결책이 제시되는 듯 보이지만, 대립구도는 여전히 지속됩니다.

요셉은 시므온을 인질로 삼고 베냐민을 데려오라고, 사실은 포기하라고 명령합니다. 하지만 아버지 야곱은 깊은 탄식을 하면서 거절합니다. 다른 아들들은 재촉하지, 가나안의 기근은 심해지지, 야곱은 사방으로 우겨 쌈을 당한 채 씨름합니다. 야곱이 베냐민을 꽉 붙들고 집착하는 동안, 다른 아들들과의 갈등구조는 해소되지 않습니다. 장자 르우벤이 자기 아들들을 죽여도 좋으니 베냐민을 포기하라고 강하게 압박하지만, 야곱은 그럴 수가 없습니다. 그때 유다가 나타나서 자신을 담보로 내세웁니다. 애굽 총리와의 관계를 유지하기 위해, 시므온을 감옥에서 꺼내기 위해, 무엇보다도 멸망해 가는 야곱의 가문을 구원하기 위해서 베냐민을 담보로 내어놓아야 한다고 설득합니다. 이 시점부터 형제들은 하나가 되고, 이스라엘 가문이 세워집니다. 야곱은 아들들에게 설복당하고, 이때부터 이스라엘로 행세할 수 있게 됩니다(창 43:11). 사태의 진전을 위해 결정을 내린 야곱은 선물(제물)을 준비합니다. 자신의 후손과 가문을 전능자 하나님 앞에 내놓습니다. 하나님의 결정에 승복하면서 자기 집과 미래를 언약의 하나님과 생명의 비밀이신 약속에 맡긴 것입니다.

요셉 앞에 베냐민이 나타나자 시므온은 풀려나고, 요셉의 명령에 따라 애굽에서도 하나 됨이 이루어지는 듯합니다. 그러나 애굽과 가나안, 요셉과 형제들 간의 대립구도는 지속되어 완전한 해결책을 찾는 것은 요원해 보입니다. 요셉의 형제들은 다시 연합했지만, 요셉의 은잔이 베냐민에게서 발견되어 오히려 더 균열이 생기지요. 때문에 또다시 무죄한 자가 노예로 전락할 위기에 처하고, 야곱은 고독한 슬픔 가운데서 살아야 할 운명에 봉착합니다. 균열의 위험이 엄습하는 상황이 지속되는 듯하지만, 이번 경우는 과거 요셉의 경우와 많이 다릅니다. 겉보기에는 베냐민이 붙잡혀 있고 요셉이 가족들을 갈라놓는 것 같지만, 사실은 가족들이 서서히 결속하는 관계로 진정하고 있습니다.

요셉 앞에 선 형제들은 서로 간에 깊은 반목과 대립을 느끼고 있지만, 베냐민 안에서 하나 되는 관계로 비밀스럽게 발전해갑니다. 죄 없는 베냐민에게서 은잔이 발견되어 순식간에 죄인이 되고, 죄를 지은 형들은 은잔이 발견되지 않았다는 이유에서 의인으로 취급받으니, 형제들과 베냐민 사이에 대립구도가 형성됩니다. 형제들은 악의를 가지고 베냐민을 버리고 갈 수도 있지만, 막내 베냐민과 하나가 되는 길을 택했습니다. 베냐민에게서 은잔이 발견된 죄를 자신들의 죄로 인정할 뿐 아니라, 베냐민과 함께 노예로 붙잡히겠다고 말합니다.

요셉 앞에 선 유다는 자신의 생명을 담보로 간청합니다. 이 간청은 눈물겨운 대립구도를 보이는데, 이 대립구도에 요셉이 노출되게 합니다. 물론 요셉인 줄 모른 채 애굽의 통치자에게 하는 요청이지만, 그가 요셉인 이상 가장 강력한 대립구도를 제시하게 되지요. 베냐민으로 말하면 자기 어머니의 적자이자 아버지의 생명이며 위로인데, 자기들에게서 그를 빼앗는 것은 베냐민은 물론 사람으로서 하지 못할 깊은 골을 만드는 것이라고 호소합니다. 베냐민을 데리고 가지 않으면 자기가 아버지의 생명은 물론 아버지의 가문에 맞서게 되는 거라고 하면서요. 요셉의 처사는 아비의 탄식과 슬픔을 고려하지 않은 것일뿐더러, 아버지가 애굽의 낯선 주(主)를 만족시키고 자기 가문을 구원하려고 바친 선물을 무시하는 비인간적인 처사라고 읍소

합니다. 유다의 간청을 정리해보면, 애굽의 주인 요셉이 베냐민을 놓아주지 않는 순간 요셉은 자기 아버지 야곱의 전 가문과 맞서게 되고, 이스라엘의 생명과 원리인 '이 땅의 아름다운 소산'을 등지게 되는 것입니다.

여기서 해결책이 등장합니다. 요셉과 대척점에 있던 형제의 하나 됨이 이제는 요셉과 더불어 하나 되는 것으로 확장되는 것입니다. 모두가 이스라엘의 구원을 위하여 선물을 내놓습니다. 야곱, 베냐민, 그리고 형제들까지 예외가 없습니다. 모두가 이스라엘을 위하여 자신을 돌보지 않고 희생합니다. 유다의 담보로 모든 일이 해결되고, 모두는 하나가 됩니다. 요셉이 베냐민의 일을 통해 이루기 바라던 그 일이 이루어진 것입니다! 유다가 베냐민을 위하여 원했던 바가 이루어진 것이고요! 하나님이 야곱의 가문을 위하여 일찍이 요셉을 택하고 결정하시어 그를 먼저 보내셨는데, 그 일이 이제야 이루어집니다. 요셉이 제물이 되어 큰일이 이뤄졌습니다. 그는 자원했습니다. 죄인들과의 화목을 위하여 죄 없는 자인 요셉이 희생제물이 되었습니다. 아버지의 가문을 세우기 위해서이지요. 그리고 이스라엘의 구원을 위해서, 하나님의 뜻을 이루기 위해서였습니다. 드디어 야곱 집안의 모든 대립구도는 다 해소되고, 요셉은 형제들, 아버지, 그리고 하나님의 백성 이스라엘과 하나가 됩니다.

이들의 화해는 담보와 선물, 그리고 해결책을 가져옴으로써 이루어졌습니다. 제시된 해결책에서 하나님의 구원 역사의 높고 숭고한 의미가 발견됩니다. 하나님의 뜻과 작정하심이 드러났습니다. 하나님의 뜻이 비록 죄로 인해 오염된다 하더라도, 게다가 그 죄로 인해 대립구도가 첨예하게 얽혀 있더라도 자원하는 담보를 통해 복원되고, 나아가 형제애와 하나 됨을 재발견할 수 있습니다. 이렇게 야곱의 집은 하나가 되고, 이스라엘이 세워지며, 이들에게는 존귀와 기쁨이 넘쳐납니다.

고센 땅은 애굽의 영토로, 야곱과 그의 가족들이 가나안을 출발하여 처음으로 당도한 곳입니다. 훗날 여기에서 이스라엘의 출애굽이 시작됩니다. 고센은 오늘날의 알렉산드리아 근방으로 추정됩니다. 나일강 델타 북동쪽 지역에 자리 잡은 곳으로, 매우 풍요로운 목축지입니다. 요셉은 아버지와 재회한 기쁨을 뒤로하고, 해야 할 일이 있다는 것을 알아채고 곧장 자리를 떴습니다. 해야 할 일이란, 우선 바로에게 자신의 가족들이 당도했다고 알리고, 그들이 고센 땅에 정착하도록 바로의 허락을 받아야만 했던 것입니다. 물론 바로가 초청한 것이고 애굽 땅 중에서 아름다운 곳을 주겠다고 약속했지만(창 45:18), 고센 땅에 거주하라는 최종 명령이 떨어진 것은 아니었지요. 요셉의 생각에는 아버지와 형제들이 살기에 고센이 최적지였지만(창 45:10), 바로가 최종적으로 허락한 것은 아닙니다.

## ✚ 목자 야곱의 계산

애굽에서 목자들은 특별한 부류로 취급받았습니다. 제사장이나 무사 같이 지체 높은 자들은 목자들과 거리를 두었지요. 한편, 바로에게 목자라 대답하여 무시당한다 하더라도 요셉의 영예로 충분히 보상될 것이라는 계산도 깔려 있었던 것 같습니다. 목자라고 멸시하기에는, 요셉은 이미 애굽인들에게 대단히 큰 존재가 되어 있었습니다. 야곱 가족은 그들에게 아무것도 아닌 자들이지만, 요셉 때문에 무시할 수 없는 자들이었습니다. 야곱 일족의 목적은 오직 애굽에 정착하는 것입니다. 그래서 애굽인들과 따로 구별되면서도 자유로울 수 있게 고센 땅에 거주해야만 합니다. 애굽인들은 목자들과 함께 밥도 먹지 않거니와 '가증히 여기는'(창 43:32; 46:32) 고로, 바로는 그들이 고센에 따로 떨어져 사는 것을 허락할 것입니다.

요셉은 바로에게 자신의 아버지와 가족들이 애굽에 도착해 고센에 머무르는 중이라고 보고합니다(창 47:1). 요셉은 형제 모두를 동행하지 않고, 그중 다섯 명을 골라 바로를 알현하게 합니다. 누구를, 어떤 기준으로 골랐는지는 기록하지 않아 알 수 없습니다. 형제들의 '끝머리'(우미크쩨흐, 창 47:2)를 골랐다는 표현을 통해 바로가 위협을 느끼지 않도록 어리숙한 사람을 골랐다고 말하는 성경학자들이 있습니다. 대충 반반씩 구성했다 하더라도 누가 뭐라 하겠습니까? 이들은 한결같이 요셉에게 지시받은 대로, 자기들은 조상 대대로 짐승 치는 일밖에 하는 일이 없다고 말합니다.

3절 하반절에서 '당신의 종들은 목자'라는 표현이 나오는데, 단수로 쓰여 있습니다. 여러 형제들이 있지만, 오직 양치는 목자일 뿐이라고 말하는 것입니다. 이 표현에는 "직업이 목자이고 애굽에서 거주하려 모든 식구들이 가축들을 데리고 왔으니 어찌할 도리가 없습니다. 이곳 고센이 좋은 초지이니 왕의 호의만을 구합니다. 여기 살게 해주십시오"라는 뜻이 담겨 있습니다. 훗날을 생각하여 가나안에서 가까운 곳에 살려고 한 것 같습니다. 애굽 사람들과는 좀 떨어져 살며 이스라엘 가족의 정체성을 지키는 것이 하나님의 뜻이면서 왕에게도 득이 될 것이라는 요셉의 속마음도 언뜻 보입니다. 소원하는 바를 간단하게 믿음으로 표현했을 뿐이지만, 하나님이 역사하셨습니다. 바로는 자신의 입으로 직접 '고센'을 거론하며 이들에게 비옥한 땅을 주라는 명령을 내리고는 요셉에게 전권을 위임합니다. 이것만이 아닙니다. 요셉의 가족 가운데 유능한 자들을 골라 바로의 양 떼와 소 떼를 관리하라고까지 명령합니다. 바로의 장관이 되도록 하라고 명령한 것입니다(창 47:5,6). 애굽의 고대 문서들에는 아시안 계통의 목자장들로 하여금 바로 궁의 짐승 떼를 관장하게 했다는 문구들이 많이 나타납니다. 하나님은 우리의 기대 이상으로 역사하십니다!

## ✝ 낮은 야곱이 높은 바로를 축복하다

요청했던 바가 이루어지는 것을 본 요셉은 아버지 야곱을 신속히 바로 앞에 서게 합니다. 이 역사적인 만남을 통해 이스라엘이 애굽에 오게 된 의미를 드러냅니다. 바로 앞에 선 야곱의 자세가 어떻습니까? 성경은 '야곱이 바로를 축복했다'(창 47:7)라고 기록합니다. 축복은 높은 자가 낮은 자에게 하는 것입니다. 이 표현은 단순히 바로에게 인사치레를 하는 정도가 아니라, 아브라함에게 주신 약속인 '너를 축복하는 자는 축복을 받고'의 말씀이 실현되는 장면입니다! 택한 백성의 선지자이자 제사장인 야곱의 축복을 받아야 남은 흉년도 거뜬히 이겨내고 앞으로 있을 열 가지 재앙에서도 벗어날 수 있습니다(창 12:3; 출 12:32).

아들들은 바로에게 '당신의 종들'이라고 세 번이나 말했고(창 47:3,4), 자신들은 목자에 불과하며, 요셉 덕분에 좋은 대접을 받고 있다는 사실도 알고 있습니다. 그러나 야곱은 자신과 아들들이 천지의 주재이신 하나님이 택하신 자들이고, 자신을 통해 여러 민족이 복을 누리게 된다는 신앙의 기개를 가지고 있습니다. 자신의 생명이 다른 사람에 의해 좌우되는 것 같고, 불안정하고 도움을 필요로 하는 사람같이 보이지만, 그리고 바로 당신은 천하를 호령하는 권세를 가졌기에 세상의 모든 걸 다 가졌다고 생각하겠지만, 정작 도움이 필요한 사람은 바로 당신(바로)이라고 선언하는 것입니다. 야곱은 말씀을 체험한 경험도 많이 있기에 바로 앞에서도 진리 안에서 당당합니다. 바울이 아그립바와 버니게 앞에서 "모든 사람도 다 이렇게 결박된 것 외에는 나와 같이 되기를 하나님께 원하나이다"(행 26:29)라고 한 것과 같은 신앙의 자존심을 야곱 또한 가지고 있었습니다.

예상 밖의 일이 일어나자 위엄을 부리고 있던 바로는 겸연쩍기도 하고 무엇인가 영감을 받은 듯 신비한 힘에 끌려 물었습니다. '네 연세가 얼마이기에' 이렇게 나에게 축복을 하느냐는 것입니다. 혹은 당신이 누구이기에 요셉 같은 아들을 두어서 애굽을 부강하게 하는 자의 아버지가 되었느냐는 것일 수도 있습니다. 비천한 족속이지만 신기하다는 태도가 깔려 있습니다.

야곱은 바로의 질문에 놀라운 신앙고백을 합니다. "내 나그네 길의 세월이 백삼십 년이니이다 내 나이가 얼마 못 되니 우리 조상의 나그네 길의 연조에 미치지 못하나 험악한 세월을 보내었나이다 …"(창 47:9). 이 고백은 크게 두 가지 내용을 담고 있습니다. 첫째, 자신은 거주할 땅도 없는 나그네 세대의 족장이라는 것입니다. 둘째, 조상의 나이에 비하면 얼마 못 되지만 험악한 세월을 보냈다고 합니다. 아브라함이 175세, 이삭이 180세를 살았으니 147세의 야곱은 짧게 산 편이라고 할 수 있습니다. 하나님의 축복을 받으려고 아버지를 속여 원하는 것을 얻어냈지만, 그의 삶은 그야말로 파란만장했습니다. 애굽을 부강하게 하는 주역인 요셉을 두고도 말 못 할 고난의 세월을 보냈습니다. 그의 삶이 비록 나그네이지만, 이제는 바로의 나라에 빛이자 축복이 되고 있으며, 하나님 아들의 권세를 가진 자에다 하늘에 소망을 두고 사는 인생이라는 말입니다. 그는 현세를 표준으로 삼고 살아가는 어느 누구 앞에서 꿇리지 않습니다. 이것이 바로를 당당하게 축복할 수 있었던 야곱의 저력입니다(창 47:10). 야곱은 바로보다 높으신 하나님을 보여주었습니다(창 47:8-10).

야곱이 바로에게 원하는 것은, 애굽에서 나그네로 살아가게 해달라는 것입니다. 조상인 아브라함과 이삭이 본향을 찾았듯 야곱 자신 또한 본향을 찾고 있으니, 애굽에서는 나그네로 살아가게 해달라고 합니다. 지금 있는 애굽은 본향이 아니기 때문입니다. 지금은 애굽에 거주하기를 바라지만, 이 땅은 영원히 거주할 나라가 아닙니다. 참된 이스라엘인 우리 신자들은 영원히 서 있는 보좌와 왕관 앞에서 이렇게 고백해야 합니다(히 11:9,10,13-16; 참조 시 39:13; 119:19,54; 요 18:36; 히 12:18,22; 13:13,14).

바로의 명령이 떨어지자 요셉은 이스라엘이 고센에 정착할 수 있도록 모든 노력을 다합니다. 훗날 바로는 이스라엘로 하여금 이곳 고센에 국고성 비돔과 라암세스를 건축하도록 했습니다(창 47:11; 출 1:11). 요셉은 대흉년을 지나며 아이들의 숫자에 따라(창 47:12), 즉 식구들의 필요에 따라 양식을 나누어 주었습니다. 흉년이 들면 어른들도 제대로 먹지 못하는 마당에 아이들까지 신경 쓰는 게 쉬운 일이겠습니까? 그러나 요셉의 지혜는 세세한 데까지 관심을 두고 대비합니다.

야곱은 바로를 처음 만날 때, 그리고 알현을 마치고 나올 때, 두 번에 걸쳐 바로를 축복했습니다. 바로가 야곱의 말을 알아들었는지는 차치해두고, 세상에서 최고의 권세를 누리는 자라 하더라도 하나님의 축복이 없다면 나라도 백성도 살 수 없다고 자신의 믿음을 담대하게 선언합니다. 야곱의 이런 자세는 조상들에게 말씀하시고, 자신에게도 그 말씀대로 행하시는 하나님의 언약을 굳게 믿는 믿음에서 나온 것입니다(창 12:3). 또한 야곱은 하나님이 약속하신 것을 굳게 소망하기에(창 46:3-4), 즉 하나님께서 이스라엘을 가나안으로 돌아오게 하실 것을 믿기에, 자신의 유골을 가나안에 묻어달라고 요셉에게 맹세시켜 부탁합니다. 이런 야곱의 톨레도트 구조 안에서 요셉의 이야기는 전개됩니다.

## ✝ 위기관리자 요셉의 경영

바로의 명을 받들어 가족을 고센에 정착시킨 요셉은 국내 현안에 몰두합니다. 사람마다 맡은 자신의 직무가 있는데, 그 일에 충성하기에 앞서 가정의 화평이 우선시 되어야 합니다. 애굽은 물론 전 가나안에 밀어닥친 전대미문의 기근으로 온 땅이 황폐해졌습니다(창 47:13). 온 땅에 양식이 없기에 백성들의 곤고는 이로 말할 수 없을 지경입니다. 백성들은 주머니의 돈을 다 풀어서라도 양식을 삽니다. 총리 요셉은 양식 대신 거두어들인 돈을 애굽 국고에 모읍니다. 양식을 사느라 돈을 다 쓴 백성들은 양식을 달라고 아우성입니다. 돈이 없다면 소유한 짐승을 내고 양식을 사라고 요셉은 명령합니다. 백성들은 살기 위해 가축들을 다 내놓고 양식을 바꾸어갑니다. 이렇게 바꾸어 간 양식도 고작 한 해가 지나자 소진돼버렸고(창 47:18), 남은 것은 자기 몸과 토지뿐이니 차라리 땅을 바치고 바로의 종이 되도록 하여 허기만이라도 면하게 해달라고 간청합니다.

47장 13-20절은 애굽의 흉년을 묘사하면서 그 혹독한 기근이 '가나안'에도 똑같이 미쳤다고 세 번에 걸쳐 진술합니다(창 47:13,14,15). 야곱 족속이 이런 극심한 기근을 만나기 전에 애굽으로 와서 요셉의 보호를 받았기에 망정이지, 그렇지 않았으면 큰일 날 뻔했습니다. 사람 때문에(바로, 헤롯) 약속의 '자손'(창 3:15)이 어려움을 당하기도 하지만, 마귀는 자연재난을 통해서도 믿는 백성에게 고난을 줍니다. 그러나 하나님은 때에 맞추어 자기 백성의 거처를 옮기시며 절묘하게 조정하십니다.

요셉이 백성들의 안위에는 전혀 안중에 없고 모든 것을 몰수하는 몰인정한 관료처럼 보일 수도 있지만, 실상은 그렇지 않습니다. 총리로서 절대 자기 사욕을 채우는 것이 아닙니다. 양식 대신 가져오게 한 재산은 '바로의 궁으로 가져오게 하고'(창 47:14), '바로의 소유가 되도록'(창 47:20) 하였습니다. 자신이 섬기는 왕권이 강화되도록 한 것이지, 사리사욕을 채운 적은 없습니다. 그렇다고 왕권만 강화하기 위해 철권통치를 한 것도 아닙니다. 요셉의 통치 스타일을 가만히 지켜보면, 미리 정책을 고안하여 거기에다 모든 것을 끼워 맞추는 스타일이 아닙니다. 그는 매사에 백성들이 먼저 자발적으로 와서 건의할 때(창 47:25) 그것을 받아들여 백성들의 안녕을 위해 정책을 시행합니다. 그 내용은 다음과 같습니다.

우선 백성들의 건의를 받아들여 흉년에도 계속 일할 수 있도록 종자를 주고, 황폐해져 생산하지 못하는 땅도 계속 개간하게 합니다(창 47:19,23). 가능한 거주하고 있는 그 성읍의 백성들로 하여금 노역을 하게 하고, 필요하다면 주민을 이주시켜서라도 농사를 할 수 있게 여건을 조성해줍니다. 요셉이 편 농지 정책의 핵심은 토지가 소수에 의해 소유되는 것을 막고, 각자가 토지를 소유하고 경작하여 스스로 먹고 살 수 있도록 돕는 것이었습니다. 백성들이야 워낙 살기가 어려우니 차라리 바로의 노예가 되겠다고 했지만(창 47:25), 요셉의 의도는 그런 것이 아니었습니다. 5분의 1은 바로에게 세금으로 내고, 5분의 4는 백성들이 가족을 넉넉히 먹이도록 하는 정책이었습니다. 서민이 스스로 노력할 때 그 노동의 대가를 누리도록 하는 정책을 편 것입니다. 백성들은 노예의 신분으로라도 먹고사는 문제를 해결하기 원했고, 통치자들은 마음대로 부려먹을 수 있는 방안을 선호했지만, 적어도 요셉이 총리로 있는 동안에는 친서민 정책이 펼쳐졌다고 볼 수 있습니다.

요셉의 전성기, 즉 힉소스 왕조 시대(주전 16세기) 이후에는 바로만이 애굽 전 농토의 실질적인 지주였다고 역사는 말해줍니다. 오직 제사장들만 강제 이주 혹은 세금에서 면제됐습니다(창 47:22). 저들은 왕실에서 녹(연금)을 받아먹고 살기에 땅을 팔 이유도 없고 옮겨질 이유도 없었습니다. 라암세스 11년(주전 1300년 경)에는 신전 토지에서 거둬들이는 수입 외에 왕궁의 연금으로 일 년에 185,000 가마니 분의 곡식이 신전에 유입되었다고 합니다.

47장 26절은 '요셉이 애굽 토지법을 세우매 … 오늘까지 이르니라'라고 기록하는데, 이는 훗날 모세가 오경을 기록할 때에 요셉이 백성의 복지와 안녕을 위해 시행한 법들을 이스라엘도 알고 있었다는 뜻입니다. 이스라엘 땅 역시 이스라엘의 왕이신 여호와가 이스라엘의 소유주이십니다. 이스라엘의 백성들은 그 유업을 각기 분배받습니다. 유업은 어떤 경우에도 양도할 수 없습니다. 그 땅에서 처음 난 것과 십일조는 가져와야 하고, 제사장도 십일조를 떼어 놓습니다. 토지의 수확과 노동 수입은 그 땅의 관리와 그 땅의 백성의 유익을 위해서만 쓰여야 합니다.

이렇게 요셉이 결정하고 제정한 규율에 의거하여 이스라엘은 신흥하는 하나님의 백성으로서 애굽의 양식을 먹으며 애굽에서 성장하되, 바로의 노예가 되지 않은 채 번성해갔습니다. "이스라엘 족속이 애굽 고센 땅에 거주하며 거기서 생업을 얻어 생육하고 번성하였더라"(창 47:27)라는 말씀은 전에 벧엘에서 하나님이 야곱에게 축복하실 때에 하신 말씀입니다(창 35:11,12). 물론 '생업을 얻다'가 창세기 35장 12절 말씀, 즉 가나안 땅을 주겠다는 말씀과 차이가 있어 보이지만, 실상은 동일한 의미입니다. 여기서 성숙한 야곱의 신앙이 드러납니다. 애굽 생활에서 요셉으로 인해 호강을 누리고 땅도 소유하며 자식들까지 생육하고 번성하는 환경을 누리고 있지만, 애굽은 하나님이 약속한 땅이 아닙니다. 지난날 밧단아람에서 환경에 얽매여 가나안으로 돌아오는 데 긴 시간이 걸렸고, 세겜이 좋아 몇 년이나 머물러 살다가 큰 낭패를 당하기도 했습니다. 그러나 이제는 애굽에서 아무리 성공 가도를 달린다 해도 가나안은 영원히 머물 장소가 아니라는 것을 야곱은 압니다. 환경이나 여건이 자신을 지배하는 것이 아니라, 하나님의 약속, 언약이 자신의 삶을 지배한다는 것을 의식할 만큼 야곱의 신앙은 성숙해졌습니다.

# 56

창 48:1-22, 49:29-50:14

# 두 아들의 입적과
# 무덤의 예언

창세기 48장은 야곱이 자신의 최후를 앞두고 요셉의 두 아들을 이스라엘 족속으로 입적하는 기사를 기록하고 있습니다. 요셉의 아내가 애굽 여인이었기에 꼭 필요한 절차입니다.

형들이 요셉에게 악행을 저질러 벌어진 상황들은 용서와 화해로 이어졌지만, 또 다른 위험이 내재하고 있었습니다. 그것은 이스라엘 자손들이 애굽에 거주하는 데서 오는 위험입니다. 요셉이 애굽에서 누리게 된 높은 존귀와 영광이 이스라엘에게는 선하게 역사했지만, 애굽의 존귀와 보화에 심취하여 조상으로부터 이어진 부르심과 약속의 말씀에서 멀어지고, 급기야는 정체성을 잊은 채 거룩한 족속의 명분마저 잊을 수 있는 위험이 상존하기 때문입니다. 이에 요셉은 자신은 물론 후손들까지 애굽의 영화를 버리더라도 위로부터 오는 하나님의 높은 소명을 자각하고, 의지적으로 이스라엘 족속으로 입적하여 하나님의 뜻에 따를 필요를 느꼈습니다.

요셉은 자기 세대에 이스라엘과 함께 핍박받는 일에 동참하였고, 훗날 모세는 그의 노선을 밟습니다. 요셉은 하나님의 뜻을 따라 두 아들을 야곱에게 데려옵니다. 이스라엘은 요셉의 아들들을 자신의 아들로 입적시키고 그들을 이스라엘의 두 족장으로 삼습니다. 이어 야곱은 요셉에게 장자의 유산, 즉 두 몫을 배당합니다. 야곱은 요셉이 더 많은 아들을 낳기를 기대하며 '요셉'(더 보태짐)이라 작명한 라헬을 추억합니다.

## ✝  요셉의 아들들에게 준 축복의 내용

야곱 가문은 흉년이 시작되고 2,3년 후에 애굽으로 이주하였고, 이때 야곱은 벌써 17년 동안이나 애굽에 살고 있었습니다. 므낫세와 에브라임은 풍년의 때에 태어났습니다(창 41:50; 45:6; 47:28). 요셉이 아들들을 대동하고 온 것은 단순히 병든 할아버지를 문안하기 위한 것이 아닙니다. 요셉이 총리가 되고 아버지를 만나는 등의 일을 겪으며 애굽에서 산 지도 벌써 30년이 넘어갑니다. 아버지에 대한 정도 그렇지만, 아버지의 신앙과 조상들의 신앙을 더욱 잘 알게 되었습니다. 하지만 자신은 애굽의 총리가 되어 날마다 애굽의 언어를 사용하고 애굽의 관복을 입으며 애굽을 위해 일합니다. 이름도 바로가 지어준 '사브낫바네아'(창 41:45)로 불리고 있습니다. 게다가 애굽 여인 '아스낫'을 통해 두 아들을 낳았습니다. 히브리 이름으로 아들의 이름을 지었지만, 너무도 힘들고 서러웠던 과거로 인해 '나의 아버지의 온 집을 잊어버리게 하셨다'와 '나의 수고한 땅(애굽)에서 창성하게 하셨다'로 지었습니다(창 41:51,52). 말이 씨가 된다고, 요셉은 두 아들이 이름대로 애굽의 풍요와 사치에 젖어 그들이 신앙의 정체성을 잃을까 노심초사입니다.

총리 아들이 당도했다는 소식을 들은 야곱은 병들어 진액이 다 빠진 형편에서도 전력을 다해 일어나 침상에 앉았습니다. 아들과 아버지 모두 이심전심으로 긴급하게 행동하는 모습을 묘사하며 주의를 환기하는 히브리어 '힌네'(보라)가 1절과 2절에 걸쳐 두 번이나 나납니다. 야곱은 노구(老軀)이지만 온 힘을 모아 여전히 족장 '이스라엘'로서 자신에게 부여된 특별한 사명을 이루려고 합니다. 따라온 손자들은 할아버지의 거동을 신비하게 바라보며 다음에 있을 일을 기다립니다.

48장에서는 야곱과 이스라엘의 이름이 서로 교차되어 나타나는 것을 볼수 있습니다. 야곱은 연약하고 개인적이며 허물을 상징하는 이름이지만, 이스라엘은 족장, 약속의 백성의 아버지라는 개념이 강합니다. 믿음으로 얻어진 이름이기 때문입니다. 이런 측면을 염두에 두고 두 이름이 서로 교차되어 나오는 구절들을 음미하면 새롭습니다(창 45:27,28; 48:8,10,11,13,14,21; 47:27,28,29,31; 46:1,2,5,8,29; 43:1,6,8,11-14; 42:1,5; 37:3; 35:10,22; 33:20; 32:28; 49:2,28).

야곱은 아들 요셉에게 자신이 살아온 삶을 얘기해줍니다. 언제나 자신을 지키시고 목자가 되어주셨던 전능자 하나님의 나타나심, 계시하심, 약속하심, 축복하심, 말씀하심, 그리고 이것들을 이루어주신 이야기들을 전합니다. 야곱은 특별히 전능자 하나님이 가나안 루스(벧엘의 옛 이름)에서 자신에게 나타났던 일을 추억합니다. 성경은 이 기념비적인 사건을 네 번이나 이야기할 정도로 여기에 담긴 의미를 깊게 새기고 있습니다(창 28:13-15; 31:13; 32:28; 48:3,4). 벧엘에서의 계시 말씀은 언약에 관해 몇 가지를 전달합니다.

첫 번째, 벧엘에서 계시하신 하나님은 역사(歷史) 안에 현존하시는 하나님으로, 전능한 능력으로 역사(役事)하시는 분이십니다. 야곱이 147년 동안 가나안-밧단아람-애굽을 거치며 살아온 나그네의 여정에서 확실히 깨달은 것이 하나 있는데, 전능하신 하나님이 함께 하신다면 어떠한 환경에 처해 있다 하더라도 그 삶은 성공이라는 것입니다. 그래서 야곱은 하나님만 있으면 다른 것들은 다 없어도 된다는 의미에서 '나는 죽으나 하나님이 너희와 함께 계시사…'(창 48:21)라고 세상에서의 마지막 축원을 합니다.

두 번째, 전능한 하나님은 자신이 부르시고 택하신 백성에게 '복 주실' 뿐 아니라 모든 족속이 너로 인해 복 받을 것이라고 하셨습니다.

세 번째, 복 가운데서도 자손이 많게 하시겠다, 그리고 가나안 땅을 유업으로 주시겠다고 하셨습니다. 야곱이 가나안 땅에서 밧단아람으로 떠날 때 고향을 떠나던 그에게는 위로를 주기 위하여 자손의 축복보다 땅의 축복을 먼저 말씀하셨습니다. 그리고 "너를 이끌어 이 땅으로 돌아오게 할지라"(창 28:15)라고 하셨지요. 이러한 맥락에서 야곱은 요셉에게 벧엘의 하나님에 관해 말할 때 가나안을 '영원한 기업'이 되게 하시겠다던 약속을 전해줍니다. 이를 통해 야곱은 아브라함에게 하신 언약과 자신의 가문을 연관 짓고(창 17:8), 요셉과 야곱의 후손들이 애굽이 아닌 가나안과 결탁되기를 바라고 있습니다. 야곱의 후손들은 가나안으로 돌아가야만 합니다.

네 번째, 야곱은 하나님이 창조 때 하셨던 '생육하고 번성하라'(창 1:28)라는 축복을 요셉의 아들들에게 줍니다. 야곱이 자신의 삶을 통해 이 축복의 의미를 반추해볼 때, 하나님이 아무리 명령하셔도 인생이 주체적으로 생육하거나 번성할 수 없고, '생육하고 번성하라'는 명령까지도 하나님이 이뤄지게 해주셔야만 이루어진다는 것을 알았습니다. 그래서 야곱이 마지막으로 벧엘을 추억하며 요셉에게 전해줄 때 하나님이 야곱을 '…되게 하시며, …되게 하시며, …되게 하시며…'(창 48:3,4)라고 표현했습니다. 이는 하나님이 명령하시고 약속하셨던 모든 것은 궁극적으로 하나님이 이루시고 '되게' 하셔야 한다고 주장하는 것입니다. 이를 뒷받침하기 위해 야곱은 하나님이 "I will …, I will …, I will …, I will …"(4절) 하셨다고 밝힙니다. 과거의 야곱은 얼마나 자기 멋대로 행동했나요? 아버지를 속여서라도 축복을 빼앗았고, 결혼도 자기가 원하는 대로 했습니다. 라반과의 싸움에서도 자신의 꾀를 따랐으며, 에서를 진정시키기 위해 예물을 주는 일까지 모두 다 자신의 의지, 자신의 뜻, 자신의 꾀를 좇은 것입니다. 그러나 숨을 거둘 때 비로소 하나님의 주권에 자신과 자손의 미래를 맡깁니다.

거짓말쟁이 마귀는 하나님을 대적하여 "I wil …, I will …, I will …, I will …" 하는 것이 특징입니다(사 14:13,14). 이 사실을 꼭 명심해야 합니다. 참된 신자는 믿음으로 하나님을 의지하며 살아갑니다. 야곱의 인생에서 그 마지막 순간은 참으로 아름답고 승리의 찬가가 울려 퍼지는 모습입니다.

사람이 늙고 병들어 힘이 없을 때, 꼿꼿한 자세로 신앙을 고백하는 것은 쉽지 않은 일입니다. 야곱은 이 세상에서 보내는 마지막 시간에 자신의 삶에 하나님의 약속, 살아계신 하나님의 말씀이 어떻게 역사하고 있는지 분명히 해두려 합니다. 그는 할아버지 아브라함, 아버지 이삭을 부르시고 복 주신 일이 자신 안에서 확립되고 이루어진다는 것을 믿습니다. 과거에 약속하시고 현재에 그 약속의 말씀이 이루어졌기에, 자신이 떠난 후 자손들의 미래에서도 이루어질 것이라고 굳게 믿습니다. 부르시고 복 주시는 일이 자신의 사후에 나게 될 '많은 백성'에게서 이루어질 것이라고 믿음의 눈으로 바라보는 것입니다. 특히 그 일은 애굽이 아니라 가나안 땅에서 이루어질 것이라고 하나님이 하셨던 약속을 추억합니다.

하나님이 야곱의 집을 축복하신 것은 하나님이 결정하신 계획 속에 있는 일입니다. 가나안을 '영원한 기업'(소유)으로 주셨기에, 그 약속과 구체적인 땅 가나안은 영원히 결탁되어 있습니다. 하나님의 작정 안에서 '그 백성'의 '그 땅'으로 연결되어 있지요. 그러나 먼 장래에 하나님의 백성과 그의 기업은 온 지상의 만국 백성에게로 미치게 될 것입니다(창 12:7; 13:15; 17:8; 26:3,4; 28:13,14).

## ✝ 야곱이 모은 발과 연약의 무덤

여호와의 약속과 족장 야곱의 명령대로 야곱은 가나안 땅에 묻힙니다. 이 장례는 애굽의 총리 요셉이 맹세한 대로, 요셉에 의해 기획되고 야곱의 아들들에 의해 실행되었습니다(창 47:29-31). 147년에 이르는 야곱의 삶은 그야말로 파란만장한 나그네의 삶이었습니다. 부모의 슬하에서 축복 받으려다 내쫓기다시피 시작한 타향살이에 내디딘 발(라글라이브, 창 29:1), 이제는 그 발(라글라이브, 창 49:33)을 침상에 모으고 생을 마감합니다. 49장 첫 절에서는 각 지파의 족장이 된 열두 아들을 한곳에 불러 모아(창 49:1) 예언과 축복을 마친 후, 49장의 마지막 절(33)에서는 자식들이 지켜보는 가운데 양 발을 모으고 돌아갑니다. 한글로는 '모으다'와 '돌아가다'가 각기 번역되었지만, 흥미롭게도 두 단어 모두 '바이에소프'로 기록되어 있습니다. 자신의 발을 가나안에서 메소포타미아로, 메소포타미아에서 가나안으로, 그리고 마지막에는 가나안에서 애굽으로 옮겨온 야곱은 죽음 후에도 자신의 의지(유언)에 따라 가나안으로 돌아옵니다. 하나님의 축복을 위해서라면 거짓도 마다하지 않고 행했던 야곱은 온갖 방해 가운데서도 자신이 바라던 축복(자손과 물질)을 마침내 얻어내고 아람 땅을 떠났습니다. 하지만 이렇게 받은 육신의 축복으로 인해 가나안으로 돌아오는 길에는 풍파가 이만저만이 아니었습니다. 그리고 애굽이라는 타향에서 비로소 땅의 축복을 누릴 수 있었습니다.

그의 삶은 이스라엘의 열두 지파 공동체의 기초를 놓는 밑거름이 되었습니다. 그의 삶이 믿음으로 점철되었기 때문입니다. 아버지 이삭의 축복을 받아 나섰던 나그네의 삶을 통해(창 28:1) 삼촌 라반도 야곱으로 인해 복 받는 줄 알았고(창 30:27), 세상의 제왕으로 호령하던 바로도 야곱에게 축복을 받았습니다(창 47:7,10). 마지막으로 야곱은 아들들에게 예언과 축복을 하여 자신의 사명을 다 이룹니다(창 49:1-28; 히 11:21). "믿음으로 야곱은 죽을 때에 요셉의 각 아들에게 축복하고 그 지팡이 머리에 의지하여 경배했습니다"(히 11:21).

광활한 사막과 대지를 떠돌던 나그네가 마지막 순간을 맞으며 남은 힘을 다해 발을 올린 곳은 겨우 침상이었고(창 48:2), 조그만 침상에 겨우 발을 모은 후 야곱은 숨을 거두었습니다. 그러나 그는 죽음이 임박한 순간까지 믿음으로 예언을 선포하며 빛을 냅니다.

죽음을 목전에 두고 야곱은 요셉에게 맹세를 요구했습니다. 자신을 애굽에 묻지 말고 가나안 조상들이 묻힌 묘실에 묻어달라는 것이었습니다. "내가 조상들과 함께 눕거든 너는 나를 애굽에서 메어다가 조상의 묘지에 장사하라 요셉이 이르되 내가 아버지의 말씀대로 행하리이다"(창 47:30). 그리고 생의 에너지를 거의 다 소진해가는 순간까지, 야곱은 요셉뿐 아니라 지파의 족장이 된 자신의 '모든' 아들들에게 자신의 장례에 대해 '명령하고'(지시하고, 창 49:33) 있습니다. 힘이 거의 소진한 상태에서 마지막 힘을 짜내어 아들들에게 매장지가 있는 장소와 매장지를 얻은 배경, 그 매장지에 어떤 조상들이 묻혀 있는지까지 세세히 알려줍니다(창 49:29-32). 아이들에게 여러번 들려주었음직한 이야기를 죽어가는 순간까지 이렇게 자세하게 설명한 이유는 무엇일까요?

첫째, 그곳은 아브라함이 가나안의 원주민인 헷 사람들의 몰인정함과 냉정함 가운데서 교섭하여 정당하게 획득한, 법적으로 야곱 가문이 소유한 땅입니다(창 23장 참조).

둘째, 조그마한 동굴이지만, 하나님이 조상들에게 약속하신 가나안 땅을 유업으로 받을 최소한의 표징입니다.

셋째, 오늘은 시신이 묻히는 슬픔의 장소 막벨라이지만, 바로 맞은편에는 상수리 수풀이 있습니다(창 14:13). 그곳은 사라가 수태한 곳이었고(창 18:1-15), 에덴동산의 상징인 마므레가 보이는 곳이었습니다. 죽음의 장소 바로 맞은편에 부활동산이 있다는 뜻입니다. '이곳'에서 '저곳'은 맞닿아 있습니다.

　마지막으로 넷째, 그곳은 하나님의 주권이 역사하는 곳이었습니다. 야곱은 평생 라헬을 본처로 여겨 잊지 못했습니다. 죽는 순간까지 레아를 '아내'라고 부르지 않지요. 그러나 하나님의 주권이 강권하기에, 야곱은 자신의 시신을 레아 옆에 묻으라고 명합니다. 언약의 백성들이 모인 곳에서 안식하며 장래를 기다리고 싶은 것입니다. 마치 '내가 먼저 가 누워 있을 테니 너희들도 하나님이 약속하신 대로 그곳으로 오라'고 말하는 듯합니다. 자신의 무덤을 언약으로 연결하여 후손들에게 장래 소망에 대한 믿음을 일깨워 줍니다. 야곱은 축복의 예언을 자신의 매장지에 대한 명령으로 연결하면서, 후손들과 자신의 장래를 언약 안에 함께 두기를 바랍니다.

# 요셉이 말년에
# 붙잡고 산 것

이스라엘의 아들들이 아버지의 장례를 치르고 애굽으로 돌아왔습니다. 새로운 족장이 된 이들은 여호와의 약속을 이어받아 세상을 살아가야 하는 약속의 자녀들입니다. 아버지가 돌아가신 후에도 흩어짐 없이, 하나님의 은혜와 신실하심으로 하나가 되는 모습은 참으로 대견하고 아름답습니다. 지난날 아브라함은 아내가 여럿이라 그의 죽음 전후로 후손들이 각기 제 길로 갔고, 이삭의 두 아들은 같은 어머니의 소생이었지만 각자의 소망이 달라 제 길로 갔습니다. 그런데 이스라엘의 아들들은 어머니가 네 명임에도 하나로 뭉쳤습니다. 하나님의 언약이 아니라면 이들을 붙들어 맬 동기가 없습니다. 이는 아버지 이스라엘을 추억해서이기도, 또 요셉이 하나님을 경외해서이기도 하지만, 무엇보다도 신실하게 형제를 사랑했기 때문에 가능한 일이었습니다. 그리고 이들 모두가 이방 나라에서 살아가는 처지에 있다는 동지의식도 작용한 것 같습니다.

✚　　**전화위복은 하나님의 전권입니다**

　　사실 형들은 요셉과 애굽에서 70년이 넘도록 같이 살았습니다. 서로 형제인 것을 확인한 후, 요셉은 형들을 눈물로 용서하고 영접했습니다(창 45:5,15). 그리고 형제들은 힘을 모아 아버지 야곱의 장례식을 치렀습니다. 오랜 시간이 걸리고, 먼 여정임에도 온 가족은 함께 장례를 치렀습니다. 그때 형들은 요셉의 위엄과 권세를 더욱 실감했을 것입니다.

이렇게 오랜 기간 동안 같이 살아오며 요셉의 압도적인 권세를 본 형제들이 아버지가 하지도 않은 말, '형들이 네게 악을 행하였을지라도 이제 바라건대 그들의 허물과 죄를 용서하라 하셨다'(17a)라고 말한 것은 자신들의 안전을 지키기 위해 한 거짓말이라고 보기는 어렵습니다. 형들이 거짓말을 꾸며냈다기보다는 아버지가 살아생전 그들에게 주었던 명령을 기억하는 것이라고 보는 것이 훨씬 자연스럽습니다. 이스라엘이 살아 있을 때는 축복의 예언을 하더니, 죽고 난 후에도 여전히 족장인 아들들에게 하나가 되어야 한다고 명령하고 있습니다.

형들이 생각하는 것처럼 요셉은 구원(舊怨)에 사로잡혀 복수할 생각을 가지고 있지도 않았지만, 형들이 먼저 겸손으로 무장하여 엎드렸습니다(창 50:18). 한때 요셉을 미워하여 없애려고 했던 그들이, 이제는 진심을 다해 존경을 표현합니다. 이스라엘의 아들들이 아무 조건 없이 요셉의 종이 되겠다고 자처합니다. 요셉의 꿈이 이루어졌습니다(창 37:4,8,20). 하지만 요셉이 권세를 부려서가 아니라, 형들이 먼저 마음속에서부터 우러나온 존경을 표하는 태도이자, 잠재되어 있던 죄책감에서 벗어난 사람들의 자발적인 회개의 표현입니다.

요셉은 형들이 이런 처신을 하지 못하게 막지 않고 오히려 이 일을 통해 하나님이 하시고자 한 하나님의 경륜을 알려 줍니다. 이 기회에 형들의 두려움을 말끔하게 해소해주고, 자신도 한 형제임을 강조합니다. 무엇보다도 하나님을 경외한다고 말하는데, 이스라엘 백성을 주관하시는 분은 자신이 아니라 하나님이라고 강조하는 의미가 담겨 있습니다. 자신이 애굽의 총리이지만, 그보다 앞서 하나님의 종이기 때문에 하나님을 대신할 수 없다는 뜻이지요.

일반적으로 사람이 높은 자리에 앉고 주위 사람들이 받들어주면 마치 신이라도 된 양 착각하고 날뛰는 것이 인류의 역사입니다. 더구나 고대에는 더 심했습니다. 그러나 요셉은 철저하게 자신을 위치를 지키고, 자기가 하나님처럼 권세를 부릴 수 없는 보통 사람에 불과하다는 사실을 형들에게 인식시킵니다. 자신은 오로지 하나님의 뜻을 이루는 하나님의 종에 불과하다고 선을 그으면서요. 그리고 요셉은 하나님과 그분의 뜻이 선하다고 합니다. 비록 형들이 요셉을 향하여 악을 행하였지만, 오히려 '하나님은 그것을 선으로 바꾸사 오늘과 같이 많은 백성의 생명을 구원하셨다'(창 50:20)라고 합니다. 사람의 계획이 아무리 악하다 하더라도 선하신 하나님은 얼마든지 선으로 바꾸십니다. 전화위복은 하나님의 전권(全權)입니다.

요셉은 일찍이 형들에게 하나님의 큰 구원을 상기시킨 적이 있습니다. "하나님이 큰 구원으로 당신들의 생명을 보존하고 당신들의 후손을 세상에 두시려고 나를 당신들보다 먼저 보내셨나니"(창 45:6). 그런데 20절에서는 하나님이 행하실 구원의 범위에 애굽 백성까지 포함하고 있습니다. 요셉은 자신과 형들이 조상들에게 하신 하나님의 약속으로 말미암아 축복 받은 사실을 상기시키면서 자신들 모두가 '만민의 생명을 구원하게 하시려고' 사용되는 도구에 불과하다는 사실을 일깨워줍니다.

요셉은 형들에게 두려워 말라고 두 번이나 거듭하여 말합니다(창 50:19, 21). 그 증표로 전에 저들을 보호하시고 보살피셨듯이(창 45:10-15) 형제들과 형제들의 자녀를 자신이 보살피겠다고 합니다. 자녀들을 잘 돌봐주겠다는 약속보다 더 안심이 되는 것은 없습니다. 흉년의 때가 지나간 지 이미 오래되었지만, 요셉은 아버지의 집과 이스라엘 백성에게 헌신을 다짐합니다. 애굽의 총리가 보장하는 말이니 얼마나 안심이 되었을까요!

# ✝  요셉이 여호와의 방문을 기다림같이

창세기를 포함해 성경 전체를 관통하는 중요한 진리 중 하나는 선하신 하나님이 세상을 통치하고 섭리하신다는 것입니다. 20절에 나타나는 요셉의 삶과 고백이 이 진리를 너무나도 잘 나타내고 있습니다. "당신들은 나를 해하려 하였으나 하나님은 그것을 선으로 바꾸사 오늘과 같이 많은 백성의 생명을 구원하게 하시려 하셨나니"(20). 하나님은 그분 자신이 즐거워할 만큼 만물을 '선하게' 창조하셨습니다(창 1장). 선하신 하나님께로부터 나오는 모든 것은 선하고 거룩합니다. 비록 하나님이 창조하신 세계에 죄악이 들어왔지만, 하나님은 이를 선으로 바꾸셨습니다. 하나님이 계획하고 이끄시기 때문에 구속의 진리가 승리하고 선이 이기도록 되어 있습니다. 노아 홍수 시대, 바벨탑 사건, 그리고 요셉의 삶을 인도하신 것에서도 잘 나타납니다. 때문에 설사 세상에 악이 홍수처럼 범람하더라도, 우리는 하나님의 선하심과 그의 선하신 계획을 굳게 붙들고 살아야 합니다.

요셉이 여호와의 방문을 그토록 기다린 것 같이, 오늘날 애굽과 같은 세상에 살아가는 '우리는 그의 약속대로 의가 있는 곳인 새 하늘과 새 땅을 바라보아야 합니다'(벧후 3:13). 거기에는 사망은 물론 애통이나 슬픔, 아픔이 없습니다. 야곱과 그의 후손들이 이후로 400년 동안 애굽에서 태어나고 애굽에서 죽어 잊힌 듯하지만, 이스라엘 백성이 애굽을 탈출할 때 요셉의 유골을 가지고 나옵니다. 그림자 단계이긴 하지만, 애굽의 모든 굴레와 사슬을 벗어버리고 부활하는 것입니다. 우리는 주님이 부활하심으로 관에서 나와 빛 가운데 거하며, 더 나은 광명한 세상, 완전한 세상을 고대하고 있습니다. 우리는 요셉처럼, 애굽과 같은 이 세상에서 영광의 가나안을 소망하면서 살아가야 합니다.

창세기는 "애굽 안에서(베미쯔라임בְּמִצְרָיִם)"라는 말로 끝을 맺습니다(창

50:26). 천지 창조로 시작한 창세기는 여호와께서 인간과 교통하시지만, 죄가 들어와 첫 빛이 광명을 잃어 에덴 동산에서 쫓겨났다고 기록하지만, 곧 복음을 통해(창 3:15) 다시 에덴 동산으로 들어갈 수 있다는 소망을 심어줍니다.

첫 인류는 멸망으로 치닫지만, 노아의 방주를 통해 새 소망이 생겨났습니다. 결국 새 인간도 사방으로 흩어지고 말지만, 여호와의 축복은 아브라함을 부르심으로 모든 세대에게 확실해졌습니다(창 12장). 아브라함에게 주어진 축복은 족장들을 통해 승계되었고, 세상 가운데 전진하는 이스라엘을 통해 예언의 말씀은 빛나고 있습니다(창 49장).

이스라엘 지파의 아들들이 요셉과 더불어 죽어가더라도, 이스라엘은 여전히 살아남습니다. 이스라엘이 애굽에 거주하는 동안 줄곧 특별한 계시의 말씀이 없었고, 따라서 전진하는 계시 또한 없었지만, 조부들과 약속하신 여호와의 말씀에 근거하여 요셉의 뼈는 애굽에서 안식했습니다. 하나님의 약속들이 성취하는 그 날을 대망하면서 말입니다.

이스라엘이 출애굽하는 그 날은 요셉의 뼈가 약속의 땅에 묻히는 날이고, 큰 빛이 돋아나 만방에 환히 비추는 날입니다. 그 날에는 하나님의 특별한 은혜와 진리가 나타나 만인에게 충만히 비출 것입니다. 바로 "애굽에서 내가 내 아들을 불렀도다" 하는 말씀이 성취되는 날입니다(출 20:2; 호 11:1; 마 2:15).

애굽과 같은 세상을 살아가는 오늘날의 우리는 요셉이 여호와의 방문을 기다림 같이 "우리는 그의 약속대로 의의 거하는 바 새 하늘과 새 땅을 바라보고" 있습니다(벧후 3:13). 그곳은 사망이나 애통, 곡이나 아픈 것도 없는 나라입니다. 야곱의 후손들이 애굽 땅에서 태어나고 그 땅에 묻히며 마치 애굽인인 양 400년을 살아간 것처럼, 우리 또한 세상에 속한 사람들처럼 보이지만, 우리는 이미 주님의 부활하심으로 빛의 세상으로 나왔습니다. 때문에 더 나은, 더 밝은, 완전한 세상을 고대하는 것입니다. 비록 애굽에 발붙이고 살아가지만, 영광의 가나안을 소망하면서 말입니다.

| 참고도서 |


칼빈, 『창세기』

박종칠, 『구속사적 구약성경 해석』, 기독교문서선교회(CLC)

고재수, 『교의학의 이론과 실제』

Allen P. Ross, 『Creation & Blessing』

Alders, 『Genesis』

Anton Pearson, 『An Exegetical Study, Genesis 1:1-3』

Bruce K. Waltke, 『The Creation Account in Genesis 1:1-3』, Bib, Sacra

Brueggemann, 『Genesis:Interpretation』

E. J. Young, 『The Relation of the 1st verse of Genesis 1 to verses 2 and 3』,
            Westminster Theological Journal

E. J. Young, 『The Days of Genesis』

G. M. Pember, 『The Scofield Reference Bible』

Holwerda, 『Historia Revelationis Veteris Testamenti』

John Herbert Sailhamer, 『The Meaning of the Pentateuch: Revelation,
            Composition and Interpretation』

J. Van Genderen and W. H. Velema, 『Concise Reformed Dogmatics』

J. V. Langmead Casserly, 『The Christian in Philosophy』

Nicholas Wolterstorff, 『Lament for a Son』

Pratt, Richard L, 『He Gave Us Stories』

Sarna, 『Exodus』

Unger, Gaebelein, 『The Annotated Bible』

Van Seters, 『Abraham』

Waltke, 『Proverbs』

Willem A. Vangemeren, 『The Progress of Redemption』

Zimmerl, 『Abraham』